实战银行信贷

企业财务分析

升级版

徐王强◎著

清华大学出版社
北京

内 容 简 介

本书结合财务政策新变化、企业编报方法多样化、银行风控的现实需求，简述企业编制银行报表的一般类型和特点、编报的一般性规律、各类型企业财务分析侧重点和策略选择；重点分析会计科目出现异常的一般性规律及核实方法，帮助透过报表及科目表象揭示其财务实质。书中安排了较多银行报表与税务报表、大中型与小微企业、集团合并报表等多种案例分析，包括基础案例和综合案例，实务操作性强，循序渐进，深入浅出，有利于帮助调查审查者透过报表表象掌握企业经营和财务实质，准确评估企业可能面临的经营和财务风险，恰当地评价借款人的盈利和偿债能力，有效防范和控制贷款风险。

本书适合从事企业财务调查、审查的从业人员，包括银行信贷管理、小额贷款公司、担保公司、网贷、尽职调查等岗位人员阅读参考。

本书封面贴有清华大学出版社防伪标签，无标签者不得销售。

版权所有，侵权必究。举报：010-62782989，beiqinquan @tup.tsinghua.edu.cn。

图书在版编目（CIP）数据

实战银行信贷 : 企业财务分析 : 升级版 / 徐王强著. —北京：清华大学出版社，2020.1（2022.1重印）

ISBN 978-7-302-53994-0

Ⅰ. ①实…　Ⅱ. ①徐…　Ⅲ. ①企业管理—财务管理　Ⅳ. ①F275

中国版本图书馆 CIP 数据核字（2019）第 230671 号

责任编辑：刘志彬
封面设计：李伯骥
版式设计：方加青
责任校对：宋玉莲
责任印制：丛怀宇

出版发行：清华大学出版社
网　址：http://www.tup.com.cn，http://www.wqbook.com
地　址：北京清华大学学研大厦 A 座　邮　编：100084
社 总 机：010-62770175　邮　购：010-62786544
投稿与读者服务：010-62776969，c-service@tup.tsinghua.edu.cn
质 量 反 馈：010-62772015，zhiliang@tup.tsinghua.edu.cn
印 装 者：北京同文印刷有限责任公司
经　销：全国新华书店
开　本：170mm×240mm　印　张：20.25　字　数：294 千字
版　次：2020 年 1 月第 1 版　印　次：2022 年 1 月第 2 次印刷
定　价：79.00 元

产品编号：085246-01

前　言

2013年以来，我国银行业发展日新月异，对实体经济的支持有目共睹，到2018年年末，全国贷款总额已达110.5万亿元，比2013年增加51.3万亿元，增长86.66%。然而国际金融危机后续影响仍在，借款人经营不善、多头投资、对外担保、逃废债等影响导致的信用风险持续暴露、节节攀升；部分银行员工道德风险、合规风险事件屡屡发生，银行信贷资产质量持续恶化的局面尚未得到根本扭转。

截至2018年年末，全国不良贷款2.03万亿元，比2013年年末增加1.43万亿元，增长238.33%，不良率达到1.83%，比2013年上升0.83个百分点，增幅83%，受不良贷款影响，拨备覆盖率由2013年的282.7%下降至186.31%，资本利润率也由19.17%下降至11.73%，不良贷款对银行主要监管指标的负面影响深远！

党的十八大以来，监管部门为严防出现系统性金融风险，出台了一系列整治金融市场乱象、促进银行合规经营的措施，如建立或完善企业和个人征信系统、国家企业信用信息公示系统、法院系统等，丰富了银行获取企业及个人信用、股权、涉诉等方面信息，银行在获取借款人的财务及非财务信息方面有明显改善。

但近年来企业多领域投资、跨界经营，子公司孙公司层出不穷，且交叉持股，关联企业资金往来频繁，财务会计核算更加复杂，财务信息不对称，真真假假，鱼目混珠，甄别难度极大，财务分析面临的困难更多，如何准确评估借款人的财务状况、经营成果，降低信贷风险，这仍是银行的短板。

《实战银行信贷：企业财务分析》第一版出版至今，对企业财务分析的基本原理仍客观全面，且行之有效，但企业财务分析所处的内外部环境已发生了巨大变化，财务分析的方法、内容、重点等，也应与时俱进，因此作者做了升级版对其加以充实和完善，使之更加贴近实战。

本书特别强调要重视企业税务报表，但在实务中有很多银行信贷调查、审核、审批人员却不以为然，认为税务报表中有很多账外销售、应收应付账款等因素的存在，可利用性不高。

其实不然，2016年以来，国家税务部门“金税三期工程”已在全国范围内逐步实施，企业账外经营现象已逐年减少，税务报表也逐步向企业真实的财务信息靠拢；2017年国家税务总局和中国银行业监督管理委员会联合下发《关于进一步推动“银税互动”工作的通知》，银税合作逐步深入，银行通过税务部门获取借款企业财务信息变得更加方便和可行。

近年来，我国证券市场对上市公司财务信息质量要求更高，全国近3 500家上市公司涵盖110多个细分行业，其公开的财务信息也更容易取得，这些财务报表及附注信息准确性甚高，必将更加有利于银行将借款人的财务信息与上市公司进行对比分析，更能准确评估借款人偿债能力和盈利能力，对于降低银行信贷风险，必将产生积极影响。

当然，高质量的企业财务分析是一项复杂的技术活儿，是银行信贷人员在信贷政策和知识、企业财务管理、经济法、税法、审计等专业知识和人际沟通协调能力的综合体现。本书重点就其中涉及的常用财务分析方法和执业经验进行阐述和交流，希望能起到抛砖引玉的效果，增强信贷从业人员对借款人财务分析能力，提高贷款调查及审查报告质量，降低银行整体信贷资产风险。

作者

目 录

第一章 概 述

分析和评价企业财务报表是信贷管理人员授信审批、贷后管理中不可或缺的程序，然而，由于信贷管理人员本身专业知识、风险管理理念、审视角度不同，他们对企业财务报表的重视程度也各有不同，而报表评价结果对能否有效控制信贷风险往往又起决定性的作用。辩证地看待借款人与信贷人员的关系，正确地认识企业经营失败和调查失败，掌握必要的分析攻略，对财务报表分析有极大的帮助。

第一节 信贷管理中的人际关系

围绕贷款调查、审查、审批及贷后管理所形成的借款人与信贷调查人员之间，调查人员与审查、审批人员之间的对立统一关系是信贷管理过程中的基本社会关系，正确认识和处理好其中的主要关系和矛盾，对认识财务报表在信贷管理中的作用、提高财务分析效率非常重要。

一、借款人与调查人员的关系

从贷款审批流程看，贷款审批人对授信的审批主要依赖审查人员的审查报告，审查人员的审查则主要依赖调查人员的调查报告，调查报告的质量则依赖借款人所提供财务经营信息的准确程度及调查人员分析能力的强弱。可见，借款人与调查人员的关系是信贷管理中最重要的关系，化解他们之间的矛盾和分歧是信贷管理中的首要任务。

借款人与调查人员之间的矛盾主要体现在：借款人为获取贷款，扬长避短是其操作的主要手法，即充分提供有利的财务经营信息，极力避免或掩饰不利的财务经营信息；而调查人员为了降低贷款的风险，不仅要充分掌握借款人有利财务经营信息，还须尽可能弃假存真，挖掘、披露借款人负面的财务经营信息，刨根问底是其制胜法宝。要解决这一矛盾，调查人员少不了必要的财务专业知识。提高调查人员的财务报表分析能力，增强企业财务、经营风险识别能力，对化解借款人与调查人员的矛盾和分歧、提高调查报告的质量、有效控制信贷风险都是非常有益的。

二、调查人员与审查人员的关系

信贷人员大多曾有这样的经历：调查人员感觉借款企业信贷风险很小，但又不能取得足够的资料和信息去说服审查人员；审查人员觉得借款企业信贷风险大，可是又找不到恰当的理由，证明风险不可控；调查人员常常埋怨审查人员要求苛刻、程序复杂，给自己和客户带来诸多不便；而审查人员常常怪调查人员提供的资料不全，觉得调查人员未尽调查职责，不能充分证明借款人的实际偿债能力和盈利能力。调查人员和审查人员好像天生的冤家，总有不可调和的矛盾。

事实上，调查人员和审查人员的根本目标是一致的，即在信贷风险可控的情况下发放每一笔贷款。贷款出现不良后，参与调查的客户经理及经营机构负责人是第一责任人，一般都不可避免地要受到经济处罚或行政问责，处罚问责力度大的还须上报监管部门，可能影响到责任人职位晋升和前途，因此没有一个调查人员愿意因为一笔不良贷款而失去在本行、同行业中的声誉；审查人员也不会无故否决偿债能力强、盈利能力高、信贷风险小的借款人，转而支持偿债能力弱、盈利能力差、信贷风险高的贷款。

调查人员与审查人员之间只是分析的角度、控制风险的手段和方法各异而已。调查人员在调查借款人信息时，应明白自己是信贷风险管理环节的第一责任人，不能仅凭自己的感觉或简单的定性分析就判断客户的偿债能力和盈利能力，应当多角度、多渠道掌握客户财务经营信息，充分证明其实力；审查人员对财务信息和资料的需求也应有度，证明力极强的资料不仅是审查人员，也是调查人员的理想目标，但这样的依据并不是每次都能取得的。成本低、易取得，证明力稍弱但仍可显示借款人的偿债能力、盈利能力的资料，往往是银行最可能获取而又有效的资料。

第二节 调查失败和经营失败

贷款风险产生的直接原因有借款人经营失败，贷前调查失败、贷时审查失败、贷后检查失败等诸多方面，但最主要是源于借款人的经营失败或调查人员调查失败。

经营失败是指借款人由于经济或经营条件，比如经济萧条、决策失误、同行竞争、对外投资过多、对外担保过多等原因，而无法达到投资人期望的收益、亏损或是破产等，以致无法归还借款，产生了信贷风险；调查失败是指调查人员虽执行了相关的调查程序，但由于调查人员本身专业素质或过失行为，对借款人提供的财务经营信息过于信任，或未能及时发现借款人业已存在的经营、财务风险，出具了错误的调查报告，据此通过了授信而发放贷款，从而产生了信贷风险。

经营失败与经营者品质、管理能力、内外部因素等相关，银行调查人员无法控制，而调查失败则是可控的。通过加强调查人员培训，提高调查人员的专业素质，丰富调查人员的实务经验，恰当运用调查方法，获取借款人全面、真实的财务经营信息，提供准确的调查报告，可以避免或减少调查失败率，降低信贷资产风险。

第三节 定性分析与定量分析

定性分析与定量分析是评价借款人偿债能力、盈利能力常用的两种方法，实务中，定性分析重要还是定量分析重要，可以说是仁者见仁、智者见智，每个信贷人员都有不同的见解。

一、定性分析的特点

定性分析主要依赖信贷人员自身的专业知识、技能和经验，运用一定的专业性分析工具，但主要依据主观判断来分析评价借款人，包括借款人的还款意愿、还款能力。还款意愿分析包括企业实际控制人的品德、个人成长环境、社会阅历、事业心、信用状况、社会地位分析；还款能力包括借款人的生产经营情况、经营环境、公司治理机制、日常经营策略、经营管理水平、产供销市场状况等。

定性分析比较灵活，分析依据容易取得，但主观性较强，对信贷人员的经验、道德素质、综合分析能力要求高，评价结果的公正性、客观性难以保证。

二、定量分析的特点

定量分析主要依据掌握的财务信息及其他信息资料加以比较分析，反映借款人的财务状况、经营成果、现金流量，评价借款人的盈利能力、偿债能力、现金净流量、未来发展潜力。定量分析也包括借款人的还款能力的分析。

定量分析方法简单、主观因素掺杂少，但对财务数据的准确性要求甚高。

三、定性与定量分析比较

一般地，借款人个人品质好，经营环境好，管理水平高，产供销市场旺，盈利能力和偿债能力自然趋强；反之，盈利能力和偿债能力自然趋弱。然本着趋利避害的本能，借款人可能刻意隐瞒实力不足等不利因素，彰显偿债能力、盈利能力强等有利因素；客观而言，仅凭询问借款人、观察企业经营场所，也很难确切掌握借款人的产供销情况，特别是借款人实际负债情况。因此，定性分析时常会偏离财务经营实际，降低了分析功能的有效性。

定量分析则可通过报表中各项财务指标、数据，相互核对、前后印证等方式，对偿债能力和盈利能力给予准确评价。如利用销售收入与应收账款周转率、销售收入与增值税申报表、财务费用与长短期借款余额、银行保证金存款与应付票据、固定资产与折旧等科目和财务指标钩稽、核对，可以检验企业销售收入、应收账款、借款、应付票据、固定资产等报表项目的真实性、完整性。

当然，定量分析也有其弱点，经验丰富的企业财务人员可能故意编制漂亮的财务指标，欺骗银行信贷人员，掩饰其真实的财务和经营状况。因此，信贷人员还必须深入企业观察、询问，通过定性分析，掌握企业的实际经营情况，综合分析盈利能力和偿债能力。

定性分析与定量分析就好比人的一双眼睛，一只眼睛看事物是平面的、孤立的、片面的，只有一双眼睛结合起来看事物，才能看到一个全面的、准确的事物。定性分析与定量分析须有效结合，才能科学、全面、准确地掌握借款人的财务状况、偿债能力，最大限度地降低银行的信贷风险。

第四节 大中型与小微企业分析侧重点

大中型企业与小企业的财务核算方式有很大的不同，这种不同也要求信贷人员运用不同的调查方法。

一、两类企业财务核算比较

（一）大中型企业财务核算

大中型企业经营规模大、创利税多、影响广泛，经常会面临税务等监管部门的检查风险，财务在企业经营管理中起着举足轻重的作用，财务核算在形式上比较规范、全面。同时这类企业产品工艺复杂、成本核算难度高，对外投资多、股权结构复杂、企业与关联方之间资金往来频繁，部分企业还有账外销售、账外采购、信贷资金账外循环等因素，财务核算又相对复杂又难准确。

从银行调查的角度看，这类企业财务核算表面上看似规范，报表获取方便，容易评价企业盈利能力和偿债能力，但评价结果对能否准确地反映企业的财务、经营实际和信贷资金的实际用途，还依赖调查人员的经验和深入分析。

（二）小微企业财务核算

小微企业，主要指资产在 2 000 万元以下、年销售收入在 2 000 万元以下的企业。这类企业规模小、产品单一、资金往来清晰，财务在经营管理中的作用比较小，财务核算多由兼职会计代理，企业编制财务报表的主要目的是纳税，因此这类企业账务往往不规范，如账内不清，账外有账。但这类企业因其生产工序简单，投资单一，股权结构明晰，企业历年经营利润积累是企业净资产及家庭资产增值的主要来源。

从调查的角度看，这类企业虽不易获取满意的财务报表，但资产结构简单，历年利润积累可合理推断，财务核算所涉及的会计科目少，财务指标容易判断和分析。因而调查难度较小，财务状况、经营成果实际容易掌握。

（三）两类企业分析方法比较

总之，大中型企业形式规范而实质复杂，小企业形式杂乱而实质简单，大中型企业调查主要依据取得的财务报表，分析主要财务指标的合理性，从而发现借款人的财务及经营风险；而小企业调查靠的是信贷人员超高财务专业知识底蕴，根据调查了解到的财务及经营信息，自己编制相应的财务报表，评价借款人的财务及经营风险。两类报表，调查方法各不相同，手段各有千秋，但最终目标一致，殊途同归，财务分析都同等重要。

二、大中型企业调查侧重点

（一）理清借款企业及关联方的关联关系及股权结构

大中型企业多存在母公司与子公司之间、子公司与子公司之间相互渗透持股情况，或是以企业为名义股东、法定代表人的家属、亲戚为实际控制人，或是以法定代表人的家属、亲戚为名义股东，实际由公司提供资金等，企业及其关联企业股权结构复杂。信贷人员务必理清借款企业股权结构以便掌握企业大股东对企业经营的实质控制能力、对外投资能力、投资收益状况、信贷资金的可能流向、企业及企业集团的偿债能力；务必理清公司名义股东与实际控制人的关联关系和法律上的代表能力，以便设定连带担保责任，在借款企业无法偿债的情况下，确立债务追索主体、程序，有效预防债务逃避，减少银行信贷风险。

近年来，随着国家及社会信用体系建设逐步完善，银行可以通过国家企业信用信息公示系统、天眼查、企查查等内、外部查询系统，分析取得借款人及其关联方较详细的关联关系及股权结构关系。

（二）重要财产产权须明晰

有些大中型企业看似财大气粗，实质外强中干，为了获得银行贷款，把自己企业吹得天花乱坠，信贷人员务必睁大眼睛，透过现象，看清本质。对金额大、投资广泛而又与其主营业务相距甚远的房地产投资及其他项目投资，信贷人员务必要重点核实，明确产权。严防企业把属于他人的房产投资、项目投资移花接木、偷梁换柱当作自己的资产。

（三）全盘考虑企业集团财务状况

很多大中型企业与其关联企业都在同一场所经营，或共用相同的原料，或生产同一类或近似的产品，或同属一产品的上下游生产线，很多资产（如存货或固定资产等）很难分辨哪些属于本企业，哪些属于关联企业的。借款企业与关联企业之间关联交易特别是资金往来比较频繁，会产生大量的应收、应付款项，虽然一方是债权，一方是债务，但对于企业集团来说，不形成任何债权或债务。还有以借款企业的名义借入资金转到关联企业（或实际控制人）账户中，或将关联企业（或实际控制人）的资金提供给借款企业。

由于这些因素的存在，使得在调查时，仅以借款企业的角度着手，很难评价借款企业真实的财务状况和经营成果，也不易发现企业及企业集团可能存在的财务、经营风险，调查结果对分析和评价信贷风险意义不大。

因此，对于存在关联企业和多方投资的情况下，信贷人员务必要取得关联企业、实际控制人重要的资产、负债、销售等财务信息，务必要取得与关联企业、实际控制人之间的重要债权、债务、内部销售、采购事项及金额。理清上述问题，对于评价借款企业及集团信贷风险有极大的帮助。

三、小微企业调查侧重点

在调查过程中，由于受能力等限制，小微企业未能提供信贷人员需要的财务报表和信息时，信贷人员可以通过对借款人的询问、实地观察、分析等手段，利用编制财务报表基本原理，辅助行业平均销售利润率、应收账款周转期、所得税的征收方式、平均职工人数等其他财务指标及信息，自行编制一份简易财务报表。

财务报表基本原理，即会计恒等式：

资产 = 负债 + 所有者权益 = 负债 + 初始投入 + 历年经营积累

或：负债 = 资产 − 初始投入 − 历年经营积累

（**说明：**小微企业“资本公积”余额及其变动一般较少，可以忽略，若确有大额变动，上述等式须增加资本公积变化。）

简易财务报表编制侧重点如下。

1. 实地观察企业存货、固定资产等实物资产的数量，分析其价值和变现能力；企业实际控制人的家庭资产，若不能提供其他资金来源的，视同企业资产的一部分。

2. 取得应收账款主要明细和款项周转期，加以分析确认；货币资金、其他应收款等项目，一般余额较小，或是占资产总额比例小，可按企业提供数确认；若余额大、变化幅度大，可详细核实。

3. 对照行业平均销售利润率，分析企业管理水平、人员结构等因素，评估产品销售利润率，推断企业历年经营积累；

4. 根据“负债 = 资产 − 初始投入 − 历年经营积累”这一等式，倒推算企业负债余额。

5. 编制简易财务报表，评价企业的偿债能力和盈利能力。

简易财务报表编制方法非常有用，特别是在借款人持续经营的情况下，通过各年度等式对比结果，可发现其财务信息的真伪程度，较准确评估借款人财务状况和经营成果。

懂剑术的人都知道剑术的最高境界是：手中无剑，心中有剑。信贷人员在对小微企业的调查中，心中也须有一把剑，这把剑就是利用会计恒等式编制的财务报表，一个优秀的信贷人员必须能做到：“手中无表，心中有表。”

四、评价大中型企业负债比率合理性

根据编制报表的基本原理，分析企业的偿债能力和盈利能力，这种方法不仅适用于小微企业，对分析判断大中型企业的负债比率的整体合理性，仍非常有效。

（一）在历史成本法下：

负债 = 资产 − 初始投入 − 历年经营积累；

（二）在市场价格法下：

负债 = 资产 − 初始投入 − 历年经营积累 ± 资产增（减）值

说明：

1. 资产按会计科目的一般特点和异常变化的规律核实；初始投入按实收资本计算。

2. 每个企业的利润率都应该在本行业社会平均利润率上下波动，社会平均利润率一般情况是可以获取的，企业历年的大致利润（包括投资收益）

是可以测算的；历年经营利润总额扣除利润分配等减项即为历年经营积累。

3. 资产增（减）值（如房地产、交易性金融资产等，增减值部分记入资本公积的情况下）可以根据市场价格分析得出。

可见，企业负债可以根据上述公式大致测算得出，负债比率的整体合理性可以据此评价。

第五节 企业财务报表类型与财务实质分析

一、企业财务报表类型

实务中，企业财务报表按编制目的和报表所反映企业财务状况的准确程度分类，主要有四种：

（一）税务报表

税务报表即通常所称的财务报表，是企业建立账簿，编制会计凭证，进行日常财务核算，从而编制而成的月度、年度财务会计报表，该类报表一般用于企业内分析，对外报股东、审计、工商、税务、财政、海关等监管部门。由于它主要用于税务机关，故又称之为税务报表，是企业最主要的报表。上市公司的财务报表也是税务报表。

（二）银行报表

银行报表是企业为了能达到银行授信所要求的财务指标，在企业税务报表基础上，对资产、负债、收入、费用等科目作出一定的调整后，出具的一份符合银行财务指标要求的报表。

（三）特定目的财务报表

一是企业因行业资信等级评定、行业龙头企业认定、高新技术企业认定、减免税等需要，也会对公司的税务报表作一定调整，特别是在销售、净资产、利润总额等指标方面作调整后，出具有特定目的的财务报表。

（四）内部报表

企业的日常经济业务一般在税务报表中已作反映，但有的企业由于存在账外销售、账外采购及其他非正常收入、无票支出事项，未在税务报表中反映，但这些业务确是企业实际经营的一部分，为了准确核算产品成本、全面反映企业财务状况、经营成果，便通过内部报表反映。实务中有以下两种情况。

1. 企业仅单独对其账外销售产生的收入、账外采购支出、账外费用开支建立一本内部账，编制内部报表；

2. 企业将税务报表业务与账外销售，采购、费用支出等合并建立一本内部账，编制一份内部报表，这份报表即反映企业实际的财务状况。

内部报表由于其保密性、税收风险性，外部人员很难获取；特定目的的财务报表在编制目的及效果上总体和银行报表差不多；银行通常能获取的一般只能是银行报表和税务报表，对信贷人员而言，获取企业税务报表是银行掌握企业财务最有效的途径。

二、银行报表的基本特征

银行报表主要是以增强偿债能力、盈利能力，满足银行各项财务指标为目的而编制，主要特点是可能多计资产、销售收入，少计负债，结果是净资产多、负债比率低、销售利润率高、净资产收益率高。该类报表科目可能出现异常的情形及主要特点有：

1. 虚增货币资金、应收账款、预付账款、存货、固定资产、交易性金融资产、主营业务收入等科目，这些科目真实性不足，易造成信贷人员信任过度；

2. 虚减短期、长期借款、应付账款、应付票据、其他应付款、其他应收款、主营业务成本等科目，这些科目真实性较强，但完整性不足，易造成信贷人员信任不足；

3. 虚增净资产，如提高资本公积、盈余公积和未分配利润余额，从而达到提高净资产、降低负债比率的目的。

三、税务报表的基本特征

税务报表主要是为了规范财务核算、测算纳税事项而编制，有时也为应付税务等监管部门的检查，以减少或规避税收负担为目的。它的主要特点是可能多计成本、费用，少记收入，结果是利润少、税收少、账面净资产少。该类报表科目可能出现异常的情形及主要特点有：

1. 货币资金、其他应收款、固定资产、无形资产、交易性金融资产、短期借款、长期借款、其他应付款、主营业务收入、期间费用等项目真实性较高；

2. 如存在账外销售、账外采购、费用开支等情况，可能虚减应收账款、应付账款、存货等科目，这些科目完整性不足；

3. 虚增主营业务成本，降低毛利率，虚减利润总额，规避增值税、所得税等各种税收；

4. 虚减净资产，如虚减盈余公积、未分配利润；

5. 关联企业的往来款项一般也能在税务报表中完整反映。

四、不愿采纳税务报表的原因分析

实务中，很多信贷管理人员明知银行报表不准确却常常采纳它，而不愿意采纳税务报表，其主要原因有以下几点。

（一）忽视财务报表的作用

很多信贷人员，只重视对企业的定性分析，忽视企业报表的定量分析，仅重视看得见的资产，而忽视看不见的负债。认为企业存在账外购销及账外资产的情况下，税务报表不准确、不可靠，不如到企业现场去观察分析，与管理人员沟通、结合自己的主观判断，便觉得八九不离十了。

（二）难以获取企业税务报表

现在银行竞争激烈，信贷人员去营销有实力的企业时，企业配合度不高，常常以税务报表未能真实反映公司的账外销售、账外资产为由，不愿意提供。近年来，由于银行不良贷款增多，风险控制难度增大，越来越多的银行也要求借款企业必须提供税务报表。

（三）信贷人员专业素质不高

银行信贷人员财务、税务知识欠缺，不了解税务报表的特点，不了解财务信息之间、报表项目之间的相互钩稽、相互印证的关系，掌握不到其中的规律，核实有难度；银行报表资产多、净资产多、毛利率可观、利润高，无需花太多心思，就可直接利用，省力不说，结果也好看，应付审查正好。

五、不同类型报表与财务实质的差异

（一）银行报表

银行报表一般与实际财务状况相比差异比较大，差异特别大的，除实收资本以外，其余科目均不准确，整个财务报表面目全非，对其真实性、完整性判断非常困难，很容易造成过度信任，加大信贷风险。

（二）税务报表

早期，国家税务征管系统及管理方式还比较落后，税务部门对企业财务也不是很熟悉，税务管控不到位，企业为了少纳税，税务报表多计成本、费用，少记收入、利润等情况较为普遍，因而税务报表与实质财务状况相差较大。

2016年以来，国家税务部门“金税三期工程”在全国范围内逐步实施，形成“一个平台、两级处理、三个覆盖、四个系统”运行模式，利用后台大数据分析功能，对企业增值税发票开具与抵扣、账外销售与无票采购、费用开支等逃税行为进行全面严密监控。企业逃税成本越来越高，税务风险越来越大，账外经营现象已逐步减少，税务报表也逐步向企业真实的财务信息靠拢，相对比较接近实际财务状况，特别是当企业账外购销业务较少的情况下，财务核算规范的税务报表真实性、完整性极强。

即便是账外购销业务较多的情况下，通过对购销信息的调查、分析调整后，准确性仍然较高。

因此，要使信贷人员的调查达到事半功倍的效果，应以企业的税务报表为基础，通过对企业经营场所观察、与企业财务、生产管理人员询问沟通，对财务信息的分析复核、钩稽核对，再对税务报表进行调整后，即可得出比较有效的财务报表。

第六节 调查中的策略运用

实务中，借款人为获得银行贷款，可能会采取各种不同的方式和策略，尽可能提供对自己最有利的信息，掩饰对自己不利的信息，提供的信息可能不完整、不充分或夸大其词，这要求信贷人员掌握必要的沟通技巧，恰当地运用调查策略，获取准确信息，辨别真伪，理顺逻辑关系。

一、消除借款人的疑虑

有的企业偿债能力、盈利能力事实上很强，但“人怕出名猪怕壮”，企业有意掩饰自己的实力；或是因转移利润、规避税收等原因，存在未入账资产、投资等业务，借款人不愿向信贷人员披露。

为了掌握借款人的确切信息，信贷人员应主动与管理人员和财务人员沟通，注意消除借款人的疑虑。及时向借款人阐明本行调查的主要目的是掌握企业真实的财务、经营状况，帮助企业在合理、合规的情况下充分披露和改善其财务、经营指标，达到本行授信条件，或为争取优惠的贷款利率创造更好的条件，所有的调查结果银行将予以保密。在了解银行真实意图后，企业一般会积极配合信贷人员的调查工作，提供信贷人员所需要的信息和资料。

二、告知信息不充分的后果

有的企业自称实力雄厚、偿债能力强，但要求其提供财务、经营资料时遮遮掩掩，或提供的经营、财务信息前后矛盾又无合理的理由，若经信贷人员的积极游说、解释，告之银行负有保密责任后，企业仍予以推托、隐瞒，拒绝提供的，信贷人员应当场委婉而直接告之其中之利害，阐明若无法取得银行认可的经营、财务信息，则无法说服审批人员，授信难获通过。以此告知，争取企业配合调查。

三、侧面获取信息

有些信息如果直接向企业管理人员、财务人员直接询问，企业的确难以回答，但信贷人员不得不问，但又不便直接询问，这就需要信贷人员采取迂回方式，侧面去获取。

如当询问企业未开票销售额，有的企业很忌讳的，可以通过询问企业出口与内销比例等方式间接获取，因为企业出口金额通过查阅税务报表，或是增值税纳税申报表比较容易获取，获得了出口所占比例，出口内销总销售额就迎刃而解了；

又如企业对直接询问有多少应付账款也是较敏感的，信贷人员可以先取得企业主要供应商的明细，而后询问供应商的年供应额和付款期限，根据应付账款的周转期和年采购额也可以大体判断企业的应付账款余额。

第七节 具体问题具体分析

在信贷管理的整个过程中，特别是对企业财务状况、经营成果的调查分析中，由于企业所属行业不同，企业规模大小、经营复杂程度、企业主要控制人的品质特征、对财务的重视程度、财务人员的业务素质及核算规范程度、企业本身的营利能力和发展潜力等因素都不同，都会导致报表各科目准确性不同。即便是同一借款企业提供不同期间的报表、同一期间提供不同类型的报表，其准确性也有不同。

因此，在面对企业所提供的财务报表及其他财务、经营信息时，不可以仅用同一个方法、一个模式、一种思维去判断，信贷管理人员在掌握企业编制银行报表的一般规律外，还要知悉不同企业、同一企业不同时期、同一期间不同类型的报表之间所存在的差异性和特殊性，将报表分析一般性方法结合企业实际经营情况加以变通使用，充分利用自己的专业知识及调查经验，客观、全面地加以分析，透过财务报表的表面现象摸清企业的经营及财务实质，真正做到具体问题具体分析。如此，方可真正掌握企业的偿债能力、盈利能力和未来发展潜力，才能达到控制信贷资产风险的目的。

第二章 前期准备

第一节 了解企业基本情况

一、企业主营业务

了解企业的经营范围和主营业务主要是为了掌握企业在同行业中的市场地位。

将企业的主营业务现状与同行业对比分析，可以了解企业与同行业的共性和特殊性，确定企业经营及财务指标在同行业中的地位。

如：企业管理有效，产品质量优良，则产品销售比同行看好，毛利率就比同行高；企业收账政策灵活，企业的应收账款周转就比同行快，期末余额就低；企业在同行中的规模大、竞争力强，则企业应付账款付款期限可能就比同行长，期末余额相对较高。这些信息可以通过对企业的询问、了解和对比分析中得出。

各银行一般对主要行业原料供应紧缺程度、产品市场畅销程度、主营业务的毛利率、行业平均利润水平等信息有大致了解。而且现在全国上市公司达到 3 500 多家，涉及 110 多个细分行业，同业经营及财务指标对比数据比较齐全，可比性强，非常有利于对借款人财务指标进行对比分析，可有效评估其信贷风险。

二、企业性质

（一）了解企业性质对明确企业及股东责任、完善贷款保全措施甚为重要

根据《公司法》及相关法律规定，目前我国企业的主要组织形式有个人独资、合伙企业、有限责任公司、股份有限公司等四类企业（个体户属于个人）。了解企业性质可以清楚企业的投资人和企业对企业债务所承担责任的差异，如个人独资、合伙企业、个体户的投资者对企业承担无限责任，当企业无法偿还负债时，企业当以其全部资产用以清偿，且投资者须承担连带责任；如有限责任公司、股份有限公司以其全部资产对公司承担责任，投资者对企业承担的责任是以其对企业的出资额为限，但投资者有抽资行为的除外。

（二）了解企业性质可间接了解企业提供报表的真实程度

企业按合资性质可分为内资企业和外资企业。内资企业按产权归属可分为国营成分企业或是私营企业，私营企业还可以分为家族式企业和股份制企业，企业按是否上市可分为上市公司和非上市公司，外资企业又可分为真外资企业和假外资企业。不同的企业性质，标志着不同的企业产权归属，其财务处理都有所不同，报表所反映的企业实际财务状况也不同。

一般地，国营成分企业包括国有控股或参股企业，由于其产权归国有或部分国有，且有国有资产管理部门的监督，故资产、负债、销售账务反映比较准确，可能存在多列支期间费用的情况，但对净资产的影响相对较小，报表真实性相对较强；

股份制私营企业通常都要求账务清楚，报表真实性相对较强；家族式企业为了规避税收，可能少记销售、资产，虚增成本、费用情况，报表真实性相对较弱；

上市公司受监管部门及社会公众监督，财务状况真实性较强；但少数上市公司为提高每股收益、操纵股价，可能存在虚增销售收入、少记成本

的情况，而非上市公司股价方面的压力相对较小；

真外资企业的股东对企业财务控制比较严格，而且多数都需要经过外部审计，报表真实性相对较强；假外资企业股东实际多数是国内公民或企业，其主要目的是为了规避税收，因而也可能少记销售、资产，虚增成本、费用情况，报表真实性相对较弱。

三、企业所处经营发展阶段

有时企业提供报表的各项财务指标与同行业相比，差异较大，这可能与企业所处的经营发展阶段相关，应关注各阶段对公司财务指标的影响。

（一）创业期

企业创业阶段最重要的任务是保证产品拥有一定市场占有率。此阶段企业资金需求量大，投入成本高，现金流转不畅，投资风险较大，其非财务事项比财务事项指标更重要，财务指标不稳定；一般该期间毛利率波动幅度大，负债比例低，净资产收益低，现金流出量大于流入量，有资金需求，但一般比较谨慎。

（二）成长期

企业成长期阶段营业收益和现金流量增长迅速，筹资能力提高，负债相对较多，对营运资本和资产投资需求较大，收入、资产收益率等财务指标大幅增长；一般该期间毛利率大幅提高，负债比例提高，净资产收益率提高，一般现金流入量大于流出量，但若企业扩张较快，资金需求旺盛，则现金流出量很可能大于流入量。

（三）成熟期

企业成熟期阶段收入增长缓慢而稳定，成本费用开支增加，对外投资可能增多，净资产收益率相对稳定，现金流入、流出量趋于平衡；一般该期间毛利率平稳，各项财务指标平稳，资金需求平稳。

（四）衰退期

企业衰退期阶段收入大幅减少，净资产收益率、毛利率等财务指标有所下降，并有恶化趋势，此时一般现金流出量大于流入量，资金紧张，筹资较难。现金净流量成为评价其经营状况的重要指标，须高度关注企业现金净流量变化。

四、企业实际控制人和管理人品质情况

信贷人员了解企业的同时要重点了解实际控制人和主要管理人员对经营有重要影响的品质特征。比如他们是大方型还是精明型，喜欢高调还是低调，爱好广泛型还是一心投入企业，冒险型还是稳健型，以及主要管理人员是否有不良嗜好，等等，这些生活特质或细节都要有所掌握，对判断企业的财务状况、偿债能力、未来发展潜力都有帮助。

（一）大方与精明

一般地，经营者阔气大方可以认为是经营者实力的体现，正所谓财大方可气粗，但若信贷人员了解到常常有债权人催讨货款，而经营者又时常找各种理由拒绝付款时，或是应付账款金额大、期限长时，应引起关注，一时的大方阔气可能仅仅是为了获取贷款。

精明小气的经营者通常不受信贷人员的欢迎，但如果经营者对自己也非常小气，但对企业的员工非常大方，为员工安排宿舍、组织员工旅游、提供各类福利、解决员工社会保险问题等，为员工提供良好的工作环境，则可以判断经营者善于管理、经营有方。

（二）高调与低调

有的经营者外向而高调，喜欢向信贷人员展示自己的各种财产、多样化投资，这样信贷人员可以充分了解经营者的资产状况和偿债能力，但有的经营者高调过了头，无中生有，可能把本不属于自己的资产、投资算到了自己的头上，或者是自己仅入股小部分却说自己绝对控股等，而本是自

己应承担的债务却避而不谈。这类经营者通常夸夸其谈，把自己和公司吹得天花乱坠，而真正让其提供实质性的资料时，便常常顾左右而言他，故意回避主题。

有的经营者则比较低调，不爱显山露水，除与自己公司经营相关的财务状况会涉及以外，其他属于个人的资产状况则较少提及，账外销售也不愿意提及，害怕更多的人了解或是熟悉他的私人财产，担心会产生各种风险。这样的经营者可能会因其提供的信息不充分，使其资产实力稍显不足，但总体上会让调查者觉得踏实。

高调的经营者，对其主要的、大额的财产进行产权核实即可证明其所言虚实；对低调的经营者则需要耐心开导，阐明银行的真实意图和信息保密责任，消除经营者心中的顾虑，还可通过经营者周围关系人或侧面了解其控制的资产，并向经营者加以求证。

（三）冒险与稳健

有的经营者喜好冒险，热爱规模扩张和多头投资，一旦觉得有好的项目就会多方借贷，大力投入，高负债经营，一旦资金链缺失，很容易对企业集团经营带来重大打击；有的经营者比较稳健，立足于现有业务一步一个脚印，新项目若未得到充分论证，没有相当的把握绝不上马，稳健经营者虽然不常获得额外超额回报，但仍可保证充分的资本收益率，合理的负债比率肯定是多数银行理想的债务人。

（四）经营者爱好

有的经营者爱好广泛，视野开阔，能使企业及时接受外面先进的理念，提高企业应对市场的能力，也可以进行多方位、不同产业投资，分散企业投资风险，提高企业的综合盈利能力，这类需要信贷人员多方面了解经营者的投资领域及该领域的发展现状和趋势。

有的经营者则比较专攻于企业本身，除与本企业相关的信息外，其他的知之甚少，也较少对外投资，致力于本企业做深做专做强，信贷人员只需掌握经营者公司的财务状况即可。

（五）经营者不良嗜好

经营者是否有不良嗜好至关重要，抽烟喝酒，吃喝玩乐一般不会对经营产生较大影响，但经营者有赌博或是吸毒行为，则往往会对企业产生决定性、致命性的影响。因此信贷人员务必对经营者的不良嗜好全面掌握，若是存在好赌博、吸毒行为，即便是目前看上去企业经营还不错，也务必果断退出，绝不介入。

五、企业关联方及关联交易

了解企业的关联方、关联关系、重大的关联交易对掌握企业是否存在挪用信贷资金、关联企业之间资金拆借、虚增销售收入、虚增应收账款及其他应收款等科目都有重要作用。

企业将信贷资金挪作他用，多数情况是通过其他应收款科目转至法定代表人及其亲属、主要股东、其他关联企业名下；企业为提高销售及销售利润率时常会通过虚增主营业务收入、应收账款等关联交易来实现。

六、企业重大事项

企业重大固定资产、无形资产投资、非货币性资产交易、债务重组、大额融资活动等都会对企业现金流量产生较大的影响，重大或有事项（包括或有资产、或有负债）、诉讼事项也会对企业当期利润和净资产产生直接影响，信贷人员在了解企业时应予以关注。

七、企业的涉税事项

企业经营中的逃、漏税行为虽然不是信贷人员了解的重点，但企业规避税收的行为必然会对企业财务报表的真实性、完整性产生直接或间接的影响。了解企业的涉税事项主要包括了解企业的主要税种、税率、纳税方式。

了解企业所得税实际税负率、结合年度纳税额，可以合理推断企业年度销售（或营业）额；了解企业出口退税率、年度出口退税情况，可以判断企业的年度出口销售额；

了解企业所得税是查账征收还是核定征收，可初步掌握企业财务状况。因为核定征收企业账务简单、相对不规范，其税收主要依据销售额（或原料采购额等），税务报表可利用性不强，主要还得依靠实际数据来确认。而查账征收相对比较规范，可利用税务报表，通过分析调整后可确认。

因此，涉税事项间接反映企业财务报表虚实状况，信贷人员有必要对企业的涉税事项有所了解和掌握。

第二节　获取基本信息

一、对企业做初步了解后，可要求企业提供与信贷业务相关的财务经营信息及资料，主要有：

1. 营业执照、机构代码证书、身份证等基本资料。

2. 章程。核实章程，找出股东等关联方名单；确认股权变动情况；关注企业经营层、董事会、股东会的权利、职责和议事规则。

3. 征信信息。取得查询征信授权书，查询征信信息，获取企业银行借款及逾期状态、应付票据余额状态，以及其他征信信息。

4. 财务报告。主要包括资产负债表、损益表及报告附注。有的企业仅提供银行报表，对未提供税务报表的，信贷人员应要求提供税务报表。有审计报告的企业，应争取获得审计报告，特别关注其中的报表附注、主要科目明细说明、重大事项，或有事项说明等。

5. 主要科目明细。尽可能要求企业提供主要科目明细发生额、余额，若科目当期发生额或余额出现异常变动，尽可能提供相应解释或说明。

（1）货币资金余额明细，特别是保证金余额明细及保证金比例。

（2）主要债权债务明细，主要包括应收账款、其他应收款、预付账款，应付账款、其他应付款、预收账款、借款（短期、长期）、应付票据等，信贷人员应获取各科目余额的80%以上债权债务明细，对于应收账款和应付账款还应获取账款的收款周期和付款周期；应收票据金额大的，还应获得票据原件或复印件。

（3）重要实物资产明细金额及产权证明，主要包括存货、固定资产、无形资产、投资性房地产等。

（4）主营业务收入、成本明细。争取获取每月主营业务收入和成本的月度发生额，供毛利率变化分析；获取直接材料、直接人工、制造费用等占产品成本的比例；获取制造费用（水电费用）明细。

（5）期间费用明细。重点获取销售费用（人工费用、运输费）、管理费用（人工费用、研发费用）、财务费用（贷款利息支出）等。

（6）主要税种及税率。重点获取增值税纳税申报表，主要关注出口销售额、应税销售额、出口退税额、全年增值税销项税额、进项税额等；取得城建税、教育费用附加等地方税税负及税率；取得企业所得税纳税申报表或汇算清算报告。

（7）其他科目明细余额，主要包括余额占资产（或销售）总额10%以上的项日余额（或发生额）明细。

（8）对外投资（包括交易性金融资产、可供出售金额资产、长期股权投资、长期债权投资等）明细、投资协议、股权转（受）让协议。

（9）重大或有事项、诉讼事项等相关资料等。

二、信息资料的要求

信贷人员应要求企业财务及相关人员提供清晰、相关、可靠的财务经营信息及资料，但银行毕竟不是税务、审计部门，企业实际所提供的信息、资料很可能不准确，甚至有误导银行的情况，信贷人员要仔细甄别，深入分析，不为表象所迷惑。

同时，信贷人员对必须要掌握的信息，若因各种主客观原因，确实无法从企业处直接获取的，尽可能采取替代程序，寻求次要证明效力的资料或信息。

第三章
资产项目分析攻略

第一节 货币资金

货币资金包括库存现金、银行存款、其他货币资金三个科目。

一、调查目的

1. 确认库存现金、银行存款、其他货币资金余额是否虚增；

2. 确认银行承兑汇票、信用证、保函等业务保证金余额准确性，以便分析应付票据、或有负债等科目余额；

3. 了解企业货币资金管理的内部控制制度是否健全。

二、科目核算内容

1. 库存现金科目核算企业的库存现金。本科目期末借方余额，反映企业持有的库存现金余额。

2. 银行存款科目核算企业存入银行或其他金融机构的各种款项。本科目期末借方余额，反映企业存在银行或其他金融机构的各种款项余额。

3. 其他货币资金科目核算企业办理银行汇票、银行本票、信用卡、信用证、承兑汇票、存出投资、保函等业务需存入保证金存款性质的货币资金。本科目期末借方余额，反映企业持有的其他货币资金余额。

三、科目一般性特点

1. 一般地，企业库存现金、银行存款科目发生频繁，期末余额较小，占资产总额比重小；

2. 其他货币资金科目业务笔数少，金额相对较大，与应付票据、保函、信用证等项目余额有一定比例关系；

财务核算不规范的企业，可能把保证金存款在“其他应收款”中反映，并不影响资产、净资产总额，但对核实应付票据、借款等科目会产生影响，应重点关注。

3. 企业税务报表中，货币资金项目真实性、完整性较强；

4. 企业银行报表中，货币资金项目比较容易被操纵，主要是虚增情况较多。

四、科目异动分析攻略

（　）库存现金

若库存现金科目期末余额过大，或是变化异常，应考虑以下问题。

1. 因行业、地域的特殊性，企业可能会因业务需要保留大额现金。如部分中小型私营、商贸企业，习惯现金交易，企业一般准备较多现金供随时支付，期末余额可能较大。

2. 企业现金销售收入未能及时存入银行，作现金处理。

3. 白条抵库。通常系企业法人代表、股东、关联方领用现金而长期挂账，未作账务处理所致。

4. 为便于日常开支，部分私营企业主时常把资金转移到其私人账号中备付，视同现金处理。

（二）银行存款

若银行存款科目期末余额过大，或是变化异常，应考虑：

1. 保留较大余额以备支付。经营比较保守或交易较频繁的企业常常会保留较高存款余额以备支付。

2. 企业期末取得贷款转入存款账户，尚未划出使用。

3. 企业根据银行要求或经营需要，可能有单位定期存款，或是限定用途的定期存款，这类存款一般笔数少，金额较大。

4. 核算不规范的企业，商业汇票、信用证等保证金存款可能在本科目中反映（应作其他货币资金），对报表总资产、净资产无影响，但会影响到应付票据余额判断。

5. 核实该科目余额最有效的方式是：向企业获取重要账户的银行对账单或银行余额对账单，加以核实。

6. 税务报表本科目余额准确性比较强。银行报表中，本科目余额占资产比重若非特别大，基于成本考虑，可不作详查。

（三）其他货币资金

若本科目期初与期末余额差异较大，或是变化异常，应考虑以下问题：

1. 企业开立承兑汇票、信用证、保函等，以及办理项目投标等担保性业务时，增加保证金存款，使本科目期末数比期初数大幅增加；承兑汇票、信用证到期付款时，余额减少。

2. 核实该科目余额最有效的方式是取得企业所有重要的银行账户对账单或保证金余额对账单，加以核对。

3. 密切关注与应付票据、借款科目的对应关系。通过询问、分析取得企业票据、信用证、保函、投标等业务保证金交存金额和比例，并与应付票据、借款科目明细及余额进行勾对，确认是否存在因掩饰负债而少记应付票据、借款项目。

（四）科目变化与企业经营分析

货币资金在资产负债表中所占比重一般较小，但货币资金的内控管理是企业最重要的内控管理环节之一，通过对企业货币资金的日常管理、与货币资金相关的印章、空白凭证使用审批流程等内控管理情况的了解，可间接判断：

1. 企业财务核算及报表的规范程度。如公司由非股东直系亲属任会计、出纳岗位，空白凭证、印章（包括公章及财务章、法人代表）由职责不相融的人员分别保管，使用时履行规定的审批手续，并定期盘点、清查，则可初步判断企业财务核算内控相对较规范，报表的可信程度相对较高。

2. 或有负债的可能性。资金使用审批流程规范的企业，对外签订合同一般也比较谨慎，对外资金划付、担保等业务审批流程一般比较规范，产生的或有负债风险相对较低，信贷风险相对较低。

五、案例

例1：某公司银行存款科目明细余额表详见表3-1，分析其余额的合理性。

表3-1　银行存款科目明细余额表　　单位：万元

项 目 名 称	期初借方余额	本 期 发 生		期末借方余额	占资产比重
		借 方 发 生	贷 方 发 生		
银行存款	321.64	67 498.67	67 296.93	523.38	6.76%
其中：					
A银行	12.56	42 106.62	41 709.09	410.09	
B银行	4.55	5 277.55	5 281.96	0.14	
C银行	304.53	20 114.50	20 305.88	113.15	
资产总额	6 644.11	212 230.25	211 127.75	7 746.61	

分析：

公司银行存款余额占总资产比例为6.76%，不具有重要性。

但应通过询问或查看方式确认其A银行存款账户是否存在期末贷款余额转入，或保证金存款在本科目反映的情况。

特别说明：实务中，企业人员一般不会向银行信贷人员提供企业每个明细科目的发生额和余额，信贷人员也无需如此详细，但对大额、重要的明细，应要求企业提供相应明细或说明。本文为方便读者分析，了解企业实际财务报表、会计科目及明细表述方式，在案例中对主要的会计科目都提供了相应明细发生额及余额。

例2：公司“其他货币资金”及“应付票据”科目明细余额表如下，

详见表3-2、表3-3。据调查了解到公司在B2、B3、B4银行开立银行承兑保证金比例分别为100%、100%、50%，请对“其他货币资金”余额进行分析。

表3-2　其他货币资金明细余额表　　单位：万元

项目名称	期初余额	本期发生		期末余额	占资产比重
		借方发生	贷方发生		
其他货币资金	1 340.00	5 000.54	4 840.54	1 500.00	14.71%
其中：					
B2银行	800.00	0	800.00	0	
B3银行	270.00	3 090.54	2 960.54	400.00	
B4银行	260.00	1 910.00	1 070.00	1 100.00	
其他	10.00	0	10.00	0	
资产总额	7 644.11	206 230.25	203 674.36	10 200.01	

表3-3　应付票据明细余额表　　单位：万元

项目名称	期初贷方余额	本期发生		期末贷方余额
		借方发生	贷方发生	
应付票据	1 590.00	5 900.54	5 910.54	1 600.00
其中：				
B2银行	800.00	800.00	0	0
B3银行	270.00	2 960.54	3 090.54	400.00
B4银行	520.00	2 140.00	2 820.00	1 200.00

分析：

公司其他货币资金余额占总资产14.71%，应重点核实。

根据应付票据与其他货币资金明细的对应关系，B4银行的应付票据应为2 200万元，但公司该科目余额为1 200万元，经与企业财务人员进一步核实，确认为企业应付票据少入账1 000万元。

第二节　应收票据

一、调查目的

1. 确认应收票据科目余额是否虚增；

2. 通过应收票据明细了解企业的主要客户、关联方交易。

二、核算范围

应收票据核算企业因销售商品或产品、提供劳务等而收到的商业汇票，包括银行承兑汇票、商业承兑汇票。本科目期末借方余额，反映企业持有的商业汇票金额。

三、科目一般特点

1. 一般地，由于票据流动性强，企业持票后常贴现或直接支付货款，企业持有期较短，期末余额不大。多数中小及小微企业不设置明细，也不设置“备查簿”；

2. 企业税务报表本科目余额真实性较强，完整性不足；

3. 企业银行报表本科目余额若金额较大、持续期较长，则虚增可能较大。

四、科目异动分析攻略

若本科目期初与期末余额差异较大，或是变化异常，应考虑：

1. 企业税务报表中，有的企业收到票据后直接账外支付货款，未冲减应收账款科目，导致虚增应收账款、应付账款余额，但对净资产影响小；若应收票据明细余额中关联企业居多，多数是通过关联方进行票据融资；

2. 企业银行报表中，可能会通过虚增应收票据金额，从而虚增资产；

3. 核实该科目主要方式是对大额票据进行盘点、或要求提供票据复印件、或查看“备查簿”记录。

五、案例

公司“应收票据”科目明细余额如下表 3-4，据调查了解到公司无应收票据备查簿，请对其余额进行分析。

表 3-4　应收票据明细余额表　　单位：万元

项目名称	期初借方余额	本期发生		期末借方余额	占总资产比重（%）
		借方发生	贷方发生		
应收票据	324	1 737	1 737	324	3.18
资产总额	7 644	206 230	203 674	10 200	

分析：

公司该科目余额占资产总额3.18%，比例小，非重点关注项目。

可采用询问、实地查看方法分析。若票据尚留存于公司，可要求企业提供原件予以核实；若票据已转让或贴现，可查看公司票据留存复印件予以核实。

第三节　应收账款

一、调查目的

1. 确认应收账款科目余额是否虚增；

2. 确认应收账款主要客户区域分布、年销售量、货款回收期、明细余额是否准确；

3. 确认是否存在关联方及交联交易；

4. 判断应收账款的可回收性，确认是否存在减值；

5. 分析应收账款总体发生额与主营业务收入的配比关系，判断主营业务收入的准确性。

二、核算范围

本科目核算企业因销售商品或产品、提供劳务等经营活动应收取款项。期末借方余额，反映企业尚未收回的应收账款；期末为贷方余额，反映企业的预收账款。

三、科目一般性特点

1. 一般地，该科目期末余额较大，占资产总额比例较高，无论是银行报表还是税务报表，真实性、完整性都比较难核实，需结合主营业务收入、客户货款回收期等项目进行综合分析。

2. 税务报表中，若企业产品主要出售给上市公司、或客户要求企业必须开具销售发票，则该科目准确性较高；若企业产品主要出售给中小企业，或零售较多，或无票销售较多，则可能存在大量的账外销售收入，本科目余额虽具真实性，但不够完整。

3. 税务报表中，有产品出口的企业，其出口部分应收账款总余额准确较高。这主要是由于出口产品，收汇后须办理出口核销手续及办理出口免、抵、退税，这一系列业务均须在税务报表中得到准确反映。如企业销售有中间代理商，可能使财务部门应收客户款项明细与销售部门不一致，但这些差异不影响应收账款总额的准确性。

4. 税务报表中，若企业账外采购及账外销售业务占比较多，则本科目真实性、完整性都可能不足，准确性较低。

5. 企业银行报表中，企业为了虚增资产，降低负债比率，扩大销售收入，应收账款科目是企业操纵的主要科目之一，通常被虚增，核实难度较大。

四、科目异动分析攻略

若本科目期初与期末余额差异较大，或是变化异常，应考虑：

（一）期末余额比期初大幅增长

1. 销售收入与应收账款同步增长，可能是：

（1）产品市场占有率提高。如企业生产了适合市场的新产品，或企业市场营销措施大幅度变化，产生了积极效果，增加了销售收入，从而使企业应收账款同比例增长，这种增长一般也伴随现金流同比增长。

（2）运用关联交易虚增利润总额。为提高企业净利润（如上市公司）、行业资信等级评定、行业龙头企业评定、高新技术企业评定、减免税等特定目的，企业可能会通过向关联方虚增销售收入，提高利润总额，以求达到目的。在销售收入增加的同时，也会增加应收账款，这类收入增加通常不会导致现金流增加。

若无特定目的，一般私营企业、中小企业不会通过增加大量关联交易来虚增营业收入、应收账款，因为这样很可能会导致其应缴纳的企业所得税及地方税等税负增加。

2. 销售收入无明显增长，而应收账款大幅增长，可能是：

（1）客户货款偿付能力下降（如受金融危机影响），货款不能及时到位；或企业为保持产品市场，采取延长货款回收期的策略；

（2）人为虚增应收账款，致虚增资产，提高流动比率，增加净资产，降低负债比率，一般在银行报表中比较普遍。

（二）如本科目期末余额比期初有大幅减少，通过询问、观察、分析、复核，以确认是否存在如下情况

1. 销售收入与应收账款同步减少。可能是：公司受外部环境影响，如受金融危机的影响市场需求减少、市场同质产品竞争加剧、企业内部管理不善导致产品质量下降，退货增加。销售收入减少，则应收账款也相应减少；

2. 应收账款减少，而销售收入未减少。可能是：

（1）公司收现政策改变。虽然公司产品及市场无大变化，但为加快资金回笼，加强收现力度，现金流量大幅增长，则应收账款大幅减少。

（2）产品竞争力强，货款回笼速度快，一般还伴随预收账款余额大幅增加。

（三）关注应收账款与应付账款的配比关系

1. 一般地，同行业原材料与产成品供求紧缺程度成正比，公司的应收账款与应付账款的余额配比应大致适当。当然，特殊行业，如原材料或产

成品市场波动幅度较高的，两者余额也可能出现背离的情况，需要具体问题具体分析。

例如：以铜为主要原料的水龙头产品，由于铜及相关原料市场价格波动较大，行业内货款结算基本以现款为主，购入原材料应付账款余额少存在合理性；如产品系内销市场，该产品市场竞争力一般，应收账款余额相对较大存在合理性；如产品主要以出口为主，出口企业的货款周转速度快，回收期短，一般在三个月以内可结清，则应收账款余额相对较小比较合理。

2. 同一产业链的上、下游企业的应收账款、应付账款的关系。

通常同一产业链的上游小规模企业，为了获得其下游较大规模企业的市场，通常愿承受较大的应收账款余额，相对应的，下游大型企业的应付账款余额相应较大。

（四）关注应收账款与存货之间的关系

通常企业产品比较紧缺，卖方市场较为明显，或者企业采取薄利多销、快速回笼货款的销售策略，则产品销售情况较好，应收账款余额相对较小，存货余额一般也较小。

有的企业为了保留下游较大的销售市场，愿意承受较长的付款期及较高额的应收账款余额，以加快存货的周转速度。这类情况下，应收账款余额较大，相应的存货余额较小。

有的企业经营比较保守，担心货款难以收回，宁可保留较大的存货余额，也不愿应收账款余额太大。这类企业应收账款余额相对较小，存货余额相对较大。

当然，判断企业的应收账款与存货的比例是否合理要根据企业的行业特点、经营理念，并通过询问，观察及分析方可判断。

（五）主要客户货款回收期分析

1. 长期稳定的客户回收期分析。企业拥有的长期、稳定的客户，一般都比较守约，供货、货款回收通常比较稳定，周期也比较均衡。比如采取三个月内分期付款；或货到付一定比例，次月再付一定比例，再次月付余款等方式。

调查中，通常要获取80%以上主要客户的年销售货款及回收期间，利用应收账款周转率，结合销售收入分析，可以比较准确地核实应收账款余额。

例如：某企业年销售收入3 000万元，通过调查得知，年销售给主要客户甲、乙、丙、丁公司分别是1 000万元、500万元、300万元、600万元，占年销售额的80%，货款按6、3、4、2个月期限平均收回，由此判断公司应收账款的大致余额。

分析：

测算公式：应收账款平均余额=年度销售收入×货款周转期/12

应收甲、乙、丙、丁公司账款分别是500万元（1 000×6/12）、125万元（500×3/12）、100万元（300×4/12）、100万元（600×2/12），共计约825万元，据此推断，企业的应收账款余额大致约825万元。

2.特殊的客户货款回收期分析。虽然供需双方有合同约定，客户一般都会如期付款，但实务中，不少客户因特殊原因，会产生突击供货、货款延付等情况，这类情况不能按常规的方法去分析。如临近年末，产品因突然紧俏，或旺季提早到来，客户需要临时性大量囤货，增加大额订单，这时临近期末发货后，销售突然大额增加，付款周期不均衡，期末就会形成大额的应收账款。

前例中，假设企业销售给丁公司的总金额不变，仍是600万元，平均回款期仍是2个月（到期一次性付清），若平常每月供货均为40万元，12月末时，丁公司突然增加订单120万元，企业如期供货，则年末“应收账款—丁公司”余额应为200万元（40×2+120）。

可见，若应收账款余额较大，与其销售总额和付款周期测算结果又不配比的，需要逐笔分析后，方可确认。

（六）其他关注事项

1.关注其他应收款等科目转入本科目事项。部分企业年终前将其他应收款科目余额转入应收账款科目，隐蔽地抽逃资金。

2. 有的企业客户将货款直接划至老板私人账号或其指定账号中，应收款项实际已收回，但财务账尚未冲销这笔应收款，导致虚增资产情况。

3. 关注账龄较长或有争议应收款项。通过获取企业客户应收账款明细账，或者从信贷档案中查询企业以前年度应收款明细，进行账龄分析。

4. 核实该科目余额的有效方式是对企业主要客户进行询证，特别是其客户也是本行授信客户时，可以借助授信客户的财务信息加以佐证。

5. 通过应收账款余额的变化，可以判断企业产品紧俏程度、客户结构、收账政策，资金周转快慢。如应收账款及货款回收期比较准确，还可以合理推断销售收入的准确性。

五、案例

例 1： 甲公司系电器生产企业，行业竞争较为激烈，原材料、产品不紧缺，产品 85% 内销且须开票，按银行的要求，甲公司向银行提供了应收账款及相关科目明细余额详见表 3-5。

表 3-5　应收账款及相关科目明细余额表　　单位：万元

科目名称	期初余额		本期发生		期末余额		占总资产比重（%）
	借方	贷方	借方	贷方	借方	贷方	
应收账款	1 281		18 713	17 200	2 794		27.39
A 公司	734		7 470	7 642	562		
B 公司	133		629	697	64		
C 公司	222		1 136	1 195	163		
D 公司	22		239	209	52		
E 公司	30		290	96	225		
F 公司	30		8 758	7 070	1 718		
G 公司	110		191	291	10		
应付账款	0	1 409	13 099	12 040		350	3.44
实收资本	0	1 000	0	0		1 000	
X 公司	0	510	0	0		510	
A 公司	0	245	0	0		245	
Y 公司	0	245	0	0		245	
资产总额	7 644	0	206 230	203 674	10 200	0	

对该科目进行分析如下：

1. 应收账款科目占资产总额 27.39%，占比高，应重点核实。

2. 公司 85% 产品内销且大部分须开票，经信贷人员努力，获取公司税务报表，销售收入、应收账款余额与银行报表余额差异不大，银行报表应收账款余额真实性基本可确定，可以信赖。（若差异较大，当以税务报表余额为基础，适度调整后可信赖）

3. 公司应收账款期末明细余额较大的 A 公司、F 公司系重点核实项目。结合实收资本明细可知，A 公司系本公司的股东，与 A 公司业务属关联交易，应当对交易真实性予以核实，确认有无通过虚增销售转移利润的可能；F 公司虽然不是本公司的关联企业，但与 F 公司年度交易发生额及余额都较大，需通过询问、要求企业提供相关合同核实交易和余额的真实性。

4. 由于 A 公司系电器生产企业，行业竞争较为激烈，原材料、产品不存在紧缺情况，说明应收账款与应付账款科目余额及发生额应比较配比，而该表中，应付账款余额仅 350 万元，与应收账款 2 700 万元极不配比，应提请企业提供更详细的依据分析说明。

例 2：某打火机生产企业，提供了 20×8 年银行报表及税务报表，其中银行报表显示销售收入为 20 000 万元，税务报表显示销售收入为 13 500 万元。信贷人员获取了如下信息：（1）企业声称本年度销售额约 20 000 万元，企业出口占总销售的 80% ～ 90%；（2）企业 20×8 年 12 月增值税纳税申报表显示累计出口销售金额 11 800 万元；应收账款明细总余额 1 460 万元，主要明细如下：

香港 A 公司	356 万元，	美国 B 公司	288 万元，
南非 C 公司	216 万元，	香港 D 公司	188 万元，
美国 E 公司	258 万元，	F 公司	79 万元，
浙江 G 公司	15 万元，	浙江 H 公司	18 万元。

请分析该企业销售收入的准确性。

分析：根据企业应收账款明细表分析，其出口应收款为 1 306 万元，占应收款总额（企业提供的 1 460 万元）比例约 90%，与企业描述的出口占总销售 80% ～ 90% 基本一致；12 月增值税纳税申报表显示出口免税销售金额 11 800 万元，占税务报表销售总额 87%，与企业提供信息基本一致。

由此可判断：企业的实际账内外销售应在 13 111 ～ 14 750 万元之间（11 800/80% ～ 11 800/90%），远不及企业银行报表、询问所提供的 20 000 万元。

第四节 预付款项

一、调查目的

1. 确认预付账款科目余额是否虚增；
2. 判断是否利用预付款项科目转移、挪用资金；
3. 判断预付款项的可回收性，确认是否存在减值；
4. 判断原料、设备等市场紧俏程度。

二、科目核算范围

本科目核算企业按照购货合同规定预付给供应单位的款项，一般指预付原材料、机器设备、工程等款项。预付款项情况不多的企业，也可能不设置本科目，将预付的款项直接记入“应付账款”科目的借方。期末借方余额，反映企业预付的款项；期末如为贷方余额，反映企业尚未补付的款项。

三、科目一般性特点

一般地，本科目明细户数少，发生频率小、期末余额与原材料紧俏程度密切相关，余额挂账期限较短。

规模小、预付款项金额不多，或追求财务核算简单化的企业，本科目发生及余额常在应付账款科目中反映，因此可能导致报表中应付账款余额为负数，一般不影响净财务指标分析。

四、科目异动分析攻略

若期初与期末余额差异较大，或长期保持较大的余额，应考虑：

1. 企业所需原料、半成品等上游产品紧缺，或机器设备等供不应求，供应商要求先付款后发货所致。这类业务在企业收到所购货物后，直接冲减预付账款，因而该科目余额存续期限短。

2. 企业货款已预付，货已到库，或已投入生产、使用，但尚未取得供货方发票，一直挂账所致。待取得发票后，应冲减预付账款，调增存货，因而对预付账款、存货、固定资产等科目余额和财务指标有影响，但不会影响资产总额。

3. 企业通过关联方交易套取资金或抽资行为所致。即关联企业借用款、股东抽资时，为规避工商、税务部门检查，可能将该划出资金反映在预付货款中，项目余额会较长时间内存在。

4. 核实本科目最有效方式是获取大额预付货款相应的设备、原料采购合同，与预付明细核对。分析时，应当特别关注大额、长期挂账款项。

五、案例

案例 1： A 公司为某有色金属冶炼公司，原材料供应较为紧缺，价格波动频繁，预付账款余额详见表 3-6，请分析：

表 3-6　预付账款余额表　　单位：万元

项目名称	期初余额	本期发生		期末余额	占资产比重（%）
		借　方	贷　方		
预付账款	1 531	8 279	9 185	625	6.13
B 公司	9	6 750	6 134	625	
C 公司	1 522	1 529	3 051	0	
资产总额	7 644	206 230	203 674	10 200	

分析：

1. 预付账款科目占资产总额比例虽较小，但应适度关注。

2. 供应商C公司期初余额较大，期末余额为零，应向企业核实原因，若系预付设备款，到货后冲减预付款项，可通过观察设备有无增加加以核实；若系预付工程款，材料物资到货冲减预付款，应实地察看工程物资，或观察工程进度；若系预付存货款项，期末到货结转预付账款，可以查看原材料，向企业求证。

3. 可向企业获取与B公司的买卖合同，加以佐证。

案例2：如下系某外资企业（假外资）20×8年报表详见表3-7，公司为了以优惠价格购得土地，在本年度决定增资，达到购土地所要求的注册资本。请对预付账款的真实性进行分析（答案略）。

表3-7　资产负债简表　　单位：万元

资　　产	年初数	期末数	权　　益	年初数	期末数
货币资金	201.00	733.40	短期借款		454.55
应收利息		—	应付工资	2.60	1.82
应收账款		—	应付福利费		0.25
预付账款	101.92	1 577.27	其他应付款		8.77
流动资产合计	302.92	2 310.68	负债合计	2.60	465.39
固定资产净值	72.17	1 508.21	实收资本	809.72	3 790.72
无形资产	416.12	416.12	资本公积		—
长期待摊费用	21.11	21.11	所有者权益合计	809.72	3 790.72
资产总计	812.32	4 256.11	权益总计	812.32	4 256.11

第五节　其他应收款

一、调查目的

1. 确认其他应收款科目余额的真实性和完整性；

2. 通过其他应收款科目发现企业的关联企业及关联交易；

3. 确认企业借贷资金实际用途，核实挪用信贷资金的去向；

4. 判断其他应收款的可回收性，确认是否存在减值。

二、科目核算范围

本科目核算企业除应收票据、应收账款、预付账款、应收股利、长期应收款等经营活动以外的其他各项应收、暂付的款项。期末借方余额，反映企业尚未收回的其他应收款；期末如为贷方余额，反映企业尚未支付的其他应付款。

三、科目一般性特点

1. 本科目是企业比较复杂、难以鉴别、也容易被信贷人员忽视，但须重点关注科目。

2. 在企业税务报表中，股东抽资、企业与法定代表人及其亲属之间、母子公司之间、子公司之间、关联企业之间等大量关联方资金往来、企业挪用信贷资金、企业与非关联企业、个人之间资金往来、其他非正常经营资金往来等业务均在本科目中反映。

3. 为加强资金业务管理，方便资金回收、催收、追索等，企业其他应收款性质资金通常集中在其他应收款科目中反映，因而本科目余额一般真实性较强，完整性不足。

4. 为规避银行对企业挪用信贷资金和抽资调查，企业银行报表本科目余额一般较少，或根本不反映。

四、科目异动分析攻略

若本科目期初与期末余额差异较大，或是变化异常，应考虑以下问题。

1. 关联交易

企业股东抽资、企业与法定代表人及其亲属之间、母子公司之间、子公司之间、关联企业之间等大量关联方资金往来业务，从企业集团角度来考虑，这类往来款一般不应确认为企业集团的债权，应予抵销。这类交易金额大，性质复杂，准确性难判断，需仔细分析调整后再予确认。

2. 企业挪用信贷资金

实务中，借款人挪用信贷资金在款项划出时一般都在本科目中反映，且挂账时间较长。从银行的角度，可以通过对此科目分析企业信贷资金流向，是真正用于生产经营或指定的资金用途，还是挪作他用。

也有企业担心被税务、审计、工商等部门查出，也可能将这部分资金转移至预付账款、应收账款等科目，使监管部门难以发现，核实难度较大，需仔细分析调整后再确认。

3. 调查本科目最有效的方法是要求提供企业关联方及关联交易情况说明，掌握科目明细对应的企业（或个人）与公司可能存在的关联关系；获取企业税务报表及其他应收款科目中主要大额明细，通过询问分析，查证应收款项的性质、账龄、期后收回情况，必要时，让企业提供相关合同加以证实。

4. 实务中，若企业银行报表与税务报表余额差异不大，则银行报表可信任之，若税务报表与企业提供的银行报表余额有较大的差异，当以税务报表余额为基础进行分析。

五、案例

某公司其他应收款科目及其明细余额详见表 3-8，其中 CC 公司与 C 公司系同一公司法定代表人，请分析：

表 3-8　其他应收款及其明细余额表　　单位：万元

项目名称	期初余额		本期发生		期末余额	
	借方	贷方	借方	贷方	借方	贷方
其他应收款	1 095	0	9 520	8 873	1 742	0
A 公司	132	0	1 210	926	416	0
CC 公司	85	0	6 605	6 690	0	0
D 公司	58	0	5	58	5	0
E 公司	820	0	1 700	1 200	1 320	0
实收资本		3 300	0	0	0	3 300
× 公司		1 510	0	0	0	1 510

续表

项目名称	期初余额		本期发生		期末余额	
	借方	贷方	借方	贷方	借方	贷方
E 公司		1 245	0	0	0	1 245
C 公司		545	0	0	0	545
资产总额	8 644	0	206 230	203 674	11 200	0

分析：

（1）其他应收款科目余额占资产总额的 15.6%，需重点核实。

（2）公司股东 E 公司长期占用公司资金，其中期末余额达 1 320 万元，有抽资嫌疑，应予以关注；

（3）其他应收款—CC 公司余额虽为零，但其发生额达 6 600 万元之多，且与公司股东之一的 C 公司为同一法定代表人，系公司的关联方，需向企业核实，CC 公司可能占用公司资金，余额故意转移到应收账款等科目。

第六节　存　货

一、调查目的

1. 确认存货科目余额是否虚增；
2. 判断存货是否存在减值及减值金额；
3. 确认存货变现能力；
4. 辅助分析营业成本、毛利率的合理性。

二、科目核算范围

存货项目核算科目包括在途物资、原材料、生产成本（或半成品）、产成品（或库存商品）、低值易耗品、发出商品等科目。期末余额在借方。

1. 原材料：核算企业库存的各种材料，包括原料及主要材料、辅助材料、外购半成品、修理用备件、包装材料、燃料等。

2. 生产成本：本科目核算企业进行生产发生的各项生产费用，包括生产各种半成品、自制材料、自制工具、自制设备等。

3. 制造费用：企业生产车间、部门为生产产品和提供劳务而发生的各项间接费用。除季节性的生产企业外，本科目期末应无余额。

4. 库存商品：核算企业库存各种商品的成本，包括库存产成品、外购商品等。

5. 发出商品：核算企业商品销售不满足收入确认条件但已发出商品的成本。

6. 包装物及低值易耗品：本科目核算企业包装物和低值易耗品的成本。

三、科目一般性特点

存货项目具有涉及科目多、发生频率大、项目核算复杂、期末余额大、占资产总额比重高，准确性极难核实的特点。

无论银行报表、税务报表均难以准确反映企业实际存货状况，企业也难以准确核实本项目，其中主要原因有：

1. 税务报表中，企业若存在较多账外销售、账外采购存货不入账的情况，或是企业因规避企业所得税收的需要，多结转存货成本，导致账面存货比实际少。

2. 部分企业想逃避或少缴增值税，可能会在无真实交易情况下买入增值税进项税发票，抵扣增值税销项税（属于严重的违法行为），这种情况下实际存货比账面存货少。现在随着税务“金税三期”系统进一步完善，这类企业逐步在减少。

3. 银行报表中，企业因资信等级、银行贷款等需要，可能虚减主营业务成本、虚增毛利率、同时虚增存货，达到虚增净资产的目的，导致报表存货比实际多，有时虚增金额惊人。

4. 存货生产过程中，产品生产环节多，实物流动频繁，应摊销的直接、间接成本费用多，存货价值流动难于紧跟实物流动，半成品与产成品成本分摊不准确，各阶段存货价值难以准确认定。

四、科目异动分析攻略

（一）存货期初、期末账面数增减变化与存货实际余额差异及原因如表 3-9 所示。

表 3-9　存货期初、期末账面数增减变化与存货实行余额差异及原因

期末余额比期初余额		状态	可 能 原 因	可能导致结果
账面增减	实际增减			
明显增加	明显增加	正常	账实相符，预期原料近期将上涨等经营需要	获取原料上涨产生的溢价收益
			销项税太多，需大量进货以维持进项税与销项税配比	存货太多，须有大量资金方可维持
	无明显增加	非正常	销项税过多，虚购入增值税发票，以少缴增值税为目的	违法犯罪风险
变动不大	明显增加	非正常	账外购销为目的，库存较多	税收风险
	无明显增加，但“应付账款—暂估入库”余额较大	非正常	毛利率过高，便多结转成本，虚增原料暂估入库，避免存货红字，降低毛利率，以少缴所得税为目的	“应付账款—暂估入库”越来越多，其实质是利润（多转成本部分）
明显减少	明显减少	正常	账实相符，经营需要	-
	无减少	非正常	为降低毛利率，多转成本	账实差异较大，不能长期维持

（二）差异分析

1. 存货期末账面余额比期初余额明显增加，实际存货也明显增加，即存货账面余额与实际余额同步增加。

（1）企业经营需要。

企业生产经营需要增加存货，生产备用。存货增长与产品销售收入增长同步，则提高盈利空间，促进企业发展。

（2）预期存货价格上涨。

企业预期原料等存货价格上涨而囤积存货，待存货价格上涨沽售获利。若存货库存过多且持有时间过长，若涨价不如预期，则资本占用成本高，存货周转率低。

（3）避税。

企业产品毛利率高，进项税少，销项税多，当期应交增值税额较多，增加外购存货，维持进项税与销项税配比关系，可降低应交增值税额。这种方式须有大量资金方可维持，且只能延迟纳税，因而只在企业短期内没有控制好存货购入进度时临时使用。

如某轴承企业，资产总额500万元，年销售额约1 200万元，产品销售给国有企业，须开票，产品毛利率较高，可达40%，平常存货维持100万元余额即可。12月末，产品销售税额为200万元，进项税额为约105万元，期末累计应交增值税95万元。

公司期末临时购入原材料150万元，延期或少交增值税额25.5万元（150×17%）。

2. 存货期末账面余额比期初余额明显增加，实际存货无明显增加。

当产品毛利率较高，销项税过多，进项税过少，则应交增值税额较多，部分企业可能虚开增值税发票以维持进项税与销项税一定配比，达到少缴增值税的目的。企业取得虚开增值税发票后，短期内企业存货期末账面余额比期初余额增加，随着产品销售，虚增的存货消化于成本中。

3. 存货期末账面余额比期初余额无明显增加，实际存货比账面明显增加。这主要系企业账外采购、销售所致，多发生在私营企业、不开票销售较多的企业中。

4. 存货期末账面余额比期初余额无明显增加，实际存货比账面也无明显增加，但公司“应付账款—暂估入库”余额异常增加。

（1）“应付账款—暂估入库”余额短期存在。

存货已到入库，或已投入使用，但供应商还未开具增值税发票，公司暂估入库，待发票到后，冲减“应付账款—暂估入库”余额。

（2）“应付账款—暂估入库”余额长期、以较大金额存在。

这类企业产品毛利率一般较高，为降低产品毛利率而过多主营业务成本结转，为避免存货出现红字，便通过虚增原材料暂估入库业务，补足存货，同时增加“应付账款—暂估”余额，达到延期或少缴企业所得税之目的。

“应付账款—暂估”明细余额即是企业的利润。

5. 存货期末账面余额比期初余额明显减少，实际存货比账面明显减少。账面余额与实际存货同时减少一致，属正常经营情况。

6. 存货期末账面余额比期初余额明显减少，实际存货比账面无明显减少。

产品毛利率过高，产品销售成本结转过多所致。长期采用这种方式会使存货账实余额差异大，可能变为红字，企业可能虚增原材料暂估入库，或虚购原材料采购业务，以增加存货，抵销红字。

7. 信贷人员对公司存货进行核实的主要方法有：

核实存货余额的准确性最有效的方法很难找，但可将实地观察、大额重要存货进行抽查盘点、对企业提供资料进行分析等措施结合起来，估算出最接近存货实际余额。

（1）向公司采购、销售部门询问公司原材料的采购情况、原材料紧缺程度、产品的市场占有率、产品市场竞争激烈程度，以此判断企业提供存货水平是否适中。

（2）向财务人员询问存货成本的核算方式、结转方法，以此判断存货财务核算规范程度，确认是否信赖企业财务报表中的存货余额。

（3）争取获取企业主要存货明细余额、每月毛利率表，分析企业期末存货是否有红字、期初与期末余额是否大额变动，原材料暂估入账金额大小，毛利率波动幅度是否异常、是否有过多或过少结转成本情况。

（4）到企业生产车间、经营场地实地观察、询问存货生产、管理情况、实物流动与价值流动配比情况，对存货余额大、占资产比重大的存货进行抽查盘点，或监督盘点，分析得出存货基本实存数。有条件的，可与企业仓库账核对，分析得出存货大致余额。

（5）即使盘点很准确，所有权也难以确定，故盘点或抽查一般以临时突击实施为宜，特别是对公司财务经营状况有疑问时，应突击抽盘，以防将其他公司存货挪作本公司所用。

8. 存货中最难确认的是半成品数量及价值。企业的半成品由于生产环节较多，实物流动性强，盘点不方便，财务数量与实际仓库数量往往会有较大差异，此外，由于企业财务人员素质、人员成本，间接费用分摊复杂等原因，不少企业本身也不能确认半成品的准确数量和金额，因而信贷人员想获取企业的半成品的准确数量与金额难度相当大，能掌握基本余额即可。

五、案例

阿科公司系化工生产企业，产品80%内销且主要销售给上市公司，20×8年新产品技术含量高，市场有较大的增长，20×8年存货科目余额表、毛利率详见表3-10、表3-11，请分析。

表3-10　20×8年阿科公司存货科目余额表　　单位：万元

项目名称	期初余额		本期发生		期末余额	
	借方	贷方	借方	贷方	借方	贷方
存货	1 876		55 615	54 223	3 268	
1. 原材料	1 149		18 909	17 806	2 252	
锂皮钴料	867		17 919	16 428	2 358	
纯碱	112		184	186	110	
硫酸	80		133	129	84	
液碱	90		673	1 063	-300	
2. 生产成本	282		18 336	18 370	248	
直接材料	282		17 806	17 840	248	
直接人工	0		100	100	0	
制造费用	0		430	430	0	
3. 产成品	445		18 370	18 047	768	
氧化产品	94		4 954	4 836	212	
氧化亚钴	86		5 574	5 561	99	
氯化产品	265		7 842	7 650	457	

续表

项目名称	期初余额		本期发生		期末余额	
	借方	贷方	借方	贷方	借方	贷方
主营业务成本	0		18 048	18 048	0	
应付账款—暂估	0	184	0	180	0	364
资产总额	8 644	0	206 230	203 674	11 200	0
存货占资产比（%）	21.71				29.17	

表 3-11　20×8 年阿科公司毛利率表　　单位：万元

月　份	主营业务收入	主营业务成本	销售毛利	销售毛利率（%）
1	1 349	1 246	103	7.64
2	1 621	1 525	96	5.92
3	1 224	1 149	75	6.13
4	1 859	1 751	108	5.81
5	1 830	1 717	113	6.17
6	1 591	1 481	110	6.91
7	1 605	1 493	112	6.98
8	1 351	1 269	82	6.07
9	1 367	1 277	90	6.58
10	1 492	1 396	96	6.43
11	1 895	1 782	113	5.96
12	2 184	1 963	221	10.12
合计	19 368	18 049	1 319	6.81

分析：

1. 公司存货期末比期初增长 74%，占资产的比重也由 21.7% 上升到 29.18%，须重点核实。

2. 企业 20×8 年新产品技术含量较高，市场有较大增长，存货期末比期初增长 74%，增长比例较大，合理性需结合主营业务收入等科目进一步分析。

公司年均毛利率 6.81%，但 12 月毛利率 10.11%，超过其他约 3 个百分点，经向财务人员求证，该产品一般毛利在 6% ～ 7% 之间，为了评定行业龙头企业，少结转主营业务成本，有意提高毛利率，成本留在存货中，导致存货有大幅增长。此处虚增存货和利润约 65 万元（2 184×3%）。

3. 公司原材料—液碱期末余额赤字 300 万元，经询问确认企业原材料已入库领用使用，供应商发票尚未收到所致，此处应增加应付账款—暂估入库及原材料科目余额约 300 万元，但该事项对公司净资产无影响。

4. 根据明细余额情况，应对企业车间、仓库实地察看、分析，可对余额较大的锂皮钴料、氯化产品、氧化产品进行抽盘，对数量和余额进行估算，并与企业最近月报、提供数进行核对。

第七节 长期股权投资

一、调查目的

1. 确认公司长期股权投资业务发生真实性、余额准确性；
2. 判断长期股权投资是否减值；
3. 验证投资收益的准确性。

二、科目核算范围

本科目仅用以核算企业对子公司、合营、联营企业投资。根据会计准则要求，对子公司投资按成本法核算，对合营联营企业投资按权益法核算。采取不同的核算方法，对本科目余额也会产生较大的影响。

（一）企业对子公司投资采用成本法核算

1. 投资方能够对被投资单位实施控制的权益性投资，被投资方即是投资方的子公司，一般情况下，需纳入投资方的合并报表的范围。

2. 控制，是指投资方拥有对被投资单位的权力，通过参与被投资单位的相关活动而享有可变回报，且有能力运用对被投资单位的权力影响其回报金额。体现控制的一般性情况有：

（1）投资方持有被投资方 50% 以上的表决权的。

（2）投资方持有被投资方 50% 或以下的表决权，但通过与其他表决权持有人之间的协议能够控制 50% 以上表决权的。

（3）投资方持有被投资方50%或以下的表决权，但持有的被投资方的潜在表决权，或其他投资方持有表决权非常分散的。

（4）投资方有实际能力单方面主导被投资方如下活动的：

任命或批准被投资方的关键管理人员；掌控被投资方董事会等类似权力机构成员的任命程序；与被投资方的关键管理人员或董事会等类似权力机构中的多数成员存在关联方关系；出于其自身利益决定或否决被投资方的重大交易。

3. 会计处理。

（1）投资时确认初始成本。

对于企业合并取得的长期股权投资，如为同一控制下的企业合并，按照取得被合并方所有者权益账面价值的份额确认为初始成本，实际支付与初始成本差计入（或冲减）资本公积；

非同一控制下的企业合并，按购买日会计准则确定的合并成本确认为初始成本，实际支付与初始成本差计入营业外收入（或支出）。

（2）后续投资收益。

被投资单位宣告发放现金股利或利润中属于投资方的部分，计入应收股利，同时增加投资收益。

（二）对联营、合营企业投资采用权益法核算

1. 合营。投资方与其他合营方一同对被投资单位实施共同控制且对被投资单位净资产享有权利的权益性投资，即对合营企业投资。共同控制，是指按照相关约定对某项安排所共有的控制，并且该安排的相关活动必须经过分享控制权的参与方一致同意后才能决策。

2. 联营。投资方对被投资单位具有重大影响的权益性投资，即对联营企业投资。重大影响，是指对一个企业的财务和经营政策有参与决策的权力，但并不能够控制或者与其他方一起共同控制这些政策的制定，持股比例一般在20%～50%之间。

3. 会计处理。

（1）初始投资。

长期股权投资的初始投资成本大于投资时应享有被投资单位可辨认净资产公允价值份额的，不调整已确认的初始投资成本；

长期股权投资的初始投资成本小于投资时应享有被投资单位可辨认净资产公允价值份额的，应按其差额，借记本科目（投资成本），贷记“营业外收入”科目。

（2）后续投资收益。

在资产负债表日，或投资期间，一般企业应按被投资单位实现的净利润中企业享有的份额，借记本科目（损益调整），贷记“投资收益”科目。

三、科目一般性特点

1. 该科目发生频率少，余额变动少，核实难度小。一般地，大型企业的税务报表，长期股权投资反映比较准确；

大多数私营企业、中小企业为了核算简便，无论对外股权投资是否处于实际控制之下，或是联营、合营投资，都按成本法进行核算。

2. 成本法适合于母公司对子公司核算。在母公司的单一报表中反映在长期股权投资及投资收益科目中；企业集团合并报表中，由于母公司对子公司的投资需合并抵销，合并后本科目无相应的投资明细及余额反映。

3. 权益法适合于合营及联营投资下的核算。企业在编制合并报表时，合营、联营企业投资仍体现在长期股权投资及投资收益等相应科目，不需合并、抵销。

4. 部分中小、小微企业对外投资资金实际从公司账户中划出，在其他应收款科目中反映，在被投资企业工商登记中却以公司法定代表人、股东，或实际控制人的名义投资，应予关注。

四、科目异动分析攻略

1. 无论是企业银行报表，还是税务报表，一般较少虚增本科目余额。

核实投资项目真实性的方法比较简单，只要企业提供对外投资的投资协议、被投资企业的章程、合同、验资报告等资料即可以佐证，结合查询国家信用信息公示系统等征信系统进行查证核实即可。

2. 部分中小、小微企业的税务报表中，可能存在企业对外投资未入账的情况，信贷人员在询问过程中，应当就企业对外投资是否入账情况进行核实，以免遗漏。

3. 本科目余额准确性受核算方法（成本法或权益法）的影响，需要企业提供被投资方的财务报表，结合股权投资比例、被投资方的净资产状况、对被投资方实际控制能力综合分析，总体难度不大。

4. 若投资系联营、合营投资，但企业仍按成本法核算的，信贷人员为体现企业实际投资收益现状，可提请企业按占被投资企业的权益份额调整长期股权投资账面价值和投资收益。若被投资企业净资产增长的，长期股权投资账面价值和投资收益账面值同比增长，对企业净资产收益率、偿债能力等指标均有提高作用。

第八节　金融工具

一、调查目的

1. 确定金融资产（负债）业务发生真实性；
2. 判断金融资产（负债）是否减值；
3. 判断金融资产（负债）所体现的公允价值变动损益合理性、准确性。

二、科目核算范围

按取得资产或承担负债的目的，把金融工具分为不同类别：公允价值计量且其变动计入当期损益的金融资产和金融负债、持有至到期投资、贷款及应收款项、可供出售金融资产及其他金融负债，主要涉及以下会计科目或报表项目。

1. 交易性金融资产

本科目核算企业持有的以公允价值计量且其变动计入当期损益的金融资产，包括为交易目的所持有的债券投资（政府债、金融债、企业债等）、股票投资、基金投资、权证投资、理财产品、资管计划等和直接指定为以公允价值计量且其变动计入当期损益的金融资产。本科目期末借方余额，反映企业交易性金融资产的公允价值。

2. 持有至到期投资

本科目核算企业持有至到期投资的价值。企业委托银行或其他金融机构向其他单位贷出的款项，也在本科目核算。本科目期末借方余额，反映企业持有至到期投资的摊余成本。

3. 可供出售金融资产

本科目核算企业持有的可供出售金融资产的价值，包括划分为可供出售的股票投资、债券投资等金融资产。本科目期末借方余额，反映企业可供出售金融资产的公允价值。

4. 交易性金融负债

本科目核算企业持有的以公允价值计量且其变动计入当期损益的金融负债和直接指定为以公允价值计量且其变动计入当期损益的金融负债。本科目期末贷方余额，反映企业承担的交易性金融负债的公允价值。

三、科目一般性特点

本项目一般涉及股票、债券、基金等金融产品投资（或融资），发生频率小，金额较大。

四、科目异动分析攻略

1. 一般地，无论是税务报表还是银行报表，本项目准确性强，大多数中小企业、小微企业及私营企业财务报表中本项目相关科目无余额；

2. 若本项目余额及对应损益科目异常，可以要求企业提供该金融产品相关的投（融）资协议、合同，或证券账户资金划出（入）记录。产品有上市的，可通过公开市场查询其公允价值，评估公允价值损益或资产减值的准确性，总体上核实难度不大。

第九节　固定资产

一、调查目的

1. 确认企业固定资产余额准确性；
2. 核实房地产产权归属，评估价值是否虚增；
3. 核实机器设备的价值、产能，判断是否存在减值；
4. 通过固定资产（设备）增减变化判断营业收入的合理性。

二、科目核算范围

核算企业拥有的固定资产原价。包括房屋及建筑物、机器设备、车辆、其他固定资产。科目期末借方余额，反映企业固定资产的账面原价。

三、科目一般性特点

1. 本科目在企业资产中的比重大，发生频繁、变化复杂，是银行评价企业偿债能力需要关注的重要项目。不同类型的企业其固定资产的结构、内容、复杂程度不一，要做到对所有固定资产进行核实有难度，也无必要，但重要固定资产（如房地产及关键生产设备），必须对产权、新旧程度、价值进行核实和评估。

2. 税务报表中，一般地，多数购入固定资产进项税可抵扣增值税销项税、固定资产折旧可以抵减企业所得税，故所购入固定资产基本都会在财务报表中反映，对公司固定资产核算也比较规范，因此企业税务报表中固定资产金额，特别是固定资产原值准确性极高。

不少中小企业成立初期，为节省成本，购入设备未取得发票，建造厂房时未以公司名义进行，致使这些固定资产未入账。信贷人员应当就此进行核实，并纳入评估。

有的企业用公司历年利润积累（包括账内或账外利润）以股东、法定代表人、实际控制人的名义购入房地产等重大资产或对外投资，未在公司财务中反映，信贷人员应当就此进行核实，并纳入评估，综合评价企业偿债能力、盈利能力。

3. 银行报表中，有的企业将公司房地产按市场价格反映，应就房地产价值、定价依据进行核实；有的企业将公司关联企业、实际控制人、股东或他人的房地产计入本报表中，故应对房地产所有权进行核实；有的企业机器设备一直按购入价格反映，不计提折旧或少计提折旧，应对设备原价与新旧程度进行核实。银行报表中企业不会有意减少固定资产余额的。

四、科目异动分析攻略

1. 期末余额大幅增长，应考虑以下问题。

（1）新增房地产、设备或其他资产。新增房地产、设备价值一般比较大，只要实地观察，或核实一下大额发票、交易合同，或是产权证书，即可证实。

（2）房地产按市场价值反映，通过产权证书所载房地产面积、地理位置等记录，判断其价值；已使用设备按购入价格反映，通过实地观察设备新旧可确认。

（3）在建工程竣工后转入本科目。企业有些工程建设期间长，竣工后一次转入，使固定资产科目余额大幅增长，属正常现象。

2. 期末余额大幅减少，则主要考虑企业是否与其他企业之间进行资产重组，或是企业进行资产报废、清理、变卖处理。

3. 关注固定资产与累计折旧的关联关系。固定资产按性质一般分为房屋建筑物、机器设备、电子及其他设备，其折旧年限一般为 20 年、5 ～ 10 年、3 ～ 5 年，累计折旧余额一般应与公司及固定资产的购入年限密切相关，公司成立时间越长、购入固定资产时间越长、金额越大，则累计折旧余额越大，固定资产净值相对趋小。违反这个规律，固定资产即有虚增可能，应进一步分析。

第十节　投资性房地产

一、调查目的

1. 确认投资性房地产认定是否合规；
2. 确认投资性房地产余额是否虚增或存在减值；
3. 验证投资性房地产对应的公允性变动损益的合理性。

二、科目核算范围

投资性房地产，是指为赚取租金或资本增值，或两者兼有而持有的房地产。符合本科目定义的前提条件必须是如下条件之一：

1. 已出租的土地使用权。
2. 持有并准备增值后转让的土地使用权。
3. 已出租的建筑物。

本科目核算投资性房地产的价值，包括采用成本模式计量的投资性房地产和采用公允价值模式计量的投资性房地产。本科目期末借方余额，反映企业投资性房地产的价值。

三、科目一般性特点

1. 采用成本模式计量的投资性房地产比照固定资产或无形资产进行核算，财务分析与此两科目类似。

2. 采用公允价值模式计量的投资性房地产，在房地产处于增值期间，其公允价值与其账面价值的差额，分别记入资本公积或公允价值变动损益等科目，增加净资产。

四、科目异动分析攻略

本科目仅涉及房地产，比较单一，只需对房地产的产权和价值进行核实即可。

实务中，有的企业本身按历史成本法对房地产项目进行核算，但因银行资信评估、行业龙头企业评估、行业资质评定等用途需要提供财务报表，这些报表一般在企业资产、净资产、盈利能力等指标方面有要求，在历史成本法下报表数据可能难于达到，即考虑利用企业会计准则规定，将符合条件的投资性房地产、交易性金融资产等资产按市场价格调整财务报表（不作账务调整），如此测算的财务数据和指标更接近企业真实财务状况，还可达到资信评估、银行等指标要求。

存在上市公司利用会计准则在账务上将房地产按公允价值模式计入投资性房地产科目，并利用房地产价格的波动，根据自身目的，随意调节房地产公允价值，达到调节利润的目的。

五、案例

例：某生产型企业有三幢工业用厂房，一幢商业用房，该商业用房购入土地和建造成本为 800 万元，依《企业会计制度》规定，按历史成本法进行财务核算，目前市场价值 1 800 万元，已出租给某保险公司经营之用。该企业向某银行提交资信等级 AA 级申请，并提供了审计报告。银行对审计报告进行审核中发现，公司负债比率达 62%，各项指标经测算，确认负债比率须降至 55% 以内方可达到 AA 级标准。该公司的资产负债表主要项目详见表 3-12，请你分析，能否在合规前提下调整数据，达到银行规定的要求。

表 3-12　资产负债简表　　单位：万元

项　目	会计制度	会计准则	项　目	会计制度	会计准则
货币资金	100	100	借款	1 900	1 900
应收款项	3 000	3 000	应付款项	2 200	2 200
存货	2 000	2 000	实收资本	1 800	1 800
固定资产	1 500	2 500	留存收益	700	1 700
资产合计	6 600	7 600	负债合计	6 600	7 600
负债比率（%）	62.12	53.95			

分析：

根据企业实际情况，建议企业财务核算由《企业会计制度》变更采用《企业会计准则》。按《准则》规定，公司出租给保险公司经营用房屋，可作投资性房地产科目，按市场价值反映入账，即已记入固定资产，账面价值800万元出租商业用房，变更为投资性房地产，按市价1 800万元进行反映，价差计入留存收益（或公允价值变动损益），增加净资产。由此一项即可将公司负债比率从原来62%，以合规方式降低到53.95%，可满足银行财务指标要求。

第十一节　在建工程

一、调查目的

1. 确认在建工程是否合规；
2. 判断工程完成进度，评估尚需投入的资金额；
3. 确认在建工程余额是否虚增。

二、科目核算范围

本科目核算企业基建、技改等在建工程发生的价值。

三、科目一般性特点

本科目主要涉及房地产在建、机器设备在建项目，该项目一般执行观察、询问程序，有条件的，获取企业工程合同或发票，并适度分析即可核实，难度不大。

四、科目异动分析攻略

1. 企业银行报表中，若此科目调整额度小，不足以改善财务指标，若调整额太大，则目标明显，信贷人员只要通过实地观察可以核实，因而企业一般较少通过虚增本科目余额来达到改善财务指标的目的。

2. 企业税务报表中，部分企业房地产工程已完工，款项已支付，但发票还未取得，或房地产产权证尚未办妥，工程开支可能长期挂在本科目，通过挂账同时也有规避房产税的企图。虽然未及时转入固定资产，但对资产总额影响不大，只需实地察看工程场地即可判断。

3. 企业项目设备建设或安装工程已完工，但尚未取得发票，或设备还未投入使用，仍在本科目中反映。虽然未及时转入固定资产，但对资产总额影响不大，只需实地察看工程场地即可判断。

第十二节 无形资产

一、调查目的

1. 确认无形资产余额是否虚增；

2. 判断无形资产是否存在减值。

二、科目核算范围

核算企业所有的无形资产，包括土地使用权、专利权、商标权、著作权、非专有技术等。

三、科目一般性特点

该科目一般变动频率小，但变动金额比较大，特别是土地使用权，真实的交易一般都有相应的产权证书或购买合同。因而信贷人员核实时要求企业提供相应产权证书，并结合实地观察即可；对土地等产权尚未取得的，可以要求其提供发票、购买合同，或款项支付凭证。

四、科目异动分析攻略

本科目异常变动，主要系企业新购入土地等无形资产，导致期末余额大幅增加；期末余额减少，一般是土地随同房屋建造完工验收结束后，转入固定资产所致。

部分企业土地在建工程已完工，未转入固定资产，仍在无形资产中独立反映，处理符合《企业会计准则》规定。

本科目总体上核实难度不大。

第十三节 待摊费用

一、调查目的

确认待摊费用余额的准确性。

二、科目核算范围

核算企业已发生但应由本期和以后各期按一定比例负担的各项费用。分摊期限在1年以上的，列入长期待摊费用；分摊期限在1年以内的，列入待摊费用。

三、科目一般性特点

一般本科目余额不大，对报表影响小；本科目实质是已支付，但尚未列入费用的开支，不再是企业的资产。

待摊费用主要包括：低值易耗品摊销、预付保险费、报刊费用、一年以内的房租费用等；

长期待摊费用主要包括：开办费用、装修费用、大修理费用等摊销。

“待摊费用”与“预提费用”的区别：“待摊费用”属于资产类账户，发生或支付在先，受益期在后，即先支付后分摊，占用了企业资金，余额在借方，表示期末企业待分摊余额；“预提费用”属于负债类账户，先将费用计入受益期，费用支付在后，成为企业负债，余额在贷方，反映期末尚未支付的已列支费用。

四、科目异动分析攻略

从银行的角度看，由于该科目是尚未摊销的费用，实际就是费用，在评估借款人实际偿债能力时，可以将此科目余额直接归零处理。

第十四节 商　誉

一、调查目的

1. 确认商誉对应的企业合并交易的真实性、被合并方估值的合理性、准确性；

2. 分析企业合并后是否按预期取得相应的收益，或预期未来的收益能否如期实现，商誉是否存在减值；

3. 谨慎、合理预计商誉的价值。

二、科目核算范围

本科目核算非同一控制下的控股（或吸收）合并，如果合并成本大于合并中取得的被购买方可辨认净资产公允价值份额的差额，确认为合并资产负债表中的商誉，公式为：

商誉＝并购成本－被并购标的的可辨认净资产公允价值

商誉发生减值的，在本科目设置“减值准备”明细科目进行核算，也可以单独设置“商誉减值准备”科目进行核算。

本科目期末借方余额，反映企业外购商誉的价值。

三、科目一般性特点

1. 商誉必须是在企业合并，并且是非同一控制下企业合并时才可能产生，包括吸收合并或控股合并。没有企业合并即不会产生商誉。

2. 商誉是支付（或应付）合并款超过被合并方的可辨认净资产公允价值，是提前预支了未来预期收益，会导致资产减少（如银行存款），或负债增加（如借款），形成商誉时不会导致所有者权益增加。

3. 上市公司对外并购时，存在并购应付款项远远超过被并购方的可辨认净资产情况，除部分被合并方业绩确实有一定成长空间外，有些上市公司存在通过并购转移上市公司资金。但一旦预期收益不能如期实现，商誉必然减值，计提减值准备，直接影响到净利润，导致所有者权益减少，对企业财务指标影响极大。

4. 中小企业、小微企业一般不会有企业合并，或合并时支付款项一般不会大幅度超过可辨认净资产公允价值。

四、科目异动分析攻略

1. 商誉的形成必须在非同一控制下企业合并时才会可能产生，若本科目余额有增加，须提请借款人提供企业合并协议、合同，以及被合并方资产评估报告，对评估报告中所体现未来收益进行分析，评估其实现的可能性和金额。

2. 商誉减少一般是在资产负债表日在对商誉进行减值测试后，显示企业合并后的收益无法达到预期，形成实质性减值，计提减值准备。由于商誉减值测试存在很大的主观性，特别是一旦减值对当期损益和净资产负面影响极大，借款人很多都不愿做减值测试，不愿计提减值准备。

信贷人员应当对商誉进行充分分析，一旦未来预期收益很可能无法实现，借款人又未计提相应的减值准备，信贷人员须予以减值考虑；若商誉确无价值，甚至可将商誉评估值为零，直接减少净资产。

五、案例

20×7 年 1 月，XRHL 公司拟收购非同一控制下的企业 BY 公司 80% 的股权，BY 公司净资产 11 076.1 万元，评估值 197 610.48 万元，确定收购交易价格 156 560 万元，XRHL 公司实际支付成本 156 560 万元与 BY 公司购买日可辨认净资产公允价值份额 14 374.77 万元之间的差额确认为商誉 142 185.23 万元。根据收购时双方签订的《业绩承诺及补偿协议》，BY 公司在 20×7-20×9 年三年期间业绩承诺分别为不低于 3 000 万元、5 000 万元、8 000 万元，若届时业绩无法如期实现，则 BY 公司原股东须给予业绩补偿，若到 20×8 年末，BY 公司 80% 的股权减值达收购价的 20% 以上时，BY 公司原股东有权回购原股份。

20×8 年末止，BY 公司业绩远未达到承诺金额，测算业绩补偿额 2.5 亿元，同时 BY 公司股权减值幅度已达 20% 以上。XRHL 公司要求 BY 公司原股东回购股份无果后，向法院起诉给予补偿，并要求股份回购。20×8 年末 XRHL 公司合并财务报表中，商誉却仍未计提减值准备。

分析攻略：

根据上述要素，20×8 年末，XRHL 公司所收购 BY 公司形成的商誉已实质性减值，虽公司尚未计提减值准备，但信贷人员在调查或审查过程中，须充分考虑 BY 公司未来很可能实现的业绩，或 BY 公司原股东回购股份的可能性，从而评估商誉可能价值。

如 BY 公司业绩很少，XRHL 公司不能取得相应的补偿，或无法有效控制 BY 公司，应大幅评估减值，并充分考虑商誉减值后，将造成当期净利润及净资产大幅下降，资产负债比率将大幅度上升，主要财务指标恶化，若这时给予授信，则信贷风险将大幅上升。

第十五节　递延所得税资产

一、调查目的

1. 分析递延所得税资产余额真实性；
2. 判断递延所得税资产未来是否能实现抵扣；
3. 合理分析企业资产减值计提是否充分。

二、科目核算范围

1. 核算内容

递延所得税资产核算企业根据所得税准则确认的可抵扣暂时性差异产生的所得税资产，是企业将已支付的所得税超过应支付的部分，待未来收回资产或清偿负债期间，抵扣应税金额。

可以这么理解：企业认为应递延到以后缴纳的税款，税务部门已先收取。企业账务上将该税款则先入递延所得税资产，待处置资产或清偿负债期间，在账务上抵减该已缴税款。

本科目期末借方余额，反映企业已确认递延所得税资产的余额。

2. 案例

假设企业利润总额 50 万元，其中持有某原材料原价为 100 万元，本期计提存货跌价准备 20 万元，原材料净值 80 万元，企业无其他涉及税务调整事项。根据税法，存货跌价准备须待存货出售（或价值恢复等）后方可抵减应税金额，缴税基础仍是 100 万元，则：

企业当期应交所得税 =（50+20）×25%=17.5 万元

递延所得税资产（借方）=（100-80）×25%=5 万元

（1）确认所得税费用，会计处理为

借：所得税费用——当期所得税费用　　175 000

　　贷：应交税金——应交所得税　　175 000

借：递延所得税资产　　50 000

　　贷：所得税费用——递延所得税费用　　50 000

（2）若存货最终按 80 万元出售，则冲减递延所得税资产，会计处理为

借：所得税费用——递延所得税费用　　50 000

　　贷：递延所得税资产　　50 000

三、科目一般性特点

1. 一般地，企业资产的账面价值小于其税法确定的计税基础，或者负债的账面价值大于其税法确定计税基础，一般会形成会计利润比税务核算利润少，导致所得税费用产生可抵扣暂时性差异，这差异即递延所得税资产。

2. 导致形成递延所得税资产主要明细项目一般包括各类资产减值准备、已计提但未支付的费用；企业集团可能存在“内部交易未实现利润”；有亏损企业若未来很可能得以弥补的，存在“可抵扣亏损”；有股票（基金）等金融资产、投资性房地产公允价值存在亏损时等。

3. 很多中小及小微企业、私营企业非特殊用途的，一般不考虑递延所得税资产；递延所得税资产在未来很可能不会发生抵扣的，一般也不予

确认。

四、科目异动分析攻略

1. 本科目大额增加一般系计提资产减值准备所致，可让企业提供资产减值明细表加以判断；购入股票（基金）等金融资产市场价格与账面差异的，可让企业提供股权证明或交易明细；预提费用（尚未支付）可要求提供明细及理由；内部交易未实现利润只会在企业集团合并报表中会产生。如企业能提供相应的明细项目，则信贷人员可以根据明确分析企业相应的资产或负债项目。

2. 存在部分企业利用递延所得税资产科目虚增资产和减少所得税费用（递延），进而虚增利润或资本公积，达到虚增净资产的目的，如亏损企业可能利用会计与税法的差异，确认递延所得税资产的同时，减少所得税费用，从而增加当期利润和净资产。这种情况只需让企业提供相应明细稍加分析即可发现。

3. 根据准则要求，递延所得税资产应当以未来期间很可能取得用以抵扣可抵扣暂时性差异的应纳税所得额为限，若报表中递延所得税资产余额较大，企业又无法提供未来很可能获得足够的应纳税所得额用以抵扣递延所得税资产的，信贷人员可核减递延所得税资产余额。

如：企业当前年度亏损 1 000 万元，预计未来 5 年内最多能弥补 400 万元的利润，企业最多能确认递延所得税资产 100 万元（400×25%），而不是 250 万元（1 000×25%）。

4. 一般企业较少通过虚增本科目来粉饰财务报表，但本科目大幅变动须予关注，特别对企业财务和经营状况分析很有帮助。

五、案例

某矿业集团公司提供合并财务报表时，也提供递延所得税资产明细详见表 3-13，分析这些明细所反映的企业资产负债状况（假设资产总额

400 000 万元，年度销售 400 000 万元，净利润 32 000 万元）：

表 3-13 递延所得税资产明细表 单位：万元

明细项目	20×8 年		20×7 年		增减变化		可抵扣暂时性差异增长率(%)
	可抵扣暂时性差异	递延所得税资产	可抵扣暂时性差异	递延所得税资产	可抵扣暂时性差异	递延所得税资产	
资产减值准备	6 319.42	1 579.86	4 873.75	1 218.44	1 445.67	361.42	29.66
内部交易未实现利润	8 394.06	2 098.52	3 594.75	898.69	4 799.31	1 199.83	133.51
可抵扣亏损	8 189.75	2 143.35	18 710.85	4 925.09	−10 521.11	−2 781.74	−56.23
折旧政策差异	2 811.43	702.86	1 228.76	307.19	1 582.67	395.67	128.80
可供出售金融资产公允价值变动	103.12	25.78	80.00	20.00	23.12	5.78	28.90
已计提但未支付的费用	5 799.00	1 704.16	2 438.68	609.67	3 360.32	1 094.49	137.79
合计	31 616.78	8 254.51	30 926.80	7 979.08	689.97	275.44	2.23

分析攻略：

1. 资产减值准备计提增加 1 445.67 万元，增长 29.66%，反映企业部分资产质量下降趋势明显，同时说明公司计提资产减值准备相对较充分；

2. 企业集团内部存在内部销售，且未实现利润大幅度增加 4 799.31 万元，增长 133.51%，但关联交易在合并报表中抵销，整体影响较小；

3. 企业集团子公司可抵扣亏损下降 10 521.11 万元，反映企业子公司亏损在减少，或很可能无法弥补亏损在减少所致；

4. 折旧政策差异扩大 1 582.67 万元，增长 128.8%，很可能是企业设备等固定资产在大幅度增加所致；

5. 可供出售金融资产公允价值变动差异增长虽达 28.9%，但总量较小，影响不大；

6. 已计提但未支付的费用大幅增加 1 094.49 万元，增长 137.79%，体现企业谨慎经营的思路，在利润充足情况下，预提费用，防患于未然。

第十六节　其他资产项目

一、调查目的

1. 确认其他资产项目余额的真实性；
2. 判断项目余额异常变化对主要财务指标的影响。

二、科目核算内容

（一）一年内到期的非流动资产

反映企业非流动资产项目中在一年内到期的金额，包括一年内到期的持有至到期投资、长期待摊费用、长期应收款等。本项目是一个报表项目，但不是独立的一个会计核算科目，余额需根据非流动资产项目分析后填列。

（二）其他流动资产

反映除货币资金、应收票据、应收账款、 其他应收款、存货等流动资产以外的流动资产。主要有具有短期性质（一年以内）的进项税抵扣、预缴税款、委托贷款、信托计划、理财产品、期货业务保证金等未明确归入其他科目的项目。

（三）长期应收款

核算企业融资租赁产生的应收款项和采用递延方式分期收款、实质上具有融资性质的销售商品和提供劳务等经营活动产生的应收款项。本科目按照承租人或购货单位（接受劳务单位）等进行明细核算。

（四）其他非流动资产

反映持续期间超过一年、但尚未确定放入已明确的资产科目，暂纳入本项目的其他非流动资产。主要有预付设备、工程、土地等采购款，存款、物资等冻结资产、涉及诉讼财产、待处理抵债资产等。

三、科目一般性特点

其他资产项目（科目）主要包括一年内到期的非流动资产、其他流动资产、长期应收款、其他非流动资产等，除一年内到期的非流动资产外，其他项目余额一般占资产总额比重较小，对偿债能力等主要财务指标影响小。

四、科目异动分析攻略

其他资产项目（科目）余额异常变化，且单一项目占资产比重达到5%以上的情况下，可予重点关注。

（一）一年内到期的非流动资产余额大幅增加

可能情况有：

1. 来源于非流动资产到期时间已达到一年以内，即转入本项目，此类情况对照长期应收款等非流动资产科目分析，如长期应收款期末余额比上期初余额大幅减少，且与本项目增加余额大致匹配，即说明本项目余额可确认。

2. 借款人为提高流动比率而虚增本项目余额。

（二）一年内到期的非流动资产余额大幅减少

主要原因一般是资产到期结清所致，如待摊费用业已摊销、应收款业已收回、到期投资收回等，一般无异常情况，可不予关注。

第四章 权益项目分析攻略

第一节 借　　款

一、调查目的

1. 确认短期借款余额的准确性，特别关注余额反映是否完整；
2. 确认长期借款余额的准确性，特别关注余额反映是否完整；
3. 确认借款利息支出与财务费用中利息支出是否匹配。

二、科目核算内容

（一）短期借款

核算企业向银行或其他金融机构等借入的期限在 1 年以下（含 1 年）的各种借款，本科目期末贷方余额，反映企业尚未偿还的短期借款的本金。实务中，企业对企业和个人短期借款多在本科目中反映。

（二）长期借款

本科目核算企业向银行或其他金融机构借入的期限在 1 年以上（不含 1 年）的各项借款。本科目期末贷方余额，反映企业尚未偿还的长期借款摊余成本。企业对企业和个人长期借款一般也在本科目反映。

三、科目一般性特点

1. 税务报表中，企业需要准确记录借款收付情况、同时借款利息可抵减企业所得税，因此借款一般都会在税务报表中反映，因而本科目准确性较高。有的企业也可能把个人、企业借款反映在其他应付款科目中，不影响负债总额。

2. 银行报表中，由于银行的企业征信系统可查企业某时点银行借款余额，但无法查询对企业或个人借款余额，因此借款科目中银行借款反映比较准确，而企业借款或个人借款很容易被隐瞒。

3. 税务报表中，企业常常向股东、实际控制人或关联企业借款，这些借款一般也反映在借款或其他应付款科目中；银行报表中，企业为了降低负债比率，有可能将这类借款视同对公司捐赠，而直接转入资本公积或留存收益，增加所有者权益。

4. 有的企业为规避税收，将账外销售收入不计入主营业务收入科目，但又考虑把收入纳入财务核算管理，便于控制和资金调度，便将这类资金反映在短期（长期）科目或其他应付款科目，而这部分账外收入支出产生的余额实质即企业净收益。

表 4-1 即是某公司反映在长期借款科目中的部分账外收支明细：

表 4-1　长期借款——A 股东　　单位：万元

20×9		凭证号	摘要	借方	贷方		余额
			期初余额			贷	5 800 000.00
4	5	记 203	某股东领款	10 000.00	0.00	贷	5 790 000.00
4	5	记 203	某股东领款	597 400.00	0.00	贷	5 192 600.00
4	6	记 212	还款	0.00	61 274.70	贷	5 253 874.70
4	9	记 230	还款	0.00	1 000 000.80	贷	6 253 875.50
4	9	记 230	还款	0.00	3 135 074.00	贷	9 388 949.50
4	9	记 230	某股东领款	3 135 074.00	0.00	贷	6 253 875.50
4	11	记 237	某股东领款	10 000.00	0.00	贷	6 243 875.50
4	12	记 243	某股东领款	632 490.85	0.00	贷	5 611 384.65
4	15	记 247	某股东领款	50 000.00	0.00	贷	5 561 384.65

四、科目异动分析攻略

1. 企业税务报表中借款余额准确性较高，大额增加多系借款增加，大额减少多系偿还借款所致。

2. 企业银行报表不会虚增借款，但可能虚减，特别是虚减向非金融企业或个人借款。如果虚减借款所支付利息在报表中反映，则比较容易被发现，信贷人员可结合“财务费用－利息支出”分析。

如：企业报表反映借款科目的期初、期末余额变化不大，年平均余额约 600 万元，同时财务费用中借款利息支出为 60 万元，请分析借款余额真实性。

分析：经询问得知企业对外借款利率平均在 6% 水平，通过利息支出倒推算对外借款约为 1 000 万元（60/6%），由此可判断企业报表借款应少记约 400 万元。

第二节　应付票据

一、调查目的

1. 确认应付票据余额是否虚减；

2. 关注应付票据与其他货币资金中保证金存款的配比关系。

二、科目核算范围

本科目核算企业购买材料、商品和接受劳务供应等而开出的承兑汇票，包括银行承兑汇票和商业承兑汇票。本科目期末贷方余额，反映企业尚未到期汇票的票面金额。

三、科目一般性特点

1. 本科目业务发生少，但金额大，占负债比率高，是信贷人员重点审核科目。

本科目调查不复杂，开立承兑汇票一般都有保证金，信贷人员结合其他货币资金科目，相互钩稽后很容易核实。

2. 企业应付票据真实性较强，少数小企业存在将承兑汇票直接用于支付，直接在账外消化的情况。

3. 银行报表中，也有企业为降低负债比率，时常少报应付票据余额，银行可从企业征信系统查询借款人贷款及承兑汇票余额，降低核实难度，但仍须结合承兑保证金核实。

四、科目异动分析攻略

1. 应付票据科目异动主要关注是否会少记余额。可先获取“其他货币资金——保证金”余额，询问保证金与承兑汇票的比例关系，有条件的，可获取企业保证金账户余额对账单，据此测算应付票据的余额，与报表提供余额核对。

2. 操作规范的企业会设置“应付票据备查簿”，详细登记每一笔商业汇票的出票日期、到期日、票面余额、收款人名称等资料及收付明细情况。通过查询企业的“应付票据备查簿”，也可以核实。

第三节 应付账款

一、调查目的

1. 确认应付账款余额是否虚减；

2. 关注应付账款与存货、应收账款的配比关系；

3. 关注主要供应商的年供应额、款项支付方式。

二、核算范围

本科目核算企业因购买材料、商品和接受劳务等经营活动应支付的款项，本科目期末贷方余额，反映企业尚未支付的应付账款。

三、科目一般性特点

1. 本科目发生频繁、余额大，占负债总额比例高，特别是企业账外采购多的情况下，科目完整性核实有难度。

2. 应付账款——暂估入账。

已入库原材料，实际已投入生产消耗，或已形成产品，但供应商因税收调节等原因尚未开具销售发票，形成“应付账款——暂估入账”余额。

理论上，企业或多或少都有暂估入账的应付账款，但实务中，多数小型企业仅编制入库单，财务不作暂估入账，待销售发票到达后直接入账处理；规模大、核算规范的企业一般会编制入库单，暂估入账处理。

有的企业为降低利润，多结转销售成本，导致原材料账面库存下降，或出现红字，为掩饰其中的舞弊行为，通常暂估原材料入库，补充已减少的原材料余额，暂估原材料对应的“应付账款——暂估入账”余额即为企业隐含利润。

四、科目异动分析攻略

1. 核实应付账款比较有效的办法是向其供应商进行查证。若企业有大量账外采购，账面余额完整性不足。

2. 分析主要供应商明细。信贷人员应采取询问等方式获取企业主要供应商明细（金额占全部余额 80%），调查其年供应额、款项支付周期，由此判断期末应付账款余额的合理性。

3. 了解企业原料市场紧俏程度。一般地，原料若供不应求，市场价格波动大（如钢、金属等），则付款期间短，应付账款余额少；主要原料是大众商品或是半成品，市场波动幅度少，则付款期间长，应付账款余额相对地多。

4. 了解企业在同行竞争中的地位。一般地，规模大、竞争力强、原料及产品接收能力强的企业（如大型超市），对供应商的选择余地大，应付账款余额相对比较大；反之，应付账款余额小。

5. 关注长期挂账的应付账款。若企业存在长期挂账的应付账款，可向企业核实，若属于不需要支付款项，可提请企业将此转入营业外收入，改善财务指标。

五、案例

例：20×8 年某 A 公司应付账款及相关科目余额详见表 4-2，其中 N 公司是 A 公司关联企业，据了解，N 公司生产能力达不到年产 4 000 万元产值。请分析应付账款余额准确性。

表 4-2　20×8 年阿科公司应付账款及相关科目余额表　　单位：万元

项目名称	期初余额		本期发生		期末余额	
	借方	贷方	借方	贷方	借方	贷方
存货	1 477	0	54 714	54 223	1 968	
原材料	749	0	8 009	7 806	952	
生产成本	282	0	8 335	8 370	247	
产成品	446	0	8 370	8 048	768	
主营业务成本	0	0	18 048	18 048	0	
应付账款合计	0	2 239	8 849	8 581		1 971
应付账款—暂估	0	884	2 177	2 180		887
D 公司	0	222	224	421		419
N 有限公司	0	1 105	6 261	5 478		322
W 有限公司	0	28	187	502		343
资产总额	8 644	0	206 230	203 674	11 200	0
存货占资产比重(%)	17.00				17.57	

分析：

1. 应付账款余额在资产总额中占比 17.57%，比重大，应重点关注。

2. 公司的期初余额中，原材料达 749 万元，应付账款——暂估期达 884 万元；期末余额中，原材料达 950 万元，应付账款——暂估期达 883 万元，即企业原材料绝大部分都是暂估形成，显然这不符合常规，需向企业查证，若属多结转成本，应估算金额，冲减应付账款，调增利润。

3. N 公司系企业的关系企业，其产能仅有 4 000 万元，根本达不到本公司所需要的产值，但其交易额却能达到 5 470 万元，需向企业核实，若有虚增成分，应估算金额，冲减应付账款，调增利润。

第四节　预收账款

一、调查目的

1. 确认预收账款科目余额是否虚减；

2. 判断企业产品畅销程度。

二、科目核算范围

本科目核算企业按照合同规定向购货单位预收的款项。预收账款不多的企业，也可将预收的款项直接记入“应收账款”科目。本科目期末贷方余额，反映企业向购货单位预收的款项；期末如为借方余额，反映企业应由购货单位补付的款项。

三、科目一般性特点

本科目明细少，发生频率小、余额挂账期限短，期末余额大小与产品畅销程度密切相关。

规模较小、预收款项不多、为求财务核算简单化的企业，一般将预收款项直接记入应收账款贷方，可能导致报表中应收账款余额为负数，但不影响净资产余额。

银行报表中一般不会虚增本科目。

四、科目异动分析攻略

若本科目期初与期末余额差异较大，可考虑：

1. 企业产品紧俏。这类预收款期限短，待产品发出后冲减本科目，余额减少。

2. 未开票销售。若余额大且长期挂账，可能是企业产品发出后一直未开具销售发票所致。

第五节 其他应付款

一、调查目的

1. 确认其他应付款科目余额是否虚减；
2. 通过其他应付款科目确认企业的关联方及关联交易。

二、科目核算范围

本科目核算企业除应付票据、应付账款、预收账款、应付职工薪酬、应付利息、应付股利、应交税费、长期应付款等以外的其他各项应付、暂收款项。本科目期末贷方余额，反映企业尚未支付的其他应付款项；期末余额如为借方余额，反映企业尚未收回的其他应收款项。

三、科目一般性特点

1. 税务报表中，企业除向银行外的企业、个人借入资金，一般都会反映到本科目，因而本科目准确性高；也有反映到短期、长期借款科目的，但不影响负债总额。

少数企业民间集资，特别是对个人集资资金账外反映，应关注。

2. 银行报表中，为降低负债比率，有意少报、不报企业或个人借款；很多信贷人员比较容易忽视本科目，也很难核实这类负债。事实上，本科目是除了短期、长期借款科目外最容易被虚减的负债项目。

四、科目异动分析攻略

本科目在性质上与借款类似，调查核实方法与借款科目基本相同。此外、信贷人员可向企业主动询问向金融机构以外的企业、个人、关联方借入资金、民间集资情况；询问以企业法定代表人、实际控制人、股东等名义借入资金（包括银行）最终投入到本企业的情况；尽可能获取企业税务报表、科目余额表，全面掌握向企业、个人民间集资、关联方借款余额。

第六节　应交税费

一、调查目的

1. 确认应交税费余额是否虚增；

2. 确认企业年度增值税销项税、进项税、应交增值税额、营业税额、出口退税额。

二、科目核算范围

企业按照税法规定计算应交纳的各种税费，包括增值税、消费税、营业费、所得税、土地增值税、城市维护建设税、教育费附加、房产税、土地使用税等。

三、科目一般性特点

1. 本科目余额占比小，对净资产及财务指标影响小，但增值税销项税、进项税等项目与主营业务收入、应税销售额等项目有钩稽关系，应予以关注。

2. 一张完整的增值税纳税申报表可以反映企业产品销售额（入账）、累计销项税、进项税、增值税率、出口额、退税率及退税总额等。因此调查时，应取得企业的增值税纳税申报表，并分析信息。

增值税纳税申报表样式（节选）详见表4-3：

表4-3　增值税纳税申报表

税款所属时间：自　　年　　月　　日　　　　　　填表日期：

<table>
<tr><td>纳税人名</td><td></td><td>法定代表人姓名</td><td></td><td>注册</td><td>营业</td><td></td></tr>
<tr><td>开户银行</td><td colspan="2"></td><td>企业登记</td><td></td><td>电话号码</td><td></td></tr>
<tr><td colspan="2" rowspan="2">项　　目</td><td rowspan="2">栏次</td><td colspan="2">一般货物及劳务</td><td colspan="2">即征即退货物及劳务</td></tr>
<tr><td>本月数</td><td>本年累计</td><td>本月数</td><td>本年累计</td></tr>
<tr><td rowspan="7">销售额</td><td>（一）按适用税率征税货物及劳务销售额</td><td>1</td><td></td><td></td><td></td><td></td></tr>
<tr><td>其中：应税货物销售额</td><td>2</td><td></td><td></td><td></td><td></td></tr>
<tr><td>应税劳务销售额</td><td>3</td><td></td><td></td><td></td><td></td></tr>
<tr><td>纳税检查调整的销售额</td><td>4</td><td></td><td></td><td></td><td></td></tr>
<tr><td>（二）按简易征收办法征税货物销售额</td><td>5</td><td></td><td></td><td></td><td></td></tr>
<tr><td>其中：纳税检查调整的销售额</td><td>6</td><td></td><td></td><td></td><td></td></tr>
<tr><td>（三）免、抵、退办法出口货物销售额</td><td>7</td><td></td><td></td><td>—</td><td>—</td></tr>
</table>

续表

销售额	（四）免税货物及劳务销售额	8			—	—
	其中：免税货物销售额	9			—	—
	免税劳务销售额	10			—	—
税款计算	销项税额	11				
	进项税额	12				
	上期留抵税额	13		—		—
	进项税额转出	14				
	免抵退货物应退税额	15			—	—
	按适用税率计算的纳税检查应补缴税额	16			—	—
	应抵扣税额合计	17		—		—
	实际抵扣税额	18				
	应纳税额	19=11-18				
	期末留抵税额	20=17-18		—		—
	简易征收办法计算的应纳税额	21				
	按简易征收办法计算的纳税检查应补缴税额	22			—	—
	应纳税额减征额	23				
	应纳税额合计	24				

四、科目异动分析攻略

1. 税务报表主要科目余额不准确与税收的关系。

企业的应收、应付账款，预收、预付账款、主营业务收入等科目核算不准确，主要与增值税、所得税相关。很多中小企业、私营企业财务核算最重要的内容之一就是如何控制增值税、所得税额。

实务中，因产品成本核算复杂，税务部门对企业成本准确性难以掌握，便采取简单测算方法，即按企业销售收入的一定比例值，确定某行业增值税纳税基点，再根据具体某企业规模大小、地方特点对这个比例作适当调整。

财务人员以税务部门确定的增值税纳税基点为基础，对每个月或每年增值税缴纳额度进行调节、控制。若当期增值税缴纳过少，可能达到税务部门的预警点，企业就提前开具增值税发票，增加当期开票销售收入，或推迟取得增值税进项发票，减少当期开票支出，调整预收账款、应收账款等科目；若当期增值税缴纳过多，企业就可能提前取得增值税进项发票，增加当期原料采购开票支出，或对已发出产品推迟开具增值税发票，少计当期销售收入，调整预付账款、应付账款等科目。

财务人员通过这些方式将当期应缴增值税控制在税务部门核定的水平，保持税务平衡。企业也因此经常发生应收、应付账款，预收、预付货款账实不符的情况。

2. 无论是税务报表还是银行报表，应交税费余额占资产比重都不会太大，对负债总额或是净资产影响较小，但通过分析增值税纳税（营业税）申报表、所得税汇算清缴报表等税务部门报表，可以印证企业提供报表中，主营业务收入的大致金额，特别是对于分析虚增主营业务收入非常有效。

第七节 递延所得税负债

一、调查目的

1. 分析递延所得税负债反映的主要明细项目；
2. 确认递延所得税负债余额准确性；
3. 判断递延所得税负债所体现的应税金额未来是否能实现。

二、科目核算范围

（一）核算内容

本科目核算企业根据所得税准则确认的应纳税暂时性差异产生的所得税负债，是企业将当期（及以前期间）应交未交的所得税先确认为递延所得税负债，待确定未来收回资产或清偿负债期间，将导致产生应税金额。

可以这么理解：企业认为应在当期或之前就缴纳的税款，但税务部门一直到当期尚未收取。这意思是，企业先欠着税务部门的税款，但也知道这是迟早要上交税库的。

本科目按照应纳税暂时性差异项目进行明细核算。期末贷方余额反映企业已确认的递延所得税负债的余额。

（二）案例

某企业利润总额为50万元，其中持有一项交易性金融资产（股票），成本为100万元，期末公允价值为120万元，无其他涉及税务调整事项。

按照企业会计准则规定，交易性金融资产期末应以公允价值计量，公允价值的变动计入当期损益。但按照税法规定，交易性金融资产在持有期间公允价值变动不计入应纳税所得额，由此形成会计账面价值与税法计税基础的计算及缴纳时间差20万元（120-100）即为应纳税暂时性差异，计入递延所得税负债5万元。则：

当期所得税费用 =（50-20）×25%=7.5 万元

递延所得税负债 =（120-100）×25%=5 万元

（1）确认所得税费用会计处理为

借：所得税费用——当期所得税费用　　75 000

　　贷：应交税金——应交所得税　　75 000

借：所得税费用——递延所得税费用　　50 000

　　贷：递延所得税负债　　50 000

（2）若该资产最终以120万元出售，则冲减递延所得税负债，会计处理为

借：递延所得税负债　　50 000

　　贷：所得税费用——递延所得税费用　　50 000

三、科目一般性特点

1. 一项业务在会计核算中资产的账面价值大于其税法确定的计税基础，

或者负债的账面价值小于其税法确定的计税基础的，产生应纳税暂时性差异，即形成递延所得税负债。一般地，会计利润比税务核算利润多，即形成递延所得税负债。

2. 导致形成递延所得税负债主要明细包括折旧政策差异（生物制药、专用设备等特殊行业或技术进步等税法允许加速折旧）、以金融资产、投资性房地产等公允价值存在盈利时等。

3. 很多中小及小微企业、私营企业若非特殊用途的，一般不考虑递延所得税负债。

四、科目异动分析攻略

1. 基于贷款目的，企业一般不会大幅虚增递延所得税负债，以提高负债比率。若非财务核算非常规范的企业，或是未来很可能会产生较大额的所得税支出，一般也不会核算并产生大额递延所得税负债余额。

2. 期末余额大幅下降，说明前期已计提递延所得税负债，在当期资产已收回或负债已清偿或逐步清偿，信贷人员只须询问或分析对应的资产、负债是否减少即可判断。

第八节 实收资本

一、调查目的

1. 确认企业股权结构；

2. 确认企业关联方及关联关系。

二、科目核算范围

企业接受投资者投入的实收资本。本科目期末贷方余额，反映企业实收资本或股本总额。

三、科目一般性特点

1. 本科目余额准确性最强，没有企业会利用该科目作假。

2. 根据《公司法》规定，在公司注册资本没有全部到位之前，营业执照中的注册资本与实收资本不一致，待资金全部到位后，两者才会一致。

四、科目异动分析攻略

本科目变化系增资或减资所引起。发生变化时，以增资或减资的验资报告、章程、变更后的营业执照核实即可。

第九节　资 本 公 积

一、调查目的

1. 确认资本公积余额是否虚增；

2. 验证可供出售金融资产、投资性房地产等科目余额合理性。

二、科目核算范围

企业收到投资者出资超出其在注册资本中所占的份额以及直接计入所有者权益的利得和损失。本科目分“资本溢价”或“股本溢价”“其他资本公积”等主要有：

1. 企业收到投资者投入的资本，超过实收资本（或股本）的；

2. 企业的长期股权投资采用权益法核算的，在持股比例不变的情况下，被投资单位除净损益以外所有者权益变动的；

3. 企业自用房地产或存货转换为采用公允价值模式计量的投资性房地产时，大于原账面价值差额的；

4. 可供出售金融资产的公允价值高于其账面余额差额的。

期末贷方余额，反映企业资本公积的余额。

三、科目一般性特点

1. 该科目发生频率极小，中小企业、小微企业往往整年无变化。科目余额增加、减少一般都有充分的依据。

2. 部分企业虽未按《企业会计准则》核算，但企业固定资产特别是房地产发生增值时，可能在编制银行报表时将增值部分计入资本公积科目，提高净资产占比；有的企业发生特殊业务如企业进行股份制改造、企业转制等原因，企业资产增值部分的，可能在编制银行报表时将增值部分计入资本公积科目，以提高净资产占比。

四、科目异动分析攻略

1. 本科目余额增加时，可要求企业提供新增入股的股东决议，或其他按公允价值调整资本公积的合理计价依据。科目余额减少，转增资本的，可要求企业转增资本的文件；转入当期损益的提供相应的依据。

2. 各级政府奖励资金收入、补助、税收返还收入等非营业性收入，一般只能归属在营业外收入科目，不能直接计入资本公积科目。有的企业因规避税收等原因可能会将这些收入计入本科目中，但仍存在税务风险。

3. 很多企业提供银行报表时，为了提高净资产，将资产特别是房地产增值部分直接反映在资本公积科目，因而常常出现余额较大的情况。这种核算方式不合规，但评价企业的偿债能力时可以考虑增值因素。

第十节　留存收益

一、调查目的

1. 确认盈余公积余额是否虚增；
2. 确认利润分配余额是否虚增。

二、科目核算范围

盈余公积核算企业从净利润中提取的盈余公积，应当分别按“法定盈余公积”“任意盈余公积”进行明细核算。本科目期末贷方余额，反映企业按规定提取的盈余公积余额。

未分配利润核算企业利润的分配和历年分配后的积存余额。本科目年末余额，反映企业历年积存的未分配利润。

盈余公积、利润分配统称为留存收益。

三、科目一般性特点

1. 新《公司法》规定，法定盈余公积应按当期净利润弥补亏损后的余额的 10% 计提。任意公积金则由企业按公司实际情况进行计提。

2. 根据会计恒等式，即资产 = 负债 + 所有者权益，在对企业的资产、负债进行充分的核实后，留存收益可不需作太多的核实工作。

四、科目异动分析攻略

一般地，期末留存收益 = 期初留存收益 + 本期净利润 - 本期已分配利润。可按此对期末盈余公积和未分配利润进行钩稽核对，有的企业编制银行报表时，一味追求增加净资产，导致留存收益异常增加，通过钩稽可以发现这一问题。

第十一节 其他权益类项目

一、调查目的

1. 确认其他权益类项目是否完整。

2. 分析大额的权益变动项目对偿债能力等主要指标的影响。

二、科目核算范围

1. 一年内到期的非流动负债：指企业非流动负债中将要在一年以内到期的部分，主要有一年内到期的长期借款、长期应付款（含融资租赁）、应付债券等。

2. 其他流动负债：指不归属于短期借款、应付票据、应付账款、预收账款、应付职工薪酬、应交税费、其他应付款、一年内到期的非流动负债等前述科目的流动性负债，主要有短期应付债券、产品持保金、转销项税、预提费用等。

3. 应付债券：核算企业为筹集长期资金而发行的债券本金和利息，主要有公司债券、金融债、次级债等。

4. 长期应付款：核算企业除长期借款和企业债券以外的其他各种长期应付款项，包括以分期付款方式购入固定资产和无形资产发生的应付账款、应付融资租入固定资产的租赁费等。

5. 预计负债：核算企业根据或有事项等相关准则确认的各项预计负债，包括对外提供担保、未决诉讼、产品质量保证、重组义务以及固定资产和矿区权益弃置义务等产生的预计负债。

6. 递延收益：核算企业根据政府补助准则确认的应在以后期间计入当期损益的政府补助金额。

7. 其他非流动负债：核算除长期借款、应付债券、长期应付款、预计负债等前述已列示科目等以外的非流动负债，主要有股东借给公司款项、应付外部单位款、应付保理费用等。

三、科目一般性特点

1. 一年内到期的非流动负债一般发生频率小，但占负债（或资产）比重不小，对流动比率、短期偿债能力等主要财务指标影响较大，信贷人员应予充分评估分析。同时还须对一年内到期的非流动负债对应的利息支付能力进行评估。

中小企业、私营企业一般不将一年内到期的长期负债转入本项目，信贷人员应予分析分别确认。

2. 其他流动负债除少数企业有短期应付债券外，一般发生额及余额均较小，占负债（或资产）比重小。

3. 应付债券只有少数有实力企业才会有，且期限长、数额大，发行债券都有股东大会、监管审批等相关资料，较好核实。

4. 长期应付款一般发生频率不高，总体占比不大，但多数是分期付款购入设备等款项，资金成本（利率）较高，若非银行融资较困难，一般企业不会采取这类融资渠道，信贷人员应关注。

5. 预计负债是对未来很可能发生的事件及其损失进行谨慎预估，这一般在财务核算比较规范的企业中会有该科目，多数中小企业、小微企业、私营企业一般不会设置此科目。

6. 递延收益、其他非流动负债一般发生额及余额较小，占资产比重小。

四、科目异动分析攻略

1. 其他流动负债、递延收益、其他非流动负债一般不会有大额异常变化，可不予关注；

2. 一年内到期的非流动负债、长期应付款期末余额若有大额异常变化，应予重点关注。

一年内到期的非流动负债期末余额过大，体现企业短期偿债压力大；很多中小企业、小微企业基于简化核算，一般不会将一年内将到期的非流动负债分类到一年内到期的非流动负债项目中列示，但信贷人员应予关注。

长期应付款期末余额过大，很可能说明企业缺少资金和有效的融资渠道。

3. 一般企业不会设置预计负债科目，基于企业向银行贷款目的，企业也少于预估损失。信贷人员需通过询问、诉讼事件分析等方法，对企业很可能产生的预计负债进行评估、确认，并预计对负债及企业偿债能力的影响。

第五章
损益类项目分析攻略

第一节 营业收入和营业成本

一、调查目的

1. 确认主营业务收入是否虚增；
2. 测算账外销售收入、不开票收入；
3. 确认是否虚减主营业务成本；
4. 确认毛利率的合理性。

二、科目核算范围

主营业务收入：核算企业根据收入准则确认的销售商品、提供劳务等主营业务收入。

主营业务成本：核算企业根据收入准则确认销售商品、提供劳务等主营业务收入时应结转的成本。

毛利率是指毛利占商品销售收入或营业收入的百分比。

毛利率 =（营业收入 − 营业成本）/ 营业收入 ×100%

或 =（主营业务收入 − 主营业务成本）/ 主营业务收入 ×100%

《企业会计准则》中，营业收入包括主营业务收入和其他业务收入；营业成本包括主营业务成本和其他业务支出。

三、科目一般性特点

主营业务收入、主营业务成本、毛利率是分析任何一家企业的财务状况、经营成果、现金流量的关键指标，但企业出于各种经营、财务目的，这几个指标最可能被企业操纵和利用，信贷人员在分析时务必重点关注。

四、科目异动分析攻略

（一）主营业务收入分析

财务核算比较规范、能依法完成各项税收、力争真实完整反映自身财务状况、经营成果的企业，主营业务收入科目能够比较准确地反映公司实际销售收入。但企业为了各种财务、经营之目的，主营业务收入科目可能会被虚增或虚减：

1. 若公司为上市公司，企业为了抬高股价、提高每股收益或其他目的，可能虚增主营业务收入，或虚减主营业务成本；

2. 若上级部门对企业销售指标、净利润等相关指标有考核，则可能虚增主营业务收入，或虚减主营业务成本；

3. 若企业要争取达到行业资质要求、成为行业龙头企业、取得研发费用补助、争取成为高新技术企业、或为满足银行贷款授信要求等，可能虚增主营业务收入，或虚减主营业务成本；

4. 若企业为逃避税收，财务上可能会虚减实际销售收入；

5. 若企业全部或主要产品出口，或享受出口免、抵、退优惠政策，则其财务报表中主营业务收入比较准确；

6. 若企业主要销售客户是国有企业，或是采购方要求提供销售发票，则企业主营业务收入比较准确；

7. 若企业主要销售客户是零售商、个体户，或对方不需要销售发票的，很可能会虚减销售收入。

可见，企业出于不同的财务目的，可能会导致主营业务收入、主营业务成本不准确，或虚增，或虚减，因而信贷人员在对企业进行调查过程中须具体情况具体分析，充分了解、掌握企业财务报表的编制用途，从而对主营业务收入、主营业务成本科目的准确性进行判断。

实务中，很多银行通过检查企业每月或每年电费支出，来判断企业销售收入准确性，应该是一个比较好的办法。但不同的行业，不同产品其用电量是不一样的，所以必须先取得同一行业的单位产品平均电能耗量，再用具体企业的用电量去和平均电能耗量进行对比，这样才有效果。

（二）主营业务成本准确性主要取决于产品成本能否准确核算

成本核算的复杂性、企业主纳税理念、财务人员业务素质等因素，使企业产品成本核算是财务中最难核算的内容之一，加之监管部门财务专业水平及对企业成本核算了解着实有限，都会促使企业有意通过调整半成品与产成品之间分配比率、产品单位原材料消耗量等方式，进而调整主营业务成本，调节利润，给企业主营业务成本准确性分析带来很大难度。

（三）毛利率分析

毛利是主营业务收入扣减主营业务成本的结果。

一般地，同一类产品持续经营、财务成本核算较为准确的企业，其产品毛利率会保持在一个相对平稳的水平，且指标具有连贯性，不应突然增加或减少。

但若原材料季节性突然增加或减少会使毛利率发生短期波动，或新开发产品残次品、返修品较多也会影响毛利率。此外，若人工工资大幅增减、季节性制造费用突然增减也会影响毛利率。

由于毛利率指标与主营业务收入、主营业务成本的关联关系特别强，在主营业务收入、成本被企业因特定目的而作人为调整后，毛利率就会波动，其平稳性、连贯性会遭到破坏，企业操作利润、毛利率的行为也会被发现。

为了能较为准确地判断毛利率是否被人为操纵，信贷人员最好能取得企业当年度每月主营业务收入、主营业务成本金额，从中发现其毛利率异动，针对突然大幅增加或减少的毛利率进行核实，从而获取企业比较准确的成本及毛利率数据。若企业各月毛利率差异大，又不能获得合理解释时，企业的毛利率、成本结转数据不可利用，这时只能参照同行业毛利率水平判断其盈利水平。

一般地，上市公司、国有企业因注重企业的每股收益、市盈率，而轻税收，可能会人为提高毛利，以达到增加利润、提高每股收益的目的，因而毛利率水平相对较高；而一般的私营企业，因注重规避税收，而轻利润，可能会人为降低毛利、以达到减少利润总额，规避各项税收的目的，因而毛利率水平相对较低。

五、案例

案例 1：某 A 汽车配件公司系中美合资公司（真外资），经国家有关部门认定为高科技企业，所得税减按 15% 计征。该公司 20×6 年 12 月成立，20×7 年、20×8 年主营业务收入、成本、毛利率数据详见表 5-1、表 5-2。

表 5-1　A 汽车配件公司

20×7 年　　　　单位：万元

月　　份	营业收入	营业成本	毛　　利	毛利率（%）
1	80	71	9	11.25
2	89	69	20	22.47
3	112	80	32	28.57
4	168	112	56	33.33
5	158	102	56	35.44
6	124	78	46	37.10
7	182	113	69	37.91
8	130	79	51	39.23
9	145	88	57	39.31
10	187	112	75	40.11
11	146	87	59	40.41
12	223	132	91	40.81
合计	1 744	1 123	621	35.61

表 5-2　A 汽车配件公司

20×8 年　　单位：万元

月　　份	营 业 收 入	营 业 成 本	毛　　利	毛利率（%）
1	180	110	70	38.89
2	9	6	3	33.33
3	310	194	116	37.42
4	206	131	75	36.41
5	213	135	78	36.62
6	262	178	84	32.06
7	284	192	92	32.39
8	245	169	76	31.02
9	257	175	82	31.91
10	307	209	98	31.92
11	290	181	109	37.59
12	369	242	127	34.42
合计	2 932	1 922	1 010	34.45

分析如下：

1. 经询问查实，该企业属实质性外资企业，企业管理严格、财务核算规范，无规避税收之意，财务报表基本能反映企业实际财务状况和经营成果。

2. 公司 20×7 年经营刚开始，生产残次品、返修较多，故毛利率较低，但随着技术成熟，生产趋于稳定，毛利率稳步增长。20×8 年毛利率基本稳定，只是在下半年，又增加了新的项目，故略有回落，但总体上，毛利都保持在一个较高水平。

3. 公司销售收入真实、完整，成本结转比较准确，可直接认定其毛利率。

案例 2：某企业系内资公司，制造电器产品，经营十年余，产品 90% 以上出口，内销部分较少开票，信贷人员获取了企业提供的增值税纳税申报表和销售明细表，两者基本一致。公司 20×8 年销售毛利明细情况详见表 5-3。

表 5-3　公司 20×8 年销售毛利明细表　　单位：万元

月　　份	营 业 收 入	营 业 成 本	毛　　利	毛利率（%）
1	2 245	1 989	256	11.40
2	1 436	1 225	211	14.69

续表

月　份	营业收入	营业成本	毛　利	毛利率（%）
3	2 039	1 864	175	8.58
4	2 243	2 015	228	10.16
5	2 570	2 483	87	3.39
6	1 251	1 003	248	19.82
7	2 656	2 476	180	6.78
8	1 631	1 389	242	14.84
9	3 695	3 419	276	7.47
10	3 365	3 044	321	9.54
11	2 507	2 286	221	8.82
12	2 656	2 302	354	13.33
合计	28 294	25 495	2 799	9.89

分析如下：

公司产品主要供出口，增值税纳税申报表和报表销售额基本一致，因此出口部分销售收入数据比较准确；内销部分开票少，销售额无法确认，但可根据出口占比，推算总体销售额约 31 400 万元（28 294/90%）。

公司经营十余年，产品当属成熟期，毛利率应该比较稳定，但明细表显示毛利率 3% ～ 19% 不等，一直不稳定，显然与利润控制有关，预计账外销售产品成本已在账内消化，成本结转不准确，导致毛利率也不准确，毛利率可按该类电器行业平均毛利率测算。

案例 3：某钢铁公司系内资企业，已成立十年有余，钢铁产品主要销售给大型企业、上市公司，所有销售基本都开具增值税发票，20×6 年、20×7 年毛利明细详见表 5-4、表 5-5（单位：万元）。

表 5-4　20×6 年销售毛利明细表　　单位：万元

月　份	营业收入	营业成本	毛　利	毛利率（%）
1	1 900	1 855	45	2.37
2	2 558	2 503	56	2.19
3	2 474	2 384	90	3.64
4	1 591	1 540	51	3.21
5	2 609	2 514	95	3.64
6	3 058	3 076	−18	−0.59
7	3 292	3 239	53	1.61

续表

月　　份	营 业 收 入	营 业 成 本	毛　　利	毛利率（%）
8	2 578	2 523	55	2.13
9	2 791	2 704	87	3.12
10	2 140	2 093	48	2.24
11	2 080	2 018	62	2.98
12	3 058	2 997	61	2.00
合计	30 131	29 446	685	2.27

表 5-5　20×7 年销售毛利明细表　　单位：万元

月　　份	营 业 收 入	营 业 成 本	毛　　利	毛利率（%）
1	1 812	1 728	84	4.64
2	1 010	961	49	4.85
3	2 651	2 518	133	5.02
4	2 320	2 249	71	3.06
5	2 262	2 212	50	2.21
6	3 080	3 020	60	1.95
7	3 352	3 300	52	1.55
8	3 927	3 787	140	3.57
9	2 516	2 467	49	1.95
10	2 875	2 753	122	4.24
11	2 267	2 216	51	2.25
12	3 020	2 965	56	1.85
合计	31 092	30 176	916	2.95

分析如下：

根据公司情况，企业销售收入比较准确，毛利率比较平稳，没有大幅波动情况，可判断企业成本核算比较准确。

公司每到年末销售收入都大幅增加，有异常，经询问，主要原因是很多企业平常发出商品后，集中在年终开票结算，结清货款所致。

当然要注意，不是所有毛利率平稳，即判断企业成本准确，有些财务核算水平较高的企业，可以此调节利润，手法隐蔽，检查人员一般难以发现。

部分私营企业可能存在大量账外销售情况，税务报表中主营业务收入反映的比实际少，而银行报表反映的比实际多。如果要了解企业真实销售，则可采取突击抽查公司仓库大额或重要存货商品出库单，与账面核对。

第二节 营业税金及附加

一、调查目的

确认营业税金及附加金额总体合理性。

二、科目核算范围

本科目核算企业经营活动发生的营业税、消费税、城市维护建设税和教育费附加等相关税费。

三、科目一般性特点

1. 本科目占营业收入或资产总额比重小，对资产负债表及损益表影响小。

2. 城建税、教育费用附加是根据当期的应交增值税来计算，企业免缴增值税的同时，该两税也免缴。

四、科目异动分析攻略

1. 本科目一般发生额都较小，企业很少通过虚减此科目以调节利润。

2. 若是税务报表，本科目发生额真实性较强，虽科目本身对利润影响不大，但若能获得该科目明细，特别是城建税、教育附加明细，可以据此倒轧增值税额，并分析销售收入的整体合理性，有利于发现可能存在虚增销售收入。

第三节 营业费用

一、调查目的

确认营业费用总体合理性。

二、科目核算范围

本科目核算企业销售商品和材料、提供劳务的过程中发生的各种费用，包括保险费、包装费、展览费和广告费、商品维修费、预计产品质量保证损失、运输费、装卸费等以及为销售本企业商品而专设的销售机构的职工薪酬、业务费、折旧费等经营费用。

三、科目一般性特点

本科目占营业收入或资产总额比重小，对资产负债表及损益表影响小。

四、科目异动分析攻略

本科目金额占资产比重小，对资产负债表及损益表影响有限，所以信贷人员可对此科目不作重点核查。但可通过费用增减变化分析企业经营中可能出现的问题及策略变化。

如某 A 公司运输费与前期比较，大幅增长。经询问后发现，公司近阶段生产管理水平下降，残次品、返修品多，出口订单不能按计划完工，交货急，为不造成违约，部分商品不得不进行空运，导致公司费用大幅增长。

如某 B 公司仓储费较大。经询问、分析，得知企业产品主要销售给某知名 C 公司，C 公司要求自身存货零库存，B 公司为了供货及时，又不得不在C公司附近租赁仓库，将部分产品储放该处，因而增加了外在库存量，导致仓储费增加。

如某D公司展览费每年都维持在一个较高水平，说明企业注重积极开拓市场，扩大产品市场占有率，对公司发展是一个积极信号。

第四节 管理费用

一、调查目的

确认管理费用总体合理性。

二、科目核算范围

本科目核算企业为组织和管理企业生产经营所发生的管理费用，包括企业在筹建期间内发生的开办费、董事会和行政管理部门在企业的经营管理中发生的或者应由企业统一负担的公司经费、工会经费、董事会费、聘请中介机构费、咨询费、诉讼费、业务招待费、房产税、印花税、技术转让费、研究费用、排污费等。

三、科目一般性特点

本科目占营业收入或资产总额比重较小，对资产负债表及损益表影响小。

四、科目异动分析攻略

本科目一般变化金额占资产比重小，对资产负债表及损益表影响有限，所以信贷人员可对此科目不作重点核查。但可通过费用增减变化分析企业经营中可能出现的问题及策略变化，如：

通过工资支出可判断企业真实用工情况；

通过公司的技术服务费用可判断母、子公司的关联关系；

通过房产税、土地使用税可判断企业拥有的房地产；

通过坏账损失可判断企业应收账款可回收性；

通过诉讼费用开支，可判断可能存在的或有负债；

通过制造费用中电费或机物消耗，可推断企业产值，同时判断企业返工情况和残次品情况等。

第五节 财务费用

一、调查目的

1. 确认财务费用总体合理性；
2. 确认借款利息支出与借款科目钩稽合理性。

二、科目核算范围

本科目核算企业为筹集生产经营所需资金等而发生的费用，包括利息支出（减利息收入）、汇兑差额、相关手续费、现金折扣等。

三、科目一般性特点

本科目占营业收入或资产总额比重较小，对资产负债表及损益表影响小。

四、科目异动分析攻略

本科目一般变化金额占资产比重小，对资产负债表及损益表影响有限，但本科目利息支出明细与借款之间存在一定钩稽关系，故信贷人员务必充分利用这一点，核实企业是否存在未入账的借款或票据情况。

如企业报表反映借款科目的期初、期末余额变化不大，平均余额为1 000万元，同时财务费用中借款利息支出为80万元，企业对外借款利率平均在5%水平。通过利息支出倒推算对外借款约为1 600万元（80/5%），由此可判断企业报表借款应少记约600万元。

第六节 资产减值损失

一、调查目的

1. 确认资产减值损失的总体合理性；
2. 判断是否存在减值的资产及大致减值额。

二、科目核算范围

本科目核算企业根据资产减值等准则计提各项资产减值准备所形成的损失，主要包括坏账准备、存货、长期股权投资、固定资产、在建工程、无形资产、商誉等科目减值。相关资产的价值又得恢复的，在原已计提的减值准备金额内，按恢复增加的金额，冲减本科目。

三、科目一般性特点

1. 因税法要求计提资产减值损失只有在实际发生时才可以抵扣当期所得税，故一般只有财务核算很规范的企业会考虑计提资产减值准备，中小企业、小微企业、私营企业一般不会计提资产减值准备。

2. 企业经营时间长、资产变现能力弱、被投资企业经营状况差等原因，产生资产减值可能性更大。

四、科目异动分析攻略

资产大幅度减值对利润表、净资产将产生重大的负面影响，因此企业一般不会虚增资产减值损失金额。

为了取得贷款，企业很可能有意隐瞒实际资产减值或损失，要发现此问题，最有效的办法仍是现场观察实物资产状况，评估实物资产的变现价值。若能取得企业的明细账，可重点关注挂账时间长、长期未增减变化的资产项目，判断其变现价值和减值可能性。

第七节 投资收益

一、调查目的

1. 确认投资收益发生额的真实性、完整性；
2. 合理推断长期性投资项目真实性。

二、科目核算范围

本科目核算企业根据长期股权投资准则确认的投资损益、采用公允价值模式计量的投资性房地产的租金收入和处置损益、处置交易性金融资产（负债）以及可供出售金融资产实现的损益、持有至到期投资和买入返售金融资产在持有期间取得的投资收益和处置损益、投资理财产品形成的投资收益等。

长期股权投资采用成本法核算的，企业按被投资单位宣告发放的现金股利或利润中属于本企业的部分，计入本科目。

长期股权投资采用权益法核算的，资产负债表日，按被投资单位实现的净利润中企业享有的份额，计入本科目。

三、科目一般性特点

本科目一般发生频率小，发生金额较大。由于大额变化都需要有被投资方财务报表佐证，若能获取被投资方财务报表，则本科目完整性、准确性核实相对较容易些。

四、科目异动分析攻略

1. 投资收益一般是属于非经常性损益项目（权益法核算下的长期股权投资收益除外），在分析销售利润率时，应该考虑投资收益对利润率的影响。

2. 合并报表中的长期股权投资收益仅在合营、联营情况下才可能发生，对子公司投资的，企业合并报表中投资收益与长期股权投资均作合并抵销。

3. 投资收益大幅增加可能是投资企业（或项目）持有期间实际产成的收益，或资产转让处置过程中产生的损益。信贷人员须核实被投资企业财务报表及公司持股比例等相关信息、投资资产转让处置报告及入账流水等。

4. 上市公司、大中型企业可能存在企业通过非正常转让出售子公司增加投资收益，通过变更会计政策如将可供出售金融资产变更为权益法核算的长期股权投资等措施增加投资收益，改善盈利能力指标情况，需要信贷人员对转让子公司价值合理性、变更政策合规性进行评估，剔除非正常交易行为对盈利能力指标的影响。

第八节 公允价值变动损益

一、调查目的

1. 确认公允价值变动损益总体合理性；

2. 确认公允价值变动损益发生额是否准确；

3. 判断公允价值变动损益所对应资产及负债项目余额的真实性和完

整性。

二、科目核算范围

本科目核算企业在初始确认时划分为以公允价值计量且其变动计入当期损益的金融资产或金融负债（包括交易性金融资产或金融负债和直接指定为以公允价值计量且其变动计入当期损益的金融资产或金融负债），以及采用公允价值模式计量的投资性房地产、衍生工具、套期业务中公允价值变动形成的应计入当期损益的利得或损失。主要明细包括交易性金融资产/负债（股票、债券、期货、基金，等等）、投资性房地产等。

三、科目一般性特点

本科目一般发生频率小，但单笔金额较大，交易性金融资产（如股票、债券等）、交易性金融负债市场价格比较容易取得，比较好核实，企业虚增的可能性较小；投资性房地产市场价格差异有些较大，公允价值评估相对主观性较强，企业虚增可能性相对较大。

四、科目异动分析攻略

本项目发生额异常，可结合对应的交易性资产（负债）科目明细项目对应的所有权证或交易明细，结合该资产（负债）市场价格即可核实确认。

第九节　营业外收支

一、调查目的

1. 确认营业外收入总体合理性；

2. 确认营业外支出总体合理性。

二、科目核算范围

营业外收入：核算企业发生的与其经营活动无直接关系的各种净收入，主要包括：处置非流动资产利得、非货币性交易交换利得、债务重组利得、罚没利得、政府补助利得、确实无法支付而转作营业外收入的应付款、捐赠利得、盘盈利得等。

营业外支出：核算企业发生的与其经营活动无直接关系的各项净支出，包括：处置非流动资产损失、非货币性资产交换损失、债务重组损失、罚款支出、捐赠支出、非常损失等。

三、科目一般性特点

两科目占营业收入或资产总额比重较小，对资产负债表及损益表影响小。

四、科目异动分析攻略

1. 该两科目变化金额一般占资产比重小，对资产负债表及损益表影响有限，所以信贷人员可对此科目不作重点核查。

2. 取得营业外收入明细，了解企业对国家优惠政策利用能力，如企业是否取得国家各项财政补贴收入、各项退税收入、专项扶持资金等。

3. 取得营业外支出明细，了解企业非正常业务支出情况，如了解企业大额出售或清理固定资产、非货币性资产交换、债务重组、火灾损失、对外发生诉讼、对经营产生重大影响的大额罚款、或有债务、或有损失等情况，评估这些非正常事项对企业经营风险、财务风险的影响。

第六章
现金流量分析攻略

第一节 现金流量表的概念及作用

一、现金流量表的意义

现金流量表是以现金为基础，反映企业在一定会计期间现金和现金等价物流入和流出的报表。现金和现金等价物包括：库存现金、银行存款、其他货币资金及现金等价物。

企业现金流量分析是银行信贷人员评价借款人收益质量、实际对外支付能力的重要环节。现金流量分析主要通过企业现金流量表来实现的。

编制现金流量表比较复杂，很多报表项目会涉及两个或两个以上的会计科目，或是同一会计科目下某明细子科目，同一子科目下又可能涉及现金及非现金交易，此外有的企业还存在账外采购、账外销售业务，故实务中，大多数的中小企业、私营企业都未编制现金流量表，很多会计人员还不能比较准确地编制现金流量表，因而银行信贷人员一般也很难取得比较准确的现金流量表，对企业现金流量分析有相当的难度。

虽然如此，信贷人员仍可以根据企业提供的资产负债表、利润表及其他财务信息，通过分析，对主要现金流量项目作出基本判断，评价企业的偿债能力、收益质量。

二、银行获取现金流量表的作用

现金流量表对于银行的主要作用有：

（一）收益质量评价

上市公司追求每股收益最大化、国有企业提高利润指标、私营企业资产过度投入，人为操纵等原因，都可能导致企业利润与现金流量不能同比增长，甚至背离，出现会计收益的收现能力不足，资产收益质量往往会受到影响。通过经营活动产生的现金流量与会计利润的比较可以评估企业收益的质量，验证企业实际的盈利水平。

经营活动产生的现金净流量与税后净利润之比，若大于或等于1，说明会计收益的收现能力较强，收益质量较好；若小于0.7，则说明会计利润可能受到人为操纵或存在大量应收账款，收益质量相对较差。

（二）偿债能力评价

一般地，企业经营活动所形成的现金收入，首先要满足生产经营活动中的一些基本支出，如购买原材料与商品、支付职工工资、缴纳税金等，然后才用于偿付债务。所以，评价企业的偿债能力，首先应看企业当期取得的现金，主要是经营活动的现金流入量，在满足了生产经营活动的基本现金支出后，是否有足够的现金用于偿还到期债务的本息，若有足额的现金净流入量，则表明企业偿债能力充足；若无足额的现金净流入量，甚至经营性现金净流入量长期出现负数，偿还负债主要依靠筹资活动现金流入量来实现，则说明企业已陷入了财务困难，偿债能力不足。

第二节 现金流量表的分类

一、现金流量分类

现金流量分经营活动产生的现金流量、投资活动产生的现金流量、筹资活动产生的现金流量等三类。

（一）经营活动产生的现金流量

经营活动是指企业投资活动和筹资活动以外的所有交易和事项。

对于工商企业而言，经营活动产生的现金流入项目主要有：销售商品、提供劳务收到的现金，收到的税费返还，收到的其他与经营活动有关的现金；经营活动产生的现金流出项目主要有：购买商品、接受劳务支付的现金，支付给职工以及为职工支付的现金，支付的各项税费，支付的其他与经营活动有关的现金。

（二）投资活动产生的现金流量

投资活动是指企业长期资产的购建和不包括现金等价物范围内的投资及其处置活动。长期资产是指固定资产、无形资产、在建工程、其他资产等持有期限在一年或一个营业周期以上的资产。

投资活动产生的现金流入项目主要有：收回投资所收到的现金，取得投资收益所收到的现金，处置固定资产、无形资产和其他长期资产所收回的现金净额，收到的其他与投资活动有关的现金；投资活动产生的现金流出项目主要有：购建固定资产、无形资产和其他长期资产所支付的现金，投资所支付的现金，支付的其他与投资活动有关的现金。

（三）筹资活动产生的现金流量

筹资活动是指导致企业资本及债务规模和构成发生变化的活动，包括实收资本，资本溢价。

筹资活动产生的现金流入项目主要有：吸收投资所收到的现金，取得借款所收到的现金，收到的其他与筹资活动有关的现金；筹资活动产生的现金流出项目主要有：偿还债务所支付的现金，分配股利、利润或偿付利息所支付的现金，支付的其他与筹资活动有关的现金。

二、特殊业务的现金流量归属

1. 同一会计科目下不同业务性质，归类不同，主要有：

（1）预付账款。预付原材料款属经营活动现金流量，而预付设备款则属于投资活动现金流量。

（2）其他应收款科目。

若经营性活动中暂时性资金周转的，期初余额大于期末余额的，差额计入“收到的其他与经营活动有关的现金”，期初余额小于期末余额的，差额计入“支付的其他与经营活动有关的现金”；

若投资活动中现金流量的，期初余额大于期末余额的，差额计入“收回投资所收到的现金”，期初余额小于期末余额的，差额计入“投资所支付的现金”；

若是应收出口退税的，期初余额与期末余额的差额计入“收到的税费返还”。

（3）其他应付款科目。

若经营性活动中金额小的暂时性周转资金，期初余额小于期末余额的，差额计入“收到的其他与经营活动有关的现金”，期初余额大于期末余额的，差额计入“支付的其他与经营活动有关的现金”；

若筹资活动中现金流量，金额较大、期限较长实际属于借款性质的，期初余额小于期末余额的，差额计入“借款所收到的现金”，期初余额大于期末余额的，差额计入“偿还债务所支付的现金”。

2. 同一会计科目同一业务性质，涉及现金和非现金交易，归类也不同。

主要系债务重组、非货币交易、非现金投资等业务引起的存货、固定资产、应付款、应收款项等科目增减，但并无实际现金流入、流出。编表时应先获取企业这类交易详细情况，以便剔除或单独列示，也便于对特定指标的例外情况作出合理解释。

3. 考虑未入账业务现金流量。

部分企业账外采购、账外销售业务未在账内反映，形成账外应收账款、应付账款、主营业务收入、存货、固定资产等，为了全面、准确反映企业的现金流量，在编制或复核现金流量表时应将涉及这些科目的重要、大额金额反映到现金流量表内。

信贷人员对企业的主营业务须有充分的了解，只有对企业的经营、具体业务都非常熟悉，才可能准确地编制或评价企业现金流量表；同时，还须坚持重要性原则，从银行的角度，基于成本考虑，对于金额小、影响小的业务可以忽略，但对重大的经济业务涉及的现金流量应予以重点关注。

第三节　现金流量表的编制案例及分析

为了便于理解，举一案例，据以编制和分析，相关信息如下：

一、案例基本信息

（一）基础报表

经过调查、分析、调整后重新编制的 A 公司资产负债表和利润表详见 6-1、表 6-2。

表 6-1　资产负债表

编制单位：A 公司　　20×9 年 12 月 31 日　　单位：万元

资　　产	年初数	期末数	权　　益	年初数	期末数
流动资产：			流动负债：		
货币资金	500	700	短期借款	1 900	2 200
应收票据	800	500	应付账款	1 100	1 600
应收账款	1 000	1 700	应交税费	200	300
预付款项	140	170	其他应付款	300	200
存货	3 400	4 200	流动负债合计	3 500	4 300
其他应收款	260	380	非流动负债：		
流动资产合计	6 100	7 650	长期借款	1 600	2 100
			非流动负债合计	1 600	2 100
非流动资产：			负债合计	5 100	6 400

续表

资　　产	年初数	期末数	权　　益	年初数	期末数
长期股权投资	600	700	实收资本	10 000	10 000
固定资产	10 300	10 800	盈余公积	240	330
无形资产	500	550	未分配利润	2 160	2 970
非流动资产合计	11 400	12 050	所有者权益合计	12 400	13 300
资产总计	17 500	19 700	权益总计	17 500	19 700

表 6-2　利　润　表

编制单位：A 公司　　　　20×9 年度　　　　单位：万元

项　　目	本　年　数	上　年　数
一、营业收入	18 900	13 300
减：营业成本	15 700	11 100
营业税金及附加	150	120
销售费用	500	400
管理费用	1 100	700
财务费用	300	200
投资收益	100	80
二、营业利润	1 250	860
加：营业外收入	120	80
减：营业外支出	70	40
三、利润总额	1 300	900
减：所得税费用	400	300
四、净利润	900	600

（二）附注信息

公司与编制现金流量表相关信息如下：

1. 支付职工工资性支出 1 400 万元（包括工资、奖金、福利及为职工发生的其他支出，其中列入生产成本 1 200 万元，列入管理费用 200 万元）；

2. 本期增值税销项税 3 090 万元，增值税进项税 2 500 万元，已交增值税、所得税、营业税金及附加及其他地方税金 1 040 万元；

3. 其他应收款期初余额中的出口退税 100 万元本期已收到，其他及期末余额均为经营活动的现金流量；

4. 本期计提折旧 360 万元（列入制造费用 300 万元、管理费用 60 万元）、无形资产摊销 20 万元（列入管理费用），其他当期费用均以现金或银行存款支付；

5. 其他应付款期末余额中 50 万元（年初 20 万元）为经营活动的现金流量，150 万元（年初 280 万元，本期贷方累计发生 500 万元，借方累计发生 630 万元）为筹资活动现金流量；

6. 本年度新增的固定资产 860 万元（即固定资产借方发生 860 万元、累计折旧贷方发生 360 万元）和无形资产 70 万元（即无形资产借方发生 70 万元、累计摊销贷方发生 20 万元）均以银行存款支付；

7. 本期增加对外投资 100 万元；收到前期投资收益 100 万元（按成本法核算）；

8. 本年度银行借款（含短期借款和长期借款）贷方累计发生额 4 700 万元，借方累计发生额 3 900 万元，假设财务费用均是借款利息；

9. 本年度未计提任何资产减值准备；应收账款均为应收货款，应付账款均为应付原材料款；除折旧外，固定资产、无形资产无其他报废处置事项；无长期投资收回情况。

二、编制方法

（一）经营活动产生的现金流量的编制方法

1.“销售商品、提供劳务收到的现金”项目。

本项目反映企业销售商品、提供劳务实际收到的现金（包括增值税销项税额），具体包括：当期销售商品或提供劳务收到的现金、当期收到现金的应收账款、当期收到现金的应收票据、当期发生的预收账款、当期因销售退回而支付的现金、当期收回前期核销坏账损失的现金等。本项目主要根据现金、银行存款、主营业务收入、应交税费——增值税销项税额、应收票据、应收账款、预收账款、现金、银行存款等科目分析填列。

例：根据表 6-1、表 6-2，以及附注信息第 2、9 项信息，A 公司“销售商品、提供劳务收到的现金”

=业务收入

+本期发生的增值税销项税额

+（应收账款期初余额－应收账款期末余额）

+（应收票据期初余额－应收票据期末余额）

+（预收账款期末余额－预收账款期初余额）

－当期计提的坏账准备－销售退回而支付的现金

－票据贴现利息

=18 900+3 090+（1 000−1 700）+（800−500）+（0−0）−0−0−0

=21 590 万元。

2.“收到的税费返还”项目。

本项目反映企业收到返还的各种税费，如收到返还的增值税（出口退税）、营业税、所得税、消费税、关税和教育费附加等。本项目可以根据现金、银行存款、营业外收入、其他应收款等科目分析填列。

例：根据附注信息中第 3 项信息，收到的税费返还为 100 万元（增值税出口退税）。

3.“收到的其他与经营活动有关的现金”项目。

本项目反映企业除上述各项目外，收到其他与经营活动有关的现金，如罚款收入、经营租赁租金收入、利息收入、政府补助、收回保证金净额、临时性经营性暂借款项目等。本项目可根据现金、银行存款、其他应收款、其他应付款、营业外收入等科目分析填列。

例：根据表附注信息中第 5 项信息，收到的其他与经营活动有关的现金为 150 万元。其中其他应付款中属于经营活动 30 万元（50−20），营业外收入 120 万元。

4.“购买商品、接受劳务支付的现金＂项目。

本项目反映企业购买材料、商品，接受劳务实际支付的现金，具体包括：本期购买商品接受劳务支付的现金（包括支付的增值税进项税额）、本期支付前期的应付账款（包括应付票据，下同）、本期预付的账款、本期因购货退回收到的现金。本项目主要根据营业成本、应交税费——增值税进项税额、存货、应付账款、应付票据、预付账款、应付职工薪酬、累计折旧、库存现金、银行存款等科目分析填列。

例：根据表 6-1、表 6-2 以及附注信息中第 1、2、4 项信息，可知“购买商品、接受劳务支付的现金”

= 营业成本 + 本期发生的增值税进项税额

+（存货期末余额 − 存货期初余额）

− 当期列入生产成本、制造费用的工资及福利费、折旧及非现金支出

+（应付账款期初余额 − 应付账款期末余额）

+（应付票据期初余额 − 应付票据期末余额）

+（预付账款期末余额 − 预付账款期初余额）

=15 700+2 500+（4 200−3 400）−1 200-300+（1 100−1 600）+0+（170−140）

=17 030 万元。

5.“支付给职工以及为职工支付的现金”项目。

本项目反映企业实际支付给职工的现金以及为职工支付的现金，职工的工资、奖金、福利、各种津贴和补贴以及为职工支付“五险一金”及其他费用等。企业支付的在建工程人员的工资及其他费用，在“购建固定资产、无形资产和其他长期资产所支付的现金”项目中反映。本项目可以根据应付职工薪酬、库存现金、银行存款等科目分析填列。

例：根据附注信息中第 1 项信息，可知支付给职工以及为职工支付的现金为 1 400 万元。

6.“支付的各项税费”项目。

本项目反映企业按规定支付的各项税费，包括本期发生并支付的税费，以及本期支付以前各期发生的税费和预交的税金，包括所得税、增值税、营业税、消费税、教育费附加、土地增值税等。本期退回的增值税、所得税，在“收到的税费返还”项目中反映。本项目可以根据应交税费、营业税金及附加、库存现金、银行存款等科目分析填列。

例：根据附注信息中第 2 项信息，可知“支付的各项税费”项目金额为 1 040 万元。

7.“支付的其他与经营活动有关的现金”项目。

本项目反映企业支付的租金、罚款支出、差旅费、业务招待费、保险费及其他管理费用、销售费用等其他与经营活动有关费用。本项目可根据

管理费用、销售费用、营业外支出、库存现金、银行存款等科目扣除折旧、摊销、工资性支出等项目后分析填列。

例：根据表6-2、附注信息中第1、3、4项信息，可知支付的其他与经营活动有关的现金

=销售费用+管理费用－管理费用中的人工工资、折旧－摊销及其他非付现费用+营业外支出+其他应收应付款项中属于经营性支出现金

=500+（1 100−200−60−20）+70+（380−260+100）

=1 610万元。

（二）投资活动产生的现金流量的编制方法

1.“收回投资所收到的现金”项目。

本项目反映企业出售、转让或到期收回除现金等价物以外的短长期股权投资、债权投资本金而收到的现金。不包括投资收回的利息或股息，以及收回的非现金资产。本项目可根据长期股权投资、债权投资、库存现金、银行存款、交易性金融资产、可供出售金融资产、其他应收款（投资性质收回部分）等科目分析填列。

2.“取得投资收益所收到的现金”项目。

本项目反映企业股权性投资分得的现金股利、债权性投资而取得的现金利息收入。股票股利不在本项目中反映。本项目可根据库存现金、银行存款、投资收益等科目分析填列。

例：根据表6-2、可知取得投资收益所收到的现金为100万元。

3.“处置固定资产、无形资产和其他长期资产所收回的现金净额”项目。

本项目反映企业出售、报废固定资产、无形资产和其他长期资产所收回的现金，减去为处置这些资产而支付的有关费用后的净额。如处置该等资产所收回的现金净额为负数，则应作为投资活动产生的现金流量，在“支付的其他与投资活动有关的现金”项目中反映。本项目可根据固定资产、无形资产、营业外收入、其他业务收入、库存现金、银行存款等科目分析填列。

4.“收到的其他与投资活动有关的现金”项目。

本项目反映企业除上述各项目外，收到的其他与投资活动有关的现金。

如收回所购理财产品本金、收到与资产相关的政府补助、企业收回购买股票和债券时收到的已宣告但尚未领取的现金股利、已到付息期但尚未领取的债券利息、收回三个月以上定期存款的现金等。

5.“购建固定资产、无形资产和其他长期资产所支付的现金”项目。

本项目反映企业购买、建造固定资产，取得无形资产和其他长期资产所支付的现金，包括购买机器设备所支付的现金及增值税款、建造工程支付的现金、支付在建工程人员的工资等现金支出。不包括为购建固定资产而发生的借款利息资本化部分，以及融资租入固定资产所支付的租赁费。本项目可根据固定资产、无形资产、库存现金、银行存款等科目分析填列。

例：根据表 6-1、附注信息中第 6、9 项信息可知，购建固定资产、无形资产和其他长期资产所支付的现金

=（10 800−10 300+360）+（550−500+20）=930 万元。

6.“投资所支付的现金”项目。

本项目反映企业进行权益性投资和债权性投资所支付的现金，包括除现金等价物以外的短期、长期股权投资、债权投资所支付的现金，以及支付的佣金、手续费等附加费用。本项目可根据交易性金融资产、可供出售金融资产、长期股权投资、长期债权性投资、其他应收款（投资性质支付部分）、库存现金、银行存款等科目分析填列。

例：根据表 6-1、可知，“投资所支付的现金”项目金额为 =700−600=100 万元。

7.“支付的其他与投资活动有关的现金”项目。

本项目反映企业除上述各项目外，支付的其他与投资活动有关的现金，如购买理财产品、三个月以上的定期存款等。

（三）筹资活动产生的现金流量的编制方法

1.“吸收投资所收到的现金”项目。

本项目反映企业增加资本金、发行股票等方式筹集资金实际收到的款项净额。本项目可以根据银行存款、实收资本（或股本）等科目分析填列。

2.“取得借款收到的现金”项目。

本项目反映企业举借各种短期、长期借款而收到的现金，包括其他应

付款科目中属于筹资活动产生的现金流入。本项目可以根据库存现金、银行存款、短期借款、长期借款、其他应付款等科目贷方发生额分析填列。

例： 根据表 6-1、附注信息中第 5、8 项信息可知，“取得借款收到的现金”项目金额

= 短期、长期借款贷方发生额 + 其他应付款中属于借款的贷方发生额

=4 700+500=5 200 万元。

3.“收到的其他与筹资活动有关的现金”项目。

本项目反映企业除上述各项目外，收到的其他与筹资活动有关的现金，如收到银行保理借款、贴息政府补助、向第三方公司借款等。

4.“偿还债务所支付的现金”项目。

反映企业以现金偿还债务的本金。本项目可以根据库存现金、银行存款、短期借款、长期借款、其他应付款等科目借方分析填列。

例： 根据表 6-1、附注信息中第 5、8 项信息可知，“偿还债务所支付的现金”项目金额

= 短期、长期借款借方发生额 + 其他应付款中属于借款的借方发生额

=3 900+630=4 530 万元。

5.“分配股利、利润或偿付利息所支付的现金”项目。

本项目反映企业实际支付的现金股利、支付给其他股东的利润或用现金支付的借款利息、债券利息所支付的现金。本项目可以根据库存现金、银行存款、应付股利、应付利息、财务费用等科目分析填列。

例： 根据表 6-1、附注信息中第 5、8 项信息可知，“分配股利、利润或偿付利息所支付的现金”项目金额为 300 万元。

6.“支付的其他与筹资活动有关的现金”项目。

本项目反映企业除上述各项目外，支付的其他与筹资活动有关的现金、银行扣划保理业务款和利息、支付融资租赁款、偿还第三方公司借款等。

三、编制现金流量表

根据上述分析汇总，编制现金流量表详见表 6-3。

表 6-3　现 金 流 量

编制单位：A 公司　　20×9 年度　　单位：万元

项　　目	行次	金　　额
一、经营活动产生的现金流量：		
销售商品、提供劳务收到的现金	1	21 590.00
收到的税费返还	3	100.00
收到的其他与经营活动有关的现金	8	150.00
现金流入小计	9	21 840.00
购买商品、接受劳务支付的现金	10	17 030.00
支付给职工以及为职工支付的现金	12	1 400.00
支付的各项税费	13	1 040.00
支付的其他与经营活动有关的现金	18	1 610.00
现金流出小计	20	21 080.00
经营活动产生的现金流量净额	21	760.00
二、投资活动产生的现金流量：		
收回投资所收到的现金	22	—
取得长期投资收益所收到的现金	23	100.00
处置固定、无形资产和其他长期资产所收回现金	25	—
收到的其他与投资活动有关的现金	28	
现金流入小计	29	100.00
购建固定、无形资产、其他长期资产所支付现金	30	930.00
投资所支付的现金	31	100.00
支付的其他与投资活动的有关的现金	35	
现金流出小计	36	1 030.00
投资活动产生的现金流量净额	37	-930.00
三、筹资活动产生的现金流量：		
吸收投资所收到的现金	38	
借款所收到的现金	40	5 200.00
收到的其他与筹资活动有关的现金	43	
现金流入小计	44	5 200.00
偿还债务所支付的现金	45	4 530.00
分配股利、利润和偿付利息所支付的现金	46	300.00
支付的其他与筹资活动有关的现金	52	
现金流出小计	53	4 830.00
筹资活动产生的现金流量净额	54	370.00
四、汇率变动对现金的影响额	55	—
五、现金及现金等价物净增加额	56	200.00

四、评价现金净流量

根据表 6-3 现金流量表可知：A 公司 20×9 年全年现量净流入 200 万元，其中，筹资活动产生的现金流量净额 370 万元，投资活动使公司现金净流出 930 万元，经营活动产生的现金流量净额 760 万元。这也表明公司固定资产投资的主要资金来源于经营活动产生的现金流。

公司净利润的收现比值为 84%（760/900），收现能力较强，收益质量较好；经营活动现金净流入与借款（含短期、长期借款、筹资活动其他应付款）余额的比值为 17%[760/（2 200+2 100+150）]，表明公司的偿债能力较强。

第四节　倒推法编制简单现金流量表

编制或复核现金流量表的难点主要集中在销售商品、提供劳务收到的现金、购买商品、接受劳务支付的现金、投资与借款的借贷方明细发生额、现金与非现金的交易额等项目，若信贷人员没有较扎实的财务专业知识，对企业经营状况了解不全面，或企业不愿提供详细的科目明细，要编制、分析评价企业现金流量表是比较困难的。

然而，银行信贷人员评价企业现金流量的主要目的是评价企业净利润的收益质量、经营活动中的净现金流量的偿债能力，因而信贷人员可以通过倒推法编制简单的现金流量表、获取主要的现金流量数据，评价企业的收益质量和偿债能力。

仍以前面案例，介绍一种简单的现金流量编制方法。

一、获取现金及现金等价物增加净额

根据表 6-1，本期现金增加净额

= 现金及现金等价物期末余额 − 现金及现金等价物期初余额

=700-500

=200 万元。

二、获取筹资活动产生的现金流量净额

通过调查、询问、分析，获取筹资活动产生的主要现金净流入量。

例：根据表 6-1，表 6-2、附注信息中第 5 项信息

筹资活动主要现金净流入量

=（期末借款余额－期初借款余额）－分配股利、利润和偿付利息所支付的现金

=（2 200+2 100+150）－（1 900+1 600+280）-300

=370 万元。

说明：

1. 借款包括短期、长期借款、筹资性质的其他应付款，不可遗漏其他应付款中的筹资性质的现金流情况；

2. 期末借款余额、期初借款余额可通过资产负债表直接取得，分配股利、利润和偿付利息所支付的现金可通过财务费用、应付利润分析取得；

3. 计算结果为正数表明现金净流入，负数表明现金净流出。

三、获取投资活动产生的现金流量净额

通过调查、询问、分析，获取投资活动产生的主要现金净流入量。

例：根据表 6-1，表 6-2、附注信息中第 6、7、9 项信息，投资活动主要现金净流入量

= 投资项目期初余额－投资项目期末余额－当期折旧－当期摊销 + 现金投资收益 + 非付现投资

=（600-700）+（10 300-10 800）+（500-550）-360-20+100+0

=-930 万元。

说明：

1. 投资包括固定资产、无形资产、长期股权性投资、债权性投资、其他应收款中属于以现金方式发生的投资性质的项目；

2. 投资项目期末余额、投资项目期初余额可通过资产负债表直接取得；当期折旧、当期摊销项目可通过询问，或对利润表管理费用、生产成本分析取得；现金投资收益可通过利润表，询问后取得；非付现投资可通过询问和投资科目分析取得；

3. 计算结果为正数表明现金净流入，负数表明现金净流出。

四、获取经营活动产生的现金流量净额

经营活动现金净流量

= 现金及现金等价物净增加额 - 投资活动产生的净现金流入量 - 筹资活动产生的净现金流入量

=200-（-930）-370

=760 万元。

可见，信贷人员利用资产负债表期末数与期初数、利润表，并对企业的大额非现金交易业务有所掌握，也可编制简单的现金流量表，或对已有现金流量表进行复核。

运用倒推法编制或复核现金流量表非常简单，又可有效获取企业主要业务现金净流量，评价利润收益质量、经营活动现金流的偿债能力，希望信贷人员掌握。

第七章 财务指标分析

银行信贷人员对借款人提供的财务报表、科目明细、附注及其他财务经营信息，进行分析、调整后，重新编制资产负债表、利润表、现金流量表等，再测算调整后财务报表的各项财务指标，总体评价借款人的财务状况、经营成果和现金流量。从银行的角度看，这些指标主要包括偿债能力指标、盈利能力指标、运营能力指标、发展潜力指标。

为便于理解，列举一案例，据以编制和分析，相关信息如下：

经过信贷人员调查分析调整后，重新编制了A公司资产负债表和利润表详见表7-1、表7-2：

表7-1 资产负债表

编制单位：A公司　　20×9年12月31日　　单位：万元

资　　产	年初数	期末数	权　　益	年初数	期末数
流动资产：			流动负债：		
货币资金	500	700	短期借款	1 900	2 200
应收票据	800	500	应付账款	1 100	1 600
应收账款	1 000	1 700	应交税费	200	300
预付款项	140	170	其他应付款	300	200
存货	3 400	4 200	流动负债合计	3 500	4 300
其他应收款	260	380	非流动负债：		
流动资产合计	6 100	7 650	长期借款	1 600	2 100
			非流动负债合计	1 600	2 100
非流动资产：			负债合计	5 100	6 400
长期股权投资	600	700	实收资本	10 000	10 000
固定资产	10 300	10 800	盈余公积	240	330
无形资产	500	550	未分配利润	2 160	2 970

续表

资　　产	年初数	期末数	权　　益	年初数	期末数
非流动资产合计	11 400	12 050	所有者权益合计	12 400	13 300
资产总计	17 500	19 700	权益总计	17 500	19 700

表 7-2　利　润　表

编制单位：A 公司　　　　20×9 年度　　　　单位：万元

项　　目	本期金额	上期金额
一、营业收入	18 900	13 300
减：营业成本	15 700	11 100
营业税金及附加	150	120
销售费用	500	400
管理费用	1 100	700
财务费用	300	200
投资收益	100	80
二、营业利润	1 250	860
加：营业外收入	120	80
减：营业外支出	70	40
三、利润总额	1 300	900
减：所得税费用	400	300
四、净利润	900	600

第一节　偿债能力指标

偿债能力是指借款人偿还到期债务的能力。偿债能力指标综合反映企业的债务水平、偿债能力及面临的债务风险，主要包括资产负债比率、流动比率、速动比率等。

一、资产负债比率

（一）含义

1. 资产负债比率又称负债比率，是企业负债总额与资产总额的比率，

表明企业资产总额中，债权人提供资金所占的比重，及企业资产对债权人权益的保障程度。计算公式为

$$资产负债比率 = 负债总额 / 资产总额 \times 100\%$$

2. 负债比率是评价借款人偿债能力最重要的指标，大多数中小企业、私营企业的税务报表或者银行报表，都难准确反映其实际偿债能力。信贷人员分析评价时，应考虑企业固定资产、存货等主要资产的市场价格或实际变现能力，并结合企业实际控制人、关联企业的资产负债状况，对报表分析、调整后，重新测算其负债比率，评价借款人的实际偿债能力。

（二）指标解读

1. 一般地，负债比率越小，表明借款人长期偿债能力越强，债权人的权益越有保证；但比率过小，说明企业资产主要依靠股东自有资金经营，外部资金利用率不充分。因此，较低的指标值是债权人（如银行）的期望值，而不是企业股东的期望值。

2. 负债比率越大，表明借款人充分利用财务杠杆的作用，较多地利用了外部资金，提高了自有资金投资收益率；但比率过大，则表明借款人长期偿债能力越弱，债权人的权益难以得到保障，企业甚至有破产的可能。因此，较高的指标值是股东的期望值，而不是债权人的期望值。

3. 一般地，企业负债比率处于 45% ～ 60% 之间比较适当，但也不是绝对的，不同行业，不同的经营阶段，负债比率都有不同。实务中，房地产行业负债比率较高，时常会达到 80% 以上；钢铁行业一般在 45% ～ 55% 左右、建筑行业在 45% ～ 75% 之间、塑料制品在 40% ～ 60% 之间、电子器件 30% ～ 50% 之间等等。

4. 多数私营企业、中小企业税务报表反映的负债比率较高，而银行报表可能考虑了关联企业、实际控制人的资产而使负债比率偏低。

企业的负债比率多少才合适应当根据企业的实际经营、财务情况，结合企业本身所处行业、经营阶段、领导者的债务风险承受能力、产品盈利能力、企业对外融资能力、资产结构及变现能力等因素相结合，综合分析方可判断。

（三）案例

例：根据表 7-1，A 公司 20×9 年资产负债比率为

年初负债比率 =5 100/17 500 × 100%=29.1%

年末负债比率 =6 400/19 700 × 100%=32.5%

说明：A 公司负债比率较低，偿债能力强，有助于增强债权人的贷款信心。

（四）特别事项说明

1. 若借款企业有承兑汇票或信用证保证金等情况的，可以考虑同时剔除资产（货币资金）、负债（应付票据）项目下的保证金金额后，重新确认负债比率。

2. 由于很多私营企业、中小企业仍然采用旧企业会计准则编制报表，部分资产（如对外短期投资、长期股权投资、房地产、存货）仍按成本法或账面价值进行反映，按此计算出的负债比率无法准确反映企业的实际偿债能力，可以将市场价与成本价差异较大的资产按市场价反映，重新确认负债比率。

3. 若私营企业存在将企业历年累积利润以实际控制人，或关联企业名义，账外购置汽车、房地产资产或投资等，其本质也是企业经营形成资产中的一部分，可以将这部分账外资产、投资等纳入负债比率分析，完整地评价企业的实际偿债能力和盈利能力。

4. 因此，除账面负债比率外，经过分析调整后，还可测算得出：

（1）扣除保证金后的负债比率；

（2）按市场价格计算的负债比率；

（3）考虑企业历年积累用于账外投资、购置资产后的负债比率；

（4）统一考虑上述三种情况下的负债比率。对于多数私营企业、中小企业，这样综合分析测算出来的负债比率才能比较完整地反映企业的实际偿债能力（详见第八章第三节企业银行报表分析攻略）。

二、流动比率

（一）含义

流动比率是流动资产与流动负债的比率，反映企业在短期内变现的流动资产偿还流动负债的能力。

流动比率 = 流动资产 / 流动负债 ×100%

（二）指标解读

（1）比率越高，说明短期偿债能力越强，债权人的权益越有保证；但比率过高，可能是企业资金使用效率低，如应收款项回收慢或存货质量不佳、变现能力差等，企业资金占用成本高、获利能力低。

（2）比率越低，说明企业资金利用充分、资产周转速度快，但比率过低，则企业短期可变现资产少，偿债能力又显不足。

（3）一般地，流动比率一般在 100% ～ 200% 比较适当，表明企业财务状况比较稳定，资金使用效率高，偿债能力也较充分。

（4）分析时，应当对占资产总额比重大的应收账款、存货等科目加以关注，分析是否存在应收款增多且收账期较长，或是存货余额大而质量差、积压等情况。

（三）案例

根据表 7-1，20×9 年 A 公司流动比率如下：

年初流动比率 =6 100/3 500 ×100%=174.28%

年末流动比率 =7 650/4 300 ×100%=177.9%

说明：年初、年末流动比率适中，反映该公司资金利用充分，同时也具有较强的短期偿债能力。

三、速动比率

（一）含义

速动比率是企业速动资产与流动负债的比值。速动资产指流动资产减去变现能力较差且市场价格不稳定的存货、预付账款等之后的余额。计算公式：

速动比率＝速动资产/流动负债 ×100%

其中：速动资产＝货币资金＋交易性金融资产＋应收账款＋应收票据

＝流动资产－存货－预付账款一年内到期的非流动资产－其他流动资产

（二）指标解读

速动比率一般保持在100%比较适当；比率越高，表明短期偿债能力越强，债权人的权益越有保证，但若过高，则现金、应收账款等资金利用低，资金占用成本提高；比率低，表明企业短期偿债能力不足，但应结合存货分析，若存货变现能力较强，仍可提高偿债能力。

（三）案例

例：根据表7-1，20×9年A公司速动比率如下：

年初速动比率＝（500+800+1 000）/3 500×100%=65.7%

年末速动比率＝（700+500+1 700）/4 300×100%=67.4%

说明：年末速动比率比年初提高1.7个百分点，主要系变现能力较强的应收账款增加所致，短期偿债能力趋强。

四、现金流动负债比率

（一）含义

现金流动负债比率指企业一定期间经营所得现金净流量与流动负债的比率，是从现金流角度反映企业短期偿债能力。计算公式：

现金流动负债比率 = 年经营性现金净流量 / 年末流动负债 ×100%

（二）指标解读

企业利润高但不等于有足额的现金偿还债务能力，通过现金流动负债比率指标，可以比较准确地反映企业经营活动所产生的现金净流量偿还流动负债的实际能力；比率越高，短期偿债能力越强，债权人的权益越有保证，比率越低，表明偿债能力不足。

例：根据表 7-1，并假设 20×8 年和 20×9 年的经营现金净流量分别为 480 万元和 760 万元（可从现金流量表中获取）则：

20×8 年现金流动负债比率 =480/3 500×100%=13.7%

20×9 年现金流动负债比率 =760/4 300×100%=17.7%

说明：公司 20×9 年的现金流动负债比率比 20×8 有明显的提高，表明公司的偿债能力有所提高。

（三）特别事项说明

现金流动负债比率是反映借款人短期偿债能力最有效的指标之一，但很多中小企业都未编制现金流量表，经营性现金流量金额难获得，影响了现金流动负债比率的准确性和实用性。

五、已获利息倍数

（一）含义

已获利息倍数是企业息税前利润总额与利息支出的比值。已获利息倍数反映获利能力对偿还到期债务的保证程度，它既是举债的前提依据，也是企业长期偿债能力大小的重要标志。计算公式：

已获利息倍数 = 息税前利润总额 / 利息支出

其中：息税前利润总额 = 利润总额 + 利息支出

= 净利润 + 所得税 + 利息支出

（二）指标解读

一般地，已获利息倍数为 3 比较适当。倍数越大，表明企业偿债能力越强，反之偿债能力较弱；已获利息倍数至少要大于 1。

（三）案例

例：根据表 7-1，并假定公司财务费用均为借款利息，则：

20×8 年度已获利息倍数 =（900+200）/200=5.5

20×9 年度已获利息倍数 =（1 300+300）/300=5.33

说明：虽然 20×9 年度已获利息倍数比 20×8 年度已获利息倍数略有下降，但总体上，两年已获利息倍数均较高，偿债有保障。

第二节 运营能力指标

运营能力指标指企业内部人力资源和生产资料的配置对实现财务目标作用的大小，包括人力资源运营能力指标和生产资料运营能力指标。

一、劳动效率

（一）含义

劳动效率指营业收入（或净产值）与平均职工人数的比值，反映企业人力资源的利用率。计算公式：劳动效率 = 营业收入或净产值 / 平均职工人数

（二）指标解读

劳动效率反映企业员工素质的高低，企业对员工积极性、能动性的利用成效，也反映企业领导者的管理水平。分析时应将劳动效率本期计划水平、历史水平或同行业水平进行对比，确定差异程度，判断企业人力资源劳动效率和领导者的经营管理能力。

如：一家企业有职工20人，年销售2000万元，则人均劳动效率为100万元。

二、应收账款周转率

（一）含义

应收账款周转率指营业收入与平均应收账款余额的比值，反映应收账款变现速度及管理效率。计算公式：

1. 应收账款周转率 = 营业收入 / 平均应收账款余额

平均应收账款余额

=（应收账款余额年初数 + 应收账款余额年末数）/2

2. 应收账款周转期（周转天数）

= 平均应收账款余额 ×360/ 营业收入

=360/ 应收账款周转率

注：营业收入包括主营业务收入、其他业务收入；

应收账款包括应收账款、应收票据。

（二）指标解读

一般地，应收账款周转率高表明企业收账速度快，流动性强，资金使用效率高，偿债能力强；反之，资金使用率低，偿债能力弱。

（三）案例

根据A公司表7-1、表7-2，并假设A公司20×7年应收账款年末余额800万元、应收票据年末余额500万元，则A公司的应收账款周转率如下详见表7-3：

表7-3 应收账款周转率计算表 单位：万元

项　目	20×7年	20×8年	20×9年
营业收入		13 300	18 900
应收账款年末余额	800	1 000	1 700
应收票据年末余额	500	800	500

续表

项　　目	20×7 年	20×8 年	20×9 年
应收账款（含票据）平均余额		1 550	2 000
应收账款（含票据）周转率		8.58	9.45
应收账款（含票据）周转期		41.95	38.10

说明：20×9 年应收账款周转率比 20×8 年略有改善，周转次数由 8.58 次提高到 9.45 次，即应收账款的周转天数由 41.95 天缩短为 38.1 天，主要系营业收入大幅增加，应收账款变现能力增强，表明公司的应收账款周转速度加快，营运能力增强。

（四）特别事项说明

财务核算规范的企业，应收账款周转率比较好测算，但企业若存在账外销售、税务报表少报、银行报表多报等情况，应收账款的期初余额与期末余额均需要作分析调整后，再重新测算企业应收账款的实际周转速度。

三、存货周转率

（一）含义

存货周转率指营业成本与平均存货余额的比值，它反映企业生产经营各环节包括采购、储存、生产、销售环节中存货运营效率的一个综合性指标，对公司偿债能力和获利能力有着重大影响。计算公式：存货周转率（周转次数）= 营业成本 / 平均存货余额

其中：平均存货余额 =（存货余额年初数 + 存货余额年末数）/2

存货周转期（周转天数）

= 平均存货余额 ×360/ 营业成本

=360/ 存货周转率

（二）指标解读

一般地，存货周转率越高，表明存货周转速度快，占用资金少；但过

高会使库存不足，造成生产中断或产品供不应求。存货周转率低，表明存货周转速度慢，资金占用多，资金使用效率不高，如果存货积压过多，则变现能力不足。

存货是流动资产中最重要的科目之一，其质量和流动性对企业偿债能力和盈利能力影响重大，存货质量优，则盈利能力强，反之盈利能力差；存货流动性强，则变现能力强，偿债能力亦强，反之则弱。

（三）案例

根据A公司表7-1、表7-2，并假设A公司20×7年存货年末余额2 800万元，则企业存货周转率如下详见表7-4：

表7-4　存货周转率计算表

项　　目	20×7年	20×8年	20×9年
营业成本		11 100	15 700
存货年末余额	2 800	3 400	4 200
存货平均余额		3 100	3 800
存货周转率		3.58	3.84
存货周转期		100.54	93.75

说明：A公司20×9年存货周转率比20×8年提高0.26个百分点，即周转天数由100.54天缩减到93.7天，主要是营业收入大幅增高，成本结转额大，存货周转速度加快，表明公司的存货管理效率比20×8年略有提高。

（四）特别事项说明

很多中小企业存货余额准确性不足，税务报表时常会存在少报、银行报表时常会存在多报，存货期初余额与期末余额也很难分辨，营业成本也因企业调节利润的需要而时常被人为操纵，因此，虽然存货的周转率对评价企业的偿债能力、盈利能力、资产利用率很重要，但是可操作性不强，通常很难准确测算。只有在企业财务成本核算规范、存货及营业成本结转比较准确的情况下，存货周转率才有实际测算意义。

四、其他运营比率

1. 流动资产周转率

流动资产周转率 = 营业收入 / 平均流动资产总额

其中：平均流动资产总额 =（流动资产总额年初数 + 流动资产总额年末数）/2

2. 固定资产周转率

固定资产周转率 = 营业收入 / 平均固定资产总额

其中：平均固定资产总额 =（固定资产总额年初数 + 固定资产总额年末数）/2

3. 总资产周转率

总资产周转率 = 营业收入 / 平均资产总额

平均资产总额 =（资产总额年初数 + 资产总额年末数）/2

总资产周转期（周转天数）= 平均资产总额 ×360/ 营业收入

4. 流动资产周转率、固定资产周转率、总资产周转率分别体现流动资产、固定资产、总资产的变现能力和资产运营效率，这些指标的准确性主要依赖于存货、应收账款、固定资产等主要科目余额的真实、完整程度。分析时，不能仅依赖公式和报表上的理论数据，更要根据企业的实际情况，对主要科目进行分析调整后再进行测算，这样出来的指标数据才有实际意义，才能真实反映企业偿债能力、盈利能力和资产运营效率。

第三节 发展潜力指标

发展潜力是指企业的产品市场占有及资本积累能力，体现企业成长状况、发展趋势及在行业中的地位，主要包括营业收入增长率、资本积累率等指标。

一、营业收入增长率

（一）含义

营业收入增长率指企业本年营业收入增长额与上年营业收入的比值，是评价企业成长状况和发展潜力的重要指标。计算公式：

营业收入增长率 =（本年营业收入 − 上年营业收入）/ 上年营业收入 ×100%

（二）指标解读

指标越高表明增长速度越快，企业市场前景越好。分析时，应考虑企业历年的营业收入水平、市场占有情况、行业未来发展及其他影响企业发展的潜在因素。

（三）案例

根据 A 公司表 7-2，20×9 年 A 公司营业收入增长率如下：

（18 900−13 300）/13 300=42.1%

二、资本积累率

（一）含义

资本积累率是指企业本年所有者权益增长额与年初所有者权益的比值，资本积累率是反映企业所有者权益变动水平，体现企业历年资本积累情况，是企业扩大再生产的基础，是展示企业的发展潜力的最重要指标。计算公式：

资本积累率 = 本年所有者权益增长额 / 年初所有者权益 ×100%

（二）指标解读

指标越高表明企业的资本积累越多，应付风险的能力越强，持续发展的潜力越大。

（三）案例

20×9 年资本积累率 =（13 300−12 400）/12 400×100%=7.26%

第四节 获利能力指标及综合指标分析

获利能力是企业资金增值的能力，持续、稳定的获利是企业得以生存、发展的根本保证。评价企业获利能力的主要指标有毛利率、营业净利率（或销售净利率）和净资产收益率。

一、毛利率

（一）含义

毛利率指营业毛利与营业收入的比值，是衡量企业盈利能力的首要指标，计算公式：

毛利率 =（营业收入 − 营业成本）/ 营业收入 ×100%

（二）指标解读

毛利率根据行业不同，分为工业企业的销售毛利率、商业企业的销售毛利率、建安施工企业毛利率等。毛利率大小主要受企业所处的市场竞争激烈程度、产品投入成本（包括直接材料、直接人工、制造费用等）、企业产品处于生命周期阶段（创业期、成长期、成熟期、衰退期）、企业的品牌效应等因素的影响。

企业操纵利润，主要通过调节毛利率来实现，要么增加收入减少成本、要么减少收入增加成本，这两科目调整将直接影响毛利率的高低，若信贷人员能获取企业连续几个会计年度，或年内数月毛利率明细表，很容易发现企业操纵利润现象。

信贷人员分析毛利率时，若企业提供税务报表，应当将企业未入账的营业收入、多结转的成本纳入考虑，经调整后重新测算毛利率；若企业提供银行报表，应当将企业多计的营业收入、少结转的成本纳入考虑，经调整后重新测算毛利率。若信贷人员无法确认企业的实际营业成本的，可按行业毛利率，并考虑企业与同业之间的差异和优劣势，测算出大致毛利率。

（三）案例

根据 A 公司表 7-2，A 公司 20×8、20×9 年的毛利率为

20×8 年的毛利率为（13 300−11 100）/13 300=16.54%

20×9 年的毛利率为（18 900−15 700）/18 900=16.93%

说明：企业 20×9 年销售比 20×8 增加 5 600 万元，销售毛利率比 20×8 年提高 0.39 个百分点。

二、营业净利率

（一）含义

营业净利率指净利润与营业收入的比值，反映营业收入创造利润的能力，制造型企业一般也称销售净利率，或销售净利润率。计算公式：

营业净利率 = 净利润 / 营业收入 ×100%

（二）指标解读

比率越高，表明企业主营业务收入清晰，对利润贡献度高，获利能力强；反之获利能力不足。

（三）案例

根据 A 公司表 7-2，20×8、20×9 年营业净利率如下：

20×8 年的营业净利率为 600/13 300=4.51%

20×9 年的营业净利率为 900/18900=4.76%

说明：公司销售收入比上年增加 5600 万元，成本、期间费用控制有效，使 20×9 年营业净利率比 20×8 年上升 0.25 个百分点。

三、净资产收益率

（一）含义

净资产收益率指净利润与平均净资产的比值，反映企业所有者自身资本的获利水平。计算公式：

净资产收益率 = 净利润 / 平均净资产

其中：平均净资产 =（所有者权益年初数 + 所有者权益年末数）/2

（二）指标解读

净资产收益率是评价企业资本运营的综合效益、获利能力的最具代表性指标，它不受行业局限，适应范围广泛，也是杜邦财务分析体系的核心指标。净资产收益率指标可层层分解，直至每个会计科目。

净资产收益率可有效解读企业最基本生产要素的使用、成本与费用的构成及合理性，资产的周转及资金利用效率、企业财务杠杆对企业盈利能力的影响程度、营业收入的创利能力、企业面临的经营和财务风险等财务经营信息，为企业经营者、股东、债权人评价企业的盈利能力、资产利用率、偿债能力等指标提供依据。

指标的分解公式为

净资产收益率

$$=\frac{净利润}{平均净资产}$$

$$=\frac{净利润}{营业收入}\times\frac{营业收入}{平均资产总额}\times\frac{平均资产总额}{平均净资产总额}$$

=营业净利率×总资产周转率×权益乘数

=营业净利率×总资产周转率×[1/(1-资产负债率)]

1. 净资产收益率、总资产净利率、营业净利率、总资产周转率都是时期指标，而权益乘数、资产负债率是时点指标，为使指标具有可比性，权益乘数、资产负债率一般采用年初、年末平均数。分析时，若权益乘数、资产负债率采取年末时点数也可，但要与历史记录保持一致。

2. 营业净利率反映企业营业收入最终创造净利润的能力。提高营业净利率是提高企业盈利的关键，主要通过扩大营业收入，或是降低成本费用来实现。

3. 总资产周转率反映企业资产总额实现营业收入的综合能力，主要通过调整资产的内部结构，加快存货、应收款项、固定资产等资产周转速度，提高资产周转率来实现。

4. 权益乘数反映所有者权益与总资产的关系。权益乘数越大，说明企业负债程度较高，能给企业带来较大的财务杠杆利益，但同时也带来较大的偿债风险，主要根据企业的承受债务能力、风险偏好、融资能力等，需要妥善安排资本结构来实现。

5. 对于企业股东来说，资产周转速度越快、营业收入越多、负债比率越高，则财务杠杆作用越明显，较少的投入产生较大的效益，净资产收益率就越高；但负债比率过高，财务风险加大，偿债压力也大。对于银行来说，企业营业收入多、资产周转速度快、而负债比率维持在一个合理的水平，净资产收益率稳定、持续的增长，则银行信贷资产的风险可控。

（三）案例

根据A公司表7-1、表7-2，并假设20×8年度指标4.51%×0.81×1.36=4.97%

即：营业净利率 × 总资产周转率 × 权益乘数 = 净资产收益率

根据 A 公司的报表，20×9 年度指标为 4.76%×1.02×1.45=7.04%

其结果，公司 20×9 年度净资产收益率比 20×8 年度提高 2.07 个百分点。

20×8、20×9 年度净资产收益率对比分析如下。

1. 营业净利率变化对净资产收益的影响。

$$4.76\% \times 0.81 \times 1.36 - 4.51\% \times 0.81 \times 1.36 = 0.28\%$$

即表示营业净利率提高 0.25 个百分点，使净资产收益率提高 0.28 个百分点。

2. 资产周转率变化对净资产收益的影响。

$$4.76\% \times 1.02 \times 1.36 - 4.76\% \times 0.81 \times 1.36 = 1.36\%$$

即表示资产周转率提高 0.21 次，使净资产收益率提高 1.36 个百分点。

3. 权益乘数变化对净资产收益的影响。

$$4.76\% \times 1.02 \times 1.45 - 4.76\% \times 1.02 \times 1.36 = 0.44\%$$

即表示权益乘数提高 0.09 倍，使净资产收益率提高 0.44 个百分点。

4. 综合分析。根据 A 公司 20×9 年度资产负债表、利润表及前面各主要财务指标的分析，表明 A 公司 20×9 年度净资产收益率比 20×8 年度提高 2.07 个百分点，其主要来源于：

（1）营业净利率提高 0.25 个百分点，表明公司增收节支措施有效。公司 20×9 年营业收入比 20×8 年大幅增加 5 600 万元，增幅 42.1%，同时营业毛利率比上年提高 0.39 个百分点。增收毛利 1 000 万元，成本控制有效；期间费用（销售费用、管理费用、财务费用）比上年增加 600 万元，增幅 46.1%，主要是管理费用增幅较大，但期间费用增长绝对额远低于毛利增长额，仍使净资产收益率提高 0.28 个百分点。

（2）资产周转率提高 0.21 次，表明公司资产周转率速度提高。主要是公司销售收入大幅增加，同时主要资产中的应收账款变现能力强、存货周转速度快，余额并未大幅增长，使周转率应收账款、存货分别增加了 0.87、0.26 次，使净资产收益率提高 1.36 个百分点。

（3）权益乘数提高 0.09 倍，表明公司扩大生产、购置新设备的部分资金来源于外部融资，其中 20×9 年度借款比 20×8 年增加了 800 万元，增幅 22.9%，公司充分利用财务杠杆作用，提高净资产收益率 0.44 个百分点。

（4）从企业股东角度看，企业销售市场前景看好，也充分利用财务杠杆作用，通过增加银行借款购置设备，扩大生产，备足存货应对市场需求，企业经营模式符合股东的利益；从银行债权人的角度看，虽然企业银行借款大幅增长，但企业产品市场前景看好，毛利率上升，期间费用可控制，盈利能力较强，同时企业负债比率仅 32.5%，风险可控，当属于银行比较优质的客户。

第八章
基础案例分析攻略

第一节 企业财务分析的流程

实务中，由于企业规模大小不同、财务核算规范程度不同、企业所有制性质、提供财务报表的类型不同，信贷人员应结合财务报表及会计科目的一般性特点和科目异动所反映的企业经营实质，根据企业实际情况采取不同的分析攻略，以达到事半功倍的效果。

一、大中型企业财务分析攻略

大中型企业，或财务核算比较规范的企业，一般能提供比较完整的财务报表，其历史资料、同行业可比资料比较容易取得，信贷人员可根据实际，采取如下分析程序：

1. 了解企业基本情况。

2. 获取企业财务报表（包括资产负债表、利润表、现金流量表）、主要科目明细，以及与财务、经营相关的信息和资料。

3. 判断企业财务报表的类型，编制初审报表。

（1）若是税务报表，应向企业确认是否存在未纳入报表的重要及大额的采购、销售、资产、负债等业务，若存在，则须将业务所涉及的主要科目进行调整，主要包括应收账款、应付账款、营业收入及成本、其他应收款、存货、固定资产、借款等科目，经调整后编制初审报表；

（2）若是银行报表，向企业确认是否存在多计入报表的重大及大额的采购、销售、资产业务、少记入报表的负债业务，若存在，则须将业务所涉及的主要科目进行调整，主要包括应收账款、应付账款、营业收入及成本、其他应收款、存货、固定资产、借款等科目，经调整后编制初审报表；

4. 确定财务报表的调查重点。

以初审报表为基础，确定调查核实的重点科目：

（1）资产负债表中期末余额比期初余额增减变化达到 10% 以上，或单项余额占资产总额 10% 以上的科目；

（2）利润表、现金流量表中本期金额与上年同期金额增减变化在 10% 以上、或单项发生额占销售总额 5% 以上的科目；

（3）将资产负债比率、毛利率、净资产收益率等重要财务指标与企业历史、同行业比率进行对比，出现异常的科目。

5. 根据各会计科目的特点及财务指标异常变化的规律，结合企业经营实际，对已确认重点调查科目进一步综合分析，剔除虚假计入报表项目，补充应计入而未计入报表项目，经核实调整后，编制再审报表。

6. 测算再审报表的资产负债比率、毛利率、净资产收益率等重要财务指标，结合企业的经营实际，按历史成本法分析企业偿债能力、盈利能力、获现能力；

7. 对市场价格与历史成本价差异较大的项目，如固定资产、存货、交易性金融资产、投资性房地产等项目，按市场价格，调整相应科目，再编制按市场价值反映的财务报表，测算资产负债比率，按市场价格分析企业偿债能力。

8. 通过上述调查、分析，综合评价企业的偿债能力（分别按历史成本和市场价格法）、盈利能力、获现能力，评估授信风险水平，决定是否给予授信。

二、中小企业及小微企业财务攻略

中小企业主营业务比较明显，财务核算涉及的科目较少，家庭开支、对外投资资金主要来源于企业经营所得，家庭资产与企业资产（如汽车、房地产）不能严格区分；财务报表的编制目的和方式与大中型企业大不相同，财务报表通常不能直接利用，历史资料及信息一般也难获取，可比性较差，因而财务分析的攻略也有不同。信贷人员可根据实际，采取如下分析程序：

1. 了解企业基本情况。

2. 获取基本信息及资料，确定需要重点调查核实的项目，一般包括存货、固定资产、应收账款、短期借款、应付账款、营业收入、毛利率等。

3. 实地观察企业存货、固定资产等实物资产，分析、确认其历史成本价；企业实际控制人的家庭资产，若不能提供其他资金来源的，视同企业资产的一部分。

4. 取得应收账款主要明细和货款周转期，加以分析确认；货币资金、其他应收款等项目，一般余额较小，或是占资产总额比例小，可按企业提供数确认；若余额大、变化幅度大，可详细核实。

5. 对照行业平均销售利润率，结合企业管理水平、人员结构等因素，评估产品销售利润率，推断企业历年经营积累。

6. 根据“负债 = 资产 - 初始投入 - 历年经营积累”这一等式，测算企业负债总额。

7. 测算负债总额与企业提供负债明细汇总额核对，差异不大的，可按企业提供明细确认负债项目，差异较大的（20% 以上），提请企业提供解释，解释不合理的，视为企业漏报负债，测算负债总额合理推断为企业的最终负债。

8. 根据已确认的资产、所有者权益、负债，编制简易财务报表，评价企业的偿债能力和盈利能力。

三、企业集团财务分析攻略

实务中，许多企业实际控制人同时控制着两家或两家以上的企业，这些企业之间可能在同一经营场地、生产相同或类似产品，或同一产业链下的上下游产品。实际控制人、借款企业及其实际控制的企业之间构成关联关系，形成企业集团。

要准确地把企业集团下各企业的实物资产、债权债务加以区分，与财务报表各项目一一对应是很难的。因此，调查分析时，需要将企业集团所属关联企业、实际控制人的财务数据予以合并，形成企业集团合并财务报表，测算企业集团各项财务指标、评价企业集团的偿债能力和盈利能力。掌握企业集团财务状况，再去评价各个企业的偿债能力和盈利能力就得心应手了。

信贷人员可根据实际情况，采取如下分析程序：

1. 了解企业基本情况。

2. 获取企业集团下主要关联企业及实际控制人的财务报表、主要科目明细，以及与财务、经营相关的信息和资料。

3. 分析各企业财务报表的类型（税务报表、银行报表），提请企业将未入报表项目，虚入报表项目做调整。

4. 要求企业提供企业集团内部重大关联交易及其金额。主要有应收账款与应付账款之间、其他应收款与其他应付款（借款）之间、营业收入与营业成本之间、投资与实收资本等重大关联交易。由于企业集团内部交易不会导致企业集团整体财务结构变化，故应将重大关联交易科目及金额予以合并抵销，合并抵销后形成初审集团财务报表。

5. 确定财务报表的调查重点。

以初审集团财务报表为基础，确定调查核实的重点科目：

（1）资产负债表项目下期末余额比期初余额增减变化达到 10% 以上，或单项余额占资产总额 10% 以上的科目；

（2）利润表、现金流量表中本期金额与上年同期金额增减变化在 10% 以上，或单项发生额占销售总额 5% 以上的科目；

（3）将资产负债比率、毛利率、净资产收益率等重要财务指标与企业历史、同行业比率进行对比，出现异常的科目。

6. 根据各会计科目的特点及财务指标异常变化的规律，结合企业经营实际，对已确认重点调查科目进一步综合分析，剔除虚假计入报表项目，补充应计入而未计入报表项目，经核实调整后，编制再审集团报表。

7. 测算再调整后的集团财务报表相应的资产负债比率、毛利率、净资产收益率等重要财务指标，结合企业的经营实际，按历史成本法分析和评价企业偿债能力、盈利能力、获现能力。

8. 对市场价格与历史成本价差异较大的项目，如固定资产、存货、交易性金融资产、投资性房地产等项目，按市场价格，调整相应的科目，再编制按市场价值反映的集团财务报表，测算资产负债比率，按市场价格评价企业集团偿债能力。

9. 通过上述调查、分析，综合评价企业集团的各方面财务指标，偿债能力（分别按历史成本和市场价格法）、盈利能力、获现能力，评估授信风险水平，决定是否给予授信。

四、特别说明

实务中，不同的行业、不同的企业、同一企业的不同历史时期、报表类型和用途的不同，使企业提供给银行的报表复杂多样，财务经营信息虚虚实实，真假难辨，因此，信贷人员分析方法、程序和策略也都不是一成不变，而应根据实际情况随机应变。

在调查与被调查过程中，充分展现有利信息，尽量规避不利信息、争取获得贷款是企业的根本目标；而充分挖掘和披露企业财务经营信息（包括有利和不利信息），合理评价企业的偿债能力和盈利能力，降低信贷资产风险是信贷人员的根本目标。两者的矛盾直接导致了掌握企业财务经营信息的不对称性，决定了信贷人员要想从企业取得非常准确的财务数据及信息是非常困难的。

因此，书中很多涉及信贷人员获取资料和信息，分析财务指标时，常使用“基本一致”“主要科目”“一般地”“比较准确的余额”等非肯定性语句，但这些都不影响信贷人员为获取更加准确的财务经营信息而作出的各种努力，也不会影响信贷人员对企业偿债能力、盈利能力、获现能力综合评价的质量。

同时，银行不是会计师事务所或税务部门，不必一定要掌握企业所有财务状况及相关信息，但信贷人员可以借助企业提供的现有资料，结合企业经营的实际、会计报表及会计科目的一般规律，采取恰当的分析攻略，弃假存真，弃劣存优，测算出企业的主要财务数据和指标，合理评价企业主要财务状况经营成果和获现能力，降低银行信贷资产风险。

第二节 企业税务报表分析攻略

一、基本情况

ABC 有限公司，由陈某及其朋友共同组建，主要从事氧化钴等化工产品生产、加工，目前产品市场良好，销售比上年明显增长，产品 90% 以上出口，无票销售较少。产品对周边环境有一定污染，但公司已获得环保许可证。实际控制人品质良好，未发现有不良嗜好。股东之间权责分明，财务核算规范，信贷人员所需资料包括基本税务报表及主要科目明细余额均已获得。

如下是信贷人员获得的企业税务报表（企业确认已纳入无票销售等未入报表项目），根据题目要求进行分析详见表 8-1、表 8-2 和表 8-3。

表 8-1 资产负债表（一）

编制单位：ABC 有限公司　　20×9 年 12 月 31 日　　单位：万元

资　　产	期　初　数	期末余额	增减比（%）	占资产比重（%）
流动资产：				
货币资金	1 661.74	983.78	-40.80	11.93
短期投资	0.00	0.00	—	—
应收账款	1 281.13	2 094.84	63.51	25.40
减：坏账准备	6.41	10.47	63.51	0.13
应收账款净值	1 274.73	2 084.36	63.51	25.28
其他应收款	1.48	411.32	27 677	4.99
预付账款	1 531.22	625.36	-59.16	7.58
存货	1 652.00	3 218.50	94.82	39.03
待摊费用	3.92	0.78	-80.13	0.01

续表

资　　产	期　初　数	期末余额	增减比（%）	占资产比重（%）
流动资产合计	6 125.09	7 324.10	19.58	88.81
长期投资：	0.00	0.00		
长期股权投资	0.00	100.00	—	1.21
长期债权投资	0.00	0.00	—	0.00
长期投资合计	0.00	100.00	—	1.21
固定资产：	0.00	0.00		
固定资产原价	692.43	1 055.43	52.42	12.80
减：累计折旧	173.63	233.07	34.23	2.83
固定资产净值	518.80	822.35	58.51	9.97
固定资产净额	518.80	822.35	58.51	9.97
固定资产合计	518.80	822.35	58.51	9.97
无形资产	0.00	0.00	—	0.00
长期待摊费用	0.22	0.16	−27.44	0.00
无形资产及其他合计	0.22	0.16	−27.44	0.00
资产总计	6 644.11	8 246.61	24.12	100.00

表 8-2　资产负债表（二）

编制单位：ABC 有限公司　　　　20×9 年 12 月 31 日　　　　单位：万元

负债及所有者权益	期　初　数	期末余额	增减比（%）	占资产比重（%）
流动负债：				
短期借款	600.00	900.00	50.00	10.91
应付票据	4 000.00	3 000.00	−25.00	36.38
应付账款	104.05	246.67	137.07	2.99
预收账款	15.45	108.12	599.81	1.31
应付工资	0.00	0.00		0.00
应付福利费	57.53	72.78	26.51	0.88
应交税金	57.67	227.32	294.17	2.76
其他应交款	5.60	11.13	98.88	0.13
其他应付款	499.11	1 012.97	102.96	12.28
流动负债合计	5 339.40	5 578.99	4.49	67.65
长期负债：	0.00	0.00		0.00
长期借款	0.00	600.00		7.28
长期负债合计	0.00	600.00		7.28
负债合计	5 339.40	6 178.99	15.72	74.93
所有者权益：	0.00	0.00		0.00

续表

负债及所有者权益	期　初　数	期末余额	增减比（%）	占资产比重(%)
实收资本	1 000.00	1 500.00	50.00	18.19
实收资本净额	1 000.00	1 500.00	50.00	18.19
资本公积	2.51	2.51	0.00	0.03
盈余公积	50.48	89.91	78.13	1.09
未分配利润	251.72	475.20	88.78	5.76
所有者权益合计	1 304.71	2 067.62	58.47	25.07
负债所有者权益总计	6 644.11	8 246.61	24.12	100.00

表 8-3　利　润　表

编制单位：ABC 有限公司　　　　20×9 年度　　　　单位：万元

项　目		上　年　数	本　年　数	增（减）（%）
一	主营业务收入	8 132.07	17 003.90	109.10
减：	主营业务成本	7 750.12	16 122.03	108.02
	主营业务税金及附加	53.40	84.34	57.94
二	主营业务利润	328.55	797.53	142.74
	其他业务收入	0.00	10.74	
	其他业务支出	0.00	11.48	
减：	营业费用	27.98	53.26	90.38
	管理费用	76.18	165.36	117.06
	财务费用	67.10	172.20	156.64
三	营业利润	157.29	405.97	158.10
	补贴收入	0.00	5.00	
	营业外收入	1.96	0.00	-100.00
减：	营业外支出	8.13	18.81	131.36
四	利润总额	151.12	392.16	159.50
减：	所得税	57.54	129.50	125.05
五	净利润	93.58	262.66	180.68

二、分析攻略

1. 根据报表的发生额、余额及其增减变化，请分析如下会计科目是为关注重点，并简单说明原因。

（1）货币资金是否应列入关注重点，并说明原因？

分析：须关注。原因：货币资金期末余额比期初余额大幅减少

40.8%，同时其占总资产比重较大，为 11.9%。

（2）其他应收款是否应列入关注重点，并说明原因？

分析：须关注。原因：虽然该科目其占总资产比重不大，为 4.99%，但增长比例较大，特别是该科目大额增加，可能会涉及股东或关联企业之间的资金往来，特别是股东挪用公司信贷资金情况，须进一步核实。

（3）长期股权投资是否应列入关注重点，并说明原因？

分析：须关注。原因：虽然该科目占总资产比重不大，为 1.21%，但银行作为债权人，须对公司对外投资情况予以掌握，以便判断企业关联方相互之间的资金融通、其他关联交易，及其对企业偿债能力、盈利能力的影响。

（4）固定资产是否应列入关注重点，并说明原因？

分析：须关注。原因：期末余额比期初余额大幅增加 52.4%，同时其占总资产比重较大，为 12.8%。

（5）应付票据是否应列入关注重点，并说明原因？

分析：须关注。原因：期末余额比期初余额大幅减少 25%，同时其占总资产比重较大，为 36.38%。

（6）预收账款是否应列入关注重点，并说明原因？

分析：不用关注。原因：虽期末余额比期初余额大幅增加 599.8%，但其占总资产比重很小，且绝对值甚小，对资产及净资产影响甚微。

（7）其他应付款是否应列入关注重点，并说明原因？

分析：须关注。原因：期末余额比期初余额大幅增加 102.96%，同时占总资产比重较大，为 12.28%。该科目还可能会涉及股东或关联企业之间的资金往来情况。

（8）长期借款是否应列入关注重点，并说明原因？

分析：须关注。原因：虽然该科目占总资产比重仅 7.28%，但需要判断新增借款系向关联方、股东借款、还是银行借款？其实质是否为短期借款？这些因素会对财务指标产生影响。

（9）实收资本是否应列入关注重点，并说明原因？

分析：须关注。原因：该科目新增实收资本 500 万元，须对其股权结构及股东投资比例变化进行了解。

（10）盈余公积是否应列入关注重点，并说明原因？

分析：该科目不用关注。原因：虽期末余额比期初余额大幅增加78%，但其占总资产比重、绝对值甚小；且在资产负债等项目调查核实后，盈余公积及未分配利润余额可基本确认。

（11）主营业务收入是否应列入关注重点，并说明原因？

分析：须关注。原因：主营业务收入本期发生额比上年同期大幅增加109.1%，须结合应收账款、增值税纳税申报表等项目，分析销售增长是否属实、合理。

（12）管理费用是否应列入关注重点，并说明原因？

分析：若销售增长判断为合理，则管理费用与销售增长基本同增长，无须关注；若销售增长判断为不合理，本期发生额比上期大幅增加117.1%，则可适当关注。

（13）财务费用是否应列入关注重点并说明原因？

分析：须关注。原因：本期发生额比上期大幅增加117.1%，特别是通过财务费用中借款利息支出分析，测算企业银行借款的实际余额。

（14）营业外支出是否应列入关注重点，并说明原因？

分析：不用关注。原因：虽期末余额比期初余额大幅增加131%，但其绝对值甚小。

（15）所得税是否应列入关注重点并说明原因？

分析：该科目不用关注。原因：虽本期发生额比上期大幅增加125%，但其绝对值甚小，且企业税务报表一般不会多计所得税。

2. 以下是信贷人员获取的ABC公司科目余额表，结合前面的财务报表，根据提示对有关科目进行分析详见表8-4和表8-5。

表8-4　ABC有限公司科目余额表　　单位：万元

题目	科目名称	期初余额	本期发生额		期末余额
			借　方	贷方发生	
1	现金	0.1	668.9	568.6	100.4
	银行存款	321.6	67 498.7	67 296.9	523.4

续表

题目	科目名称	期初余额	本期发生额		期末余额
			借　方	贷方发生	
	其中：	—	—	—	—
2	A1 银行	12.6	42 106.6	41 709.1	410.1
	B3 银行	4.5	5 277.5	5 282.0	0.1
	A4 银行	304.5	20 114.5	20 305.9	113.2
3	其他货币资金	1 340.0	2 560.5	3 540.5	360.0
	其中：	—	—	—	—
	B2 银行	800.0	—	800.0	—
	B3 银行	270.0	1 550.5	1 760.5	60.0
	B4 银行	260.0	1 010.0	970.0	300.0
	其他	10.0	—	10.0	—
	应收账款	1 281.1	18 521.9	17 708.2	2 094.8
	其中：11 公司	733.8	470.5	642.0	562.3
	15 公司	132.5	628.5	697.1	63.9
	17 公司	221.7	1 136.1	1 195.0	162.8
	47 公司	22.0	239.0	209.0	52.0
4	107 公司	30.4	290.3	−795.6	1 116.3
	149 公司	30.5	15 757.5	15 660.5	127.5
	158 公司	110.2	191.1	291.3	10.0
	坏账准备	−6.4	—	4.1	−10.5
	预付账款	1 531.2	8 279.2	9 185.1	625.4
	其中：21 公司	9.2	6 750.0	6 133.8	625.4
	27 公司	1 522.1	1 529.2	3 051.3	—
	其他应收款	1.5	13 009.8	12 600.0	411.3
	其中：38 公司	1.5	—	−4.7	6.2
5	C 公司	—	12 604.7	12 604.7	—
	D 公司	—	5.1	—	5.1
6	B 公司	—	400.0	—	400.0
	原材料	911.8	18 565.6	17 273.7	2 203.7
	其中：锂皮	866.7	17 919.4	16 428.0	2 358.1
7	纯碱	2.0	183.7	185.7	−282.0
	硫酸	0.4	132.5	128.7	4.3
	液碱	0.9	273.0	256.7	17.2
	氟化钠	8.5	57.0	51.2	14.3
	其他	33.3	—	−58.6	91.9

续表

题目	科 目 名 称	期 初 余 额	本期发生额		期 末 余 额
			借　　方	贷 方 发 生	
	低值易耗品	1.9	0.1	—	2.0
	其中：餐桌	1.9	—	-0.1	2.0
	产成品	445.5	18 369.6	18 047.8	767.3
	其中：氧化钴	94.0	4 954.4	4 836.0	212.3
	氧化亚钴	86.3	5 573.5	5 561.4	98.4
8	氯化钴	265.2	7 841.7	7 650.3	456.6
	待摊费用	3.9	1.4	4.5	0.8
	其中：网络费	3.9	1.4	4.5	0.8
9	长期股权投资	—	100.0	—	100.0
	固定资产	692.4	363.0	—	1 055.4
	其中：球磨机	21.9	0.3	—	22.2
	净化塔	5.1	—	—	5.1
	压滤机	111.0	22.8	—	133.8
	净化处理设备	23.0	—	—	23.0
	微粉机	10.1	—	—	10.1
	发电机组	2.6	—	—	2.6
	烘箱	7.8	—	—	7.8
	厂房	352.5	300.0	—	652.5
	萃取箱	57.6	—	—	57.6
	广本轿车	26.4	—	—	26.4
	搅拌器	62.3	—	—	62.3
	其他	12.2	39.9	—	52.1
10	累计折旧	173.6	1.3	60.7	-233.1
	在建工程	—	5.0	5.0	—
	其中：水处理池	—	5.0	5.0	—
	长期待摊费用	0.2	—	0.1	0.2
	其中：空压机	0.1	—	0.0	0.1
	其他	0.1	—	0.0	0.1
	短期借款	600.0	3 200.0	3 500.0	900.0
	其中：C1 行	600.0	2 600.0	2 900.0	900.0
	C2 行	—	300.0	300.0	—
	C3 行	—	300.0	300.0	—
	应付票据	4 000.0	8 850.0	7 850.0	3 000.0
11	其中：B3 银行	1 400.0	2 950.0	1 550.0	—

续表

题目	科目名称	期初余额	本期发生额		期末余额
			借　　方	贷方发生	
	B4 银行	2 600.0	5 200.0	5 600.0	3 000.0
	M 行	—	700.0	700.0	—
	应付账款	104.1	1 021.4	1 164.0	246.7
	其中：74 公司	22.0	223.5	220.8	19.3
	65 公司	44.5	167.9	142.9	19.5
	60 公司	4.6	61.4	77.9	21.1
	73 公司	27.7	186.8	202.2	43.1
	51 公司	5.2	381.8	520.2	143.6
	预收账款	15.5	29.1	121.8	108.1
	其中：81 公司	—	—	4.3	4.3
	83 公司	—	—	1.9	1.9
	86 公司	15.5	29.1	115.6	102.0
	其他应付款	499.1	1 611.2	2 125.1	1 013.0
	其中：职工教育	4.1	0.0	1.9	6.0
	H 公司	5.0	—	25.0	30.0
	A 公司	390.0	111.2	130.0	408.8
	B 公司	100.0	100.0	—	—
	C 公司	—	1 400.0	1 468.2	68.2
12	D 公司	—	—	500.0	500.0
	应付工资	—	127.0	127.0	—
	应付福利费	57.5	2.5	17.8	72.8
	应交税金	57.7	3 712.1	3 881.8	227.3
	其中：所得税	15.0	111.2	133.3	37.1
	城建税	2.4	41.1	47.7	9.0
	未交增值税	40.3	591.5	732.4	181.3
	应交增值税 - 销项税额	—	—	2 895.2	2 895.2
	应交增值税 - 进项税额	—	2 245.9	2 245.9	—
	转出未交增值税	—	722.4	722.4	—
	进项税额转出	—	—	73.1	73.1
	其他应交款	5.6	49.9	55.4	11.1
	其中：教育基金	1.9	29.6	36.6	9.0
	水利基金	0.9	17.6	18.8	2.1
	农发基金	2.7	2.7	—	—
	长期借款	—	—	600.0	600.0

续表

题目	科目名称	期初余额	本期发生额		期末余额
			借　方	贷方发生	
13	实收资本	1 000.0	—	500.0	1 500.0
	其中：C 公司	500.0	—	250.0	750.0
	B 公司	250.0	—	125.0	375.0
	D 公司	250.0	—	125.0	375.0
	资本公积	2.5	—	—	2.5
	盈余公积	50.5	—	39.4	89.9
	利润分配	251.7	78.9	302.4	475.2
	其中：盈余公积	—	26.3	26.3	—
	公益金	—	13.1	13.1	—
	生产成本	292.8	18 325.3	18 372.5	245.6
	其中：氧化钴车间	103.6	4 918.6	4 954.4	67.8
	直接材料	96.7	4 792.6	4 823.2	66.2
	直接人工	1.1	39.0	39.6	0.6
	制造费用	5.8	86.9	91.6	1.0
	氧化亚钴车间	189.2	5 476.9	5 576.4	89.6
	直接材料	185.4	5 368.6	5 465.8	88.1
	直接人工	1.1	22.8	23.6	0.3
	制造费用	2.7	85.5	87.0	1.2
	氯化钴车间	—	7 929.8	7 841.7	88.1
	直接材料	—	7 644.4	7 560.4	84.0
	直接人工	—	27.7	27.2	0.5
	制造费用	—	257.8	254.1	3.6

表 8-5　ABC 有限公司损益类明细表　　单位：万元

科　目	上　年	本　年	增　长　额	增长率（%）
主营业务收入	8 132.07	17 003.90	8 871.83	109.10
其中：氧化钴	2 772.34	5 064.98	2 292.65	82.70
氧化亚钴	2 966.72	5 921.42	2 954.70	99.59
氯化钴	2 364.01	6 014.28	3 650.27	154.41
碳酸钴	29.00	3.21	−25.79	−88.95
主营业务成本	7 750.12	16 047.75	8 297.63	107.06
其中：氧化钴	2 679.36	4 836.01	2 156.65	80.49
氧化亚钴	2 856.78	5 561.42	2 704.64	94.67
氯化钴	2 170.41	5 650.33	3 479.92	160.34
碳酸钴	43.58	74.28	30.70	70.45

续表

科　　目	上　　年	本　　年	增　长　额	增长率（%）
营业费用	28.61	53.26	24.65	86.16
其中：运输费	21.90	37.60	15.70	71.67
差旅费	0.89	0.16	-0.72	-81.71
邮件费	0.86	0.62	-0.24	-28.29
其他	0.02	0.02	0.01	39.16
出口费	4.95	14.61	9.66	195.40
广告费	0.00	0.25	0.25	
业务税金及附加	53.40	84.34	30.94	57.94
其中：城建税	19.12	47.72	28.59	149.51
教育附加费	34.28	36.62	2.35	6.84
其他业务收入	0.00	10.74	10.74	
其中：亚硫酸钠	0.00	10.74	10.74	
其他业务支出	0.00	11.48	11.48	
其中：亚硫酸钠	0.00	11.48	11.48	
管理费用	76.41	165.36	88.96	116.43
其中：工资及福利	16.71	114.64	97.93	586.08
邮电费	3.16	2.78	-0.38	-12.09
农发基金	24.40	0.00	-24.40	-100.00
待摊费用摊销	6.45	4.52	-1.93	-29.93
无形递延摊销	0.39	0.03	-0.36	-92.94
保险费	1.13	2.75	1.62	142.65
办公费	1.27	3.61	2.33	183.07
差旅费	0.30	0.26	-0.04	-12.40
业务招待费	1.30	1.45	0.15	11.56
其他费	3.99	3.85	-0.14	-3.55
工会文体教育经费	3.04	4.68	1.64	53.92
折旧	5.72	6.23	0.50	8.82
印花税	3.67	5.21	1.54	41.98
坏账准备	2.71	4.07	1.36	50.12
养老保险	2.16	5.31	3.15	145.86
医保	0.00	3.05	3.05	
教育统筹基金	0.00	0.90	0.90	
房产税	0.00	2.02	2.02	
财务费用	99.51	195.62	96.11	96.59
其中：利息支出	22.55	155.15	132.60	587.99

续表

科　　目	上　　年	本　　年	增　长　额	增长率（%）
应收票据贴息	69.69	33.28	−36.41	−52.24
金融手续费	6.24	4.94	−1.31	−20.93
利息收入	0.00	0.00	0.00	
汇兑损益	1.02	2.25	1.23	119.76
补贴收入	23.24	5.00	−18.24	−78.49
营业外收入	1.96	0.00	−1.96	-100
其中：煤渣	0.70	0.00	−0.70	-100
硫酸铜液	1.26	0.00	−1.26	-100
营业外支出	8.13	18.81	10.68	131.36
其中：水利基金	8.13	18.81	10.68	131.36
所得税	57.54	129.50	71.95	125.05

问题及分析：

（1）期末现金余额较大，可能系何原因？

分析：①白条抵库；②老板个人存折存款抵现金；③可能大额现金销售收入未能及时存入银行。

（2）“银行存款—A1 银行”项目是否为关注重点？为什么？

分析：应重点关注。原因：①期末余额比期初有较大增长；②可能其他货币资金中保证金项目反映在本科目；③可能期末贷款转入本科目，尚未划出使用。

（3）调查“其他货币资金”科目时，还应结合哪些科目调查？

分析：主要结合应付票据科目，原因：其他货币资金中保证金存款一般与应付票据科目有一一对应关系。

（4）“应收账款—107 公司”是否为关注重点？为什么？

分析：是。①期末余额比期初余额大幅增长；②贷方发生额有大额红字，须核实原因。

（5）“其他应收款—C 有限公司”项目期末余额为 0，是否为你关注的重点？为什么？

分析：重点关注。虽余额为 0，但结合实收资本可知该公司系本公司的股东，系关联方，且年度发生额很大，有大额资金往来。

（6）“其他应收款—B 公司”该明细科目应当结合哪个科目一起审核，为什么？

分析： B 公司也是该公司股东，应结合实收资本科目，可能存在抽资，或挪用信贷资金行为。

（7）“原材料—纯碱”项目是否系关注要点，为什么？

分析： 关注。该原材料明细余额为负数，可能系公司为降低毛利而多转原材料成本所致；或原材料已到库，或入库原材料已消耗使用，但销售发票尚未到达，公司未作材料暂估入账所致。

（8）确定“产成品—氯化钴”明细余额真实性最有效的方法是什么？

分析： 到车间、仓库实地观察，对大额或重要产品抽查盘点。

（9）长期股权投资项目余额不大，是否系关注要点？若是，需要求企业提供哪些资料？

分析： 该科目须关注。原因：虽然该科目其占总资产比重不大，为 1.21%，但银行作为债权人，须对公司对外投资情况予以掌握，同时确定被投资方即为公司关联方。应获取股权投资协议，被投资方的营业执照、验资报告等。

（10）“累计折旧”项目余额较大，是否系关注要点？为什么？

分析： 可适当关注。折旧多提或少提一般仅对费用成本有一定影响，对资产和净资产的影响不大；但可以根据折旧与固定资产的配比关系，推断企业所提供固定资产余额的合理性。

（11）若 B3 银行的承兑保证金比例为 10%，请判断“应付票据—B3 银行”科目的实际余额应该为多少？

分析： 结合“其他货币资金—B3 银行”，推断实际余额应为：60/10%=600 万元。

（12）“其他应付款—D 公司”明细科目应当结合哪个科目一起审核，为什么？

分析： D 公司系股东之一，应结合实收资本或其他应收款等科目，可能是向关联企业融资。

（13）实收资本增资，你应该向企业获取哪些资料？

分析：了解企业增资的意图，获取章程，验资报告，股东决议变更后的营业执照。

特别说明：实务中，银行信贷人员能够获取企业如此详细的科目明细是比较困难的，但在分析过程中，对于科目余额较大、占资产比重较大、科目本身特别重要的科目，应当要求企业提供相应的明细，并对异常情况作出说明，以便分析。

3. 以下是信贷人员获取 ABC 公司 20×9 年、20×8 年及同行业 M 公司毛利率表，20×9 年同行业毛利率平均水平约 6.7%，请根据要求对毛利率分析详见表 8-6、表 8-7、表 8-8。

表 8-6　20×9 年 ABC 有限公司毛利率表　　单位：万元

月　份	营业收入	营业成本	毛　利	毛利率（%）
1	909.97	845.57	64.40	7.08
2	1 173.82	1 125.35	48.48	4.13
3	1 188.42	1 148.56	39.86	3.35
4	1 204.88	1 150.52	54.37	4.51
5	1 376.43	1 317.09	59.34	4.31
6	1 544.73	1 480.80	63.93	4.14
7	1 557.76	1 492.93	64.84	4.16
8	1 312.04	1 269.37	42.68	3.25
9	1 327.25	1 276.97	50.28	3.79
10	1 448.33	1 395.56	52.76	3.64
11	1 840.10	1 782.00	58.11	3.16
12	2 120.16	1 837.33	282.83	13.34
合计	17 003.90	16 122.03	881.87	5.19

表 8-7　20×8 年 ABC 有限公司毛利率表　　单位：万元

月　份	营业收入	营业成本	毛　利	毛利率（%）
1	457.53	431.90	25.63	5.60
2	470.36	446.85	23.51	5.00
3	494.82	473.60	21.22	4.29
4	711.76	665.06	46.7	6.56
5	925.47	876.85	48.62	5.25
6	544.14	518.84	25.3	4.65
7	761.91	734.69	27.22	3.57

续表

月　份	营业收入	营业成本	毛　利	毛利率（%）
8	578.82	564.42	14.4	2.49
9	922.60	890.02	32.58	3.53
10	677.03	643.29	33.74	4.98
11	676.23	629.12	47.11	6.97
12	911.40	875.49	35.91	3.94
合计	8 132.07	7 750.12	381.95	4.70

表 8-8　20×9 年同行业 M 公司毛利率表　　单位：万元

月　份	营业收入	营业成本	毛　利	毛利率（%）
1	74.08	67.34	6.74	9.10
2	591.62	542.87	48.75	8.24
3	426.72	392.32	34.4	8.06
4	571.01	521.2	49.81	8.72
5	605.33	567.35	37.98	6.27
6	137.41	126.44	10.97	7.98
7	186.22	170.78	15.44	8.29
8	727.25	675.24	52.01	7.15
9	617.16	582.36	34.8	5.64
10	503.25	461.15	42.1	8.37
11	614.37	574.82	39.55	6.44
12	889.67	861.21	28.46	3.20
合计	5 944.09	5 543.08	401.01	6.75

问题及分析：

（1）你认为 ABC 有限公司毛利率合理吗？简单说明原因。

分析：ABC有限公司毛利率不合理。该公司20×9年平均毛利率5.19%，比同行业毛利率平均水平 6.75% 低 1.56 个百分点，差异达 22.5%；

公司 12 月销售毛利率为 13.34%，比本年度平均毛利率增加 8.15 个百分点，比去年同期也增加 9.4 个百分点，因此该增加存在疑点。

进一步调查后确认，公司平常将毛利率压得比较低，导致年底平均毛利率低于行业平均水平较多（这易引起税务部门的关注），故在 12 月降低产品销售成本，大幅提高毛利率，以接近同行业水平。

因此，企业有意降低毛利率主要是：①为规避税收，企业已入账销售的成本结转过多；②存在未入账的无票销售，且这部分销售收入对应成本已结转，未开票部分即是企业的纯利润。

（2）20×9 年 M 公司销售毛利率合理吗？简单说明影响其毛利率的可能原因。

分析： M 公司毛利率不合理。虽然公司年平均毛利率与同业水平基本一致，但公司 20×9 年 12 月销售毛利率为 3.2%，比本年度平均毛利率减少 3.55 个百分点。进一步调查后确认公司前十一个月销售毛利率都比较高，接近年底仍保持较高毛利水平，会提高纳税额，故在年底时，提高产品销售成本，将销售毛利率降至同业水平。

4. 假设企业提供上述财务报表、科目余额表、毛利率等信息资料基本属实，请结合 20×8 年已测算出的财务指标，计算 20×9 年度相关财务指标详见表 8-9、表 8-10。

表 8-9 测算出的财务指标

	1.2009 年经营性现金流量净额	3 300 万元	
	2.2009 年利息支出	150 万元	
	3.2009 年平均职工人数	380	
	4. 营业收入包括主营业务收入和其他业务收入		
	5. 营业成本包括主营业务成本和其他业务支出		
	指标名称	计算公式	20×8 年
一、	偿债能力指标：		
1.	负债比率（%）	负债总额 / 资产总额	80.36
2.	流动比率（%）	流动资产 / 流动负债	114.71
3.	速动比率（%）	（流动资产 − 存货 − 预付账款等）/ 流动负债	55.02
4.	现金流动负债比率（%）	经营性现金流量净额 / 流动负债	52.37
5.	利息保障系数	（税前利润 + 利息支出）/ 利息支出	3.25
二、	经营效率指标：		
6.	劳动效率	营业收入 / 平均职工人数	21.4
7.	存货周转率	营业成本 / 平均存货	5.88
8.	应收账款周转率	营业收入 / 平均应收账款	8.09
9.	总资产周转率	营业收入 / 平均总资产	1.59
三、	获利能力比率：		
	营业收入毛利率（%）	毛利 / 营业收入	4.93
10.	营业净利率（%）	净利润 / 营业收入 ×100%	1.15

续表

11.	营业利润率	营业利润 / 营业收入 ×100%	1.93
12.	总资产报酬率	利润总额 / 平均资产总额	1.07
13.	净资产收益率	净利润 / 平均净资产	7.51
14.	成本费用利润率	利润总额 / 成本费用总额	2.27
15.	盈余现金保障倍数	经营现金净流量 / 净利润	11.75
四、	发展能力指标		
16.	营业收入增长率（%）	毛利 / 上年营业收入 ×100%	64.94
17.	资本积累率（%）	本年所有者权益增长额 / 年初所有者权益 ×100%	29.80
18.	总资产增长率（%）	本年总资产增长额 / 年初总资产	45.62

参考答案：

表 8-10　相关财务指标

指 标 名 称	20×8 年	20×9 年	绝对值增长
一、偿债能力指标：			
负债比率（%）	80.36	74.93	-5.43
流动比率（%）	114.71	131.28	16.57
速动比率（%）	55.02	62.38	7.36
现金流动负债比率（%）	52.37	59.15	6.78
利息保障系数	3.25	3.61	0.36
二、经营效率指标：			
劳动效率	21.4	44.77	23.37
存货周转率	5.88	6.62	0.74
应收账款周转率	8.09	10.13	2.04
总资产周转率	1.59	2.29	0.70
三、获利能力比率：			
毛利率（%）	4.93	5.18	0.25
营业净利率（%）	1.15	1.54	0.39
营业利润率（%）	1.93	2.39	0.46
总资产报酬率（%）	1.07	5.27	4.20
净资产收益率（%）	7.51	15.58	8.07
成本费用利润率（%）	2.27	2.36	0.09
盈余现金保障倍数（%）	11.75	12.56	0.81
四、发展能力指标			
营业收入增长率（%）	64.94	109.10	44.16
资本积累率（%）	29.80	58.47	28.67
总资产增长率（%）	45.62	24.12	-21.50

三、综合评价

根据上述财务经营信息，请试用杜邦财务分析方法（净资产收益率），对 ABC 有限公司 20×9 年的获利水平进行分析。

提示：

1.ABC 有限公司 20×8 年营业净利率 1.15%；总资产周转率 =159.08% 权益乘数 =4.1；

2. 分析步骤：

（1）分别计算 20×8 年、20×9 年净资产收益率；

（2）分析因营业净利率、总资产周转率、权益乘数的变化分别对净资产收益率的变化；

（3）结合前述财务指标，简单评价 20×9 年净资产收益率。

（一）分析

1. 20×8 营业净利率 × 总资产周转率 × 权益乘数

=1.15%×1.59×4.1=7.5%

2. 20×9 营业净利率 × 总资产周转率 × 权益乘数 =1.54%×2.29×4.42= 15.59%

即 1.54%×2.29×4.42−1.15%×1.59×4.1=8.09%

3. 营业净利率变化 =（1.54%−1.15%）×1.59×4.1=2.54%，系销售增长了 109%，使利润增长了 180%，从而提高了净资产收益率。

4. 总资产周转率变化 =1.54%×（2.29−1.59）×4.1=4.42%，系销售增长了 109%，同时资产增长 24.12%，销售的增幅大大高于资产增幅。使劳动效率提高、存货周转率、应收账款周转率的提高，改善了公司资金使用效益，大大地提高了总资产周转率，从而提高了净资产收益率。

5. 权益乘数变化 =1.54%×2.29×（4.42−4.1）=1.13%，系公司通过股本增资 500 万元，改善股本结构，将负债比率由 80.36% 降低到 77.35%，权益乘数由 4.1 提高到 4.42，从而提高了净资产收益率。

（二）分析结果及综合评价

1. 20×9 年度以来，公司生产、经营、销售、财务等方面大幅改善，促进了公司的长足发展，其主要表现在：一方面通过扩大市场份额，使年度销售大幅增长一倍多，而成本费用开支得到有效的控制，使净利润大幅增长两倍，从而促进营业净利率增长了 2.54 个百分点；另一方面，公司通过提高劳动效率、存货周转率、应收账款周转率提高资产使用效率，使销售的增长（109%）大大的超过其总资产增长（34.12%）的增幅，从而使公司的总资产周转率提高了 4.4 个百分点；此外，公司充分利用财务杠杆作用，保持了较高的负债比率，同时，通过股本增资，降低负债比率 3 个百分点，将权益乘数提高 1.13 个百分点。该等方面的积极变化，使公司本年度净资产收益率比上一年增长了 8.09 个百分点。

2. 公司获利能力一直处于较低水平，20×8 年、20×9 年营业净利率分别为 1.15%、1.54%，同时公司负债比例仍然高达 77.35%，因而财务风险仍较大，虽然本年度公司增资 500 万元，改善股本结构，提高了权益比重，但公司仍应采取有效措施，降低经营成本，改善销售盈利空间，提高毛利率，增加净利润，降低负债比率，增强公司偿债能力，以提高债权人的信心。

第三节　企业银行报表分析攻略

一、基本情况

某 × 轴承公司，家族企业，成立近十年，主要产品系轴承，产品约 60% 出口，40% 内销，内销中约 50% 无票销售（即销售额未纳入报表，下同）。法定代表人即公司实际控制人，热衷于社会福利事业，社会上有一定的声誉，未发现有不良嗜好；实际控制人及其家属对外地房地产投资，家庭资产与企业资产不能严格区分。

1. 企业向信贷人员提供了财务报表，基本财务数据如下详见表 8-11、表 8-12：

表 8-11　资产负债调查表

客户名称：× 轴承公司　　20×9 年 12 月 31 日　　单位：万元

资产	提供金额		负债所有者权益	提供金额	
	20×8	20×9		20×8	20×9
流动资产合计：	14 613	16 580	流动负债合计	14 459	16 511
货币资金	4 400	5 500	短期借款	7 050	7 250
其中：保证金存款	4 000	5 000	其中：银行借款	7 050	7 250
其他银行存款	350	450	企业借款		
应收票据	850	200	应付票据	6 619	7 619
应收账款	3 220	4 050	应付账款	822	1 420
预付账款	630	600	预收账款		
其他应收款	723	560	其他应付款	70	250
存货	4 790	5 670	应付职工薪酬	96	110
其中：原材料	2 800	3 300	应交税金	-198	-138
半成品	410	520	长期借款合计		—
产成品	1 580	1 850	负债合计	14 459	16 511
其他存货			所有者权益合计	7 271	8 129
非流动资产合计：	7 117	8 060	实收资本	2 800	2 800
长期股权投资			资本公积	1 080	1 080
固定资产原价	7 659	8 240	盈余公积	891	899
减：累计折旧	542	740	未分配利润	2 500	3 350
固定资产净值	7 117	7 500			
其中：房屋土地	3 800	3 800			
机器设备	2 400	2 700			
电子设备	917	1 000			
补充未入账设备					
在建工程		560			
无形资产					
资产总计	21 730	24 640	权益总计	21 730	24 640

表 8-12　利　润　表

户名称：× 轴承公司　　20×9 年度　　单位：万元

项　目		提供金额	
		20×8	20×9
一	主营业务收入	18 538	26 321
	毛利率（%）	14.0	14.0
减：	主营业务成本	15 943	22 636

续表

项　　目		提供金额	
		20×8	20×9
	业务税金及附加	25	32
二	主营业务利润	2 570	3 653
减：	营业费用	290	457
	管理费用	774	977
	财务费用	486	550
三	营业利润	1 020	1 669
加：	投资收益		
	营业外收入	108	251
减：	营业外支出	10	26
四	利润总额	1 118	1 894
减：	所得税	280	474
五	净利润	838	1 420

2. 公司提供主要会计科目说明及信贷人员初步调查情况如下：

（1）信贷人员初步判断企业报表类型是银行报表。

（2）信贷人员取得报表后，经粗略估算企业负债比率 67%，询问中发现企业保证金比例与应付票据不匹配，且差异较大，经一再追问，财务人员承认有部分应付票据未入报表。

企业财务费用主要系借款利息支出，利用利息倒推算发现企业报表中少记约 1 900 万元（550/6%-7 250）借款，查证后企业予以承认。

由于银行报表在负债方面遗漏较多，信贷人员要求企业提供税务报表，被拒绝，信贷人员婉言告之，报表目前负债比率已较高，加上未入表的应付票据，以现有偿债能力，授信不可能获得批准，希望企业提供税务报表及其他可以证实企业有偿债能力的资产。在信贷人员的劝说下，企业同意提供了税务报表、主要往来科目的余额明细、实际控制人的房地产等资产资料。

（3）信贷人员发现企业税务报表中实物资产准确性也不高，一笔对外股权投资也未予反映。但应收账款、应付账款、其他应收款、其他应付款、预付账款、预收账款等往来款项（明细余额略）核算比较规范，重要项目均予反映，需作适当重新分类调整后，基本可以确认。

（4）通过观察车间、仓库，核实了重要的、大额存货数量，估算了存货大致余额；对公司房地产市场价格和变现能力进行询问分析，确认公司有产权证土地 80 亩，土地按市场价格增值约 50 万元 / 亩，共计 4 000 万元。

（5）将其他应收款、其他应付款明细与企业章程核对后，发现有股东抽资，或挪用企业信贷资金情况，在其他应收款中反映，由于家庭资产与企业财务不能区分，对于企业集团整体而言，股东抽资形成的债权债务应予抵销，核减其他应收款。

（6）营业收入根据增值税纳税申报表，结合出口占比情况，并考虑部分无票销售，确认销售大致金额：增值税纳税申报表显示出口销售额 13 750 万元，根据行业平均利润水平，适当考虑企业的优势，估算毛利率约 13%。出口销售额及毛利率得到企业管理人员的认可。

（7）经询问，实际控制人利用公司历年经营积累，以实际控制人的名义，购买北京等地房地产、汽车等计 2 000 万元，目前市场价值约 3 000 万元，企业提供了相关的产权证，核对后产权及价值确认属实；

（8）由于家庭资产资金来源于与公司财务不能明显区分，信贷人员决定将实际控制人的家庭资产一并纳入分析，统一计算资产负债情况，确认其实际偿债能力。

（9）假设企业对外股权投资未实现增值，可按账面值反映。

二、分析攻略

经过初步调查分析后，信贷人员根据各科目余额占资产的比重及项目的重要性，对报表主要科目作进一步调查确认。

1. 货币资金、短期借款及应付票据。

通过查询企业征信系统得知：

（1）银行借款 7 250 万元，与企业提供余额一致。经了解财务费用中借款利息支出约 545 万元，借款利率平均为 6%，利用利率倒推算实际借款应为 9 083 万元（545/6%），企业报表少记 1 833 万元（545/6%−7 250），与财务人员沟通过后，企业确认少记企业和个人付息借款 1 850 万元。

（2）企业开立银行承兑汇票余额 11 200 万元。经分析后确认其中 6 120 万元承兑保证金约 50%，5 400 万元承兑保证金 100%，测算保证金余额约 8 460 万元。经询问、分析，现金及银行存款约 300 万元。

根据上述分析，确认货币资金余额 8 760 万元，应付票据余额 11 200 万元，银行借款余额 7 250 万元，企业借款余额 1 850 万元，企业已确认。

2. 应收票据占资产比重小，经询问后可按企业提供余额确认。

3. 应收账款。根据税务报表适度重分类调整后，确认应收账款余额 2 300 万元；无票销售涉及应收账款 1 700 万元，合计 4 000 万元，与企业提供余额基本一致，可按 4 050 万元确认，企业已认可。

4. 预付账款占资产比重小，经询问后可按企业提供余额确认。

5. 其他应收款。考虑税务报表本科目余额 1 600 万元，其他应付款明细借方余额 1 250 万元，扣除本科目明细中的股东抽资额 700 万元，本科目余额应为 2 150 万元（1 600+1 250−700）。

6. 存货。通过观察企业的生产车间、主要原材料仓库，库存商品仓库，对主要原料、库存商品进行抽盘，与销售收入占比分析，确认原材料 2 300 万元、半成品 520 万元、库存商品 1 850 万元、模具等低值易耗品约 200 万元。存货估算准确率约 85%，原材料及库存商品市价波动幅度小，均按成本价预计。

7. 分析中发现公司拥有长期股权投资 1 400 万元，在银行报表中未反映。经查询被投资企业的章程及验资报告等资料后确认属实，根据题意，该投资尚无增值，即按投入价 1 400 万元确认。

8. 固定资产。税务报表余额净值 4 612 万元，其中厂房 2 012 万元，机器设备 1 900 万元、电子设备及其他 700 万元，土地在无形资产科目中反映。企业提出尚有约 900 万元无票购入设备，对主要设备进行实地观察分析后确认，认可固定资产余额净值 5 512 万元。

9. 在建工程占资产比重小，经现场观察后按提供金额确认。

10. 无形资产主要是土地 80 亩，购入价格 15 万元 / 亩，共 1 200 万元，目前土地增值约 50 万元 / 亩，土地共增值 4 000 万元。

11. 应付账款。根据税务报表本科目余额作分类调整后，确认应付账款余额 2 100 万元；经询问分析确认无票销售涉及应付账款 600 万元，合计

2 700 万元。

12. 预收账款。根据税务报表本科目余额分析，以及实际控制人实际预收公司货款，并记入指定个人账号中款项，共计 600 万元。

13. 其他应付款。与税务报表本科目余额基本一致，均为无关联企业短期资金融入。

14. 应付职工薪酬、应交税金科目余额占资产比重小，可按企业提供额确认。

15. 企业实收资本对照营业执照后，按提供额确认。

16. 经分析，银行报表中资本公积、盈余公积、未分配利润系企业根据资产负债轧差后调整，随意性较大，不予确认。可按调查确认后的资产减去负债和实收资本后的差额汇总确认。

17. 营业收入。增值税纳税申报表显示出口销售 13 750 万元，根据出口占比情况，并考虑部分无票销售，确认销售大致金额为 22 917 万元（13 750/ 60%）；毛利率按 13% 计算，营业成本 19 938 万元。

18. 业务税金及附加、营业费用、管理费用、营业外支出、所得税等费用科目企业一般不会多计，与税务报表相应发生额差异不大，且占销售比重小，可按企业提供金额确认。

19. 考虑其他因素对报表的影响：

（1）考虑扣除保证金余额后：

货币资金余额 =8 760−8 460=300 万元；

应付票据余额 =11 200−8 460=2 740 万元（即敞口余额）。

（2）考虑资产增值（土地）情况：

无形资产余额 =1 200+50×80=5 200 万元。

（3）考虑实际控制人家庭资产等情况：

“固定资产－房屋”余额 =2 012+3 000=5 012 万元。

三、综合评价

信贷人员根据上述分析后，重新编制财务报表，并按①银行报表；

②调查确认后报表数；③扣除保证金余额；④扣除保证金余额并考虑资产增值情况；⑤扣除保证金、考虑资产增值、并考虑实际控制人家庭资产等情况。按 5 种情况分别重新评估其偿债能力、盈利能力及净资产收益率，具体详见表 8-13、表 8-14 和表 8-15：

表 8-13　资产负债调查表

名称：× 轴承公司　　20×9 年 12 月 31 日　　单位：万元

资　　产	提供金额	20×9 调查确认额			
	20×9	核实余额	并考虑扣除保证金	并考虑资产增值	并考虑家庭资产
流动资产合计：	16 580	20 630	12 170	12 170	12 170
货币资金	5 500	8 760	300	300	300
其中：保证金存款	5 000	8 460			
其他银行存款	450	250	250	250	250
应收票据	200	200	200	200	200
应收账款	4 050	4 050	4 050	4 050	4 050
预付账款	600	600	600	600	600
其他应收款	560	2 150	2 150	2 150	2 150
存货	5 670	4 870	4 870	4 870	4 870
其中：原材料	3 300	2 300	2 300	2 300	2 300
半成品	520	520	520	520	520
产成品	1 850	1 850	1 850	1 850	1 850
其他存货		200	200	200	200
非流动资产合计：	8 060	8 672	8 672	12 672	15 672
长期股权投资		1 400	1 400	1 400	1 400
固定资产原价	8 240				
减：累计折旧	740				
固定资产净值	7 500	5 512	5 512	5 512	8 512
其中：房屋	3 800	2 012	2 012	2 012	5 012
机器设备	2 700	1 900	1 900	1 900	1 900
电子设备	1 000	700	700	700	700
补充未入账设备		900	900	900	900
在建工程	560	560	560	560	560
无形资产		1 200	1 200	5 200	5 200
资产总计	24 640	29 302	20 842	24 842	27 842

续表

负债所有者权益	提供金额	20×9 调查确认额			
	20×9	核实余额	并考虑扣除保证金	并考虑资产增值	并考虑家庭资产
流动负债合计	16 511	23 980	15 520	15 520	15 520
短期借款	7 250	9 100	9 100	9 100	9 100
其中：银行借款	7 250	7 250	7 250	7 250	7 250
企业借款		1 850	1 850	1 850	1 850
应付票据	7 619	11 200	2 740	2 740	2 740
应付账款	1 420	2 700	2 700	2 700	2 700
预收账款		600	600	600	600
其他应付款	250	250	250	250	250
应付职工薪酬	110	110	110	110	110
应交税金	-138	20	20	20	20
长期借款合计	—				
负债合计	16 511	23 980	15 520	15 520	15 520
所有者权益合计	8 129	5 322	5 322	9 322	12 322
实收资本	2 800	2 800	2 800	2 800	2 800
资本公积	1 080	2 522	2 522	6 522	9 522
盈余公积	899				
未分配利润	3 350				
权益总计	24 640	29 302	20 842	24 842	27 842

表 8-14　利润调查表

名称：× 轴承公司　　　　20×9 年度　　　　单位：万元

项目		提供金额	调查确认额
		20×9	20×9
一	主营业务收入	26 321	22 917
	毛利率	14.0%	13.0%
减：	主营业务成本	22 636	19 938
	业务税金及附加	32	32
二	主营业务利润	3 653	2 947
减：	营业费用	457	457
	管理费用	977	977
	财务费用	550	550
三	营业利润	1 669	963
加：	投资收益		
	营业外收入	251	252

续表

项　　目		提 供 金 额	调查确认额
		20×9	20×9
减：	营业外支出	26	26
四	利润总额	1 894	1 189
减：	所得税	473	209
五	净利润	1 420	980

表 8-15　调查确认后的主要财务指标　　　　单位：万元

项　　目	银行报表指标	调查后确认指标			
		调查后确认账面数	并考虑扣除保证金	并考虑资产增值	并考虑家庭资产
资产	24 640	29 302	20 842	24 842	27 842
负债	16 511	23 980	15 520	15 520	15 520
所有者权益	8 129	5 322	5 322	9 322	12 322
负债比率	67.01%	81.84%	74.47%	62.47%	55.74%
权益乘数	3.03	5.51	3.92	2.66	2.26
毛利率	14%	13%	/	/	/
销售利润率	5.40%	4.28%	/	/	/

4. 调查结论

根据上述报表分析表明：

企业销售状况良好，毛利率达 13%。销售利润率达 4.28%，盈利能力较好。

但企业借款及应付票据太多，即便是银行报表所反映的负债比率仍达到 67%。报表主要科目经调查核实后，重新确认负债比率 81.84%，扣除保证金余额后的负债比率达到 74.47%，考虑公司土地增值因素，负债比率仍达到 62.47%，说明企业整体负债比率较高，授信风险较大。由于存在将公司历年经营积累用于购置家庭资产情况，故将家庭资产纳入考虑后，负债率达到 55.74%。

可见，此类企业应审慎介入，授信时，务必将实际控制人及其家庭资产纳入风险评估及保全范围，并随时关注销售状况的变化。

第四节 企业银行报表与税务报表对比分析攻略

一、基本情况

× 电器公司，家族企业，成立于20×1年，主要生产电扇、洗衣机等小家电产品，产品以出口为主，有少量无票销售；企业经营管理水平与同行业差不多，毛利率水平基本与同业持平；实际控制人社会声誉良好，未发现有不良嗜好；企业财务核算比较规范。

调查中，公司向银行提供了20×7年、20×8年银行报表，20×8年度的税务报表，报表年末余额与年初余额并无异常变化，税务报表各项目中：

1. 存货中有原材料200万元、库存商品半成品500万元未在税务报表中反映，原料市场价格平稳；

2. 固定资产中，土地20亩，土地及房屋账面价值1 800万元。目前房屋价值不变，土地增值40万元/亩；此外公司有300万元（净值）的机器设备未入账；

3. 无形资产主要是土地80亩，成本30万元每亩，账面价值1 650万元，土地增值10万元/亩；

4. 公司长期股权投资无明显增值，企业实际控制人无其他重大家庭资产、负债和投资。

企业提供的银行报表、税务报表及部分科目调查结果详见表8-16、表8-17和表8-18：

表8-16 资产负债调查表（一） 单位：万元

资　　产	银行报表		税务报表	已确认科目余额
	20×7.12.31	20×8.12.31	20×8.12.31	
流动资产合计：	8 155.00	7 720.00	11 008.00	
货币资金	895.00	600.00	920.00	
应收账款	2 500.00	2 580.00	2 100.00	
预付账款	1 650.00	960.00	1 960.00	1 960.00
其他应收款	2 100.00	1 200.00	4 900.00	
存货	1 010.00	2 380.00	1 128.00	

续表

资　产	银行报表		税务报表	已确认科目余额
	20×7.12.31	20×8.12.31	20×8.12.31	
其中：原材料	800.00	1 030.00	620.00	
半成品	210.00	570.00	230.00	
产成品		780.00	278.00	
非流动资产合计：	10 492.00	11 220.00	7 914.00	
长期股权投资	1 580.00	1 580.00	1 580.00	1 580.00
固定资产原价	8 582.00	9 270.00	7 780.00	/
减：累计折旧	3 275.00	3 560.00	3 576.00	/
固定资产净值	5 307.00	5 710.00	4 204.00	
其中：房屋土地	2 300.00	2 600.00	1 800.00	
机器设备	2 200.00	2 300.00	1 800.00	
电子及其他设备	807.00	810.00	604.00	
在建工程	120.00	480.00	480.00	480.00
无形资产	3 485.00	3 450.00	1 650.00	
资产总计	18 647.00	18 940.00	18 922.00	

表 8-17　资产负债调查表（二）　　单位：万元

权　益	银 行 报 表		税务报表	已确认科目余额
	20×7.12.31	20×8.12.31	20×8.12.31	
流动负债合计	9 600.00	9 410.00	13 224.00	
短期借款	7 610.00	8 660.00	10 290.00	
其中：银行借款	7 610.00	8 660.00	8 660.00	
企业借款			1 630.00	
应付票据	500		800.00	
预收账款	—	—	—	—
应付账款	550	463.00	880.00	
其他应付款	680	12.00	1 100.00	
应付工资性款项	170	196.00	100.00	100.00
应交税金	90	79.00	54.00	54.00
负债合计	9 600.00	9 410.00	13 224.00	—
所有者权益合计	9 047.00	9 530.00	5 698.00	
实收资本	3 880.00	3 880.00	3 880.00	
资本公积	3 360	3 360	130.00	
盈余公积	453	510.00	408.00	
未分配利润	1 354	1 780.00	1 280.00	
权益总计	18 647.00	18 940.00	18 922.00	

表 8-18　利　润　表　　单位：万元

项　　目		银行报表数		税务报表	已确认科目发生额
		20×7 年度	20×8 年度	20×8 年度	
一、	营业收入	23 665.00	23 992.00	14 400.00	
	毛利率	15.4%	15.40%	15.42%	15%
减：	营业成本	20 000.00	20 298.00	12 180.00	/
	业务税金及附加	90.00	87.00	59.00	
二、	营业费用	480.00	538.00	338.00	338.00
	管理费用	790.00	480.00	480.00	480.00
	财务费用	660.00	708.00	708.00	708.00
	其中：借款利息	658.00	656.00	656.00	656.00
三、	营业利润	1 645.00	1 881.00	635.00	
四、	利润总额	1 645.00	1 881.00	635.00	
减：	所得税	411.25	470.25	158.75	158.75
五、	净利润	1 233.75	1 410.75	476.25	

综合以上信息，根据以下问题提示进行分析。

二、分析攻略

1. 请对公司提供的银行报表与税务报表重要科目差异作简单分析。

分析：

（1）银行报表与税务报表比较看，资产总额基本一致，但负债及所得者权益总额均相差 3 800 余万元，差异达 40%。

（2）银行报表资产项目下的往来款，特别是其他应收账，少记达 3 700 万元，初步预计企业为逃避抽资或挪用信贷资金行为。

（3）银行报表存货多记 1 200 万元，预计部分为无票采购原料、半成品，仍有部分存货为公司虚增余额所致。

（4）长期股权投资可通过获取企业验资报告、投资合同、协议等资料，容易核实，因而银行报表与税务报表反映一致。

（5）银行报表固定资产和无形资产比税务报表所列项目多出 3 306 万元，预计对应的土地按市场价值反映所致，需对房地产的面积、市价作进一步核实。

（6）银行报表主要负债科目中短期借款、其他应付款、应付账款比税务报表相应项目分别减少 1 630 万元、1 088 万元、417 万元，预计银行报表为减少负债比率，少记企业、个人借款和应付货款所致。

（7）银行报表为增加利润，首先将无票销售反映到报表；其次虚增产品销售收入，从而使营业收入比税务报表多 9 592 万元。营业收入需要进一步核实。

总体看，本案例银行报表与税务报表的差异是实务中常遇见的比较典型的报表差异，其基本规律应予以掌握。

2. 据调查，公司产品约 80% 出口，20% 内销，出口产品享受“出口免抵退税”政策；内销 50% 部分不开具增值税发票，税务报表中也未予反映；公司 20×8 年度的增值税纳税申报表显示出口免税销售额 12 800 万元，同行业毛利率约 15%。

请问：

企业提供的增值税纳税申报表对判断企业的实际销售额有用吗？请说明你的理由。

请判断公司 20×8 年度的实际全部销售额及结转营业成本应有多少？请说明你的理由。

分析：

（1）一般地，对于出口占总销售比例大、会计核算比较规范、国有企业，或购买方多要求开票的企业来说，分析增值税纳税申报表对判断企业实际销售额比较有用。

本企业出口占总销售比例达到 80% 以上，增值税纳税申报表有利于判断公司实际销售总额。

（2）实际全部销售额大约 16 000 万元（12 800/80%）；无票销售的企业税务报表中的营业成本一般准确性较低，可按同行业平均毛利率水平，推测销售成本，即 13 600 万元 [16 000/（1−15%）]。

（3）公司向银行、企业贷款本年度无大的增减变化，且基本都按 6.4% 的利率水平支付借款利息，利息支出都在税务报表中反映。银行承兑汇票保证金比例为 100%；请你判断公司的“货币资金”“应付票据”“短期借款”项目比较准确的余额应该是多少？请说明你的判断理由。

分析：

（1）银行承兑汇票保证金比例为 100%，货币资金、应付票据余额比较配比，可按税务报表确认，即应付票据 800 万元、货币资金约 920 万元。

（2）按 6.4% 的利率水平，推测短期借款 10 250 万元（656/6.4%），与税务报表基本一致，可按税务报表余额 10 290 万元确认。

4. 公司税务报表中“其他应收款”“其他应付款”科目均有明细，其中其他应收款中股东明细余额 1 900 万元，经调查为股东原增资后抽资所致，此外的其他应收款、其他应付款均为非关联企业借用。公司银行报表中该两科目有余额且都比较小，也未出现挂股东明细余额，请判断公司实际的“其他应收款”“其他应付款”科目余额为多少，请说明你的判断理由。

分析：

（1）公司税务报表中“其他应收款”“其他应付款”科目余额准确性较高。

（2）对于其他应收款一股东明细余额 1 900 万元，实属抽资，且无其他重大家庭资产、投资行为，因此事实上已不具备资产的性质，应予扣除，即其他应收款余额为 3 000 万元左右，（4 900-1 900=3 000 万元）。

（3）对其他应付款主要明细项目询问后，可按税务报表余额确认，即其他应付款余额 1 100 万元左右。

5. 公司无票销售部分的应收货款及应付货款占无票销售收入比例均为 20%，且未在税务报表中反映。请判断公司的应收账款及应付账款的实际余额大概应是多少？

分析：

以税务报表中应收账款、应付账款为基础，结合前述第（二）项分析：

应收账款 =2 420（2 100+16 000 × 10% × 20%）万元。

应付账款 =1 200（880+16 000 × 10% × 20%）万元。

6. 请确认固定资产及无形资产的余额，涉及房地产项目的，按市场价值确认。

分析：

根据基本情况所列信息，对固定资产和无形资产余额按市场价格作调整详见表 8-19。

表　8-19　　　　　　　　　　　　　　　　　　　　　　　　单位：万元

	税务报表	调　整　数	按市价确认数
固定资产净值	4 204.00		5 304.00
房屋土地	1 800.00	800	2 600.00
机器设备	1 800.00	+300	2 100.00
其他设备	604.00		604.00
无形资产	1 650.00	+800	2 450.00

注：房屋土地增值 =20×40=800 万元。

无形资产增值 =10×80=800 万元。

7. 报表“调查结果”一栏中，部分科目余额已确认，尚有部分科目余额未予确认，根据你的调查分析结果，予以确认；所有者权益项目汇总填写详见表 8-20、表 8-21 和表 8-22。

分析：

表 8-20　资产负债调查表（一）　　　　　　单位：万元

资　　产	银行报表 20×7.12.31	银行报表 20×8.12.31	税务报表 20×8.12.31	调查结果
流动资产合计：	8 155.00	7 720.00	11 008.00	10 128.00
货币资金	895.00	600.00	920.00	920.00
应收账款	2 500.00	2 580.00	2 100.00	2 420.00
预付账款	1 650.00	960.00	1 960.00	1 960.00
其他应收款	2 100.00	1 200.00	4 900.00	3 000.00
存货	1 010.00	2 380.00	1 128.00	1 828.00
原材料	800.00	1 030.00	620.00	820.00
半成品	210.00	570.00	230.00	230.00
产成品		780.00	278.00	778.00
非流动资产合计：	10 492.00	11 220.00	7 914.00	9 814.00
长期股权投资	1 580.00	1 580.00	1 580.00	1 580.00
固定资产原价	8 582.00	9 270.00	7 780.00	/
减：累计折旧	3 275.00	3 560.00	3 576.00	/
固定资产净值	5 307.00	5 710.00	4 204.00	5 304.00
房屋土地	2 300.00	2 600.00	1 800.00	2 600.00
机器设备	2 200.00	2 300.00	1 800.00	2 100.00

续表

资　　产	银行报表 20×7.12.31	银行报表 20×8.12.31	税务报表 20×8.12.31	调查结果
电子及其他设备	807.00	810.00	604.00	604.00
在建工程	120.00	480.00	480.00	480.00
无形资产	3 485.00	3 450.00	1 650.00	2 450.00
资产总计	18 647.00	18 940.00	18 922.00	19 942.00

表 8-21　资产负债调查表（二）　　单位：万元

负债及所有者权益	银行报表 20×7.12.31	银行报表 20×8.12.31	税务报表 20×8.12.31	调查结果
流动负债合计	9 600.00	9 410.00	13 224.00	13 544.00
短期借款	7 610.00	8 660.00	10 290.00	10 290.00
银行借款	7 610.00	8 660.00	8 660.00	
企业借款			1 630.00	
应付票据	500		800.00	800.00
预收账款	—	—	—	—
应付账款	550	463.00	880.00	1 200.00
其他应付款	680	12.00	1 100.00	1 100.00
应付工资性款项	170	196.00	100.00	100.00
应交税金	90	79.00	54.00	54.00
负债合计	9 600.00	9 410.00	13 224.00	13 544.00
所有者权益合计	9 047.00	9 530.00	5 698.00	6 398.00
实收资本	3 880.00	3 880.00	3 880.00	
资本公积	3 360	3 360	130.00	
盈余公积	453	510.00	408.00	
未分配利润	1 354	1 780.00	1 280.00	
负债所有者权益	18 647.00	18 940.00	18 922.00	19 942.00

表 8-22　利润调查表　　单位：万元

项　　目		上年银行报表数	本年银行报表数	本年税务报表数	调查结果
一、	主营业务收入	24 665.00	23 992.00	14 400.00	16 000
	毛利率	14.86%	15.40%	15.42%	15.00%
减：	主营业务成本	21 000.00	20 298.00	12 180.00	13 600.00
	业务税金及附加	90.00	87.00	59.00	59.00
二、	主营业务利润	3 575.00	3 607.00	2 161.00	2 341.00
减：	营业费用	480.00	538.00	338.00	338.00

续表

项　　目		上年银行报表数	本年银行报表数	本年税务报表数	调查结果
	管理费用	790.00	480.00	480.00	480.00
	财务费用	660.00	708.00	708.00	708.00
	其中：借款利息	658.00	656.00	656.00	656.00
三、	营业利润	1 645.00	1 881.00	635.00	815.00
四、	利润总额	1 645.00	1 881.00	635.00	815.00
减：	所得税	411.25	470.25	158.75	158.75
五、	净利润	1 233.75	1 410.75	476.25	656.25

三、综合评价

请根据你的调查结果分析该公司的偿债能力和盈利能力，如果该公司拟向你行申请 1 000 万元的贷款，则判断是否给予批准，说明你的理由。

分析：

1. 前述调查结果显示，在综合考虑房地产增值因素下，公司资产负债比率已达到 67.92%，处于较高水平，若再给予 1 000 万元的贷款，资产负债比率将达到 69.45%，偿债能力较弱。

2. 公司实际销售收入 16 000 万元，销售利润率 4.1%，毛利率 15%，与同业比较，中等水平，盈利能力一般。

3. 在不考虑房地产增值因素下，资产总额为 18 342 万元（19 942-1 600），净资产为 4 798 万元（6 398-1 600）。应收账款占比 13.2%、存货占比 10%、固定资产占比 20.2%、资产结构比较适中，资金周围速度较快；短期借款占比 56.1%，占比较高，短期偿债压力大。

4. 税务报表显示其他应收款 4 900 万元，其中股东抽资 1 900 万元已予扣除，扣除后余额 3 000 万元，占资产比为 16.35%（3 000/18 342），应进一步核实分析，若为非关联企业借款，为何没有利息所得；无合理解释，则视为关联企业间接挪用信贷资金，须对挪用资金的去向和用途核实；若有实际经营投资，则可将投资资产和收益纳入偿债能力评估，反之，应从资产中扣除。

5. 总之，虽然实际控制人社会声誉良好，但由于偿债能力较弱，盈利水平一般，特别是已贷资金有挪用的迹象，在对其他应收款的主要用途未予充分掌握情况下，建议不予批准。

第五节 中小企业财务分析攻略

一、基本情况

× 铝制品公司于 20×3 年 7 月成立，股东由林某夫妻二人组成，注册资本 190 万元，其中林某占 10%，李某占 90%，主要经营铝制饮水瓶、铝制化妆品瓶、野营锅等户外旅游、体育用品，拥有自营和代理货物和技术的进出口权。

公司提出因新建厂房（供出租）占用流动资金，向银行申请授信 500 万元，补充资金购买原材料，由非关联企业 A 公司提供授信担保，据调查确认，A 公司实力较强，具备 500 万元担保能力。

请结合企业提供信息，分析 500 万元授信申请的可行性：

（一）公司提供近两年财务数据如下详见表 8-23 和表 8-24

表 8-23 简易资产负债表 单位：万元

产　　类	20×7 年 12 月 31 日	20×8 年 12 月 31 日
货币资金	340	314
应收账款	323	665
其他应收款	42	180
存货	776	991
固定资产净值	271	285
在建工程		138
长期待摊费用	40	30
其他资产	21	122
资产合计	1 813	2 725
权益类	20×7 年 12 月	20×8 年 12 月

续表

产　　类	20×7 年 12 月 31 日	20×8 年 12 月 31 日
短期借款	540	1200
应付账款	110	62
应付票据	498	576
其他负债	62	39
负债合计	1 210	1 877
实收资本	190	190
留存收益	413	658
所有者权益合计	603	848
权益合计	1 813	2 725

表 8-24　简易利润表　　单位：万元

项　　目	20×7 年度	20×8 年度
主营业务收入	3 580	3 843
毛利率	15.7%	19.2%
主营业务成本	3 018	3 107
业务税金及附加	10.5	9.7
主营业务利润	551.5	726.3
营业费用	96	131
管理费用	223	237
财务费用	52	77
营业利润	180.5	281.3
营业外收入	4.5	6.6
营业外支出	12.5	15.6
利润总额	172.5	272.3
所得税	7.4	31.5
净利润	165.1	245

（二）公司提供主要会计科目说明及信贷人员初步调查情况

1. 信贷人员从银行的企业征信系统中查询到：企业在 A 银行的抵押贷款 900 万元，开立银行承兑汇票 576 万元，保证金比例 50%；在 B 银行的担保贷款 300 万元，企业均已确认。

2. 企业提供 20×8 年末应收账款明细及周转期如下详见表 8-25

表 8-25　20×8 年末应收账款明细及账期表　　单位：万元

应收账款明细	金　额	账　期
日本 TCM	486	60—90 天
日本 KLIBER	36	60—90 天
美国 FAISAL	15	60—90 天
天津 × 旅游用品有限公司	32	60—90 天
江苏 × 进出口有限公司	36	60—90 天
其他	60	
合计	665	

3. 其他应收款均为非关联企业借款，已确认属实。

4. 企业提供存货主要明细：原材料 390 万元（主要为铝锭，占比 85% 以上），生产成本 550 万元，产成品 50 万元。

假设铝锭消耗 20 吨 / 月，均价 1.6 万元 / 吨，20×8 年度铝锭价格平稳。

企业提供增值税纳税申报表显示：20×8 年度增值税进项税额 300 万元，增值税率 17%，出口免税。

公司主要产品是铝制饮水瓶、铝制化妆品瓶，占比 95% 以上，铝制饮水瓶销售均价 10 元 / 只，月产 10 万只；铝制化妆品瓶销售均价 5 元 / 只，月产 20 万只。

5. 固定资产明细如下：冲床 10 台，四柱液压机 5 台，燃油加热炉，涂装设备，数控车床 12 台、数控缩口机、铝钎焊机、清洗机、送料机、空压机等，商务车等电子设备，购入原价 450 万元，净值 285 万元。

6. 在建工程系公司新建厂房初始投入。

7. 长期待摊费用系已列支应于未来摊销的费用。

8. 其他资产均为非重要资产项目。

9. 企业提供短期借款均为银行借款。

10. 企业提供应付账款明细及周转期如下详见表 8-26

表 8-26　应收账款明细与时期表　　单位：万元

应付账款明细	金　额	账　期
× 铝材料有限公司	11	30—60 天
× 塑业有限公司	12	30—60 天
× 电器厂	10	30—60 天

续表

应付账款明细	金　额	账　期
其他	29	30—60 天
合计	62	

11. 其他负债均为非重要负债项目。

12. 留存收益即盈余公积、未分配利润。

13. 企业确认：20×8 年开票销售 2 000 万元左右，开票销售占总销售的 90% 以上，外销（出口及代理出口）占总销售收入比约 80%。

14. 公司其他信息：公司现有职工 100 余人，其中管理人员 15 人；企业经营稳定，实际控制人品质较好，有一定社会声誉，企业征信系统显示，无逾期等贷款不良历史记录，企业对外非关联方担保 300 万元。

（三）企业提供林某夫妻家庭财务状况

1. 总资产 920 万元左右，主要为：

（1）20×0 年建造别墅一幢，占地 1 亩半，2 层楼，面积 250 平方米，原始造价 120 万元，市场价值 400 万元。

（2）个人住宅三套，面积 320 多平方米，购置成本 400 万元，均为近两年购置，与市价相当。

（3）轿车一辆，20×7 年末购入 120 万元，市场价格 120 万元。

2. 家庭主要负债余额合计 183 万元，均为住房贷款。

（四）关联企业财务状况

关联企业 × 金属制品公司仍由林某夫妻二人于十年前组建，注册资金 100 万元，2015 年以来已无实际经营，目前除了房地产外，其他资产负债已结清。公司拥有三份房地产，其中两份为同一地块，于 2013 年前购入，面积 18 亩，购入价格 15 万元 / 亩，计 270 万元，有证厂房 5 000 平方米，建造成本 600 元 / 平方米，计 300 万元，目前该厂房为铝制品公司使用。第三份土地于 2016 年购入，面积 16 亩，购入价格 25 万元 / 亩，计 400 万元，无证厂房 3 000 平方米，近年建造，成本 800 元 / 平方米，计 240 万元。该三块地相邻，目前市价平均 70 万元 / 亩，部分已被 × 铝制品公司抵押担保贷款。

二、分析攻略

（一）分析公司财务状况

1. 货币资金和应付票据

报表货币资金科目余额 314 万元。根据已确认开立银行承兑汇票余额 576 万元，及保证金比例 50%，测算保证金余额约 273 万元，余 41 万元，推测为现金及银行存款。根据企业规模状况，货币资金余额及应付票据可按报表数确认。

2. 应收账款与营业收入

（1）应收账款报表科目余额 665 万元。根据银行报表的一般特点，应收账不会低估，余额明细中，90% 以上周转期为 60—90 天，平均周转期按 75 天，根据应收账款周转率公式推测公司营业收入约 2 370 万元 [（323+665）/2×360/75]。

（2）根据题意，增值税进项税额 300 万元，增值税率 17%，推测公司外购原材料及辅料存货年采购额约 1 764 万元（300/17%）；经询问确认，该产品原材料及辅料占产品价值比约 88%，公司的毛利率约 15%，推测营业收入约 2360 万元（1 764/88%/85%）。

（3）根据应收账款明细结构（应收外方及转出口商货款约 573 万元，占比 86%）、公司开票收入 2 000 万元、出口（及转出口）占总销售约 80%，假设开票收入均为出口收入，推测总营业收入最多为 2 500 万元（2 000/ 80%），与应收账款余额基本匹配。

（4）铝制饮水瓶销售均价 10 元，月产 10 万只；铝制化妆品瓶销售均价 5 元，月产 20 万只。据此推测月产约 200 万元，年产量约 2 400 万元。

根据上述分析，企业全部销售收入应在 2 500 万元以内，应收账款可按 665 万元确认。企业对此确认。

企业提供报表反映的2016年度销售额为3 843万元，不予确认。

3. 其他应收款

非关联企业借款，按报表提供金额确认。

4. 存货

公司每月消耗铝锭额约为32万元（20×1.6），年消耗量约384万元（32/12），而企业提供原材料余额388万元，在原材料波动不大的情况下，备料相当于企业一年的消耗量，与实际不符。

经与企业进一步沟通和现场抽盘，确认原材料备料约130吨，计208万元；半成品、成品库存按企业提供额确认，存货约800万元，企业已确认。

5. 固定资产

（1）机器设备、办公及运输设备购入原价450万元，净值285万元。根据其成立年限，可确认。

（2）根据题意，公司租用关联企业厂房，无房地产。

6. 在建工程，系公司新建厂房初始投入138万元，经场地观察后可确认。

7. 长期待摊费用余额30万元，余额小，可按报表数确认（实际已列支，已不具备资产的实质，也可确认为0）。

8. 其他资产均为非重要资产项目，可按报表数确认。

9. 留存收益

公司20×3年7月成立，20×4年方投入生产销售，经询问了解和分析，20×4-20×8年累计销售约7 500万元，平均利润率8%，估算公司历年利润积累600万元（7 500×8%）。

10. 根据上述分析后，间接计算负债

= 资产总额 – 初始投入 – 历年经营积累

=2 534-190-600

=1 744万元。

11. 企业提供负债项目分析

短期借款提供余额与企业征信系统查询一致，确认1 200万元。

企业应付账款余额62万元，若企业应付票据为关联企业间融资，则应付账款余额偏低，需结合其他分析后综合判断；若应付票据是为支付货款而开立，则应付账款余额，可确认；

其他负债均为非重要负债项目，可确认。

上述分析得出直接计算负债 =1 200+62+576+39=1 877 万元

12. 间接计算负债与直接计算负债相差 1 877-1 744=133 万元，差异 7.6%。产生的原因主要是家庭资产、关联企业资产的资金主要来源于公司，而相应的资产和负债均未反映在公司报表中所致。间接计算负债余额相对合理，可按 1 744 万元确认。

13. 根据以上分析确认主要资产、负债及所有者权益余额，详见表 8-27 和表 8-28

表 8-27　2018 年末公司报表主要项目调查确认金额　　单位：万元

资产类	企业提供金额	调查确认金额
货币资金	314	314
应收账款	665	665
其他应收款	180	180
存货	991	800
固定资产净值	285	285
在建工程	138	138
长期待摊费用	30	30
其他资产	122	122
资产合计	2 725	2 534
权益类	企业提供金额	调查确认金额
短期借款	1 200	1 200
应付账款	62	62
应付票据	576	576
其他负债	39	39
未确认负债差异		-133
负债合计	1 877	1 744
实收资本	190	190
留存收益	658	600
所有者权益合计	848	790
权益合计	2 725	2 534
营业收入	3 843	2 500
销售利润率	4.5%	8.0%
净利润	173	200

表 8-28　公司财务状况汇总简表　　单位：万元

项　目	企业提供金额		调查确认金额	
	原始价格	市场价格	原始价格	市场价格
资产合计	2 725	2 725	2 534	2 534
所有者权益合计	848	848	790	790
负债合计	1 877	1 877	1 744	1 744
权益合计	2 725	2 725	2 534	2 534

（二）分析家庭财务状况

1. 2013 年以前建造别墅一幢，可视为所有者权益。

2. 个人住宅三套，轿车一辆，均为近两年购置，合计 520 万元。目前已支付款项 337 万元，尚有住房贷款余额 183 万元。从资金来源看，它们的资金实际来源于公司，仍应为企业集团负债的一部分详见表 8-29。

表 8-29　家庭财务状况汇总简表　　单位：万元

项　目	企业提供金额		调查确认金额	
	原始价格	市场价格	原始价格	市场价格
别墅	120	400	120	400
个人住宅	400	400	400	400
汽车	120	120	120	120
资产合计	640	920	640	920
所有者权益合计	640	737	120	400
负债		183	520	520

（三）关联企业财务状况

根据题意，关联企业 × 金属制品公司目前仅有房地产，2013 年前房地产可作所有者权益的一部分，2016 年购入房地产资金实际来源于公司，当属负债的一部分详见表 8-30。

表 8-30　关联企业财务状况表　　单位：万元

项　目	企业提供金额		调查确认金额	
	原始价格	市场价格	原始价格	市场价格
2013 前购入土地	270	1 260	270	1 260
2013 前购入房产	300	300	300	300

续表

项　　目	企业提供金额		调查确认金额	
	原始价格	市场价格	原始价格	市场价格
2016 购入土地	400	700	400	700
无证厂房	240	240	240	240
资产合计	1 210	2 500	1 210	2 500
所有者权益合计	1 210	2 500	570	1 860
负债			640	640

（四）根据表 8-28、表 8-29、表 8-30，重新测算公司及企业集团的负债和负债比率详见表 8-31

表 8-31　公司负债及负债比率表　　单位：万元

项　　目	公司及关联方	企业提供金额		调查确认金额	
		原始价格	市场价格	原始价格	市场价格
资产	公司	2 725	2 725	2 534	2 534
	家庭	920	920	640	920
	关联企业	1 210	2 500	1 210	2 500
	企业集团合计	4 855	6 145	4 384	5 954
所有者权益	公司	848	848	790	790
	家庭	640	737	120	400
	关联企业	1 210	2 500	570	1 860
	企业集团合计	2 698	4 085	1 480	3 050
负债	公司负债	1 877	1 877	1 744	1 744
	公司负债比率	68.9%	68.9%	68.8%	68.8%
	企业集团负债	2 157	2 060	2 904	2 904
	企业集团负债比率	44.4%	33.5%	66.2%	48.8%

注：

1. 公司负债 = 公司资产 − 公司所有者权益

企业集团负债 = 企业集团资产 − 企业集团所有者权益

2. 虽然将企业与关联方纳入企业集团范围考虑负债比率，但关联方 × 金属制品公司已无实质经营，从企业的经营规模及财务报表反映结果看，仍属于中小企业性质。

三、综合评价

调查确认 × 铝制品公司自身资产 2 534 万元，负债 1 744 万元，负债比率达 68.8%，若再贷款 500 万元，则负债比率将达到 74%，风险较大。

但公司关联企业 × 金属制品公司资产较多，特别是土地增值幅度较大，企业集团负债比率按历史成本计价 66.2%，按市场价格计价为 48.8%，若再贷款 500 万元，企业集团负债比率 53%（按市价）；因此，若将 × 金属制品公司同时纳入担保范围，风险应该可控。

此外，企业对外非关联方担保 300 万元，或有负债不多。

综上所述，× 铝制品公司实力较弱，但其企业集团偿债能力较强；企业经营稳定，虽产品销售额与负债水平不相匹配，但销售利润率尚可；实际控制人品质较好，有一定社会声誉，且无逾期贷款及其他不良历史记录；A 公司担保能力强，若将 × 金属制品公司同时纳入担保，则信贷风险可控，可考虑授信。

第六节　小微企业财务分析攻略

一、基本情况

2013 年，张某与朋友李某合伙成立竹藤家具生产企业，张某将经营分红所得购置了房产和汽车，2015 年年末，张某与李某发生纠纷而退出合伙企业，退出前张某经营中略欠债务。

2016 年年初，张某与妻子共同组建某藤具公司，注册资金 150 万元，租地 9 亩，继续从事藤具生产。产品通过外贸公司代理出口，货款回收期 45—90 天，产品主销西欧市场。2016 年销售收入 1 000 万元，2017 年销售 1 100 万元，销售利润率约 15%。

2017 年 12 月，公司接到两笔外贸大单，预计销售 600 万元，交货期三个月，现正置备货期，由于自身产能不足，部分产品委托外部加工，现已收回。

张某家庭有房产150万元，别克车一辆20万元，均为2014年前购入。企业征信系统查询结果显示：个人经营用贷款70万元，企业无银行贷款。

公司向银行调查人员提供主要财务数据如下详见表8-32

表8-32　张某公司主要财务据数表　　单位：万元

项目	2018年1月	项目	2018年1月
货币资金	16	应付账款	200
应收账款	150	预收账款	4.8
其他应收款	1.6	其他应付款	70
预付账款	2	负债合计	274.8
存货	800	实收资本	150
固定资产	70	未分配利润	614.8
资产合计	1 039.6	所有者权益合计	764.8
销售收入2016年	1 000		
销售收入2017年	1 100		
利润率	15%		

说明：

1. 货币资金系现金和银行存款；

2. 应收账款系应收外贸公司转出口货款详见表8-33，其中：

表8-33　应收账款明细及账期表　　单位：万元

应收账款明细	金　额	账　期
A公司	35	45—60天
B公司	45	60—90天
× 进出口公司	60	60—90天
其他	10	
合计	150	

3. 存货明细：

原材料及辅料　150万元

半成品　400万元

成品　250万元

4. 固定资产均为机器设备和办公设备，厂房租用；

5. 应付账款为应付原材料款200万元；

6. 其他应付款为向非关联个人借款 70 万元。

根据上述描述，请对藤具公司的偿债能力进行分析，若企业向银行申请 100 万元授信，请评价可行性。

二、分析攻略

信贷人员在对企业及实际控制人初步了解后，取得了财务及相关信息资料。

根据财务数据，可知应收账款及存货占资产比重较大，是调查核实的重点。主要财务指标负债比率为 26.4%，销售利润率 15%，偿债能力和盈利能力都比较好。然而这只是表面现象，实际情况如何，还须作进一步分析。

（一）资产

据借款人提供的信息，现在正值两大订单的备货期，存货占比重最大，通过实地观察，对主要产品和半成品抽查，存货余额约 600 万～ 800 万元；

根据企业的销售情况，应收账款 150 万元的余额可能存在；

固定资产通过实地观察可大致确认；

其他资产，金额小、比重少，暂可确认。

（二）负债

1. 借款人提供的负债余额为 274.8 万元，通过询问的方式一般很难知悉借款人其他负债金额，可利用间接测算办法加以确认。

2. 根据题意，张某家庭财产（汽车和房产）主要形成于 2014 年前。2015 年年末，借款人退股时，尚有欠债，可判断借款人在 2016 年初成立新公司时，基本没有原始经营积累。

按企业提供的销售利润率判断，2016—2017 年净利润最多 315 万元（1 000×15%+1 100×15%），即公司的原始积累最多 315 万元，资产余额中超过原始积累和初始投入的部分资金来源即是负债。由此判断公司的实际负债应为 574.6 万元（1 039.6-315-150）。

3. 而企业提供的负债合计额为 274.8 万元，与分析结果相差 299.8 万元，根据企业的情况，判断公司有如下可能：

（1）公司的资产存在虚增，如应收账款，特别是存货实际余额不足 800 万元，可要求企业重新核实存货；

（2）公司的实际负债比提供要多，特别是最近的订单所需存货（原料）款可能尚未支付，应形成应付账款，企业少计。

4. 经过信贷人员进一步调查核实，确认应收账款属实；借款人提供最近两订单的合同金额及出货、付款周期，存货金额基本可确认，同时由于自身产能不足，部分产品委托外部加工后收回，款项尚未支付，形成应付账款，企业确实少记应付货款。

5. 因此，企业提供的负债应补记应付未付的货款，即公司最终负债约 574.6 万元。

三、综合评价

根据上述分析，公司实际负债比率为 574.6/1 039=55.3%，高于公司提供的负债比率，但总体上负债比率比较适中，偿债能力中等；公司的销售收入和盈利能力（15%）尚可，有利于降低信贷风险，若实际控制人品质良好，可以给予 100 万元以下的授信。

第七节 企业集团合并报表分析攻略

一、基本情况

A、B 公司同为实际控制人徐某投资的企业，两公司主要原料均为铜，B 公司是将废铜粗加工形成铜棒，A 公司将铜棒进一步加工，制造形成水龙头、阀门等产品。B 公司原材料 - 废铜主要依靠进口，产品约 75% 销售给 A 企业，有少量加工业务，加工费收入约占总收入的 10%；B 企业提供的20×0年销售收入9800万元，平均毛利率6%，销售利润率约2%。A公司产品90%以上出口，20×0年销售收入12 000万元，平均毛利率13%，销售利润率约5%。

两公司均在同一经营场地，存货、机器设备、厂房等资产不能明显区分。实际控制人为人耿直、低调、无不良嗜好，社会声誉良好。

现A公司向银行提出授信申请，考虑到A、B公司的关联关系及两公司资产难以区分，信贷人员要求把两公司作为企业集团一并分析，公司按要求提供了两家公司的财务报表详见表8-34、表8-35、表8-36和表8-37：

表8-34　A公司资产负债表

20×9年12月31日　　单位：万元

资　　产	期初余额	期末余额	权　　益	期初余额	期末余额
流动资产：			流动负债：		
货币资金	421.98	707.97	短期借款	4 608.84	5 097.28
应收票据	119.55	210.00	应付票据	200.00	800.00
应收账款	570.39	488.59	应付账款	294.82	441.63
其他应收款	1 569.30	2 018.99	预收账款	180.85	4.52
预付账款	280.72	93.82	应付工资	35.83	28.96
存货	1 097.38	1 366.86	应付股利	350.00	3.27
待摊费用	17.68	17.33	应交税金	−122.37	−25.86
流动资产合计	4 077.00	4 903.56	其他应交款		0.53
固定资产原价	2 399.21	2 425.74	其他应付款	910.00	731.51
减：累计折旧	275.97	325.27	流动负债合计	6 457.97	7 081.84
固定资产净值	2 123.24	2 100.47	长期负债合计		
在建工程	190.89	308.12	负债合计	6 457.97	7 081.84
固定资产合计	2 314.13	2 408.59	所有者权益：		
无形资产	740.76	709.58	实收资本	408.09	409.09
长期待摊费用		—	资本公积	54.71	55.71
			盈余公积	87.45	148.45
			未分配利润	123.67	326.64
			权益合计	673.92	939.89
资产合计	7 131.89	8 021.73	权益合计	7 131.89	8 021.73

表 8-35　B 公司资产负债表

20×9 年 12 月 31 日　　单位：万元

资　　产	期初余额	期末余额	权益	期初余额	期末余额
流动资产：			流动负债：		
货币资金	120.12	146.15	短期借款		—
应收票据		—	应付票据		—
应收账款	220.20	240.85	应付账款	48.50	50.39
其他应收款		0.89	预收账款	150.60	170.76
预付账款	740.56	964.64	应付工资	13.00	15.02
存货	350.50	409.90	应付股利	110.00	—
待摊费用		0.21	应交税金	-50.00	-88.92
流动资产合计	1 431.38	1 762.64	其他应交款		0.37
固定资产原价	447.10	447.10	其他应付款	1 250.97	1 710.75
减：累计折旧	45.50	65.98	流动负债合计	1 523.07	1 858.37
固定资产净值	401.60	381.12	长期负债合计		—
在建工程		100.10	负债合计	1 523.07	1 858.37
固定资产合计	401.60	481.22	所有者权益：		
无形资产		—	实收资本	227.27	227.27
长期待摊费用	37.50	34.85	资本公积		—
			盈余公积	10.14	10.14
			未分配利润	110.00	182.93
			权益合计	347.41	420.34
资产合计	1 870.48	2 278.71	权益合计	1 870.48	2 278.71

表 8-36　A 公司利润表　　单位：万元

项　　目	20×8 年度	20×9 年度
营业收入	8 300.00	12 200.00
毛利率	0.13	0.13
营业成本	7 221.00	10 614.00
业务税金及附加	12.00	20.00
营业费用	50.00	80.00
管理费用	310.00	450.00
财务费用	180.00	214.00
营业利润	527.00	822.00
营业外收入	5.00	10.00
营业外支出	2.00	8.00
利润总额	530.00	824.00

续表

项　　目	20×8 年度	20×9 年度
所得税	132.50	206.00
净利润	397.50	618.00

表 8-37　B 公司利润表　　单位：万元

项　　目	20×8 年度	20×9 年度
营业收入	7 200.00	9 800.00
毛利率	6%	6%
营业成本	6 768.00	9 212.00
业务税金及附加	12.00	15.00
营业费用	32.00	45.00
管理费用	210.00	240.00
财务费用	15.00	20.00
营业利润	163.00	268.00
营业外收入	2.00	5.00
营业外支出	5.00	10.00
利润总额	160.00	263.00
所得税	40.00	66.00
净利润	120.00	197.00

二、分析攻略

1. 了解企业的基本情况，获取企业财务、经营信息和资料，进行初步分析。

2. 合并主要财务数据，对两企业之间重要关联交易事项予以合并抵销，形成合并余额。

经企业确认，存在如下重大关联交易事项：

（1）往来款：

A 公司：其他应收款—B 公司　　1 574.78 万元

B 公司：其他应付款—A 公司　　1 574.78 万元

（2）内部已实现销售收入：

B 公司：　营业收入　　　7 200

A 公司：　营业成本　　　7 200

3. 合并重大关联交易事项详见表 8-38、表 8-39、表 8-40

表 8-38　合并资产负债表（一）　单位：万元

资　产	20×9 年期末余额			合并抵销	合并余额
	A 公司	B 公司	合计		
流动资产：					
货币资金	707.97	146.15	854.12	—	854.12
应收票据	210	—	210	—	210
应收账款	488.59	240.85	729.44		729.44
其他应收款	2 018.99	0.89	2 019.88	-1 574.78	445.10
预付账款	93.82	964.64	1 058.46	—	1 058.46
存货	1 366.86	409.9	1 776.76	—	1 776.76
待摊费用	17.33	0.21	17.54	—	17.54
流动资产合计	4 903.56	1 762.64	6 666.20	-1 574.78	5 091.42
固定资产原价	2 425.74	447.1	2 872.84		2 872.84
减：累计折旧	325.27	65.98	391.25		391.25
固定资产净值	2 100.47	381.12	2 481.59	—	2 481.59
在建工程	308.12	100.1	408.22		408.22
固定资产合计	2 408.59	481.22	2 889.81	—	2 889.81
无形资产	709.58	—	709.58		709.58
长期待摊费用	—	34.85	34.85		34.85
资产合计	8 021.73	2 278.71	10 300.44	-1 574.78	8 725.66

表 8-39　合并资产负债表（二）　单位：万元

负债股东权益	20×9 年期末余额			合并抵销	合并余额
	A 公司	B 公司	合计		
流动负债：					
短期借款	5 097.28	—	5 097.28		5 097.28
应付票据	800	—	800		800
应付账款	441.63	50.39	492.02		492.02
预收账款	4.52	170.76	175.28	—	175.28
应付工资	28.96	15.02	43.98	—	43.98
应付股利	3.27	—	3.27	—	3.27
应交税金	-25.86	-88.92	-114.78	—	-114.78
其他应交款	0.53	0.37	0.9	—	0.9
其他应付款	731.51	1 710.75	2 442.26	-1 574.78	867.48
流动负债合计	7 081.84	1 858.37	8 940.21	-1 574.78	7 365.43

续表

负债股东权益	20×9 年期末余额			合并抵销	合并余额
	A 公司	B 公司	合计		
长期负债合计	—	—	—		—
负债合计	7 081.84	1 858.37	8 940.21	−1 574.78	7 365.43
所有者权益：			—		—
实收资本	409.09	227.27	636.36	—	636.36
资本公积	55.71	—	55.71		55.71
盈余公积	148.45	10.14	158.59		158.59
未分配利润	326.64	182.93	509.57		509.57
其他调整权益项目			—		—
所有者权益合计	939.89	420.34	1 360.23	—	1 360.23
权益合计	8 021.73	2 278.71	10 300.44	−1 574.78	8 725.66

表 8-40　合并利润表　　单位：万元

项目	20×9 年期末余额			合并抵销	合并余额
	A 公司	B 公司	合计		
营业收入	12 200	9 800	22 000	−7 200	14 800
毛利率	13%	6%	0		0
营业成本	10 614	9 212	19 826	−7 200	12 626
业务税金及附加	20	15	35		35
营业利润	1 566	573	2 139	0	2 139
营业费用	80	45	125		125
管理费用	450	240	690		690
财务费用	214	20	234		234
营业利润	822	268	1 090	0	1 090
营业外收入	10	5	15		15
营业外支出	8	10	18		18
利润总额	824	263	1 087	0	1 087
所得税	206	66	272		272
净利润	618	197	815	0	815

4. 将合并抵销后的余额与企业财务部门进行核对、钩稽。由于企业实际控制人品质尚好、企业经营正常、销售和利润逐年递增，财产产权明晰，对信贷人员的调查比较配合，并将公司年底清查盘点出来主要资产负债明细交付给信贷人员，信贷人员通过询问、观察、分析等方法，基本确认企业提供的如下财务数据详见表 8-41、表 8-42：

表 8-41　合并资产负债表　　单位：万元

资　　产	合并余额	实际余额	账实差异	备　　注
流动资产：				
货币资金	854.12	854.12		
应收票据	210	210	—	
应收账款	715.46	656.09	−59.37	注 1
其他应收款	459.08	459.08		
预付账款	1 058.46	800	−258.46	注 2
存货	1 776.76	3 691.94	1 915.18	注 3
待摊费用	17.54	—		
流动资产合计	5 091.42	6 671.23	1 597.35	
固定资产原价	2 872.84	5 078.29	2 205.45	注 4
减：累计折旧	391.25	391.25		
固定资产净值	2 481.59	4 687.04	2 205.45	
在建工程	408.22	408.22		
固定资产合计	2 889.81	5 095.26	2 205.45	
无形资产	709.58	1 206.00	496.42	注 5
长期待摊费用	34.85			
资产合计	8 725.66	12 972.49	4 299.22	
流动负债：	合并余额	实际余额	账实差异	备注
短期借款	5 097.28	5 096.56		
应付票据	800	800		
应付账款	478.04	928.15	450.11	注 6
预收账款	175.28		−175.28	注 7
应付工资	43.98	43.98		
应付股利	3.27	3.27		
应交税金	−114.78	−114.78		
其他应交款	0.9	0.9		
其他应付款	881.46	881.46		
流动负债合计	7 365.43	7 639.54	274.83	
负债合计	7 365.43	7 639.54	274.83	
所有者权益：				
实收资本	636.36	636.36	3 972.72	资产负债的轧差值
资本公积	55.71	55.71		
盈余公积	158.59	4 640.88		
未分配利润	509.57			

续表

资　　产	合并余额	实际余额	账实差异	备　　注
所有者权益合计	1 360.23	5 332.95		
权益合计	8 725.66	12 972.49	4 246.83	注 8

注：

1. 应收账款：部分货款已汇入老板指定账户，并已使用，销账为销账，应扣除。

2. 预付账款：250 万元货已到，预付款已付、但发票未到，债权实已结清。

3. 存货：原材料按市场价确认；在产品按原料重量 × 市价、制造费用 13%，人工 15% 计价；产成品按市场价的 90% 计价。存货增长主要是已到货未开票存货 700 万元（250+450）及原料市场价大幅增长 1 200 万所致。对大额存货现场抽查后确认。

4. 固定资产：未入账机器设备 305 万元，办公用房、土地增值 1 900 万元。

5. 无形资产：公司另购入土地增值 496.42 万元。

6. 应付账款：450 万元的原料，货到发票未到，补记。

7. 预收账款：货已发出，发票尚未开出，债权已结清。

8. 资产总额按市场反应 12 972.49 万元，扣除市场价格导致的增值 3 100 万元（1 200+1 900），历史成本法下的资产总额 9 872 万元，净资产总额 2 233 万元。

表 8-42　合并利润表　　单位：万元

项　　目	合并余额	实际余额	账实差异
营业收入	14 800	15 400	600
毛利率	0	18%	18.0%
营业成本	12 626	12 626	0
业务税金及附加	35	35	0
营业费用	125	125	0
管理费用	690	690	0
财务费用	234	234	0
营业利润	1 090	1 690	600
营业外收入	15	15	0
营业外支出	18	18	0

续表

项　目	合并余额	实际余额	账实差异
利润总额	1 087	1 687	600
所得税	272	272	0
净利润	815	1 415	600

注：营业收入增加600万元，主要是未开票的内销收入，该收入对应的成本已结转。

三、综合评价

经过分析表明，企业集团的销售毛利率达到18%，销售利润率达到9.19%，历史成本法下企业集团整体负债比率约77.4%，市场价格法下企业集团整体负债比率约59%。可见，企业负债比率较高，偿债能力极受存货的市价波动及房地产价格变动的影响，不过企业销售毛利率及利润率都较高，实际控制人品质良好，有利于降低风险。

特别说明：

企业提供的报表属于比较典型的税务报表，账面余额与实际余额差异主要表现在：

1. 购入原材料已到货入库，或已投入使用，但供应商尚未开具增值税发票，企业存货未入账，导致已支付的预付账款未能结转，或未作存货暂估入账，计入应付账款。该事项一般对存货、预付账款、应付账款余额的准确性产生影响，但对资产总额影响不大。

企业已向购买方发出货物，款项已预收，或实际已收回货款，但因其他原因，未开出发票，未确认收入。该事项一般对存货、预收账款、应收账款余额的准确性产生影响，但对资产总额影响一般也不大。

2. 存货、固定资产（主要是房地产）的市场价格波动幅度大的，若以市场价格反映资产和净资产，将对资产和净资产余额产生较大的影响，同时对负债比率这一指标影响也较大。

3. 若存在未入账销售收入，由于其成本一般已在账务中结转消化，未

入账销售收入实质即利润，因此，未入账销售收入对销售毛利率、销售利润率和净资产收益率指标影响较大。

4. 借款性质的科目（包括短期借款、长期借款、其他应收款、其他应付款等）一般准确性较高。

第九章
综合案例分析攻略

第一节 综合案例分析攻略一

一、企业基本信息

（一）基本情况

公司专注于摄（录）像机软硬件的研发、生产与销售。产品多应用于家庭、社区、企业、车辆等消费类领域，市场以欧美市场为主（出口占比73.04%，其中美国出口占比37.58%）。公司具有较强的产品创新能力和研发能力，是国家级高新技术企业（专利6项，所得税率15%）。

（二）产品图（见图9-1）

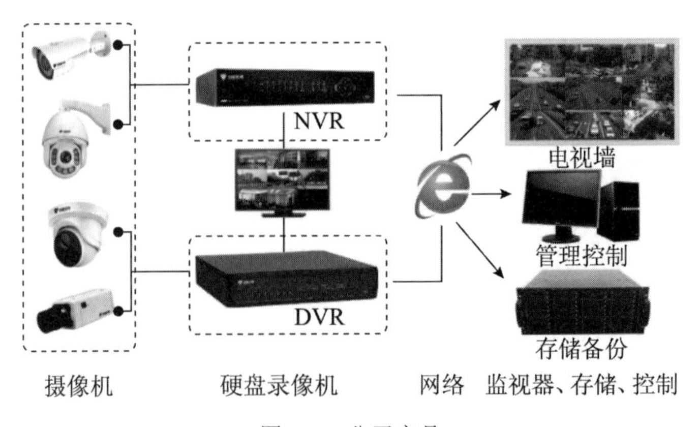

图9-1 公司产品

（三）工艺流程图（见图 9-2）

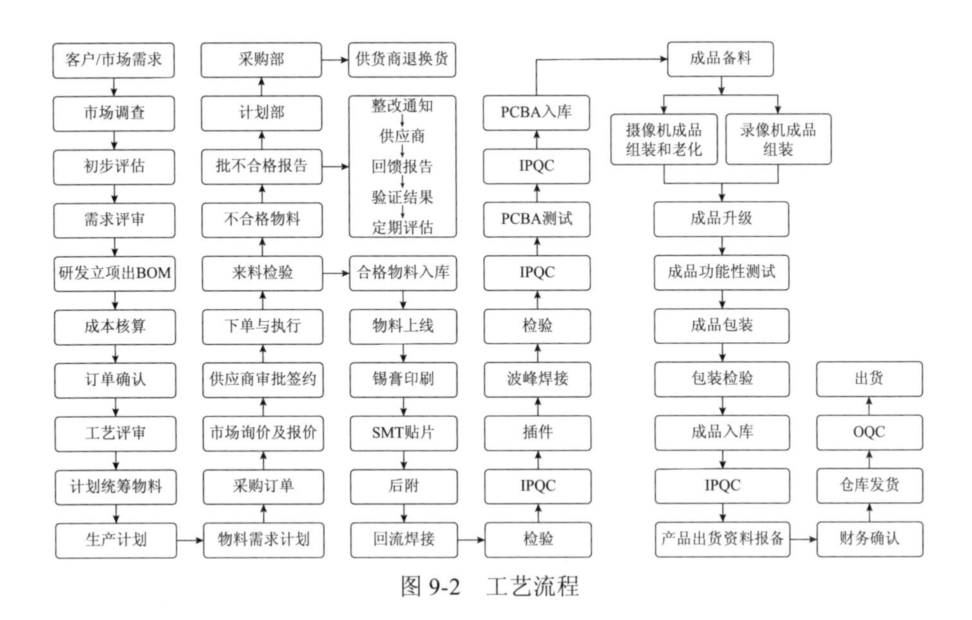

图 9-2　工艺流程

（四）公司资金需求

公司拟借款 7 000 万元，用途为新增两条生产线，生产数字及网络视频监控录像机。

二、主要财务报表

根据调查人员的要求，公司财务负责人提供了资产负债表、利润表、现金流量表，并确认调查人员取得的是税务报表，详见表 9-1、表 9-2 和表 9-3。

表 9-1　资产负债表　　单位：元

项　　目	20×8 年 12 月 31 日	20×7 年 12 月 31 日	20×6 年 12 月 31 日
流动资产：			
货币资金	104 052 161.47	91 737 738.33	23 601 701.95
衍生金融资产			
应收票据			
应收账款	112 253 868.60	87 719 643.72	82 352 251.10

续表

项　目	20×8 年 12 月 31 日	20×7 年 12 月 31 日	20×6 年 12 月 31 日
预付款项	4 614 654.16	5 842 115.73	3 835 332.64
应收利息		9 225.70	—
其他应收款	341 028.24	7 924 758.17	1 671 057.11
存货	121 900 754.14	112 707 562.31	67 038 724.46
其他流动资产	11 711 802.21	12 010 017.40	7 902 961.79
流动资产合计	354 874 268.82	317 951 061.36	186 402 029.05
非流动资产：			
投资性房地产	1 719 324.35	1 786 496.75	1 853 669.15
固定资产	109 256 544.52	106 008 466.14	107 927 874.96
在建工程	25 078 151.63	18 653 348.43	3 860 918.77
无形资产	14 532 990.19	14 641 628.59	14 971 890.91
长期待摊费用	323 799.40		3 653.42
递延所得税资产	5 715 425.41	4 405 520.65	2 875 531.97
其他非流动资产	153 846.15	—	—
非流动资产合计	156 780 081.65	145 495 460.56	131 493 539.18
资产总计	511 654 350.47	463 446 521.92	317 895 568.23
流动负债：			
短期借款	29 931 627.48	45 415 701.70	2 931 164.94
衍生金融负债		35 644.65	592 000.00
应付账款	116 064 945.35	115 826 143.19	68 795 857.87
预收款项	10 701 318.99	7 634 858.44	5 543 839.44
应付职工薪酬	18 966 133.13	12 014 136.52	8 988 412.86
应交税费	2 956 894.05	3 744 717.71	2 269 690.38
应付利息	324 192.13	192 700.11	77 055.72
其他应付款	3 086 114.53	4 455 374.85	4 141 832.28
一年内到期的非流动负债	10 000 000.00	10 000 000.00	10 000 000.00
流动负债合计	192 031 225.66	199 319 277.17	103 339 853.49
非流动负债：			
长期借款	40 000 000.00	50 000 000.00	34 966 367.78
递延收益	3 602 090.46	2 476 096.83	2 565 058.39
递延所得税负债		1 383.86	—
非流动负债合计	43 602 090.46	52 477 480.69	37 531 426.17
负债合计	235 633 316.12	251 796 757.86	140 871 279.66
所有者权益：			

续表

项　　目	20×8 年 12 月 31 日	20×7 年 12 月 31 日	20×6 年 12 月 31 日
股本	51 600 000.00	51 600 000.00	50 600 000.00
资本公积	58 048 538.55	58 048 538.55	51 548 538.55
盈余公积	23 263 249.57	15 794 122.54	12 322 574.99
未分配利润	143 109 246.23	86 207 102.97	62 553 175.03
所有者权益合计	276 021 034.35	211 649 764.06	177 024 288.57
负债和所有者权益合计	511 654 350.47	463 446 521.92	317 895 568.23

表 9-2　利　润　表　　单位：元

项　　目	20×8 年度	20×7 年度	20×6 年度
一、营业收入	933 370 512.15	544 762 906.93	423 626 604.15
减：营业成本	742 695 433.65	424 532 562.49	325 936 340.41
税金及附加	3 592 544.61	3 146 829.56	1 401 734.34
销售费用	27 179 491.51	20 802 660.98	19 797 374.28
管理费用	70 424 359.54	51 455 165.32	45 878 982.92
财务费用	9 227 237.34	−414 264.74	680 555.86
资产减值损失	6 800 010.84	9 619 439.44	3 406 035.13
加：公允价值变动收益	35 644.65	556 355.35	−787 622.52
投资收益	110 012.08	−1 858 136.01	−2 067 141.75
资产处置收益	98 892.71		
其他收益	5 441 610.85		
二、营业利润	79 137 594.95	34 318 733.22	23 670 816.94
加：营业外收入	6 457 758.68	5 679 004.36	2 018 417.55
减：营业外支出	834 059.40	227 927.31	5 649.28
三、利润总额	84 761 294.23	39 769 810.27	25 683 585.21
减：所得税费用	10 070 023.94	5 054 334.78	2 779 479.18
四、净利润	74 691 270.29	34 715 475.49	22 904 106.03

表 9-3　现金流量表　　单位：元

项　　目	20×8 年度	20×7 年度	20×6 年度
一、经营活动产生的现金流量：			
销售商品、提供劳务收到的现金	946 773 389.61	555 369 383.21	409 835 355.44
收到的税费返还	88 111 661.11	50 881 112.93	51 065 822.14
收到其他与经营活动有关的现金	11 818 799.82	7 003 414.66	5 825 668.79
经营活动现金流入小计	1 046 703 850.54	613 253 910.80	466 726 846.37
购买商品、接受劳务支付的现金	828 073 926.84	477 972 115.47	344 798 372.49
支付给职工以及为职工支付的现金	94 054 753.54	59 435 191.13	52 528 533.50

续表

项　　目	20×8 年度	20×7 年度	20×6 年度
支付的各项税费	16 057 010.05	8 674 631.37	3 715 816.29
支付其他与经营活动有关的现金	31 409 643.94	30 729 107.14	27 696 814.40
经营活动现金流出小计	969 595 334.37	576 811 045.11	428 739 536.68
经营活动产生的现金流量净额	77 108 516.17	36 442 865.69	37 987 309.69
二、投资活动产生的现金流量：			
收回投资收到的现金	—	—	—
取得投资收益收到的现金	—	—	—
处置固定资产、无形资产和其他长期资产收回的现金净额	142 660.00	145 198.29	—
收到其他与投资活动有关的现金	1 641 912.08	2 369 063.99	1 800 000.00
投资活动现金流入小计	1 784 572.08	2 514 262.28	1 800 000.00
购建固定资产、无形资产和其他长期资产支付的现金	21 900 363.15	19 600 049.76	19 335 362.29
投资支付的现金	—	—	—
支付其他与投资活动有关的现金	—	2 020 886.00	3 033 141.75
投资活动现金流出小计	21 900 363.15	21 620 935.76	22 368 504.04
投资活动产生的现金流量净额	−20 115 791.07	−19 106 673.48	−20 568 504.04
三、筹资活动产生的现金流量：			
吸收投资收到的现金		3 700 000.00	
取得借款收到的现金	132 023 041.52	129 599 685.44	43 024 292.42
收到其他与筹资活动有关的现金	20 790 623.93		2 654 019.95
筹资活动现金流入小计	152 813 665.45	133 299 685.44	45 678 312.37
偿还债务支付的现金	153 832 438.42	72 256 593.86	56 818 097.16
分配股利、利润或偿付利息支付的现金	13 851 643.52	10 485 742.73	8 161 090.83
支付其他与筹资活动有关的现金	4 831 990.57	21 365 960.00	—
筹资活动现金流出小计	172 516 072.51	104 108 296.59	64 979 187.99
筹资活动产生的现金流量净额	−19 702 407.06	29 191 388.85	−19 300 875.62
四、汇率变动对现金及现金等价物的影响	−3 609 934.90	2 608 495.32	1 652 938.08
五、现金及现金等价物净增加额	33 680 383.14	49 136 076.38	−229 131.89
加：期初现金及现金等价物余额	70 371 778.33	21 235 701.95	21 464 833.84
六、期末现金及现金等价物余额	104 052 161.47	70 371 778.33	21 235 701.95

三、财务附注及信息

信贷调查人员通过询问、查询、实地观察、分析性复核等方法，获取信息，详见表 9-4 ～表 9-18（单位：万元）。

1. 营业收入明细

表 9-4　营业收入明细

项目	20×8 年			20×7 年			20×6 年		
	收入金额	毛利率	占比	收入金额	毛利率	占比	收入金额	毛利率	占比
前端摄像机	10 000.11	25.67%	13.50%	7 739.78	24.81%	15.85%	3 937.27	26.96%	10.70%
录像机	15 690.15	31.27%	25.81%	23 042.55	32.53%	61.86%	22 011.96	30.83%	68.50%
套装	51 135.64	20.48%	55.11%	8 198.48	28.03%	18.97%	4 706.07	28.02%	13.30%
其他	16 304.37	6.51%	5.58%	15 399.52	2.61%	3.32%	11 651.20	6.33%	7.50%
合计	93 130.27	20.41%	100.00%	54 380.33	22.28%	100.00%	42 306.50	23.41%	100.00%

2. 营业成本明细

表 9-5　营业成本明细

项　　目	20×8 年		20×7 年		20×6 年	
	金额	比例	金额	比例	金额	比例
直接材料	67 544.70	91.13%	37 808.86	89.46%	29 322.92	90.50%
直接人工	3 684.27	4.97%	2 143.04	5.07%	1 489.91	4.60%
能源和动力	263.41	0.36%	216.40	0.51%	228.98	0.71%
其他制造费用	2 629.24	3.55%	2 096.17	4.96%	1 360.00	4.20%
主营业务成本	74 121.62	100.00%	42 264.47	100.00%	32 401.81	100.00%

注：能源和动力系水电费用

3. 货币资金明细

表 9-6　货币资金明细

项　　目	20×8 年 12 月 31 日		20×7 年 12 月 31 日		20×6 年 12 月 31 日	
	金额	占比	金额	占比	金额	占比
现金	7.41	0.07%	10.38	0.11%	4.81	0.20%
银行存款	10397.8	99.93%	7026.79	76.60%	2118.76	89.77%
其他货币资金	0	0	2 136.60	23.29%	236.6	10.02%
合计	10 405.22	100.00%	9 173.77	100.00%	2 360.17	100.00%

4. 应收账款明细

表 9-7　应收账款明细表　　单位：万元

年份	序号	客户名称	销售金额	占营业收入比重（%）	应收账款账面余额	信用期（天）
20×8年度	1	Z 公司	24 521.99	26.27	2 667.57	30
	2	S 公司	22 499.42	24.11	3 831.95	45
	3	L 公司	13 252.66	14.2	1 841.76	60
	4	H 公司	6 453.47	6.91	632.49	30
	5	W 公司	3 429.73	3.67	67.19	45
	合计		70 157.27	75.16	9040.96	
20×7年度	1	W 公司	18 436.75	33.84	1 014.20	45
	2	Z 公司	6 451.72	11.84	961.73	30
	3	S 公司	4 741.67	8.7	712.7	45
	4	L 公司	2 756.06	5.06	3 159.81	45
	5	H 公司	2 387.50	4.38	403.99	30
	合计		34 773.71	63.82	6252.43	
20×6年度	1	W 公司	11 187.44	26.41	4 036.90	45
	2	L 公司	5 229.33	12.34	1 974.17	45
	3	H 公司	4 269.39	10.08	329.55	30
	4	Z 公司	3 609.33	8.52	236.66	30
	5	E 公司	1 699.96	4.01	0	30
	合计		25 995.46	61.36	6 577.28	

注：据了解和分析，账龄在一年以内的应收账款（原值）占应收账款总额的 90%，坏账风险小。公司主要客户采取电汇方式进行结算，信用期在 30 天至 120 天之间。20×7 年以来公司与主要客户的收款信用政策未发生重大变化。

5. 存货明细

表 9-8　存货明细表　　单位：万元

项　目	20×8 年 12 月 31 日		20×7 年 12 月 31 日		20×6 年 12 月 31 日	
	金额	比例（%）	金额	比例（%）	金额（%）	比例（%）
原材料	7 141.59	58.58	7 345.39	65.17	2 625.41	39.16
委托加工物资	208.41	1.71	86.69	0.77	1.12	0.02
库存商品	2 527.66	20.74	1 782.38	15.81	1 162.51	17.34
发出商品	1 688.25	13.85	1 593.67	14.14	1 409.22	21.02
在产品	624.16	5.12	462.64	4.11	1 505.62	22.46
合计	12 190.07	100.00	11 270.77	100.00	6 703.88	100.00

6. 其他流动资产说明

主要系增值税留抵税额、待摊费用。

7. 固定资产明细

表 9-9　固定资产明细表　　单位：万元

项目	20×8 年 12 月 31 日	20×7 年 12 月 31 日	20×6 年 12 月 31 日
固定资产原值：			
房屋建筑物	10 424.03	10 424.03	10 424.03
机器设备	2 003.61	1 251.24	1 091.71
电子设备	632.40	414.51	405.23
运输设备	163.82	151.95	167.11
其他设备	108.11	106.58	100.06
合计	13 331.97	12 348.31	12 188.14
累计折旧：			
房屋建筑物	1 012.30	684.26	361.14
机器设备	879.51	586.07	611.04
电子设备	357.67	325.75	287.98
运输设备	72.72	82.25	92.09
其他设备	84.11	69.12	43.11
合计	2 406.31	1 747.45	1 395.36
固定资产净值：			
房为屋建筑物	9 411.73	9 739.77	10 062.89
机器设备	1 124.10	665.18	480.67
电子设备	274.73	88.76	117.25
运输设备	91.10	69.69	75.03
其他设备	24.00	37.45	56.94
合计	10 925.66	10 600.85	10 792.78
固定资产减值准备合计			
固定资产账面价值合计	10 925.66	10 600.85	10 792.78

8. 在建工程说明系安防科技园区工程，本期增加 803 万元，完工结转固定资产 161 万元。

9. 无形资产说明：主要系土地。

10. 借款明细。

表 9-10 借款明细 单位：万元

项目	20×8 年 12 月 31 日	增长率（%）	20×7 年 12 月 31 日	增长率（%）	20×6 年 12 月 31 日	担保方式	贷款性质
短期借款	2 993.16	−34.09	4 541.57	1449.41	293.12	抵押及保证	流动资金贷款
一年内到期的非流动负债	1 000.00	0.00	1 000.00	0.00	1 000.00	保证担保	固定资产贷款
长期借款	4 000.00	−20.00	5 000.00	42.99	3 496.64	保证担保	固定资产贷款
合计	7 993.16	−24.17	10 541.57	120.09	4 789.76		

主要系公司以抵押、保证方式借入的银行借款。经了解和分析，公司20×7 年末余额较大的原因是当年订单有大幅增加，经营规模扩大而借入资金；20×8 年末较期初减少主要系偿还部分贷款所致。

11. 应付账款明细主要是应付材料及费用等。余额逐年增加主要系销售订单增加，导致公司材料采购量增加，扩大采购付款信用周期等因素导致。公司未提供明细余额，但提供了主要供应商年度采购额详见表 9-11。

表 9-11 主要供应商年度采购额 单位：万元

年 份	序号	供应商名称	采购金额	占采购总额比重（%）	采购内容
20×8 年度	1	S 公司	6 282.11	8.92	硬盘
	2	海思公司	6 271.79	8.90	集成电路
	3	思达公司	3 193.08	4.53	集成电路
	4	L 公司	2 941.34	4.18	硬盘
	5	中山公司	2 656.77	3.77	外壳
	6	电通公司	2 497.73	3.55	硬盘
	7	逸能公司	2 493.92	3.54	线 M
	8	P 公司	2 487.68	3.53	集成电路
	9	安士公司	2 265.75	3.22	摄像机
	10	福佳公司	2 102.05	2.98	电源
	合计		33192.22	47.12	
20×7 年度	1	电通公司	8 148.24	18.50	硬盘
	2	海思公司	5 515.13	12.52	集成电路
	3	安士公司	1 843.03	4.18	摄像机

续表

年　　份	序号	供应商名称	采购金额	占采购总额比重(%)	采购内容
20×7 年度	4	骏龙公司	1 545.28	3.51	集成电路
	5	L 公司	1 481.02	3.36	硬盘
	合计		18 532.70	42.08	
20×6 年度	1	M 公司	5 327.34	18.20	硬盘
	2	海思公司	4 196.98	14.34	集成电路
	3	L 公司	2 123.68	7.26	硬盘
	4	华泰公司	1 355.56	4.63	硬盘
	5	川航公司	1 012.70	3.46	电源
	合计		14 016.26	47.89	

12. 预收账款说明

持续增长的原因系销售状况良好，客户预付款增加所致。

13. 应付职工薪酬说明

职工薪酬随着生产规模和研发投入增加而不断增长。

14. 应交税费明细

（1）取得增值税纳税申报表详见表 9-12（节选）

表 9-12　增值税纳税申报表　　单位：万元

（一般纳税人适用）					
根据国家税收法律法规及增值税相关规定制定本表。纳税人不论有无销售额，均应按税务机关核定的纳税期限填写本表，并向当地税务机关申报。					
税款所属时间：自 20×8 年 12 月 1 日至 20×8 年 12 月 31 日			填表日期：20×9 年 1 月 12 日		
纳税人识别号			所属行业：		
纳税人名称	（公章）		法定代表人姓名	注册地址	
开户银行及账号			登记注册类型		
项　　目		栏次	一般项目		
			本月数	本年累计	
销售额	（一）按适用税率计税销售额	1		25 268.68	
	其中：应税货物销售额	2		25 268.68	
	应税劳务销售额	3			
	纳税检查调整的销售额	4			
	（二）按简易办法计税销售额	5		135.34	

续表

销售额	其中：纳税检查调整的销售额	6		
	（三）免、抵、退办法出口销售额	7		
	（四）免税销售额	8		67 933.03
	其中：免税货物销售额	9		67 933.03
	免税劳务销售额	10		
税款计算	销项税额	11		4 295.41
	进项税额	12		11 962.21
	上期留抵税额	13		1 207.2
	进项税额转出	14		27.58
	免、抵、退应退税额	15		8 132.26
	按适用税率计算的纳税检查应补缴税额	16		
	应抵扣税额合计	17=12+13−14−15+16		5 009.57
	实际抵扣税额	18（如 17<11，则为 17，否则为 11）		4 295.41
	应纳税额	19=11−18		
	期末留抵税额	20=17−18		714.16
	简易计税办法计算的应纳税额	21		
	按简易计税办法计算的纳税检查应补缴税额	22		
	应纳税额减征额	23		
	应纳税额合计	24=19+21−23		0

（2）调查人员根据企业提供数据编制了销项税明细，详见表 9-13。

表 9-13　销项税明细表

项　　目		20×8 年度	20×7 年度	20×6 年度
主营业务收入	17% 税率收入	25 138.01	7 486.99	4 429.97
	0% 免税收入	67 933.03	46 476.74	37 916.17
	6% 工程收入	59.22	362.71	
	3% 工程安装收入（简易征税）		53.81	
	小计	93 130.26	54 380.25	42 346.14
其他业务收入	17% 税率收入	47.25	18.95	43.63
	5% 税率房租收入（简易征收）	135.34	47.90	—
	11% 场地租赁费	0.94	—	—
	6% 劳务收入	22.84	19.68	0.05
	13% 水费	0.42	0.33	0.01

续表

项　　目		20×8 年度	20×7 年度	20×6 年度
其他业务收入	房租收入（营业税）		9.09	12.51
	小计	206.79	95.95	56.20
营业收入合计		93 337.05	54 476.20	42 402.34
调查人员据营业收入测算销项税额		4 293.34	1 303.01	760.52
企业账面销项税额		4 295.41	1 303.72	760.52
差异		−2.07	−0.71	—

（3）调查人员根据企业提供数据编制了应交税金明细，详见表 9-14。

表 9-14　应交税金明细表

期间	年初未交数	销项税额（+）	出口退税（+）	进项税额（−）	进项税额转出（+）	出口抵减内销产品应纳税额（−）	本期已交数(−)	期末未交数
20×6 年度	−433.94	760.42	5 704.83	5 660.41	1.97	1 158.18	4.99	−790.30
20×7 年度	−790.30	1 303.74	7 522.35	7 480.56	2.44	1 755.33	2.73	−1 200.39
20×8 年度	−1 200.38	4 295.41	9 922.76	11 962.21	27.58	1 790.50	6.82	−714.16

注：期末未交数 = 年初未交数 + 销项税额 + 出口退税 − 进项税额 + 进项税额转出 − 出口抵减内销产品应纳税额 − 本期已交数

（4）调查人员根据企业提供数据编制了出口退税明细，详见表 9-15。

表 9-15　出口退税明细表

期间	年初应收金额	本期申报应收金额	本期实际收到金额	期末应收金额
20×6 年度	559.93	4 546.65	5 106.58	
20×7 年度		5 767.02	5 088.11	678.91
20×8 年度	678.91	8 132.26	8 811.17	

15. 盈余公积及未分配利润说明

说明：20×8-20×6 三年股东分红分别为 1032 万元、759 万元、460 万元。

16. 期间费用明细，详见表 9-16～表 9-18。

表 9-16 销售费用明细表

项目	20×8 年		20×7 年		20×6 年	
	金额	占比（%）	金额	占比（%）	金额	占比（%）
职工薪酬	1 017.08	37.42	513.22	24.67	491.36	24.82
广告宣传费	223.36	8.22	473.56	22.76	504.26	25.47
运费	681.94	25.09	417.19	20.05	342.4	17.30
保险费	336.67	12.39	263.43	12.66	244.37	12.34
差旅费	128.43	4.73	115.19	5.54	160.28	8.10
修理费	63.14	2.32	99.3	4.77	61.08	3.09
房租费	37.29	1.37	35.4	1.70	26.67	1.35
报关费	76.02	2.80	40.99	1.97	54.07	2.73
招待费	37.73	1.39	18.85	0.91	17.58	0.89
折旧费	8.56	0.31	9.53	0.46	9.77	0.49
水电费	5.63	0.21	4.92	0.24	5.03	0.25
网络通讯费	14.6	0.54	13.48	0.65	16.56	0.84
办公费	38.99	1.43	32.83	1.58	27.79	1.40
用车费	3.16	0.12	6.46	0.31	6.15	0.31
其他	45.34	1.67	35.93	1.73	12.36	0.62
合计	2 717.94	100.00	2 080.28	100.00	1 979.73	100.00
占营业收入比重（%）	2.91		3.82		4.67	

表 9-17 管理费用明细表

项目	20×8 年		20×7 年		20×6 年	
	金额	占比（%）	金额	占比（%）	金额	占比（%）
职工薪酬	1 985.39	28.19	1 810.22	35.18	1 220.73	26.61
研发支出	3 882.58	55.13	2 332.77	45.34	2 402.30	52.36
办公费	172.89	2.45	123.33	2.40	140.74	3.07
网络通信费	24.87	0.35	24.01	0.47	17.40	0.38
差旅费	166.18	2.36	124.00	2.41	122.30	2.67
业务招待费	60.46	0.86	28.87	0.56	10.18	0.22
租赁维修费	300.97	4.27	192.73	3.75	76.70	1.67
水电费	48.03	0.68	39.71	0.77	40.05	0.87
费用性税金	—	0.00	46.26	0.90	108.59	2.37
折旧费	113.28	1.61	114.64	2.23	110.39	2.41
无形资产摊销	33.18	0.47	33.03	0.64	33.17	0.72
劳保费	16.93	0.24	22.10	0.43	26.61	0.58
中介机构费	84.67	1.20	100.94	1.96	152.14	3.32

续表

项　　目	20×8 年		20×7 年		20×6 年	
	金额	占比(%)	金额	占比(%)	金额	占比(%)
其他	153.00	2.17	152.91	2.97	126.62	2.76
合计	7 042.44	100.00	5 145.52	100.00	4 587.90	100.00
占营收比重（%）	7.55		9.45		10.83	
其中：研发费用						
项目	20×8 年度		20×7 年度		20×6 年度	
	金额	比例(%)	金额	比例(%)	金额	比例(%)
人员工资	2 169.70	55.88	1 770.93	75.92	1 824.60	75.95
直接材料投入	1 133.07	29.18	185.28	7.94	91.57	3.81
委外开发等费	122.15	3.15	71.96	3.08	92.78	3.86
检测费	116.49	3.00	82.76	3.55	53.40	2.22
差旅费	26.91	0.69	23.86	1.02	18.57	0.77
折旧费	32.21	0.83	36.08	1.55	46.30	1.93
其他费用	282.05	7.26	161.90	6.94	275.08	11.45
研发费用合计(%)	3 882.58	100.00	2 332.77	100.00	2 402.30	100.00

表 9-18　财务费用明细表

项　　目	20×8 年	20×7 年	20×6 年
利息支出	281.09	282.68	337.43
减：利息收入	15.09	10.97	8.61
汇兑损益	573.04	-415.01	-302.8
手续费及其他	83.68	101.87	42.03
合计	922.72	-41.43	68.06
占营业收入的比重（%）	0.99	-0.08	0.16

17. 营业外收入说明

主要系政府补助。

四、财务分析攻略

请结合该公司上述财务信息和资料，作如下分析：

（一）编制公司主要财务指标、同业指标对比表

1. 初步测算主要财务指标详见表 9-19

表 9-19 主要财务指标表

财务指标	20×8 年 12 月 31 日	20×7 年 12 月 31 日	20×6 年 12 月 31 日
资产负债率（%）	46.05	54.33	44.31
流动比率（倍）	1.85	1.60	1.80
速动比率（倍）	1.21	1.03	1.16
总资产周转率	1.91	1.39	1.37
应收账款周转率（次）	8.55	5.94	5.57
存货周转率（次）	5.97	4.47	4.42
利息保障倍数（倍）	23.91	14.15	8.61
息税折旧摊销前利润（万元）	9 541.12	4 879.69	3 512.85
净利润（万元）	7 469.13	3 471.55	2 290.41
加权平均净资产收益率（%）	30.63	18.16	13.74
毛利率（%）	20.41	22.28	23.41
销售净利润率（%）	8.00	6.37	5.41
扣除非经常性损益后的净利润（万元）	6 501.06	3 498.22	2 362.06
每股经营活动产生的现金流量（元 / 股）	1.49	0.71	0.75
每股净现金流量	0.65	0.95	−0.01
每股净资产（元 / 股）	5.35	4.10	3.50

2. 初步测算同业指标对比表

调查人员选取“电子—电子制造—子系统组装”细分行业，共计 15 家同业相应财务指标作对比。除本公司以外的其他 14 家均为上市公司，以 20×8 年度净资产收益率为对比核心指标，排前 5 名的指标为优秀、最后 5 名的为较差指标、中间 5 名的为中等水平指标。测算结果对比详见表 9-20。

表 9-20 同业指标对比表

名称	净资产收益率	同业对比排名	资产负债率（%）	同业对比排名	销售毛利率	同业对比排名	销售净利率	同业对比排名	总资产周转率	同业对比排名	经营净现流 / 净利	同业对比排名	股本（亿元）	同业对比排名
海康威视	33.23		40.2		44.85		22.84		0.87		0.8		92.27	
本公司	30.63	2	46.05	7	20.41	7	8	5	1.91	3	1.03	5	2.76	13
工业富联	26.86		63.94		8.64		4.07		2.38		1.3		196.95	

续表

名称	净资产收益率	同业对比排名	资产负债率（%）	同业对比排名	销售毛利率	同业对比排名	销售净利率	同业对比排名	总资产周转率	同业对比排名	经营净现流/净利	同业对比排名	股本（亿元）	同业对比排名
德赛电池	24.95		74.33		8.2		3.05		2.1		0.3		2.05	
大华股份	22.16		51.03		37.16		10.96		0.99		0.38		29.98	
光弘科技	16.05		14.61		31.91		17.13		0.8		0.79		3.55	
欣旺达	15.38		71.12		14.83		3.47		1.28		1.57		15.48	
惠威科技	6.4		9		36.05		10.59		0.55		0.46		1.25	
歌尔股份	5.86		48.93		18.82		3.56		0.84		2.62		32.45	
共达电声	4.36		55.63		25.33		2.65		0.73		2.81		3.60	
漫步者	2.55		9.76		31.35		5.22		0.44		1.02		5.95	
深华发A	1.01		47.5		11.04		0.52		1.02		-6.64		2.83	
科力远	0.15		45.57		17.61		0.28		0.29		-2.33		14.70	
卓翼科技	-4.98		42.87		7.46		-3.43		0.83		-0.82		5.80	
国光电器	-13.78		64.34		12.22		-5.46		0.9		-0.63			

3. 初步分析：

从公司的历史与同业主要财务指标对比看，公司净资产收益率逐年显著提高，并明显高于同行业上市公司业绩水平（30.63%，同业对比排第二位），经营活动获取现金能力强（1.03%，同业对比排第五位）业绩优良，在同业竞争中处于优势地位。

指标分解看，公司资产负债率在20×7年有所反弹后，20×8年明显下降，处于同业中等水平（46.05%，同业对比排第七位）；销售净利率逐年提高，处于同业较优秀水平（8.00%，同业对比排第五位）；资产周转率显著提升，处于同业优秀水平（1.91，同业对比排第三位）。

公司因股本小（2.76亿元，同业对比排第13位）、总资产周转率快是公司业绩表现优秀的主要因素。

因此，需要对公司资产周转率、销售利润率指标及其相应科目等进行重点分析。

（二）完成报表各项目占比及同期增减变化测算

1. 资产负债表项目增减变化测算详见表9-21

表9-21　资产负债表

单位：元

项　目	20×8年年末	占资产比（%）	比上年增长（%）	20×7年年末	占资产比（%）	比上年增长（%）	20×6年年末
流动资产：							
货币资金	104 052 161.47	20.34	13.42	91 737 738.33	19.79	288.69	23 601 701.95
应收账款	112 253 868.60	21.94	27.97	87 719 643.72	18.93	6.52	82 352 251.10
预付款项	4 614 654.16	0.90	−21.01	5 842 115.73	1.26	52.32	3 835 332.64
应收利息		0.00	−100.00	9 225.70	0.00		—
其他应收款	341 028.24	0.07	−95.70	7 924 758.17	1.71	374.24	1 671 057.11
存货	121 900 754.14	23.82	8.16	112 707 562.31	24.32	68.12	67 038 724.46
其他流动资产	11 711 802.21	2.29	−2.48	12 010 017.40	2.59	51.97	7 902 961.79
流动资产合计	354 874 268.82	69.36	11.61	317 951 061.36	68.61	70.57	186 402 029.05
非流动资产：		0.00			0.00		
投资性房地产	1 719 324.35	0.34	−3.76	1 786 496.75	0.39	−3.62	1 853 669.15
固定资产	109 256 544.52	21.35	3.06	106 008 466.14	22.87	−1.78	107 927 874.96
在建工程	25 078 151.63	4.90	34.44	18 653 348.43	4.02	383.13	3 860 918.77
无形资产	14 532 990.19	2.84	−0.74	14 641 628.59	3.16	−2.21	14 971 890.91
长期待摊费用	323 799.40	0.06			0.00	−100.00	3 653.42
递延所得税资产	5 715 425.41	1.12	29.73	4 405 520.65	0.95	53.21	2 875 531.97
其他非流动资产	153 846.15	0.03		—			—
非流动资产合计	156 780 081.65	30.64	7.76	145 495 460.56	31.39	10.65	131 493 539.18
资产总计	511 654 350.47	100.00	10.40	463 446 521.92	100.00	45.79	317 895 568.23
流动负债：		0.00			0.00		
短期借款	29 931 627.48	5.85	−34.09	45 415 701.70	9.80	1449.41	2 931 164.94
衍生金融负债		0.00	−100.00	35 644.65	0.01	−93.98	592 000.00
应付账款	116 064 945.35	22.68	0.21	115 826 143.19	24.99	68.36	68 795 857.87
预收款项	10 701 318.99	2.09	40.16	7 634 858.44	1.65	37.72	5 543 839.44
应付职工薪酬	18 966 133.13	3.71	57.87	12 014 136.52	2.59	33.66	8 988 412.86
应交税费	2 956 894.05	0.58	−21.04	3 744 717.71	0.81	64.99	2 269 690.38

续表

项　目	20×8 年年末	占资产比（%）	比上年增长(%)	20×7 年年末	占资产比（%）	比上年增长(%)	20×6 年年末
应付利息	324 192.13	0.06	68.24	192 700.11	0.04	150.08	77 055.72
其他应付款	3 086 114.53	0.60	-30.73	4 455 374.85	0.96	7.57	4 141 832.28
一年内到期的非流动负债	10 000 000.00	1.95	0.00	10 000 000.00	2.16	0.00	10 000 000.00
流动负债合计	192 031 225.66	37.53	-3.66	199 319 277.17	43.01	92.88	103 339 853.49
非流动负债：		0.00			0.00		
长期借款	40 000 000.00	7.82	-20.00	50 000 000.00	10.79	42.99	34 966 367.78
递延收益	3 602 090.46	0.70	45.47	2 476 096.83	0.53	-3.47	2 565 058.39
递延所得税负债		0.00	-100.00	1 383.86	0.00		—
非流动负债合计	43 602 090.46	8.52	-16.91	52 477 480.69	11.32	39.82	37 531 426.17
负债合计	235 633 316.12	46.05	-6.42	251 796 757.86	54.33	78.74	140 871 279.66
所有者权益：		0.00			0.00		
股本	51 600 000.00	10.08	0.00	51 600 000.00	11.13	1.98	50 600 000.00
资本公积	58 048 538.55	11.35	0.00	58 048 538.55	12.53	12.61	51 548 538.55
盈余公积	23 263 249.57	4.55	47.29	15 794 122.54	3.41	28.17	12 322 574.99
未分配利润	143 109 246.23	27.97	66.01	86 207 102.97	18.60	37.81	62 553 175.03
所有者权益合计	276 021 034.35	53.95	30.41	211 649 764.06	45.67	19.56	177 024 288.57
负债和所有者权益合计	511 654 350.47	100.00	10.40	463 446 521.92	100.00	45.79	317 895 568.23

2. 利润表项目占比及同期增减变化测算，详见表 9-22。

表 9-22　利　润　表

项目	20×8 年度	占营业收入比重（%）	比上年增长(%)	20×7 年度	占营业收入比重（%）	比上年增长(%)	20×6 年度
一、营业收入	933 370 512.15	100.00	71.34	544 762 906.93	100.00	28.60	423 626 604.15
减：营业成本	742 695 433.65	79.57	74.94	424 532 562.49	77.93	30.25	325 936 340.41
营业税金及附加	3 592 544.61	0.38	14.16	3 146 829.56	0.58	124.50	1 401 734.34
销售费用	27 179 491.51	2.91	30.65	20 802 660.98	3.82	5.08	19 797 374.28
管理费用	70 424 359.54	7.55	36.87	51 455 165.32	9.45	12.15	45 878 982.92
财务费用	9 227 237.34	0.99	-2327.38	-414 264.74	-0.08	-160.87	680 555.86
资产减值损失	6 800 010.84	0.73	-29.31	9 619 439.44	1.77	182.42	3 406 035.13
加：公允价值变动收益	35 644.65	0.00	-93.59	556 355.35	0.10	-170.64	-787 622.52
投资收益	110 012.08	0.01	-105.92	-1 858 136.01	-0.34	-10.11	-2 067 141.75

续表

项目	20×8 年度	占营业收入比重（%）	比上年增长(%)	20×7 年度	占营业收入比重（%）	比上年增长(%)	20×6 年度
资产处置收益	98 892.71	0.01			0.00		
其他收益	5 441 610.85	0.58			0.00		
二、营业利润	79 137 594.95	8.48	130.60	34 318 733.22	6.30	44.98	23 670 816.94
加：营业外收入	6 457 758.68	0.69	13.71	5 679 004.36	1.04	181.36	2 018 417.55
减：营业外支出	834 059.40	0.09	265.93	227 927.31	0.04	3934.63	5 649.28
三、利润总额	84 761 294.23	9.08	113.13	39 769 810.27	7.30	54.85	25 683 585.21
减：所得税费用	10 070 023.94	1.08	99.24	5 054 334.78	0.93	81.84	2 779 479.18
四、净利润	74 691 270.29	8.00	115.15	34 715 475.49	6.37	51.57	22 904 106.03

3. 现金流量表项目占比及增减变化测算详见表 9-23。

表 9-23　现金流量表项目占比　　单位：元

项　　目	20×8 年度	占小计项目比重（%）	比上年增长（%）	20×7 年度	占小计项目比重（%）	比上年增长（%）	20×6 年度
一、经营活动产生的现金流量：							
销售商品、提供劳务收到的现金	946 773 389.61	90.45	70.48	555 369 383.21	90.56	35.51	409 835 355.44
收到的税费返还	88 111 661.11	8.42	73.17	50 881 112.93	8.30	-0.36	51 065 822.14
收到其他与经营活动有关的现金	11 818 799.82	1.13	68.76	7 003 414.66	1.14	20.22	5 825 668.79
经营活动现金流入小计	1 046 703 850.54	100.00	70.68	613 253 910.80	100.00	31.39	466 726 846.37
购买商品、接受劳务支付的现金	828 073 926.84	85.40	73.25	477 972 115.47	82.86	38.62	344 798 372.49
支付给职工以及为职工支付的现金	94 054 753.54	9.70	58.25	59 435 191.13	10.30	13.15	52 528 533.50
支付的各项税费	16 057 010.05	1.66	85.10	8 674 631.37	1.50	133.45	3 715 816.29
支付其他与经营活动有关的现金	31 409 643.94	3.24	2.21	30 729 107.14	5.33	10.95	27 696 814.40
经营活动现金流出小计	969 595 334.37	100.00	68.10	576 811 045.11	100.00	34.54	428 739 536.68
经营活动产生的现金流量净额	77 108 516.17	—	111.59	36 442 865.69	—	-4.07	37 987 309.69
二、投资活动产生的现金流量：							
收回投资收到的现金	—	0.00		—	0.00		—
取得投资收益收到的现金	—	0.00		—	0.00		—

续表

项　目	20×8 年度	占小计项目比重（%）	比上年增长（%）	20×7 年度	占小计项目比重（%）	比上年增长（%）	20×6 年度
处置固定资产、无形资产和其他长期资产收回的现金净额	142 660.00	7.99	-1.75	145 198.29	5.77		—
收到其他与投资活动有关的现金	1 641 912.08	92.01	-30.69	2 369 063.99	94.23	31.61	1 800 000.00
投资活动现金流入小计	1 784 572.08	100.00	-29.02	2 514 262.28	100.00	39.68	1 800 000.00
购建固定资产、无形资产和其他长期资产支付的现金	21 900 363.15	100.00	11.74	19 600 049.76	90.65	1.37	19 335 362.29
投资支付的现金	—	0.00		—	0.00		—
支付其他与投资活动有关的现金	—	0.00	-100.00	2 020 886.00	9.35	-33.37	3 033 141.75
投资活动现金流出小计	21 900 363.15	100.00	1.29	21 620 935.76	100.00	-3.34	22 368 504.04
投资活动产生的现金流量净额	-20 115 791.07	—	5.28	-19 106 673.48	—	-7.11	-20 568 504.04
三、筹资活动产生的现金流量：							
吸收投资收到的现金		0.00	-100.00	3 700 000.00	2.78		
取得借款收到的现金	132 023 041.52	86.39	1.87	129 599 685.44	97.22	201.22	43 024 292.42
收到其他与筹资活动有关的现金	20 790 623.93	13.61			0.00	-100.00	2 654 019.95
筹资活动现金流入小计	152 813 665.45	100.00	14.64	133 299 685.44	100.00	191.82	45 678 312.37
偿还债务支付的现金	153 832 438.42	89.17	112.90	72 256 593.86	69.41	27.17	56 818 097.16
分配股利、利润或偿付利息支付的现金	13 851 643.52	8.03	32.10	10 485 742.73	10.07	28.48	8 161 090.83
支付其他与筹资活动有关的现金	4 831 990.57	2.80	-77.38	21 365 960.00	20.52		—
筹资活动现金流出小计	172 516 072.51	100.00	65.71	104 108 296.59	100.00	60.22	64 979 187.99
筹资活动产生的现金流量净额	-19 702 407.06	—	-167.49	29 191 388.85	—	-251.24	-19 300 875.62
四、汇率变动对现金及现金等价物的影响	-3 609 934.90	—	-238.39	2 608 495.32	—	57.81	1 652 938.08

续表

项　　目	20×8 年度	占小计项目比重（%）	比上年增长（%）	20×7 年度	占小计项目比重（%）	比上年增长（%）	20×6 年度
五、现金及现金等价物净增加额	33 680 383.14	—	−31.45	49 136 076.38	—	−21544.45	−229 131.89
加：期初现金及现金等价物余额	70 371 778.33	—	231.38	21 235 701.95	—	−1.07	21 464 833.84
六、期末现金及现金等价物余额	104 052 161.47	—	47.86	70 371 778.33	—	231.38	21 235 701.95

（三）对报表以下项目是否纳入重点分析作出判断和简要分析

1. 货币资金

分析：本项目 20×8 年占资产比重为 20.34%，比上年增长 13.42%，项目重要，且本项目 20×7 年占资产比重也较高，比 20×6 年增长 2.89 倍，须重点分析，最有效方法是取得公司主要开户银行流水，查明原因。

2. 应收账款

本项目 20×8 年占资产比重达 21.94%，余额比 20×7 年增长 27.97%，增长速度比销售收入增长速度（71.34%）缓慢较多，不匹配。基于公司贷款目的，一般情况下本项目现有报表余额应不存在少计情况。因此应重点分析增速比销售增速小的可能原因：（1）应收账款回款政策是否变化；（2）营业收入项目是否存在虚增。

3. 存货

本项目 20×8 年占资产比重达 23.82%，余额比 20×7 年增长 8.16%，增长速度比销售收入、营业成本增长速度（74.94%）慢较多，不匹配。重点分析营业成本是否多结转，或是公司以销售订单确定产量，以减少存货库存；对大额或重点存货实施抽查盘点、核实，更有成效。

4. 其他流动资产

本项目 20×8 年占资产比重仅 2.29%，余额比 20×7 年下降 2.48%，不具重要性，可不予重点关注。

5. 固定资产

本项目 20×8 年占资产比重达 21.35%，余额比 20×7 年增长 3.06%，增长速度远低于销售收入增长，极不匹配，应结合营业收入项目分析，重点核实设备产能是否能跟上新增71.34%的销售收入，是核实销售收入是否虚增的重要指标。

6. 应付账款

本项目20×8年占资产比重达22.68%，余额比20×7年增长0.21%，增长速度远低于营业成本、存货增长速度，极不匹配。虽企业未能提供应付账款明细，基于公司贷款的目的，现有应付账款余额真实性应可确认，但是否具有完整性（存在未入报表的应付账款）需结合存货、成本进一步分析确认。

7. 预收款项

本项目20×8年占资产比重2.09%，余额比20×7年增长40.16%，虽增长较快，接近销售增长比，但占比小，不具重要性，可不予重点关注。

8. 应付职工薪酬

本项目20×8年占资产比重达3.71%，余额比20×7年增长57.87%，虽增长较快，但占比小，可不予重点关注。考虑公司20×8年销售收入增长过快，真实性存在重大疑点，可将本项目与“支付给职工以及为职工支付的现金”项目结合分析，验证销售收入。

9. 销售费用

本项目20×8年占营业收入比重达2.91%，发生额比20×7年增长30.65%，本不具重要性，但由于公司20×8年销售收入增长过快，需结合“销售费用–运输费用”科目重点核实。公司产品销售产生的运费一般都会入账反映到报表中，应获取公司“销售费用–运输费用”发生额，并与上年情况对比分析，可对销售收入增长是否合理进行佐证。

因公司提供的是税务报表，基于税务报表本身性质，报表所显示的销售费用金额可以确认。

10. 管理费用、财务费用

管理费用20×8年占营业收入比重7.55%，发生额比20×7年增长36.87%，财务费用20×8年占营业收入比重0.99%，发生额比20×7年减少23.27倍，两科目不具重要性，可不予重点关注。

因公司提供的是税务报表，基于税务报表本身性质，报表所显示的管理费用、财务费用金额可确认。

11. 所得税费用

本项目20×8年占营业收入比重1.08%，发生额比20×7年增长99.24%，不具重要性，可不予重点关注。

12. 收到的税费返还

本项目20×8年占“经营活动现金流入小计”比重8.42%，发生额比20×7年增长73.17%，返还金额大，很可能与出口销售额（出口退税）联系密切，应获取公司主要产品及原料的增值税率、退税率，可倒轧出口大致销售额。故本项目具重要性，应予重点关注。

13. 支付给职工以及为职工支付的现金

本项目20×8年占“经营活动现金流出小计”比重9.7%，发生额比20×7年增长58.25%，与销售收入增长较匹配，可对销售收入增长合理性佐证，可重点关注。若能获取生产成本（直接人工）、管理费用（人工）、销售费用（人工）明细，可用于分析营业成本及其增长的合理性。

14. 支付的各项税费

本项目20×8年占“经营活动现金流出小计”比重1.66%，发生额比20×7年增长85.1%，与销售收入增长较匹配，可对销售收入（开增值税发票）增长合理性佐证，可适度关注。

15. 购建固定资产、无形资产和其他长期资产支付的现金

本项目20×8年发生额2 190万元，比20×7年增长11.74%，远低于销售增长，应结合固定资产、在建工程项目分析，重点分析固定资产（机器设备）20×8年增加额度及比例，进而分析公司设备实际产能，判断设备产能能否支撑销售大幅度增长。

（四）多维度分析营业收入的准确性

1. 营业收入与增值税纳税申报表的对比分析。

根据企业提供的增值税纳税申报表、应交税费明细与利润表进行对比分析，已知悉公司销售包括出口及内销、主营业务收入及其他业务收入、税率从0%～17%不等。

将申报表与报表金额核对相符（均为93 337万元），由此判断公司提

供财务报表所反映的销售收入均体现在增值税申报表中，所销售业务开具了发票，真实性相对较强。但不排除存在虚构销售业务，并开具增值税发票可能性，因此需进一步核实。

2. 营业收入增长与固定资产、运费、能源消耗配比分析。

根据上述明细，编制营业收入与固定资产、销售费用（运费）、能源和动力（水电费用）消耗对比分析表，详见表 9-24。

表 9-24　编制营业收入与固定资产、销售费用、能源和动力消耗对比分析表

项　目	20×8 年度		20×7 年度		20×6 年度	
	金额（余额）	增长（%）	金额（余额）	增长（%）	金额（余额）	增长（%）
营业收入	93 337.05	71.34	54 476.29	28.60	42 362.66	—
机器设备（原值）	2 003.61	60.13	1 251.24	14.61	1 091.71	—
运费	681.94	63.46	417.19	21.84	342.40	—
能源和动力	263.41	21.72	216.40	-5.49	228.98	—

可见，营业收入增长与设备、运费增长比较匹配，但与水电费用消耗增长差异较大，销售收入是否存在虚增仍存在疑虑，需进一步核实。

3. 营业收入与应收账款、存货、应付账款对比分析。

根据上述明细，编制营业收入与应收账款、存货、应付账款科目增长对比分析表，详见表 9-25。

表 9-25　编制营业收入与应收账款、存货、应付账款科目增长对比分析表

项　目	20×8 年度		20×7 年度		20×6 年度	
	金额（余额）	增长（%）	金额（余额）	增长	金额（余额）	增长（%）
营业收入	93 337.05	71.34	54 476.29	28.60	42 362.66	—
应收账款	11 225.39	27.97	8 771.96	6.52	8 235.23	—
存货	12 190.08	8.16	11 270.76	68.12	6 703.87	—
应付账款	11 606.49	0.21	11 582.61	68.36	6 879.59	—

可见，营业收入与应收账款、存货、应付账款科目增长不匹配。经询问进一步了解，公司的解释是：

（1）公司根据客户订单生产，库存水平相对较低，为保持随时承接订单，仅保持了必要的原材料库存。

（2）公司主要客户多为大型知名企业，具有较高的市场地位和良好的资信水平，账龄基本都在一年内，期后回款情况良好，应收账款控制在合理水平。

（3）公司 20×8 年度客户 S、L 公司（第二、三大客户，年度销售额度 35 752 万元）同时也是公司第一、四大供应商（年度采购额度 9 223 万元），根据企业信用及相关信息查询，S、L 公司与公司并无明显的关联关系。

经了解，公司系 S 公司、L 公司外协加工企业，即实质上是受托加工关系，但公司在账务处理上分别视同采购和销售（即按材料采购入账，加工完成后按材料成本和加工费用合计金额开票销售给委托方），分别计入营业成本、产品销售收入。因而出现营业收入和营业成本大幅增长，但存货、水电费用等未有大幅增长情况，同时因销售和采购形成的应收账款、应付账款暂时挂账，定期对彼此债权债务对冲后，两科目期末余额并无大幅增长。

综合上述，公司由于将受托加工商品，分别视同采购及销售模式，使营业收入、营业成本、运费大幅增长，而水电费用、存货、应付账款、应收账款未同比例增长。这种财务核算模式并无明显违规，因此公司报表反映的营业收入金额可以确认。

分析应收及应付账款余额的合理性（应收账款与应付账款分别见表 9-26、表 9-27）

表 9-26　应收账款（重点客户）分析表

年　份	序号	客户名称	销售金额（万元）	占营业收入比重（%）	应收账款账面余额	信用期（天）	测算应收款余额
20×8 年度	1	Z 公司	24 521.99	26.27	2 667.57	30	2 015.51
	2	S 公司	22 499.42	24.11	3 831.95	45	2 773.90
	3	L 公司	13 252.66	14.2	1 841.76	60	2 178.52
	4	H 公司	6 453.47	6.91	632.49	30	530.42
	5	W 公司	3 429.73	3.67	67.19	45	422.84
	合计		70 157.27	75.16	9 040.96		7 921.19

测算 20×8 年应收账款大致余额 =7 921.19/75.16%=10 539.1 万元，报表 11 225 万元，差异 6.1%，正常误差（≤ 10%），可确认报表余额。

（测算应收款余额＝年度销售收入/365×信用期天数）

表 9-27　应付账款（重点供应商）分析表

序号	供应商名称	采购金额	占采购总额比重（%）	采购内容	信用期	测算应付账款余额
1	S公司	6 282.11	8.92	硬盘	30	516.34
2	海思公司	6 271.79	8.90	集成电路	45	773.23
3	思达公司	3 193.08	4.53	集成电路	60	524.89
4	L公司	2 941.34	4.18	硬盘	30	241.75
5	中山公司	2 656.77	3.77	外壳	45	327.55
6	电通公司	2 497.73	3.55	硬盘	30	205.29
7	逸能公司	2 493.92	3.54	线M	45	307.47
8	P公司	2 487.68	3.53	集成电路	60	408.93
9	安士公司	2 265.75	3.22	摄像机	30	186.23
10	福佳公司	2 102.05	2.98	电源	45	259.16
合计		33 192.22	47.12			3 750.84

测算20×8年应付账款大致余额=3 750.84/47.12%=7 960.19万元，报表11 606万元，差异30.4%，误差较大，且公司未提供主要应付账款明细余额。经询问，公司年底前集中采购，致期末应付账款余额较大，调查人员对年末采购记录进行查阅、询问核实后确认属实。同时考虑企业因贷款目的而编制的报表虚增本科目可能性较小，可确认报表中本项目余额。

（测算应付款余额＝年度采购金额/365×信用期天数）

（六）分析公司毛利率和净利润

1. 根据增值税进项税明细倒轧测算营业成本。

公司营业成本明细显示，公司直接材料、能源及动力、其他制造费用占比共计95.04%。

增值税纳税申报表体现20×8年度进项税11 962.21万元，测算20×8年购入材料、动力、其他制造费用70 365.9万元（11 962.21/17%）；本年度转出存货成本（计入营业成本）约＝期初存货余额＋本期存货发生额－期末存货余额=11 270.7+（70 365.9/95.04%）−12 190=73 119，与报表中营业成本（74 121.64）相差1.35%（≤10%），误差在合理范围，由此判断总体营业成本与报表相符。

2. 毛利率分析。

公司营业收入和营业成本确认情况下，毛利率可确认。经询问和分析，公司毛利率 20×6—20×8 年逐年下降，总体维持在 23.4%～ 20% 之间，主要原因系主打产品（同轴及网络高清摄像机）功能规格提升，更新较快，致成本上升；重要客户集中度高，主要采取套装模式销售，优惠幅度大，销售定价下降，毛利率下降。

公司 20×8 年度毛利率水平在同行业指标对比中排第七位，总体处于中等水平。

3. 净利润分析。

根据前述分析，公司营业收入和营业成本基本确认，且税务报表所体现的营业税金及附加、销售费用、管理费用、财务费用的真实性、完整性较强，可基本确认发生额。

根据利润总额测算应交所得税大致金额为 1 271.42 万元（8 476.13×15%），与报表显示 1 007 万元存在较大差异。经询问，公司管理费用中有研发费用加计扣除 50%，可减少所得税 291.15 万元（3 882×50%×15%），还有不可抵扣的成本、费用和损失增加所得税 26.73 万元，调整后所得税费用可确认为 1 007 万元（1 271.42−291.15+26.73）。

其他损益表项目金额小，占比小，且无特别异常增减情况下，可确认。

根据上述分析，可确认公司报表所反映的净利润。

（七）分析公司现金流的充分性

公司 20×8 年度销售收入大幅增长，经营活动产生现金流量显著增加，比上年同期增加 4 066 万元，增长比 111.59%；为扩大生产，公司加大固定资产等非流动资产现金投入，总计 2 190 万元，比上年同期增长 11.74%，特别是设备投入增加 752 万元，同期增长 60.13%；公司资金仍有盈余，偿还部分负债，其中偿还银行贷款 2 548.4 万元。

经营活动产生现金流量净值与净利润比值为 1.03，同行业对比中排第 5 名，比较优秀，利润体现获现能力强，现金流量较为充分。

（八）请分析公司可能面临的内外部经营风险

1. 客户集中度过高的风险。

公司 20×6—20×8 年，对前五名客户销售占总销售比均在 60% 以上，20×8 年度前两名客户销售占比甚至达到了 50.38%，客户集中度过高，一旦核心客户流失，将对业绩产生重大影响。

2. 海外市场波动风险。

公司产品出口比重较大，其中 20×8 年度出口占比达 73.04%，且美国占比达 37.58%，主要出口产品易受中美经济贸易摩擦等当前政治局势、经贸宏观环境及政策波动影响。

（九）分析公司净资产收益率

若公司征信等其他非财务因素无重大不利信息，请分析公司净资产收益率，并判断本项目贷款风险。

公司 20×6—20×8 年净资产收益率分别为 13.74%、18.16%、30.63%，逐年显著增长。因股本总额小，总资产周转率高，净资产收益率高，业绩优秀（同业对比指标中排第 2 位）。主要指标分析如下：

1. 销售利润率有效增长，盈利能力强。

20×6—20×8 年间，公司营业收入显著增长，期间费用控制有效，促进销售利润率稳定增长，分别达到 5.41%、6.37%、8%，指标处于行业较优秀水平（同业对比指标中排第 5 位）。其中：受大客户订单大幅增加，销售增长明显，20×7—20×8 年分别增长 28.6%、71.34%，毛利分别达 1.2 亿元、1.9 亿元。

公司期间费用增长远低于销售增长，其中销售费用 20×7 年—20×8 年分别增长 5.08%、30.65%，但占营业收入比重仅 3.82%、2.91%；管理费用 20×7 年—20×8 年分别增长 12.15%、36.87%，但占营业收入比重仅 9.45%、7.55%；财务费用虽因扩大生产而融资，以及汇兑损失，20×8 年产生财务费用 922 万元，但占营业收入比重仅 0.99%，期间费用得到有效控制。

可见，公司销售收入显著增长，毛利率稳定，期间费用控制有效，促进净利润稳定快速增长。

2. 负债比率下降，偿债能力较强。

公司资产负债结构合理，20×6 年—20×7 年总体负债比率分别为 44.31%、54.33%，20×8 年因利润增长后偿还了 2 548 万元贷款，资产负债比率进一步下降至 46.05%，偿债能力较强（同业对比指标中排第 7 位）；流动比率与速动比率逐年提高，20×8 年分别为 1.85、1.21，短期偿债能力强；息税折旧摊销前利润达 9 541.12 万元，是利息支出 23.91 倍，付息能力强。

3. 资产周转速度快，管理效率高。

公司总资产周转率逐年提高，20×8 年达到 1.91 次，周转快速，指标优秀（同业对比指标中排第 3 位），其中：公司优质客户集中度高，应收账款回款期短，主要均集中在 30 ～ 45 天，到 20×8 年应收账款周转率 8.55 次，回款速度良好；存货管理有效，周转快，周转次数逐年提高，20×8 年达 5.97 次，周转效率中等。

4. 总体评价。

公司近三年来，销售逐年增长，成本及费用控制有效，利润率稳步提高；存货管理有效，周转较快，优质客户集中，应收账款回款快，占用资金成本少，资产周转快速；负债比率控制在合理、较好水平，偿债能力较强。

不足之处主要在大客户集中度过高，若核心客户流失，将对业绩产生较大负面影响；公司虽属高新企业，创新能力仍有待提高（专利权 6 项）；公司部分受托加工业务按采购、销售分别核算，虽符合财务核算规则，但一定程度上存在虚增销售和成本，对财务指标起到一些美化作用。

但总体上，公司盈利能力好，营业收入和利润水平仍处于同业较高水平，净资产持续快速增长，偿债能力较强。公司若再做项目融资 0.7 亿元，负债比率仍在 52.6% 以内 [（2.36+0.7）/（5.12+0.7）]，故本项目贷款总体风险可控。

第二节 综合案例分析攻略二

一、企业基本信息

（一）基本情况

公司所处工业阀门制造行业，专业从事控制阀和轮轴等产品研发、制造，拥有多项专利权，被评为国家重点扶持的高新技术企业。公司的主导产品包括双流量电磁阀、燃气调压器、供热水路控制阀、四通阀、汽车空调热力膨胀阀、凸轮轴等。主要材料及配件有铜棒、铝棒、阀体、电磁阀体、电器配件、接管等。

（二）产品简介

1. 控制阀（见图 9-3）。

图 9-3　控制阀

2. 凸轮轴与挺柱（见图 9-4）。

图 9-4　凸轮轴与挺柱

（三）产品生产工序（双流量电磁阀，见图 9-5）。

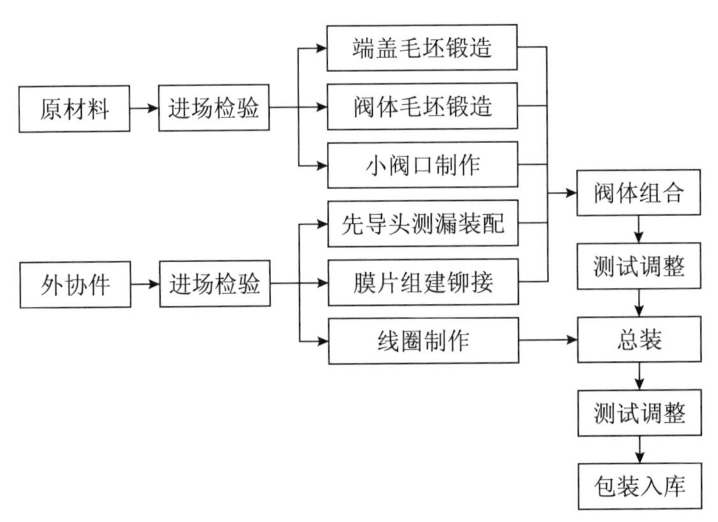

图 9-5　产品生产工序

（四）公司资金需求

公司 20×8 年销售订单大幅增长，需扩充产能，拟向银行申请流动资金贷款 4 000 万元。

二、主要财务报表

详见表 9-28 ～表 9-29。

（一）资产负债表

表 9-28　资产负债表

项　　目	20×8 年 12 月 31 日	20×7 年 12 月 31 日	20×6 年 12 月 31 日
流动资产：			
货币资金	195 461 303.47	82 898 721.03	22 825 082.66
应收票据	79 093 934.95	66 462 078.42	48 663 385.52
应收账款	155 048 551.23	122 094 497.50	93 532 183.68
预付款项	1 467 824.30	1 401 354.76	1 972 111.55

续表

项　　目	20×8 年 12 月 31 日	20×7 年 12 月 31 日	20×6 年 12 月 31 日
其他应收款	1 115 906.00	692 048.50	661 286.25
存货	101 146 827.03	73 313 127.68	66 783 443.77
其他流动资产	203 036.91	522 226.61	51 196 256.82
流动资产合计	533 537 383.89	347 384 054.50	285 633 750.25
非流动资产：			
固定资产	93 320 539.53	101 027 505.77	112 311 676.38
在建工程	432 888.89	391 282.05	
无形资产	35 956 333.62	37 490 129.59	39 067 347.76
递延所得税资产	2 648 988.31	2 332 342.01	2 015 535.88
其他非流动资产	3 252 614.77	332 819.84	277 054.00
非流动资产合计	135 611 365.12	141 574 079.26	153 671 614.02
资产合计	669 148 749.01	488 958 133.76	439 305 364.27
流动负债：			
短期借款	—	—	52 000 000.00
应付票据	104 242 600.00	71 021 500.00	60 790 400.00
应付账款	189 003 248.99	125 647 867.13	92 300 437.29
预收款项	3 313 181.57	1 376 636.74	1 555 703.30
应付职工薪酬	12 887 004.45	8 000 616.21	8 662 840.66
应交税费	4 149 131.95	1 494 522.37	4 856 325.85
应付利息	12 763.64	26 472.72	79 932.22
其他应付款	947 681.86	1 182 521.43	4 028 684.18
流动负债合计	314 555 612.46	208 750 136.60	224 274 323.50
非流动负债：			
长期应付款	709 090.88	945 454.52	1 181 818.16
递延收益	1 801 666.67	2 261 666.67	2 721 666.67
非流动负债合计	2 510 757.55	3 207 121.19	3 903 484.83
负债合计	317 066 370.01	211 957 257.79	228 177 808.33
所有者权益：			
股本	56 560 000.00	56 560 000.00	51 937 000.00
资本公积	57 651 815.17	57 651 815.17	29 913 815.17
盈余公积	27 829 621.32	20 957 273.91	17 809 309.98
未分配利润	210 040 942.51	141 831 786.89	111 467 430.79
所有者权益合计	352 082 379.00	277 000 875.97	211 127 555.94
负债和所有者权益总计	669 148 749.01	488 958 133.76	439 305 364.27

（二）利润表

表 9-29 利 润 表

项 目	20×8 年度	20×7 年度	20×6 年度
一、营业收入	620 627 026.07	353 988 494.5	287 068 209.45
减：营业成本	448 436 952.64	253 244 340.93	200 825 889.36
营业税金及附加	5 432 309.85	3 793 134.53	2 250 919.02
销售费用	26 932 294.90	19 360 513.24	17 875 461.67
管理费用	52 158 869.54	38 689 636.66	38 794 996.49
财务费用	107 829.37	-1 718 228.00	750 061.40
资产减值损失	5 981 994.16	7 138 741.64	4 626 274.25
公允价值变动收益			113 700.00
投资收益	2 874 496.39	634 294.48	395 003.49
其他收益	460 000.00		
二、营业利润	84 911 272.00	34 114 650.01	22 453 310.75
加：营业外收入	734 915.33	4 011 532.74	3 499 259.25
减：营业外支出	495 669.12	417 654.92	1 765 515.49
三、利润总额	85 150 518.21	37708527.83	24 187 054.51
减：所得税费用	10 069 015.18	4 196 207.80	2 658 972.47
四、净利润	75 081 503.03	33 512 320.03	21 528 082.04

（三）现金流量表

表 9-30 现金流量表

项 目	20×8 年度	20×7 年度	20×6 年度
一、经营活动产生的现金流量：			
销售商品、提供劳务收到的现金	554 896 579.30	318 040 432.26	288 737 211.49
收到的税费返还	293 282.26	1 468 335.33	661 762.71
收到其他与经营活动有关的现金	96 661 820.34	36 003 300.33	45 376 271.84
经营活动现金流入小计	651 851 681.90	355 512 067.92	334 775 246.04
购买商品、接受劳务支付的现金	303 737 254.39	181 370 739.37	157 758 419.15
支付给职工以及为职工支付的现金	60 966 476.76	53 101 720.63	46 115 311.71
支付的各项税费	37 036 670.57	27 239 369.63	20 516 390.81
支付其他与经营活动有关的现金	122 173 269.84	61 251 486.32	76 249 966.51
经营活动现金流出小计	523 913 671.56	322 963 315.95	300 640 088.18
经营活动产生的现金流量净额	127 938 010.3	32 548 751.97	34 135 157.86

续表

项　　目	20×8 年度	20×7 年度	20×6 年度
二、投资活动产生的现金流量：			
处置固定资产、无形资产和其他长期资产收回的现金净额	713 925.46	95 066.43	4 533 909.01
收到其他与投资活动有关的现金	2 874 496.39	52 234 294.48	41 504 665.95
投资活动现金流入小计	3 588 421.85	52 329 360.91	46 038 574.96
购建固定资产、无形资产和其他长期资产支付的现金	8 250 290.59	6 123 422.83	9 652 069.99
取得子公司及其他营业单位支付的现金净额	—	—	19 719 299.96
支付其他与投资活动有关的现金	—	1 800 000.00	49 800 000.00
投资活动现金流出小计	8 250 290.59	7 923 422.83	79 171 369.95
投资活动产生的现金流量净额	−4 661 868.74	44 405 938.08	−33 132 794.99
三、筹资活动产生的现金流量：			
吸收投资收到的现金	—	32 361 000.00	4 828 000.00
取得借款收到的现金	—	15 000 000.00	82 000 000.00
收到其他与筹资活动有关的现金	—	3 800 000.00	
筹资活动现金流入小计	0	51 161 000	86 828 000
偿还债务支付的现金	236 363.64	67 236 363.64	90 636 363.64
分配股利、利润或偿付利息支付的现金	162 128.18	606 862.84	2 625 217.59
支付其他与筹资活动有关的现金	0	3 800 000.00	3 792 024.00
筹资活动现金流出小计	398 491.82	71 643 226.48	97 053 605.23
筹资活动产生的现金流量净额	−398 491.82	−20 482 226.48	−10 225 605.23
四、汇率变动对现金及现金等价物的影响	−1 290 888.65	1 365 684.80	1 297 940.39
五、现金及现金等价物净增加额	121 586 761.13	57 838 148.37	−7 925 301.97
加：期初现金及现金等价物余额	61 731 921.03	3 893 772.66	11 819 074.63
六、期末现金及现金等价物余额	183 318 682.16	61 731 921.03	3 893 772.66

三、财务附注及信息

信贷人员通过询问、查询、实地观察、分析性复核等方法，获取如下信息（期末数、本期数指 20×8 年数据，期初数、上年同期数指 20×7 年数据）：

1. 货币资金明细详见表9-31。

表 9-31　货币资金明细表

项　目	期　末　数	期　初　数
库存现金	14 547.95	10 176.88
银行存款	183 304 134.21	61 721 744.15
其他货币资金	12 142 621.31	21 166 800.00
合计	195 461 303.47	82 898 721.03

注：其他货币资金系用于开具银行承兑汇票的保证金存款。

2. 应收票据明细详见表9-32。

表 9-32　应收票据明细表

项目	期末数			期初数		
	账面余额	坏账准备	账面价值	账面余额	坏账准备	账面价值
银行承兑汇票	46 722 729.35	0.00	46 722 729.35	31 660 810.60	0.00	31 660 810.60
商业承兑汇票	34 074 953.26	1 703 747.66	32 371 205.60	36 632 913.50	1 831 645.68	34 801 267.82
合计	80 797 682.61	1 703 747.66	79 093 934.95	68 293 724.10	1 831 645.68	66 462 078.42

3. 应收账款明细。

（1）类别明细情况详见表9-33、表9-34。

表 9-33　类别明细表 1

种　类	期末数				
	账面余额		坏账准备		账面价值
	金额	比例（%）	金额	比例（%）	
单项金额重大并单项计提坏账准备	0.00	0.00	0.00	0.00	0.00
按信用风险特征组合计提坏账准备	164 909 064.66	98.68	9 860 513.43	5.98	155 048 551.23
单项金额不重大但单项计提坏账准备	2 200 123.66	1.32	2 200 123.66	100.00	0.00
合计	167 109 188.32	100.00	12 060 637.09	7.22	155 048 551.23

表 9-34　类别明细表 2

种　类	期　初　数				
	账面余额		坏账准备		账面价值
	金　额	比例（%）	金　额	计提比例（%）	
单项金额重大并单项计提坏账准备	0.00	0.00	0.00	0.00	0.00
按信用风险特征组合计提坏账准备	130 376 252.35	98.34	8 281 754.85	6.35	122 094 497.50
单项金额不重大但单项计提坏账准备	2 200 123.66	1.66	2 200 123.66	100.00	0.00
合计	132 576 376.01	100.00	10 481 878.51	7.91	122 094 497.50

（2）组合中，采用账龄分析法计提坏账准备的应收账款期末数详见表 9-35。

表 9-35　应收账款期末数

账　龄	期　末　数		
	账面余额	坏账准备	计提比例（%）
1 年以内	155 293 576.92	7 764 678.84	5.00
1—2 年	6 354 948.94	635 494.89	10.00
2—3 年	1 447 357.86	289 471.57	20.00
3—5 年	1 284 625.62	642 312.81	50.00
5 年以上	528 555.32	528 555.32	100.00
小计	164 909 064.66	9 860 513.43	5.98

（3）应收账款金额前 5 名情况详见表 9-36。

表 9-36　应收账款分析金额前 5 名

单位名称	账面余额	占应收账款余额比例（%）	坏账准备	年销售金额	年度销售占比（%）	收款期限（月）
HRRQ 公司	13 961 954.07	8.35	825 196.36	36 855 927.77	4.51	3.0
GEBK 公司	11 465 981.03	6.87	628 299.05	34 352 672.75	5.94	4.0
SHCY 公司	8 671 374.23	5.19	428 568.71	35 033 242.32	5.54	3.0
ZGRQ 公司	8 389 022.80	5.02	355 856.21	33 831 397.42	5.64	3.0

续表

单位名称	账面余额	占应收账款余额比例（%）	坏账准备	年销售金额	年度销售占比（%）	收款期限（月）
WJL 公司	7 060 173.30	4.22	323 008.67	28 003 623.45	5.45	3.0
小计	49 548 505.43	29.65	2 560 929.00	168 076 863.71	27.08	—

4. 预付款项明细详见表 9-37

表 9-37　账龄分析

账龄	期末数				期初数			
	账面余额	比例（%）	坏账准备	账面价值	账面余额	比例（%）	坏账准备	账面价值
1 年以内	1 452 922.54	98.98	0.00	1 452 922.54	1 265 960.65	90.34	0.00	1 265 960.65
1—2 年	12 559.46	0.86	0.00	12 559.46	33 824.25	2.41	0.00	33 824.25
2—3 年	2 342.30	0.16	0.00	2 342.30	3 525.50	0.25	0.00	3 525.50
3 年以上			0.00		98 044.36	7	0.00	98 044.36
合计	1 467 824.30	100	0.00	1 467 824.30	1 401 354.76	100	0.00	1 401 354.76

5. 其他应收款说明，系押金保证金。

6. 存货（详见表 9-38、9-39）。

表 9-38　明细情况

项目	期末数			期初数		
	账面余额	跌价准备	账面价值	账面余额	跌价准备	账面价值
原材料	18 472 992.86	2 703 063.00	15 769 929.86	13 423 100.94	2 814 205.69	10 608 895.25
在产品	14 381 327.06	1 138 991.83	13 242 335.23	11 487 280.63	1 060 125.71	10 427 154.92
库存商品	24 212 177.57	2 242 814.74	21 969 362.83	21 886 446.27	2 138 963.07	19 747 483.20
发出商品	49 372 975.63	1 870 202.25	47 502 773.38	30 394 570.72	948 647.65	29 445 923.07
委托加工物资	2 662 425.73		2 662 425.73	3 083 671.24		3 083 671.24
合计	109 101 898.85	7 955 071.82	101 146 827.03	80 275 069.80	6 961 942.12	73 313 127.68

表 9-39　存货跌价准备

项　目	期初数	本期增加		本期减少		期末数
		计提	其他	转回或转销	其他	
原材料	2 814 205.69	1 031 295.71	0.00	1 142 438.40	0.00	2 703 063.00

续表

项　目	期初数	本期增加		本期减少		期末数
		计提	其他	转回或转销	其他	
在产品	1 060 125.71	502 257.99	0.00	423 391.87	0.00	1 138 991.83
库存商品	2 138 963.07	1 128 775.15	0.00	1 024 923.48	0.00	2 242 814.74
发出商品	948 647.65	1 870 202.25	0.00	948 647.65	0.00	1 870 202.25
小计	6 961 942.12	4 532 531.10	0.00	3 539 401.40	0.00	7 955 071.82

说明：

（1）据悉公司产品产销率一般可达到90%以上。

（2）公司部分原材料供应采取寄售制，即供应商将原材料送至代管仓库（由本公司免费提供），仓管员确认货物型号、批次、数量后登记管理，代管仓物料产权属于供应商。本公司生产部门领料时，把代管仓物料转入公司原材料仓库，然后投入生产车间。每个月领用后编制报表，月末盘点，与供应商核对相符后，确定采购金额，按月结算并开具发票。据了解，公司采取寄售制模式采购原材料占公司总采购量的50%左右。

7. 其他流动资产说明，系预缴企业所得税。

8. 固定资产明细（详见表9-40）。

表9-40　固定资产明细表

项　目	房屋及建筑物	通用设备	专用设备	运输工具	合　计
账面原值					
期初数	70 316 642.93	5 550 017.21	133 972 516.95	3 887 635.97	213 726 813.06
本期增加金额		279 581.18	4 745 742.97	1 729 368.13	6 754 692.28
1）购置		279 581.18	4 354 460.92	1 729 368.13	6 363 410.23
2）在建工程转入			391 282.05		391 282.05
本期减少金额		2 060 561.61	6 801 038.39	569 871.00	9 431 471.00
1）处置或报废		2 060 561.61	6 801 038.39	569 871.00	9 431 471.00
期末数	70 316 642.93	3 769 036.78	131 917 221.53	5 047 133.10	211 050 034.34
累计折旧					
期初数	26 994 497.39	4 842 881.67	78 730 491.45	2 131 436.78	112 699 307.29
本期增加金额	3 228 570.99	232 422.96	9 377 844.59	614 171.06	13 453 009.60
1）计提	3 228 570.99	232 422.96	9 377 844.59	614 171.06	13 453 009.60
本期减少金额		1 973 839.62	5 904 527.26	544 455.20	8 422 822.08
1）处置或报废		1 973 839.62	5 904 527.26	544 455.20	8 422 822.08
期末数	30 223 068.38	3 101 465.01	82 203 808.78	2 201 152.64	117 729 494.81

续表

项　目	房屋及建筑物	通用设备	专用设备	运输工具	合　计
账面价值					
期末账面价值	40 093 574.55	667 571.77	49 713 412.75	2 845 980.46	93 320 539.53
期初账面价值	43 322 145.54	707 135.54	55 242 025.50	1 756 199.19	101 027 505.77

调查人员从车间主任处获悉公司设备产能利用率非常充分，一般可达到 90% 以上。

9. 在建工程说明，主要系设备安装工程。

10. 无形资产明细详见表 9-41。

表 9-41　无形资产明细表

项　目	土地使用权	管理软件	合　计
账面原值			
期初数	47 950 624.93	217 111.11	48 167 736.04
期末数	47 950 624.93	217 111.11	48 167 736.04
累计摊销			
期初数	10 460 495.34	217 111.11	10 677 606.45
本期增加金额（计提）	1 533 795.97		1 533 795.97
期末数	11 994 291.31	217 111.11	12 211 402.42
账面价值			
期末账面价值	35 956 333.62		35 956 333.62
期初账面价值	37 490 129.59		37 490 129.59

11. 递延所得税资产明细详见表 9-42 ～表 9-44。

表 9-42　未经抵销的递延所得税资产表

项目	期末数		期初数	
	可抵扣暂时性差异	递延所得税资产	可抵扣暂时性差异	递延所得税资产
资产减值准备	17 659 922.05	2 648 988.31	15 548 946.74	2 332 342.01

表 9-43　未确认递延所得税资产明细表

项　目	期　末　数	期　初　数
可抵扣暂时性差异	4 140 723.52	3 809 106.07
可抵扣亏损	1 097 781.06	6 485 940.22
小计	5 238 504.58	10 295 046.29

表 9-44　未确认递延所得税资产的可抵扣亏损将于以下年度到期表

年　份	期 末 数	期 初 数
2019 年		2 991 715.70
2020 年	1 097 781.06	3 494 224.52
小计	1 097 781.06	6 485 940.22

12. 其他非流动资产说明，主要系预付设备款。

13. 应付票据明细详见表 9-45。

表 9-45　应付票据明细表

项　目	期 末 数	期 初 数
银行承兑汇票	104 242 600.00	71 021 500.00

14. 应付账款明细详见表 9-46、表 9-47。

表 9-46　应付账款明细表

项　目	期 末 数	期 初 数
工程及设备款	2 603 711.12	2 209 503.05
货款及材料款	186 399 537.87	123 438 364.08
合计	189 003 248.99	125 647 867.13

表 9-47　主要供应商明细表

序　号	供 应 商	采 购 金 额	年度采购占比
1	SS 公司	23 254 119.79	5.26%
2	Q×FM 公司	21 849 733.89	4.94%
3	QTJS 公司	17 323 206.59	3.92%
4	SJDQ 公司	13 762 997.18	3.11%
5	HYJ× 公司	13 094 886.96	2.96%
合计		89 284 944.41	20.19%

经询问了解到：公司期末原材料暂估入库约 3 500 万元，入库后部分原材料已投入使用。

15. 预收款项说明，主要系预收货款。

16. 应付职工薪酬明细详见表 9-48。

表 9-48　应付职工薪酬明细表

项　目	期 初 数	本 期 增 加	本 期 减 少	期 末 数
工资、奖金	8 000 616.21	55 068 303.59	50 181 915.35	12 887 004.45

续表

项　目	期初数	本期增加	本期减少	期末数
职工福利费		1 822 179.80	1 822 179.80	
社会保险费		2 796 829.72	2 796 829.72	
其中：医疗保险费		2 350 506.45	2 350 506.45	
工伤保险费		223 238.37	223 238.37	
生育保险费		223 084.90	223 084.90	
住房公积金		1 748 731.00	1 748 731.00	
工会和职工教育经费		78 820.26	78 820.26	
离职后福利		4 317 584.30	4 317 584.30	
小计	8 000 616.21	65 832 448.67	60 946 060.43	12 887 004.45

17. 应交税费明细详见表 9-49。

表 9-49　应交税费明细表

项　目	期末数	期初数
增值税	2 614 878.06	109 161.76
代扣代缴个人所得税	69 539.34	89 955.67
城市维护建设税	218 796.29	38 006.01
房产税	461 035.27	674 970.06
土地使用税	611 134.42	541 579.20
印花税	17 465.50	13 702.53
教育费附加	93 769.84	16 288.27
地方教育附加	62 513.23	10 858.87
合计	4 149 131.95	1 494 522.37

18. 其他应付款明细详见表 9-50。

表 9-50　其他应付款明细表

项　目	期末数	期初数
押金保证金	91 449.00	84 000.00
往来款	856 232.86	1 098 521.43
合计	947 681.86	1 182 521.43

19. 资本公积明细详见表 9-51。

表 9-51　资本公积明细表

项　目	期初数	本期增加	本期减少	期末数
资本溢价（股本溢价）	55 269 000.00	0.00	0.00	55 269 000.00

续表

项　　目	期　初　数	本期增加	本期减少	期　末　数
其他资本公积	2 382 815.17	0.00	0.00	2 382 815.17
合计	57 651 815.17	0.00	0.00	57 651 815.17

20. 未分配利润明细详见表 9-52。

表 9-52　未分配利润明细表

项　　目	本　期　数	上年同期数
调整前上期末未分配利润	141 885 286.89	111 467 430.79
调整期初未分配利润合计数（调增 +，调减 -）	-53 500.00	
调整后期初未分配利润	141 831 786.89	111 467 430.79
加：本期归属于母公司所有者的净利润	75 081 503.03	33 512 320.03
减：提取法定盈余公积	6 872 347.41	3 147 963.93
期末未分配利润	210 040 942.51	141 831 786.89

21. 营业收入 / 营业成本详见表 9-53。

表 9-53　营业收入 / 营业成本明细表

项　　目	本　期　数		上年同期数	
	收　　入	成　　本	收　　入	成　　本
主营业务收入	601 618 692.06	434 389 505.91	346 509 458.68	248 720 662.73
其他业务收入	19 008 334.01	14 047 446.73	7 479 035.85	4 523 678.20
合 计	620 627 026.07	448 436 952.64	353 988 494.53	253 244 340.93

说明：公司销售模式分为一般商品销售模式和寄售商品销售模式。寄售指公司与客户签订寄售协议，约定供货的产品、供货频率、结算方式、安全库存水平、付款方式等条款，根据协议与客户近期下达订单，安排生产，将产品发运客户指定仓库或第三方物流仓库。客户随时按需按量提货，每月据实际领用通知公司，公司核对无误后据此确认收入。据了解公司采取寄售制模式销售量占总销售量的 35% 左右。

经询问了解，公司出口免税，其中 20×8 年度出口销售占全部销售额的 7.75%，20×7 年度出口销售占全部销售额的 14%，出口销售占比有所下降。

表 9-54 公司部分期间成本构成信息表

项目	20×8 年 1-6 月		20×7 年度		20×6 年度	
	金额	比例（%）	金额	比例（%）	金额	比例（%）
材料成本	145 214 800	81.84	193 688 300	77.87	148 192 200	74.69
人工费用	16 995 800	9.58	28 652 700	11.52	24 584 200	12.39
制造费用	15 000 400	8.45	25 951 700	10.43	25 284 900	12.74
其他	217 900	0.12	428 100	0.17	355 800	0.18
合计	177 428 900	100.00	248 720 800	100.00	198 417 100	100.00

说明：公司 20×8 全年营业成本构成及占比与上半年无重大差异。

22. 税金及附加明细

表 9-55 税金及附加明细表

项目	本期数	上年同期数
城市维护建设税	2 172 640.07	1 470 416.31
教育费附加	931 131.46	630 178.41
地方教育附加	620 754.31	420 118.96
印花税	361 752.48	124 465.71
房产税	702 107.14	654 958.63
土地使用税	643 924.39	492 996.51
合计	5 432 309.85	3 793 134.53

表 9-56 税率表

税种	计税依据	税率（%）
增值税	销售货物或提供应税劳务	17、6
营业税	应纳税营业额	5
房产税	从价计征的按房产原值一次减除 30% 后余值的 1.2% 计缴；从租计征的按租金收入的 12% 计缴	1.2、12
城市维护建设税	应缴流转税税额	7
教育费附加	应缴流转税税额	3
地方教育附加	应缴流转税税额	2
企业所得税	应纳税所得额	15、25

23. 销售费用明细

表 9-57 销售费用明细表

项目	本期数	上年同期数
运杂费	12 121 518.14	7 349 478.18

续表

项　　目	本　期　数	上年同期数
差旅费	7 711 476.51	6 429 775.19
职工薪酬	4 803 375.10	4 390 484.13
广告费	635 633.72	349 595.39
租赁费	208 474.70	260 461.09
其他	1 451 816.73	580 719.26
合计	26 932 294.90	19 360 513.24

24. 管理费用明细

表 9-58　管理费用明细表

项　　目	本　期　数	上年同期数
技术开发费	27 704 875.87	18 876 065.64
职工薪酬	8 664 346.99	6 894 654.84
折旧及摊销	4 051 813.30	4 575 864.33
费用性税金		688 119.87
办公费	3 316 245.10	2 607 879.94
差旅费	1 481 189.43	1 092 767.03
其他	6 940 398.85	3 954 285.01
合计	52 158 869.54	38 689 636.66

25. 财务费用明细

表 9-59　财务费用明细表

项　　目	本　期　数	上年同期数
利息支出	148 419.10	553 403.34
减：利息收入	1 501 181.83	1 181 014.42
汇兑损益	1 272 643.09	−1 365 684.80
其他	187 949.01	275 067.88
合计	107 829.37	−1 718 228.00

26. 资产减值损失

表 9-60　资产减值损失表

项　　目	本　期　数	上年同期数
坏账损失	1 449 463.06	3 584 258.52
存货跌价损失	4 532 531.10	3 554 483.12
合计	5 981 994.16	7 138 741.64

27. 投资收益说明

系购买理财产品取得的投资收益

28. 所得税费用

表 9-61 所得税费用明细表

项目	本期数	上年同期数
当期所得税费用	10 385 661.48	4 513 013.93
递延所得税费用	−316 646.30	−316 806.13
合计	10 069 015.18	4 196 207.80

表 9-62 会计利润与所得税费用调整过程表

项目	本期数	上年同期数
利润总额	85 150 518.21	37 708 527.83
按法定税率计算的所得税费用	21 287 629.55	9 427 131.95
适用不同税率的影响	−7 808 648.92	−3 531 096.15
调整以前期间所得税的影响		2 245.97
不可抵扣的成本、费用和损失的影响	39 290.42	40 756.70
使用前期未确认递延所得税资产的可抵扣亏损的影响	−1 347 039.80	−666 341.66
本期未确认递延所得税资产的可抵扣暂时性差异或可抵扣亏损的影响	250 168.02	567 154.60
技术开发费和残疾人工资加计扣除的影响	−2 352 384.09	−1 643 643.61
所得税费用	10 069 015.18	4 196 207.80

29. 收到其他与经营活动有关的现金

表 9-63 收到其他与经营活动有关的现金明细表

项目	本期数	上年同期数
收回保证金存款	94 541 914.64	32 153 930.00
收到政府补助款	514 967.24	2 726 113.66
存款利息收入	556 302.00	680 868.85
其他经营性收入	1 048 636.46	442 387.82
合计	96 661 820.34	36 003 300.33

30. 支付其他与经营活动有关的现金

表 9-64　支付其他与经营活动有关现金明细表

项　　目	本　期　数	上年同期数
本期支付保证金	85 517 735.95	34 389 420.00
支付期间费用	35 913 480.12	23 927 833.71
支付暂收款	657 299.57	2 846 162.75
其他	84 754.20	88 069.86
合计	122 173 269.84	61 251 486.32

31. 收到其他与投资活动有关的现金

表 9-65　收到其他与投资活动有关现金明细表

项　　目	本　期　数	上年同期数
收回理财产品	0.00	51 600 000.00
收到理财产品收益	2 874 496.39	634 294.48
合计	2 874 496.39	52 234 294.48

32. 支付其他与投资活动有关的现金

表 9-66　支付其他与投资活动有关现金明细表

项　　目	本　期　数	上年同期数
购买理财产品	0.00	1 800 000.00

33. 收到其他与筹资活动有关的现金

表 9-67　收到其他与筹资活动有关现金明细表

项　　目	本　期　数	上年同期数
收到的大额筹资款	0.00	3 800 000.00

34. 支付其他与筹资活动有关的现金

表 9-68　支付其他与筹资活动有关现金明细表

项　　目	本　期　数	上年同期数
偿还的大额筹资款	0.00	3 800 000.00

35. 现金流量表补充资料

表 9-69　现金流量补充资料表

补 充 资 料	本　期　数	上年同期数
1）将净利润调节为经营活动现金流量：		
净利润	75 081 503.03	33 512 320.03

续表

补充资料	本　期　数	上年同期数
加：资产减值准备	5 981 994.16	7 138 741.64
固定资产折旧、油气资产折耗、生产性生物资产折旧	13 453 009.60	14 395 709.92
无形资产摊销	1 533 795.97	1 577 218.17
长期待摊费用摊销		
处置固定资产、无形资产和其他长期资产的损失	294 723.46	10 247.52
固定资产报废损失		
公允价值变动损失		
财务费用	1 439 307.75	−812 281.46
投资损失	−2 874 496.39	−634 294.48
递延所得税资产减少	−316 646.30	−316 806.13
递延所得税负债增加		
存货的减少（增加以“−”号填列）	−32 366 230.45	−10 084 167.03
经营性应收项目的减少	−40 343 822.04	−53 844 976.49
经营性应付项目的增加	106 054 871.55	41 607 040.28
其他		
经营活动产生的现金流量净额	127 938 010.34	32 548 751.97
2）不涉及现金收支的重大投资和筹资活动：		
债务转为资本		
一年内到期的可转换公司债券		
融资租入固定资产		
3）现金及现金等价物净变动情况：		
现金的期末余额	183 318 682.16	61 731 921.03
减：现金的期初余额	61 731 921.03	3 893 772.66
加：现金等价物的期末余额		
减：现金等价物的期初余额		
现金及现金等价物净增加额	121 586 761.13	57 838 148.37

四、财务分析攻略

（一）确定重点核实项目

请根据公司提供的财务报表及附注信息，初步确定需重点核实的报表项目，并简述理由。

分析攻略：

1. 公司20×8年与20×6—20×7年主要指标对比显示，净资产收益率、利润率的大幅增长都主要源于营业收入大幅度增长，因此营业收入的真实性，增长的合理性是核实重点。

2. 营业收入的大幅增长一般与固定资产、人工工资、水电等能源消耗、销售运杂费、税负等指标成同比例或相应比例增长，因此，固定资产（原值）、应付职工薪酬、“支付给职工以及为职工支付的现金”、制造费用（水电）、销售费用（运杂费）、营业税金及附加等项目应重点关注。

3. 营业收入大幅增长的情况下，一般应收账款、存货、应付账款（应付票据）科目变化与之配比，因此这些科目应重点关注。

（二）营业收入核实

信贷人员与财务负责人进行了沟通，公司表明营业收入增长主要源于国家宏观经济形势趋好，北方煤改气政策实施使相关产品销售大幅上升，从而提升了公司整体盈利水平。请结合上述信息，对报表营业收入的真实性、完整性进行分析。

分析攻略：

1. 分析营业收入是否为公司实际开票销售

（1）信贷人员获取了公司主要开户银行流水，根据流水所列示纳税信息汇总、分析后得知，公司20×8年缴纳城建税约217.26万元，城建税率为应交增值税的7%；根据前述信息，知悉公司20×8年度出口销售收入占全部销售的7.75%，主营业务成本中材料成本约占81.84%，制造费用约占8.45%，年末暂估入库的原材料约3 500万元（未计增值税进项税），相关信息分析表述如下详见表9-70：

表9-70　纳税信息汇总分析表

序　　号	项　　目	已知信息分析得出（20×8年度）
1.	营业收入	62 062.70
	其中：出口销售收入	4 810.00
2.	营业成本	44 843.70

续表

序　号	项　目	已知信息分析得出（20×8 年度）
	其中：材料成本占比（%）	81.84
	制造费用占比（%）	8.45
3.	营业税金及附加	543.23
	其中：城市维护建设税	217.26
	城市维护建设税率（%）	7
4.	增值税率（%）	17

根据上述信息倒轧应交增值税，推断报表营业收入的合理性，测算结果如下：

表 9-71　营业收入合理性测算表　　单位：万元

序号	项目	测算结果	测算依据和方法
1.	根据营业收入测算销项税大致金额	9 732.96	（全部营业收入－出口销售收入）×17%，即（62 062.7-4 810）×17%
	根据存货及营业成本等测算进项税大致金额	6 773.14	（存货期末余额－存货期初余额－暂估入库存货－营业成本）×（直接材料占比＋制造费用占比）×17%，即（10 114-7 331-3 500+44 843.7）×（81.84%+8.45%）×17%
	计算应交增值税大致金额	2 959.82	9 732.96-6 773.14
2.	根据城建税倒轧应交增值税	3 103.71	217.26/7%
3.	倒轧与测算差	143.89	3 103.71-2 959.82
4.	倒轧营业收入差异	846.44	143.89/17%
5.	差异占营业收入比	1.36%	1 493.82/62 062.7

注：

（1）出口销售收入免增值税；

（2）进项税，主要是原材料、水电费用和其他需采购事项涉及增值税额。可以通过查询公司的采购明细获取。若无法查询，即可通过报表各项目倒轧、分析后取得。

根据城建税信息，结合公司成本（材料、人工、制造费用）占比等倒轧营业收入，与公司提供营业收入相差 143.89 万元，占报表营业收入的 1.36%，在合理范围内。

根据上述分析，基本确认公司报表营业收入为开票入账的销售收入。

说明：在信贷人员无法取得增值税纳税申报表，或者对公司提供增值税纳税申报表不信任的情况下，若能根据公司银行对账单分析汇总得出当期缴纳的增值税（或城建税、教育费用附加等与应交增值税有钩稽关系的纳税项目），通过这种倒轧的方式，可以合理推断公司报表所反映营业收入是否为开具增值税发票的销售收入。

2. 营业收入与固定资产增长配比分析

（1）营业收入与营业成本增长比率

表 9-72　营业收入与营业成本增长比率表

项　　目	20×8 年度	比上年增长（%）	20×7 年度	比上年增长（%）
一、营业收入	62 062.70	75.32	35 398.85	23.31
减：营业成本	44 843.70	77.08	25 324.43	26.10

（2）固定资产余额增长情况

表 9-73　固定资产余额增长表

项　　目	20×8 年末	比 20×7 年增长（%）	20×7 年末	比 20×6 年增长（%）
固定资产	9 332.05	−7.63	10 102.75	−10.05

表 9-74　固定资产原值增长表

项　　目	期 初 数	本期增加金额	本期减少金额	期 末 数	新增设备增长比率（本期增加金额 / 期初数）（%）
房屋及建筑物	7 031.66	0.00	0.00	7 031.66	0.00
通用设备	555.00	27.96	206.06	376.90	5.00
专用设备	13 397.25	474.57	680.10	13 191.72	3.50
运输工具	388.76	172.94	56.99	504.71	44.50
合计	21 372.68	675.47	943.15	21 105.00	3.20

（3）固定资产增长分析

公司 20×8 年固定资产余额比上年减少 7.63%，并连续两年减少，说明公司现在陈旧设备多，累计折旧也较多；通用设备原值新增 27.96 万元，仅增长 5%，且 2014 年以来未有大幅增加；专用设备新增 474.57 万元，仅增长 3.5%，但据了解公司 20×6 年增加约 6 000 万元后，后续未再明显增长。公司提供设备产能利用率信息显示，公司设备产能利用率一直在 90% 以上。可见，设备产能利用率很充分、20×7—20×8 新增设备有限的情况下，销售收入大幅度增长存在疑惑。

3. 营业收入增长与人工工资配比分析

表 9-75　支付给职工以及为职工支付的现金表

现金流量表项目	20×8 年	比 20×7 年增长(%)	20×7 年	比 20×6 年增长(%)	20×6 年
支付给职工以及为职工支付现金	6 096.65	14.81	5 310.17	15.15	4 611.53

表 9-76　应付职工薪酬余额增长表

资产负债表项目	20×8 年末	比 20×7 年增长(%)	20×7 年末	比 20×6 年增长(%)	20×6 年末
应付职工薪酬	1 288.70	61.08	800.06	−7.64	866.28

营业收入增长与工资配比分析。

公司 20×8 年“支付给职工以及为职工支付现金”比上年增加 786.48 万元，增长 14.81%，与 20×7 年相比，增幅不明显，与销售收入增长不配比。但应付职工薪酬 20×8 年末余额同比增加 488.7 万元，增长比 61.08%，说明公司已计提尚未支付的员工薪酬还有 488.7 万元，因此实际可支付给职工以及为职工支付的现金约 6 585.4 万元（6 096.7+488.7），实际增长 24%（6 585.4/ 5 310），可认为职工薪酬有明显增长，但增长不及营业收入增长快。

当然，若能获得公司应付职工薪酬贷方发生额，也可确认本年度实际职工薪酬开支额，如本例“应付职工薪酬”附注信息显示，贷方发生额 6 583.24 万元，与测算结果基本相符。

4. 营业收入增长与水电等能源消耗配比分析

公司生产耗用水电、机油物耗一般在制造费用科目中反映，根据前期了解到公司该部分消耗的制造费用约占营业成本的 8.45%，即 3 789.29 万元（44 843.7×8.45%），比上年同期增长 46.01%（3 789.29/2 595.17），可认为水电费消耗有明显增长，但不及营业收入增长快。

5. 营业收入增长与销售费用（运杂费）配比分析

表 9-77　营业收入增长与销售费用配比分析表

项　　目	本　期　数	比 20×7 年增长(%)	上年同期数
运杂费	1212.15	64.93	734.95

从获取公司销售费用的明细分析，销售费用增长基本与销售收入增长

配比。

6. 分析寄售采购、寄售销售模式对报表营业收入影响

根据前述信息，寄售销售平均占总销售 35% 左右，即 20×8 年寄售销售 21 721.7 万元（62 062×35%）；“存货—发出商品”20×8 年末 4 937 万元，比年初增加 1 898 万元，增长 62.45%。

公司寄售采购平均占总采购量 50% 左右，即约 19 488 万元 [（10 114-7 331+44 843.7）×81.84%×50%]，采取寄售采购模式。

同时呈现寄售采购、寄售销售模式，很容易通过寄售实现虚增销售和采购行为，虚增营业收入和营业成本。

7. 与公司相关负责人沟通交流后综合分析

综合上述信息及分析后，信贷人员再与公司财务负责人沟通后，提出销售收入增长与销售运杂费增长较为配比，与人工工资、水电等能源消耗配比程度相对较低，与固定资产设备增长极不配比等问题，请财务负责人作出合理解释。

最终财务负责人确认，公司寄售销售中约有 6 500 万元虚增销售收入，按相同毛利率水平同步虚增营业成本，经测算约营业成本 4 697 万元（6 500×72.26%），虚增毛利 1 803 万元（6 500×27.74%）。

信贷人员综合上述信息分析，营业收入总额可按 55 563 万元计（62 063-6 500），营业成本可按 40 147 万元计（44 844-4 697），毛利可按 15 416 万元计。

（三）重点科目分析

1. 货币资金与应付票据

本项目 20×8 年末余额 19 546 万元，占总资产比重 29.21%，比上年末增长 135.78%，比重高、增长幅度大，系重点核实科目。应付票据余额 10 424 万元，占总资产比重 15.58%，比上年末增长 46.78%，比重高、增长幅度大，系重点核实科目。

因其他货币资金与应付票据的关联关系，两科目可结合核实。财务信息显示，其他货币资金 20×8 年余额显示 1 214 万元，同期应付票据余额 10 424 万元，若属实，则保证金比例仅 10% 左右，极低，存在可疑。但现

金流量表附注信息显示，公司 20×8 年“其他经营活动产生现金流入”中保证金存款发生额 9 454 万元，“其他经营活动现金流出”中保证金存款发生额 8 551 万元。可见公司开立银行承兑汇票中少记保证金存款。

经与公司财务负责人沟通后，确认公司银行存款中有 4 000 万元系保证金存款。但本项目仅货币资金内部科目串户，货币资金总额不变。

2. 应收账款、应收票据及预收款项

应收账款、应收票据两科目占资产比重较大，比上年同期增长更快，应予重点关注，预收款项金额小、占比小，可不予重点关注。

（1）应收票据与应收账款净值合计余额 23 414 万元，占资产比重 35%，比上年增长 24.18%；20×7 年两科目合计余额 18 856 万元，占资产比重 38.6%，比 20×6 年增长 32.6%。可见，两科目 20×8 年余额比重及增长幅度比 20×7 年更小，同时增长幅度均小于营业收入增长，真实性相对较强，应不存在完整性不足的情况，两科目余额总体合理。

（2）公司应收账款前五名余额合计 4 955 万元，占总应收账款的 29.65%，销售收入前五名客户发生额合计占总销售收入的 27.08%，客户群比较分散，信贷人员可重点通过前五名客户应收账款周转期，核实其应收账款余额合理性（应收账款 = 营业收入 /12× 收款期限）：

表 9-78

单位名称	账面余额	销售金额	收款期限（月）	测算应收账款余额	测算与报表余额差异	差异率（%）
HRRQ 公司	13 961 954.07	36 855 927.77	3.00	9 213 981.94	4 747 972.13	34.0
GEBK 公司	11 465 981.03	34 352 672.75	4.00	11 450 890.92	15 090.11	0.1
SHCY 公司	8 671 374.23	35 033 242.32	3.00	8 758 310.58	−86 936.35	−1.0
ZGRQ 公司	8 389 022.80	33 831 397.42	3.00	8 457 849.36	−68 826.55	−0.8
WJL 公司	7 060 173.30	28 003 623.45	3.00	7 000 905.86	59 267.44	0.8
小计	49 548 505.43	168 076 863.71	—	44 881 938.66	4 666 566.77	9.4

根据上述测算结果显示，虽然前五名客户总体差异在9.4%，但除HRRQ公司外的4家客户应收账款余额总体合理。

经与企业财务负责人沟通知悉，HRRQ公司余额增加主要系该公司年末前突击采购产品约500万元所致，信贷人员查阅期后与借款人相关银行往来流水明细，发现确有约500万元货款入账，经分析后确认。

注：若信贷人员有重大疑惑的，也可函证确认，但要一一核实比较困难。

（3）商业承兑汇票余额3 407万元，比上年末减少256万元，坏账准备按5%计提，据分析，该商业承兑汇票承兑人系知名上市公司，变现能力强，且风险小，坏账准备应足额，可确认。公司应收银行承兑汇票可不计提坏账准备；信贷人员核实了主要汇票的复印件，查阅了票据登记台账，真实性可以确认。

（4）公司1年以内的应收账款占比92.93%（15 529/16 711），已计提986万元拨备，占比约6%，总体合理，可确认。

3. 存货、应付票据、应付账款

（1）由资产负债表分析得出存货等三科目比重及增长情况如下：

表9-79 存货等科目比重及增长明细分析表

项 目	20×8年12月31日	占资产比重（%）	比20×7年增长（%）	20×7年12月31日	占资产比重（%）	比20×7年增长（%）	20×6年12月31日
存货	10 114.68	15.12	37.97	7 331.31	14.99	9.78	6 678.34
应付票据	10 424.26	15.58	46.78	7 102.15	14.53	16.83	6 079.04
应付账款	18 900.32	28.25	50.42	12 564.79	25.70	36.13	9 230.04
应付票据、应付账款合计	29 324.58	43.82	49.11	19 666.94	40.22	28.47	15 309.08

（2）存货

表9-80 存货明细分析表

存货原值	期末原值	占存货比重（%）	比上年增长（%）	期初原值	占存货比重（%）
原材料	1 847.30	16.93	37.62	1 342.31	16.72
在产品	1 438.13	13.18	25.19	1 148.73	14.31
库存商品	2 421.22	22.19	10.63	2 188.64	27.26
发出商品	4 937.30	45.25	62.44	3 039.46	37.86

续表

存货原值	期末原值	占存货比重（%）	比上年增长（%）	期初原值	占存货比重（%）
委托加工物资	266.24	2.44	-13.66	308.37	3.84
合 计	10 910.19	100.00	35.91	8 027.51	100.00

存货（占资产）比重及增长率与上年相比，均有增加，但增幅低于销售增长，总体合理。但因寄售而导致“发出商品”比重及增长率大幅上升，需要重点关注核实。

存货核实最主要手段还是现场抽查盘点，信贷人员针对主要原材料、产成品进行现场抽盘后，总体上可确认；由于发出商品多在外地，要一一抽盘比较困难，信贷人员选择其中占比较大的第三方仓库现场抽盘，基本属实，可确认。

（3）应付票据、应付账款

随着销售和成本的增长，在付款政策未发生重大变化情况下，应付票据、应付账款两科目余额占比有适度增长，增长率也有较大幅度上升，总体合理。

同时，基于报表用于公司贷款的目的，两科目余额真实性可确认，虚增可能小。

4. 预付账款

因预付账款占资产比重甚小，且分析中可知该项目明细主要系预付设备款项，可不作为核实的重点。

预付账款一般为公司预付存货（如材料）款，或是预付固定资产（如设备）款。若主要是预付存货款项，可纳入应付票据及应付账款项目中一并核实。若主要是预付固定资产款，且余额占比较大，应单独进行分析核实。

5. 无形资产

本科目主要系土地使用权，占资产比重仅 5.37%，且 20×6 年至今无大的变化，仅核实一下产权即可。

6. 所有者权益与净利润

（1）本科目主要验证公司是否存在人为操纵所有者权益情况。

验证公司期末所有者权益 = 期初所有者权益 + 股本变动 + 资本公积变

动 + 当期净利润 − 利润分配

（2）获取所有者权益与净利润增减明细表：

表 9-81　所有者权益与净利润增减明细表

项目	20×8 年 12 月 31 日	占资产 / 营业收入比重（%）	比 20×7 年增长（%）	20×7 年 12 月 31 日	占资产 / 营业收入比重（%）	比 20×7 年增长（%）	20×6 年 12 月 31 日
所有者权益	35 208.24	52.62	27.11	27 700.09	56.65	31.20	21 112.76
净利润	7 508.15	12.10	124.04	3 351.23	9.47	55.67	2 152.82

（3）调查获取信息

A. 公司 20×7 年增资总额 3 236.1 万元，其中股本面值 462.3 万元，溢价 2 773.8 万元；

B. 公司 20×7、20×8 年未发生可供出售金融资产公允价值高于原值部分及其他应直接计入所有者权益的利得和损失项目。

C. 公司 20×7、20×8 年未实施利润分配。

（4）验证

A.20×7 年期末所有者权益 = 期初所有者权益 + 股本变动 + 资本公积变动 + 净利润 − 利润分配

=21 112.76+462.3+2 773.8+3 351.23-0

=27 700.09

与 20×7 年期末所有者权益余额一致。

B.20×8 年期末所有者权益 = 期初所有者权益 + 股本变动 + 资本公积变动 + 净利润 − 利润分配

=27 700.09+0+0+7 508.15−0

=35 208.24

与 20×8 年期末所有者权益余额一致。

（四）现金流量分析

假设公司前面虚增销售业务情况属实，请分析公司现金净流量。

1. 筹资活动产生的现金流量净额

因 20×8 年度短期及长期借款期初及期末余额均为 0，只有长期应付款科目有小额余额，筹资活动产生现金流量净额较小，可不予重点关注。

2. 投资活动产生现金流量净额

经分析，仅 20×7 年度收回理财投资 5 160 万元，使收到其他与投资活动有关的现金与上年比较有较大变动；固定资产新增设备等投资 675 万元，其他变动不大，可不予重点关注。

3. 20×8 年度经营活动的产生现金流量净额

（1）销售商品、提供劳务收到的现金。

测算销售商品、提供劳务收到的现金

=（营业收入 - 虚增销售收入 + 销项税）+（应收账款期初余额 - 应收账款期末余额）+（应收票据期初余额 - 应收票据期末余额）+（预付账款期末余额 - 应收账款期初余额）- 当期计提的坏账准备（及存货跌价准备）- 销售退回而支付的现金 - 票据贴现利息

=（62 062.7-6 500）+9 732.96+（12 209.45-13 701.86）+（6 646.21-7 909.39）+（331.32-137.66）-598.2-0-0

=62 135.53 万元。

测算额比报表额多 6 645.87 万元

（2）收到其他与经营活动有关的现金。

主要是开立银行承兑保证金到期收回保证金存款 9 454.19 万元，并与“支付其他与经营活动有关的现金”开立银行承兑汇票支付保证金 8 551.77 万元，轧差后差异 902.42 万元，基本与应付票据余额配比，可确认。

（3）购买商品、接受劳务支付的现金。

测算购买商品、接受劳务支付的现金

= 营业成本 + 本期发生的增值税进项税额 +（存货期末余额 - 存货期初余额）- 当期列入生产成本、制造费用的工资及福利费、折旧及非现金支出 +（应付账款期初余额 - 应付账款期末余额）+（应付票据期初余额 - 应付票据期末余额）+（预付账款期末余额 - 预付账款期初余额）

=（44 843.7-4 697+6 773.14）+（10 114.68-7 331.31）-（6 583.24-480.34-866.43-470.48）-（1 345.3-405.18）+（12 564.79-18 900.32）+（7 102.15-10 424.26）+（146.78-140.14）=34 346.1 万元。

测算额比报表额多 3 972.37 万元。

说明：（6 583.24-480.34-866.43-470.48）即应付职工薪酬贷方发生额-销售费用（薪酬）-管理费用（薪酬）-管理费用研发支出（薪酬）；（1 345.3-405.18）即累计折旧贷方发生额-管理费用（折旧）

（4）支付给职工以及为职工支付的现金。

本项目金额与“应付职工薪酬”借方发生额基本配比，可确认。

（5）支付的各项税费。

测算支付的各项税费=应交增值税（当期销项税-当期进项税）+税金及附加+所得税+应交税费期初数-应交税费期末数=217.26/7%+543.23+1 006.9+149.45-414.91=4 388.38 万元

测算金额比报表额多 719.82 万元。

（6）支付其他与经营活动有关的现金。

测算:“支付其他与经营活动有关的现金-支付期间费用”=销售费用-销售费用（薪酬、折旧、摊销）+管理费用-管理费用（薪酬、折旧、摊销）-管理费用（研发支出中所含薪酬、折旧、摊销）=2 693.23-480.34+5 215.89-866.43-405.18-235.24×2=5 686.69 万元。

测算金额比报表（附注）额多 2 095.35 万元。

“支付其他与经营活动有关的现金”中本期支付保证金、支付暂收款、其他可确认。

（7）经营活动核实结果及调整说明 。

通过前述各项核实调整后，经营活动产生的现金流量净额=62 135.53+29.33+9 666.18-34 346.10-6 096.65-4 388.38-14 312.67=12 687.24 万元，与提供报表发生额相差 106.56 万元，误差率 0.83%（106.56/12 793.8），在合理预计范围，可按报表金额确认，即经营活动产生现金流量净额仍为 12 793.8 万元。

产生的差异可调整“支付其他与经营活动有关的现金”项目，以维持“经营活动产生现金流量净额”不变，保持报表平衡关系。

表 9-82　调整后的“经营活动产生的现金流量净额”明细表

项　　目	20×8 年度	调整数	20×8 年度（调整后）
一、经营活动产生的现金流量：			
销售商品、提供劳务收到的现金	55 489.66	6 645.87	62 135.53
收到的税费返还	29.33	0.00	29.33
收到其他与经营活动有关的现金	9 666.18	-0.00	9 666.18
经营活动现金流入小计	65 185.17	6 645.87	71 831.04
购买商品、接受劳务支付的现金	30 373.73	3 972.37	34 346.10
支付给职工以及为职工支付的现金	6 096.65	0.00	6 096.65
支付的各项税费	3 703.67	684.71	4 388.38
支付其他与经营活动有关的现金	12 217.33	1 988.78	14 206.11
经营活动现金流出小计	52 391.37	6 645.87	59 037.24
经营活动产生的现金流量净额	12 793.80	-0.00	12 793.80

说明：实务中，现金及现金等价物的增加额及期初、期末余额一般不会有差错，差错主要在经营活动产生现金净流量、投资或融资活动产生现金净流量三个项目中出现。本案例中，由于投资或融资活动产生现金净流量项目发生频率少、发生金额总体不大，净流量可确认。由此判断公司经营活动产生现金净流量不变，而经营活动产生现金流入、经营活动产生现金流出统计分类出现重大差错。

（五）虚增营业收入对指标影响分析

假设前述信贷人员分析 20×8 年度公司销售虚增情况属实，其他业务及报表项目无重大错报，并假设公司提供的 20×7 年度财务报表属实，且在毛利率水平维持现有水平情况下，同时虚增了营业成本，请分析该虚增业务对报表主要指标的影响。

分析攻略：

1. 虚增销售对主要报表项目的影响（假设不考虑对增值税及所得税的影响）虚增销售、成本及毛利调整会计分录为：

（1）借：营业收入　　6 500 万元（即冲减营业收入）

贷：营业成本　　　4 697 万元（即冲减营业成本）

贷：应收账款　　　1 803 万元（即冲减应收账款）

（2）冲减营业收入和成本后，最终减少净利润 1 803 万元，“未分配利润”冲减 1 803 万元。

（3）由于虚增业务本身未实质造成现金流量净额的增减变动，因此现金流量表中“现金及现金等价物净增加额”不变。

2. 调整后的20×8年度主要财务报表及财务指标详见表9-83～表9-85。

表 9-83　调整后资产负债表　　　　单位：万元

项　　目	20×8年12月31日调整前	核实调整		20×8年12月31日调整后	20×7年12月31日
		借方（资产增加，权益减少）	贷方（资产减少，权益增加）		
流动资产：					
货币资金	19 546.13	—	—	19 546.13	8 289.87
应收票据	7 909.39	—	—	7 909.39	6 646.21
应收账款	15 504.86	—	1 803.00	13 701.86	12 209.45
预付款项	146.78	—	—	146.78	140.14
其他应收款	111.59	—	—	111.59	69.20
存货	10 114.68	—	—	10 114.68	7 331.31
其他流动资产	20.30	—	—	20.30	52.22
流动资产合计	53 353.74	—	1 803.00	51 550.74	34 738.41
非流动资产：					
固定资产	9 332.05			9 332.05	10 102.75
在建工程	43.29			43.29	39.13
无形资产	3 595.63			3 595.63	3 749.01
递延所得税资产	264.90			264.90	233.23
其他非流动资产	325.26			325.26	33.28
非流动资产合计	13 561.14	—	—	13 561.14	14 157.41
资产合计	66 914.87	—	1 803.00	65 111.87	48 895.81
流动负债：					
短期借款	—			—	—
应付票据	10 424.26			10 424.26	7 102.15
应付账款	18 900.32			18 900.32	12 564.79
预收款项	331.32			331.32	137.66
应付职工薪酬	1 288.70			1 288.70	800.06

续表

项　　目	20×8年12月31日调整前	核实调整		20×8年12月31日调整后	20×7年12月31日
		借方（资产增加，权益减少）	贷方（资产减少，权益增加）		
应交税费	414.91			414.91	149.45
应付利息	1.28			1.28	2.65
其他应付款	94.77			94.77	118.25
流动负债合计	31 455.56	—	—	31 455.56	20 875.01
非流动负债：					
长期应付款	70.91			70.91	94.55
递延收益	180.17			180.17	226.17
非流动负债合计	251.08	—	—	251.08	320.71
负债合计	31 706.64	—	—	31 706.64	21 195.73
所有者权益：					
股本	5 656.00			5 656.00	5 656.00
资本公积	5 765.18			5 765.18	5 765.18
盈余公积	2 782.96			2 782.96	2 095.73
未分配利润	21 004.09	1 803.00		19 201.09	14 183.18
所有者权益合计	35 208.24	1 803.00	—	33 405.24	27 700.09
负债和所有者权益总计	66 914.87	1 803.00	—	65 111.87	48 895.81

表 9-84　调整后利润表

项　　目	20×8年度调整前	核实后调整		20×8年度调整后	20×7年度
		收入减少，支出增加	收入增加，支出减少		
一、营业收入	62 062.70	6 500.00	0.00	55 562.70	35 398.85
减：营业成本	44 843.70	—	4 697	40 146.70	25 324.43
营业税金及附加	543.23	—	—	543.23	379.31
销售费用	2 693.23	—	—	2 693.23	1 936.05
管理费用	5 215.89	—	—	5 215.89	3 868.96
财务费用	10.78	—	—	10.78	-171.82
资产减值损失	598.20	—	—	598.20	713.87
公允价值变动收益	0.00	—	—	0.00	0.00
投资收益	287.45	—	—	287.45	63.43
其他收益	46.00	—	—	46.00	0.00
二、营业利润	8 491.13	6 500.00	4 697.00	6 688.13	3 411.47

续表

项　　目	20×8 年度调整前	核实后调整		20×8 年度调整后	20×7 年度
		收入减少，支出增加	收入增加，支出减少		
加：营业外收入	73.49	—	—	73.49	401.15
减：营业外支出	49.57	—	—	49.57	41.77
三、利润总额	8 515.05	6 500.00	4 697.00	6 712.05	3 770.85
减：所得税费用	1 006.90	—	—	1 006.90	419.62
四、净利润	7 508.15	6 500.00	4 697.00	5 705.15	3 351.23

表 9-85　调整后现金流量表

项　　目	20×8 年度	调整数	20×8 年度（调整后）	20×7 年度
一、经营活动产生的现金流量：				
销售商品、提供劳务收到的现金	55 489.66	6 645.87	62 135.53	31 804.04
收到的税费返还	29.33	0.00	29.33	146.83
收到其他与经营活动有关的现金	9 666.18	-0.00	9 666.18	3 600.33
经营活动现金流入小计	65 185.17	6 645.87	71 831.04	35 551.21
购买商品、接受劳务支付的现金	30 373.73	3 972.37	34 346.10	18 137.07
支付给职工以及为职工支付的现金	6 096.65	0.00	6 096.65	5 310.17
支付的各项税费	3 703.67	684.71	4 388.38	2 723.94
支付其他与经营活动有关的现金	12 217.33	1 988.78	14 206.11	6 125.15
经营活动现金流出小计	52 391.37	6 645.87	59 037.24	32 296.33
经营活动产生的现金流量净额	12 793.80	-0.00	12 793.80	3 254.88
二、投资活动产生的现金流量：				
处置固定资产、无形资产和其他长期资产收回的现金净额	71.39	—	71.39	9.51
收到其他与投资活动有关的现金	287.45	—	287.45	5 223.43
投资活动现金流入小计	358.84		358.84	5 232.94
购建固定资产、无形资产和其他长期资产支付的现金	825.03	—	825.03	612.34
取得子公司及其他营业单位支付的现金净额	—	—	—	—
支付其他与投资活动有关的现金	—	—	—	180.00
投资活动现金流出小计	825.03		825.03	792.34
投资活动产生的现金流量净额	-466.19		-466.19	4 440.59
三、筹资活动产生的现金流量：				
吸收投资收到的现金	—	—	—	3 236.10

续表

项　　目	20×8 年度	调整数	20×8 年度（调整后）	20×7 年度
取得借款收到的现金	—	—	—	1 500.00
收到其他与筹资活动有关的现金	—	—	—	380.00
筹资活动现金流入小计	—		—	5 116.10
偿还债务支付的现金	23.64	—	23.64	6 723.64
分配股利、利润或偿付利息支付的现金	16.21	—	16.21	60.69
支付其他与筹资活动有关的现金	—	—	—	380.00
筹资活动现金流出小计	39.85		39.85	7 164.32
筹资活动产生的现金流量净额	−39.85		−39.85	−2 048.22
四、汇率变动对现金及现金等价物的影响	−129.09	—	−129.09	136.57
五、现金及现金等价物净增加额	12 158.68	−0.00	12 158.68	5 783.81
加：期初现金及现金等价物余额	6 173.19	—	6 173.19	389.38
六、期末现金及现金等价物余额	18 331.87	−0.00	18 331.87	6 173.19

3. 调整后的主要财务指标详见表 9-86。

表　9-86

项　　目	20×8 年度调整前	20×8 年度调整后	20×7 年度	20×6 年度
营业收入	62 062.70	55 562.70	35 398.85	28 706.82
营业收入增长率（%）	75.32	56.96	23.31	13.02
毛利率	27.74%	27.75%	28.46%	30.04%
净利润	7 508.15	5 705.15	3 351.23	2 152.81
销售利润率（%）	12.10	10.27	9.47	7.50
加权平均净资产收益率（%）	23.87	18.67	13.43	10.85
经营活动产生的现金流量净额 / 净利润	1.7	2.24	0.97	1.59
资产周转率	1.07	0.97	0.76	0.74
应收账款周转率	4.48	4.29	3.28	2.66
存货周转率	5.14	4.60	3.62	2.87
资产负债率（%）	47.38	48.70	43.35	51.94
流动比率	1.7	1.64	1.66	1.27

（六）同业对比指标

信贷人员选取“机械机件”行业（通用设备、电气设备、家电设备细分行业，产品类别相同或相近）共计15家同业财务指标作对比，除本公司（调整后）以外的其他14家均为上市公司，以20×8年度净资产收益率为对比核心指标，排前5名的指标为优秀、最后5名的为较差指标、中间5名的为中等水平指标。测算结果对比详见表9-87。

表9-87 同业对比指标表

名称	净资产收益率（%）	同业对比排名	资产负债率（%）	同业对比排名	销售毛利率（%）	同业对比排名	销售净利率（%）	同业对比排名	总资产周转率（%）	同业对比排名	经营现金流净额/净利润	同业对比排名	股本（亿元）	同业对比排名
本公司	18.67	1	48.7	6	27.75	4	10.27	4	0.97	2	2.24	5	3.34	8
三花智控	15.89		37.55		28.59		12.1		0.82		1.00		21.31	
朗迪集团	13.28		37.47		23.84		7.1		1.17		0.13		1.33	
凯中精密	10.27		53.73		25.32		6.79		0.7		2.27		2.91	
奇精机械	8.76		48.05		17.44		5.62		0.81		0.99		1.96	
中泰股份	8.31		42.57		25.43		10.85		0.44		1.52		2.50	
海立股份	8.08		62.79		15.82		3.58		0.84		4.20		8.66	
埃斯顿	7.08		52.61		35.99		7.8		0.43		0.14		8.38	
康跃科技	7.08		31.31		31.77		11.31		0.43		1.34		2.34	
迪贝电气	6.83		12.98		14.59		6.75		0.88		1.28		1.00	
上柴股份	3.58		47		15.52		3.16		0.6		3.50		8.67	

续表

名称	净资产收益率（%）	同业对比排名	资产负债率（%）	同业对比排名	销售毛利率（%）	同业对比排名	销售净利率（%）	同业对比排名	总资产周转率（%）	同业对比排名	经营现金流净额/净利润	同业对比排名	股本（亿元）	同业对比排名
大冷股份	3.21		37.89		16.01		5.7		0.35		-1.08		8.55	
潍柴重机	3.14		64.69		15.4		1.76		0.63		0.59		2.76	
苏常柴A	2.95		41.76		14.98		2.91		0.59		4.42		5.61	
康盛股份	-74.34		76.91		7.26		-42.91		0.4		0.33		11.36	

（七）净资产收益率分析

公司20×6—20×8年净资产收益率分别为10.85%、13.43%、18.67%，逐年稳步增长，同行业对比指标显示公司业绩优秀（18.67%，同业指标对比排第1位）。主要指标分析如下：

1. 销售利润率稳步增长。

20×6—20×8年间，宏观经济形势趋好，国家北方煤改气政策的实施，使控制阀相关产品市场需求急剧上升，公司产能扩大，营业收入显著增长，20×6—20×8年三年间，营业收入同比分别增长13.02%、23.31%、56.96%，毛利率虽逐年有所下降，但整体稳定，仍保持较高水平，分别达到30.04%、28.46%、27.75%，在同行业毛利率对比中处于前列（对比指标中排第4名）。

销售费用和管理费用虽比上年大幅增长，但仍低于营业收入增长幅度，且两者费用占营业收入比重逐年下降，从20×7年占比16.4%，下降至20×8年14.23%，因公司借款于20×7年结清后无再增加，财务费用很少，因此期间费用控制有效。

因上述影响，销售利润率稳定增长，分别达到7.5%、9.47%、10.27%，销售利润率指标在同业中处于较高水平（对比指标中排第 4 位）。

2. 负债比率总体合理。

公司 20×6—20×7 年因利润增长，偿还全部借款后资产负债比率从 20×6 年的 51.94% 大幅下降至 43.35%，20×8 年因销售大幅增长后，存货明显积压，应付账款和应付票据大幅攀升，比上年增长 49.1%，负债明显提高，负债比率回升至 48.7%，同业比较中处于中等水平（同业对比指标排第 6 位），但公司三年流动比率分别为 1.27、1.66、1.64，短期偿债能力强，资产负债结构总体合理。

3. 资产周转速度较快。

公司总资产周转率自 20×6—20×8 年逐年提高，分别达到 0.74、0.76、0.97 次，主要是销售增长速度快大资产增长速度，指标优秀（同业对比指标排第 2 位），其中：公司因销售大幅增长后，应收账款明显比上年增长 26.99%，但占资产比重下降约 1.8 个百分点，回款速度中等；存货也因销售大幅增长，且存在寄存销售情况，总体库存明显增加，比上年增长 37.97%，占资产比重也略有增加，增长 0.13 个百分点，管理基本有效，周转次数逐年提高，三年分别达到 2.87、3.62、4.6，周转效率中等；公司新增固定资产不多，账面余值并有下降，占资产总额比重由 20×7 年 20.66% 下降至 13.95%，其他非流动资产并无明显增长。因而总资产周转率得以明显提升。

4. 总体评价。

公司近三年来，销售逐年增长，特别是 20×8 年产能大幅提升，销售显著增长，成本及费用控制有效，毛利率维持较高水平，因而利润率稳步提高；存货管理比较有效，周转速度中等，应收账款回款速度中等，但公司非流动资产占比小，并呈负增长趋势，因而总资产周转快速；公司对外借款结清，但应付收票据和应付账款增长迅速，使 20×8 年负债比率反弹，但总体仍控制在适中水平，净资产收益逐年提升，稳步增长，且公司总体股本额较小，使公司在同行业净资产收益率对比指标中突显优势。

总体上，公司营业收入大幅提升，销售利润处于同业较高水平，资产周转较快，目前尚无借款，偿债能力较强，净资产收益率持续快速提高。公司若申请流动资产贷款 0.4 亿元，负债比率预计达到 51.66%[（3.17+0.4）/（6.51+0.4）]，总体风险可控，可以投放。

第十章 《矛盾论》在企业财务分析中的运用

第一节 理论的现实意义

《矛盾论》是毛泽东撰写的一部重要的哲学名著，与《实践论》一样，是毛泽东思想的代表作，是构成毛泽东思想体系的基石之一。作品主要针对当时革命中存在教条主义、经验主义，批判了战争及工作中呈现的孤立的、静止的、片面的形而上学宇宙观，提倡运用唯物辩证法，学会运用矛盾，对具体事物的矛盾特殊性进行具体分析，采取不同的方法来解决不同的矛盾。

当前，信贷人员学习《矛盾论》这篇哲学著作，深切领会“具体地分析具体的情况”这句哲理的真正含义，对结合自身信贷管理工作，灵活运用辩证唯物论观点，仍具有重要的现实意义。树立正确的唯物辩证法宇宙观，熟练把握企业财务经营分析中矛盾的普遍性和特殊性、准确判断信贷管理中的主要矛盾和矛盾的主要方面，科学地理解矛盾统一性和斗争性方法，客观、全面地分析企业财务数据，透过企业财务报表表面现象揭示企业的经营实质，对于准确评价企业的偿债能力、盈利能力，提高调查分析报告的质量，降低银行信贷资产风险，均具有重要作用。

《矛盾论》一文主要阐述以下六个方面的内容：两种宇宙观；矛盾的普遍性；矛盾的特殊性；主要的矛盾和矛盾的主要方面；矛盾诸方面的同一性和斗争性；对抗在矛盾中的地位。在对《矛盾论》一文中主要内容进行阐述中，作者结合信贷管理和财务分析的实际，提出了相应的分析论点和实例，以便阅读和理解。

第二节 宇宙观与财务分析

《矛盾论》提出了两种互相对立的宇宙观：一种是所谓形而上学的宇宙观，即是用孤立的、静止的和片面的观点去看世界，这种宇宙观把世界一切事物，一切事物的形态和种类，都看成是永远彼此孤立和永远不变化的；还有一种唯物辩证法的宇宙观，即是把事物的发展看做是事物内部必然的自己的运动，同时和它的周围其他事物互相联系着和互相影响着。

唯物辩证法的宇宙观教导人们要善于去观察和分析各种事物的矛盾的运动，并根据这种分析，指出解决矛盾的方法，因而，具体地了解事物矛盾这一个法则，是非常重要的。

实务中，很多信贷人员用孤立的、静止的、片面的观点去分析企业财务和经营情况，他们仅重视过去的调查经验而忽略分析方法的理论指导；仅重视企业经营活动而忽略财务分析；仅重视看得见的存货、固定资产等实务资产分析而忽略看不见的往来款项及负债业务分析；仅重视实际控制人品质忽略企业实际偿债能力；仅重视定性分析而忽略定量分析；仅看到财务指标表面数据的变化，而忽略每个财务指标下所反映经营活动的实质；仅重视企业的业务活动分析而忽略同行业对比分析和影响等。这些观点或见解实质上就是形而上学的宇宙观。

形而上学的宇宙观只看到矛盾的一方，看不到矛盾的另一方；只看到局部，看不到全体；只看到现象，看不到本质，必然带有主观性、片面性和表面性，都是我们分析问题中尽可能要避免的。

唯物辩证法则从事物的内部、从一事物对他事物的关系去研究事物的发展，坚持客观、全面、动态的观点去分析问题，既重视经验分析也重视方法的理论指导，既重视现场观察企业的经营活动，也重视企业财务报表分析；既重视实物资产的监盘，也重视那些看不见摸不着的往来款项、负债业务分析；既重视借款人品质特征、人格魅力，也重视实际偿债能力及盈利能力分析；既重视定性分析，也将定量分析有效结合；既重视财务指标的变化，也重视透过财务指标的表象去挖掘企业的经营实质；既重视企业的历史指标分析，也重视企业同业对比优劣分析。

用唯物辩证法去分析企业财务和经营，善于观察和分析事物的矛盾的运动，具体问题具体地分析，透过报表的表象，发现企业的经营实质，找出解决矛盾的方法，准确评价企业的偿债能力和盈利能力。

第三节 矛盾的普遍性与财务分析

矛盾是指事物内部对立着的两个方面，互相依赖又互相排斥的关系。矛盾是普遍的、绝对的，存在于事物发展的一切过程中，又贯穿于一切过程的始终。

围绕对企业的调查分析过程中，存在诸多矛盾，比如人与人之间形成的调查人员与借款企业之间的矛盾、审查人员与调查人员之间的矛盾、审批人员与审查人员之间的矛盾；企业提供的财务报表与信贷人员调查中发现的企业经营实质之间的矛盾；企业的管理水平、实际控制人的人格品质与产生的经济效益之间的矛盾；财务报表中各报表项目之间形成的资产与负债所有者权益之间的矛盾，期间费用与利润之间、固定资产净值与累计折旧之间、营业成本与毛利率之间的矛盾、净资产收益率与股东权益比率之间的矛盾等等。矛盾无处不在，无时不在。

矛盾贯穿于整个信贷管理过程，包括从企业提出授信申请开始到授信调查分析，直到批准授信；从发放贷款到贷后管理、直到归还贷款。信贷管理过程中出现矛盾并不奇怪，也是不可避免的，我们不应该回避矛盾，更不要害怕矛盾，而应该主动地暴露矛盾，包括调查人员与借款企业之间、审查人员与调查人员之间、财务报表与企业经营实质之间的矛盾等，暴露了矛盾，才能寻找正确的方法解决矛盾，协调借款企业、调查人员、审查人员及相关人员的关系，对企业主要的、关键的财务与经营信息作进一步沟通、核实，以便掌握企业真实的财务状况与经营成果，降低信贷资产的风险。

第四节 矛盾的特殊性与财务分析

《矛盾论》指出，矛盾的特殊性指事物在其发展过程中的许多矛盾，由于具体条件不同，它的发展形式各有各的特点；同一矛盾，在它发展过程的不同阶段，表现形式也不一样。

分析问题，我们不但要在各个矛盾的总体上，了解其特殊性，而且要有从矛盾的各个方面（个体）着手，即从矛盾的特殊性着手，了解它们每一方面各占何等特定的地位，各用何种具体形式和对方发生互相依存又互相矛盾的关系，以及依存破裂后，又各用何种具体的方法和对方作斗争，只有具体问题具体分析，掌握了各个方面（个体），了解其特殊性，才有可能了解矛盾的总体。

在企业的调查分析中，也要坚持具体问题具体分析这一原则，比如人与人之间的矛盾主要依靠协调加以解决、财务经营信息之间的矛盾主要依靠询问、实地观察、核实产权、分析性复核等程序来解决，报表各项目的矛盾则需要根据编制报表的基本原理来解决，各财务指标的合理性则依赖对各指标的钩稽和分析性复核来解决；

比如调查人员与借款企业的矛盾，也会因企业实际控制人的性格、爱好、所处的行业、企业发展阶段等不同而需要采取不同的调查方式：夸夸其谈、华而不实、过于高调的借款人，要重点关注其是否有虚报资产、收益行为；谨言慎行、为人低调的借款人，要重点关注是否有少报资产、收益行为。喜欢冒险经营的借款人要重点关注是否存在多头投资、粗放扩张行为；稳健经营的借款人要重点关注是否存在投资不足，效益未得到充分发挥情况。处于创业阶段的企业，需重点关注行业投资风险及产品市场占有率，处于衰退期的企业则需要重点关注现金流量是否大幅下降，等等。

再比如财务报表与经营实质之间的矛盾，会因为企业所处的行业，负债比率、资产周转率、销售利润率、企业所处的发展阶段不同，反映的企业经营实质也有不同。同是净资产收益率提高，有的企业是由于负债大幅增长所致，有的企业提高应收账款、存货周转率所致，也有的是产品销售毛利增加所致；同是20%的销售毛利率，对于汽车制造行业、化工行业属于比较合理的盈利水平，而对于房地产、高科技行业处于较低的盈利水平；同是现金流出量大于流入量，创业阶段属于比较合理的经营状态，而在成熟期就属于经营异常状态，面临衰退期的危险，等等。

可见，各类矛盾不但各自有其特殊性，不能一律看待，而且每一矛盾的两方面，又各自有其特点，也是不能一律看待。马克思主义的最本质的东西，马克思主义的活的灵魂，就在于具体地分析具体的情况。

第五节 主要的矛盾与财务分析

主要矛盾是指在许多矛盾同时存在的情况下，其中必定有一种是主要的，起着领导的、决定的作用，其他则处于次要和服从的地位。认识事物的一个重要任务是，全力找出它的主要矛盾。捉住了这个主要矛盾，一切问题就迎刃而解了。

主要的矛盾方面是指在各种矛盾之中，矛盾着的两个方面，其发展是不平衡的，必有一方面是主要的，他方面是次要的。其主要的方面，即所谓矛盾起主导作用的方面。事物的性质，主要地是由取得支配地位的矛盾的主要方面所规定的。矛盾的主要和非主要的方面地位也不是固定的，一定条件下，也会互相转化。比如在矛盾发展的一定过程或一定阶段上，主要方面属于甲方，非主要方面属于乙方；到了另一发展阶段或另一发展过程时，就互易其位置，这是依靠事物发展中矛盾双方斗争的力量的增减程度来决定的。

在对企业的调查分析中，从人方面的诸多矛盾分析看，调查人员与借款企业之间的矛盾是主要矛盾，审查人员与调查人员之间、审批人员与审查人员之间的矛盾是次要矛盾。调查人员对借款企业的调查质量及结果主要地决定了授信审批的可行性，如果调查人员通过调查，提供了质量较低的调查报告，财务报表及各项财务指标并未真实地反映企业实际偿债能力和盈利能力，则审查人员，或是审批人员如要重新核实、评价企业，务必需要花费过多的人力、物力，从审核的时间和效率上都会大打折扣，在降低信贷风险方面也只能达到事倍功半的效果。可见，调查人员的素质和调查技能在信贷管理过程中是起决定性作用的。然而，现实工作中，信贷调查人员的专业素质和调查技能与其在整个信贷管理中的作用极不匹配的，仍需要得到大力培训和提高，更需要引起银行领导层的高度重视。

从矛盾的主要方面看，调查人员与借款企业之间的矛盾，企业是主要作用的，是矛盾主要方面，调查人员起次要作用的，是矛盾的非主要方面。由于信息的不对称性，借贷双方目标的不一致性，在围绕授信、贷款管理的较量过程中，企业可能会有意或无意中遗漏对其不利的财务经营信息。若企业比较全面、准确地提供了与经营实质相符的财务经营信息，则调查人员的工作则会大大减少，反之，若调查人员核实企业的财务经营信息的工作量将大大增加。要降低信贷风险，信贷人员务必熟练掌握信贷、财务专业知识，拥有较高的调查询问技巧，从而变被动为主动，迫使企业提供真实、完整的财务经营信息，有效评价企业实际财务状况及经营成果。

第六节 同一性及斗争性与财务分析

矛盾的同一性指矛盾的两个方面，各以和它对立着的方面为自己存在的前提，双方共处于一个统一体中；矛盾着的双方依据一定的条件，各向着其相反的方面转化。

矛盾的斗争性指矛盾的各方面，都是互相排斥、互相斗争、互相对立的，矛盾的斗争推动着事物的发展。

矛盾的斗争贯串于过程的始终，并使一过程向着他过程转化，矛盾的斗争无所不在，因此，矛盾的斗争性是无条件的、绝对的；在一定条件之下，矛盾的两个方面能够统一起来，又能够互相转化，因此，矛盾同一性是有条件的、相对的。

调查人员与企业之间作为矛盾的两个方面，均以对方为自己存在的前提，围绕调查与被调查，了解与被了解，询问与被询问，互相斗争、互相对立的，然而双方又存在相同的目标，企业尽可能提供有利的财务经营信息，以获得银行贷款，调查人员尽可能取得有效的财务经营信息，包括对企业有利的信息和不利的信息，在风险可控的情况下发放贷款。双方在互相斗争中、互相较量中逐步达成共识，形成统一，即企业提供了比较真实、完整地财务经营信息，调查人员获得了比较真实、完整地财务经营信息，形成了有效的调查报告，在风险可控的情况下，最终使授信得以审批，贷款得以发放。

第七节　对抗的地位与财务分析

对抗是矛盾斗争的一种形式，而不是矛盾斗争的一切形式。

在企业的调查分析过程中，恶意的对抗通常很少存在，即便企业有意遗漏不利的财务经营信息，在信贷人员的善意提示下仍拒不提供资料，银行可因其拒不合作，不予授信。但有些借款企业软性的、隐性的、蒙骗性的对抗是时常有的，这就需要调查人员掌握专业知识、熟练地运用调查技巧和人际交往经验，排除干扰，获取所需信息。

事物矛盾的法则，即对立统一的法则，是自然和社会的根本法则，因而也是思维的根本法则。银行信贷人员应当认真学习《矛盾论》，掌握辩证唯物论的基本理论知识，并熟练运用于信贷管理、企业调查分析过程中，必将使自己的思维更加敏捷、视野豁然开朗，观察事物的观点焕然一新，即便是面临困难，也定会让你山重水复疑无路，柳暗花明又一村。

第十一章
上市公司主要财务指标参考

第一节 上市公司主要财务指标参考意义

绝大多数上市公司财务管理规范、信息披露充分，净资产收益率等盈利能力、负债比率等偿债能力、现金流动负债比等主要财务指标相对更加真实、可靠，行业对比度强，非常值得信贷人员在企业财务数据分析借鉴。

信贷人员在分析借款企业时，将其净资产收益率、负债比率、销售利润率等主要财务指标与行业相同或相近的上市公司指标对比分析，主要目的有：

一、有利于分析借款人主要财务指标的合理性

对比的主要财务指标包括净资产收益率、负债比率、销售利润率、经营活动现金流占利润比率、资产周转率、存货周转率、应收账款周转率等，对比分析可以判断借款人主要财务指标是否存在异常，异常变化是否存在合理性、真实性、完整性，为发现借款人人为美化财务指标提供线索。

二、有利于分析财务报表主要项目的合理性

根据主要财务指标的异常情况，进一步取得指标所涉及重要报表项目（或科目）金额，并与上市公司相同项目（或科目）进行对比分析、占资产比重分析、占营业收入比重分析、与历史余额（发生额）分析等，由此

推断借款企业主要报表项目的合理性、真实性、完整性。

三、有利于同行业财务指标对比分析

根据借款企业主要财务指标与同行业上市公司相同指标对比，可以体现借款企业在行业中所处地位，处于行业优秀、一般、还是较差水平，有利于评估其偿债能力、盈利能力、运营能力，对评价信贷风险很有帮助。

第二节 上市公司主要财务指标对照表

本书将2017年、2018年两年上市公司按行业细分后的主要财务指标、重要报表项目予以分析列示，供读者参考分析。反映在书中的共有18个常见的细分行业，电子版本中共计200个细分行业（详见二维码）。

200个细分行业上市公司主要财务指标对照表，请扫码下载。

集成电路上市公司 2017 年度主要财务指标对比明细表

单位：%、亿元

序号	名称	净资产收益率	资产负债率	销售净利率	总资产周转率	销售毛利率	存货周转率	应收账款周转率	经营净现金流/净利润	经营净现金流/流动负债	营业收入	净利润	资产总额	负债总额	流动资产合计	流动负债合计	存货占比	应收账款占比	其他应收款占比	固定资产占比	短期借款占比	应付账款占比	长期借款占比	资本公积金占比	经营净现金流	支付的各项税费	支付给职工性质现金
1	纳思达	41.31	79.87	6.81	0.48	26.59	5.39	8.53	0.42	0.03	213.24	14.51	355.28	283.75	102.66	117.31	6.66	5.59	0.42	8.64	0.48	9.7	25.4	4.66	3.94	4.49	59.33
2	XD 汇顶科	28.79	21.1	24.09	0.96	47.12	3.62	6.93	1.24	1.21	36.82	8.94	44.18	9.32	40.58	9.12	11.91	9.48	0.47	3.62	—	6.34	—	28.84	11	3.77	3.77
3	兆易创新	26.27	31.74	19.59	0.96	39.16	2.39	20.59	0.5	0.36	20.3	3.97	25.74	8.17	14.31	5.54	24.36	3.65	3.08	3.96	1.73	10.57	7.15	27.82	1.98	0.33	1.45
4	中颖电子	18.04	19.16	18.85	0.76	43.05	3.8	7.29	1.04	0.76	6.86	1.3	9.81	1.88	9.22	1.84	12.03	11.11	1.3	2.84	—	10.4	—	35.88	1.4	0.31	0.92
5	洁美科技	17.38	13.82	19.69	0.74	40.13	5.04	3.17	0.56	0.61	9.96	1.96	15.63	2.16	7.77	1.79	7.93	23.54	0.49	41.71	3.2	5.99	0.58	41.33	1.09	0.47	1.29
6	圣邦股份	17.25	19.13	17.66	0.8	43.43	4.93	14.15	1.29	0.84	5.32	0.94	9.41	1.8	9.05	1.45	6.83	4.03	0.07	1.16	—	8.41	—	49.84	1.21	0.2	0.73
7	富满电子	15.3	28.2	13.28	0.76	28.61	2.31	2.73	−0.31	−0.1	4.4	0.58	6.95	1.96	5.12	1.84	20.29	27.19	1.21	22.88	2.01	8.56	—	37.27	−0.18	0.14	0.59
8	韦尔股份	13.39	57.84	5.13	1.08	20.54	4.37	3.25	−1.99	−0.17	24.06	1.23	28.25	16.34	23.86	15.58	19.4	28.96	0.37	6.73	17.31	8.42	2.48	32	−2.72	0.53	1.36
9	富瀚微	13.36	12.15	23.52	0.64	47.6	5.88	5.62	0.67	0.58	4.49	1.06	10.78	1.31	9.56	1.23	3.79	10.67	0.09	1.73	—	1.36	—	62.24	0.71	0.13	0.57
10	润欣科技	11.26	53.85	2.99	1.76	10.4	5.57	5.13	0.95	0.09	18.3	0.55	10.9	5.87	10.41	5.82	23.58	30.83	4.39	0.29	31.56	17.52	—	2.99	0.52	0.13	0.51
11	华天科技	9.67	35.99	7.8	0.82	17.9	5.04	8.56	1.83	0.33	70.1	5.47	93.66	33.71	35.83	27.06	15.25	9.34	0.86	48.13	5.68	17.21	4.37	12.04	9.04	1.29	8.21
12	东软载波	9.21	11.76	25.84	0.31	56	2.95	2.84	1.19	0.85	9.13	2.36	30.7	3.61	22.94	3.33	4.89	10.23	0.31	5.57	—	4.56	—	34.01	2.84	1.35	2.23
13	上海贝岭	8.82	11.74	31.15	0.23	24.14	4.05	5.42	0.11	0.07	5.62	1.75	27.86	3.27	19.65	2.72	4.52	3.88	0.19	2.38	1.87	2.36	—	41.6	0.19	0.14	0.82
14	紫光国微	8.39	32.13	15.24	0.38	33.14	2.16	2.5	2.09	0.64	18.29	2.79	52.07	16.73	27.43	9.11	11.54	15.69	0.07	5.26	4.71	4.59	0.19	11.89	5.84	1.25	2.59
15	士兰微	6.65	49.22	3.75	0.48	26.7	2.84	4.11	2.08	0.15	27.42	1.02	62.54	30.78	27.31	23.58	12.71	11.53	0.3	32.43	13.72	8.94	1.76	2.73	3.52	1.8	6.89
16	国科微	6.4	11.6	11.14	0.43	40.4	2.04	2.95	1.68	0.72	4.12	0.46	10.86	1.26	8.02	1.22	9.11	14	1.1	7.19	—	9.02	—	63.81	0.89	0.16	1.01
17	欧比特	5.85	24.98	16.3	0.28	35.85	1.79	1.48	1.17	0.22	7.39	1.21	27.54	6.88	12.38	6.57	9.84	19.54	1.02	6.57	7.26	7.19	—	37.69	1.41	0.72	0.96
18	晶方科技	5.56	15.27	15.22	0.31	37.2	6.68	6.35	2.46	0.97	6.29	0.96	21.15	3.23	10.02	2.43	3.45	4.16	0.02	40.95	—	5.58	—	43.69	2.35	0.2	1.26
19	长电科技	4.89	68.8	0.31	0.79	11.71	10.11	8.58	10.66	0.28	238.56	0.73	306.99	211.21	85	130.99	7.53	9.25	1.08	51.5	11.16	15.38	12.12	22.45	36.57	2.42	36.3
20	通富微电	3.07	48.48	3.02	0.56	14.46	6.35	4.68	8.28	0.27	65.19	1.97	121.46	58.88	44.37	37.3	8.03	12.76	0.1	46.64	13.99	13.4	6.36	30.82	10.1	0.74	9.25
21	综艺股份	1.29	23.75	18.9	0.12	23.97	4.14	2.25	4.36	0.15	7.53	1.42	65.34	15.52	26.23	13.35	1.96	5.34	1.67	19.64	12.15	2.33	—	34.07	1.95	0.41	1.21
22	大港股份	0.87	46.77	2.08	0.18	26.15	0.55	1.71	−1.71	−0.02	13.11	0.27	73.12	34.2	38.99	30.25	25.3	9.37	0.38	13.12	25.03	5.7	2.58	38.55	−0.58	0.93	1.14
23	全志科技	0.85	11.89	−0.14	0.5	39.12	3.1	14.32	5.32	0.36	12.01	−0.02	23.55	2.8	20.21	2.57	10.57	2.52	0.2	7.3	—	5.52	—	28.54	0.92	0.08	3
24	北京君正	0.59	2.76	3.52	0.16	37.01	1.22	12.72	−4.72	−1.78	1.84	0.07	11.57	0.32	8.54	0.17	9.08	1.14	0.38	3.13	—	0.29	—	65.69	−0.31	0.15	0.53
25	晓程科技	−15.68	25.12	−151.08	0.09	48.45	0.45	0.69	−0.31	0.42	1.38	−2.08	14.89	3.74	7.06	1.27	10.28	7.32	0.57	11.15	—	3.67	2.55	38.95	0.59	0.09	0.4
26	国民技术	−17.78	13.99	−70.35	0.22	29	2.81	1.75	0.23	−0.28	6.95	−4.89	29.6	4.14	23.56	3.99	6.55	12.33	6.52	0.56	0.61	1.89	—	71.28	−1.13	0.29	1.02
27	盈方微	−61.18	18.03	−135.6	0.38	39.54	4.71	2.42	−0.17	0.69	2.41	−3.27	4.55	0.82	1.38	0.82	2.47	6.46	1.12	29.67	—	4.86	—	64.84	0.57	0.07	0.51

集成电路上市公司2018年度主要财务指标对比明细表

单位：%、亿元

序号	名称	净资产收益率	资产负债率	销售毛利率	销售净利率	总资产周转率	存货周转率	应收账款周转率	经营净现金流/净利润	经营净现金流/流动负债	营业收入	净利润	资产总计	负债合计	流动资产合计	流动负债合计	存货占比	应收账款占比	其他应收款占比	固定资产占比	短期借款占比	长期借款占比	资本公积金占比	经营净现金流	支付的各项税费	支付给职工性质现金
1	大唐电信	84.94	91.64	25.32	23.67	0.3	3.35	1.71	0.33	0.05	24.16	5.8	73.9	67.73	37.63	39.38	6.02	17.71	6.66	7.39	13.59	2.44	49.78	1.94	1.2	5.91
2	博通集成	33.1	19.1	39.31	22.69	1.18	2.78	—	0.68	0.86	5.46	1.24	5.37	1.03	4.82	0.98	30.17	24.58	0.12	9.84	/	/	21.97	0.84	0.11	0.55
3	兆易创新	22.51	33.68	38.25	17.99	0.83	2.21	22.77	1.53	0.99	22.46	4.05	28.61	9.64	17.69	6.27	21.99	3.6	1.19	8.77	2.74	7.44	25.69	6.2	0.83	1.92
4	汇顶科技	19.73	23.16	52.18	19.95	0.76	3.83	5.96	1.66	1.02	37.21	7.42	53.45	12.38	45.51	12.08	7.54	15.53	0.06	3.17	/	/	27.18	12.32	2.34	5.21
5	中颖电子	18.97	15.84	43.84	21.29	0.75	2.99	7.58	0.62	0.67	7.58	1.68	10.32	1.64	9.79	1.55	16.09	8.79	1.05	2.54	/	/	32.56	1.04	0.24	1.02
6	纳思达	14.27	76.28	35.68	5.55	0.61	5.65	9.6	2.27	0.18	219.26	9.51	361.13	275.49	104.38	120.99	7.26	7.14	0.4	8.6	9.87	22.09	4.64	21.59	6.61	49.11
7	圣邦股份	12.52	17.49	45.94	18.12	0.57	3.67	16.65	0.8	0.6	5.72	1.04	10.62	1.86	8.86	1.39	9.89	2.9	0.11	1.54	/	/	46.52	0.84	0.21	0.9
8	睿能科技	11.1	30.38	18.1	6.04	1.28	4.24	6.61	−0.25	−0.06	18.53	1.14	15.17	4.61	13.73	4.61	26.24	20.44	0.21	3.97	14.96	/	30.13	−0.29	0.72	1.51
9	富满电子	10.68	36.68	28.77	10.73	0.63	1.97	2.39	0.05	0.01	4.97	0.54	8.75	3.21	6.31	3.11	24.91	25.83	0.63	23.57	12	/	25.03	0.03	0.08	0.79
10	太极实业	9.69	59.97	13.25	4.31	0.9	6.61	6.43	2.25	0.14	156.52	5.73	178.71	107.18	109.67	90.15	12.61	14.72	2.62	27.1	9.15	6.65	17.44	12.9	3.44	13.78
11	紫光国微	9.61	33.62	30.15	14.18	0.45	2.47	2.58	0.92	0.31	24.58	3.48	57.26	19.25	34.05	10.28	13.78	19.02	0.06	3.51	0.22	/	10.81	3.19	1.11	3.27
12	韦尔股份	8.74	64.25	23.41	2.92	1.07	4.14	4.66	0.04	0	39.64	1.39	46	29.55	25.84	29.08	19.98	19.2	0.19	4.68	34.78	0.91	25.07	0.05	1.76	1.95
13	华天科技	7.65	48.77	16.32	6.03	0.65	4.65	7.53	2.91	0.26	71.22	3.9	124.43	60.68	55.79	44.2	9.12	8.17	0.31	45.64	16.88	11.04	9.09	11.33	1.61	9.88
14	国科微	5.26	38.2	41.66	11.21	0.29	2.18	2.18	−1.35	−0.12	4	0.56	16.27	6.22	8.97	6.08	7.07	13.28	4.74	4.5	11.31	/	43.02	−0.76	0.1	1.21
15	全志科技	5.07	12.81	34.2	7.9	0.56	2.58	25.94	−0.59	−0.24	13.65	1.18	24.84	3.18	21.14	2.97	18.04	1.85	0.09	6.13	/	/	25.89	−0.7	0.19	2.19
16	富瀚微	4.65	13.04	41.94	11.23	0.36	5.05	3.44	1.89	0.7	4.12	0.54	11.9	1.55	9.27	1.48	4.53	10.42	0.38	15.71	/	/	59.92	1.03	0.1	0.9
17	上海贝岭	4.21	9.23	25.61	13.18	0.29	4.14	6.03	1	0.5	7.84	1.02	27.08	2.5	16.82	2.05	5.72	5.61	—	2.11	1.77	/	42.8	1.02	0.23	1.02
18	晶方科技	3.94	17.11	27.94	12.56	0.26	5.7	7.23	4.11	1.51	5.66	0.71	22.72	3.89	10.97	1.93	3.09	3.02	0.57	38.18	/	/	41.24	2.92	0.17	1.39
19	欧比特	3.48	21.85	36.02	10.47	0.26	2.15	1.56	2.32	0.27	9.06	0.95	41	8.96	22.16	8.24	6.56	15.2	1.49	9.62	4.9	0.29	49.37	2.2	0.59	1.25
20	通富微电	2.5	53.45	15.9	2.12	0.55	5.27	4.49	5.93	0.15	72.23	1.27	139.68	74.66	47.94	50.65	9.52	11.96	0.26	47.24	17.13	2.58	26.8	7.53	0.57	11.03
21	润欣科技	2.33	39.55	9.98	0.96	1.47	5.41	4.98	−2.32	−0.08	16.93	0.16	12.1	4.78	9.98	4.71	25.29	28.43	2.43	0.22	28.1	/	20.17	−0.37	0.15	0.54
22	士兰微	1.99	48.4	25.46	2.45	0.42	2.25	3.95	1.42	0.09	30.26	1.7	81.26	39.33	37.19	26.65	14.94	9.99	0.31	31.47	17.73	5.44	9.82	2.41	1.25	8.32
23	北京君正	1.2	4.68	39.86	5.2	0.22	1.68	14.6	2.69	1.57	2.6	0.14	11.98	0.56	9.16	0.23	6.7	1.86	0.19	3.03	/	/	61.19	0.36	0.15	0.57
24	综艺股份	0.66	20.08	23.75	6.55	0.08	3.4	1.47	1.22	0.06	4.72	0.54	58.04	11.65	21.96	10.6	1.44	5.01	3.5	21.46	11.22	/	38.35	0.65	0.25	1.2
25	晓程科技	0.23	21.7	60.52	1.65	0.11	0.39	1.36	9.64	0.15	1.64	0.04	14.58	3.16	5.05	2.74	12.48	9.19	0.9	13.53	/	1.71	39.78	0.42	0.11	0.31
26	长电科技	−7.93	64.29	11.43	−3.88	0.73	9.21	8.49	−2.67	0.14	238.56	−9.39	344.27	221.32	109.05	184.05	6.61	8.07	0.44	47	20.71	8.52	29.75	25.09	4.42	38.2
27	大港股份	−16.88	54.04	2.89	−33.74	0.23	1	1.79	−0.26	0.04	16.9	−5.7	72.21	39.02	40.06	34.56	19.66	16.73	2.02	14.53	26.46	3.88	39.04	1.51	1.14	1.13
28	*ST 盈方	−65.14	22.01	5.67	−175.19	0.29	10.41	4.47	0.09	−0.3	1.03	−1.78	2.53	0.56	0.68	0.56	2.92	6.53	2.84	49.81	/	/	116.6	−0.17	0.04	0.44
29	国民技术	−109.24	56.29	35.06	−238.74	0.2	2.08	1.41	−0.29	0.21	6.02	−12.66	32.15	18.1	14.45	17.42	5.69	15.18	1	10.54	11.1	/	64.45	3.73	0.41	1.28

印制电路板上市公司2017年度主要财务指标对比明细表

单位：%、亿元

序号	名称	净资产收益率	资产负债率	销售净利率	总资产周转率	销售毛利率	存货周转率	应收账款周转率	经营净现金流/净利润	经营净现金流/流动负债	营业收入	净利润	资产总额	负债总额	流动资产合计	流动负债合计	存货占比	应收账款占比	其他应收款占比	固定资产占比	短期借款占比	应付账款占比	长期借款占比	资本公积金占比	经营净现金流	支付的各项税费	支付给职工性质现金
1	金安国纪	27.17	45.74	14.62	1.01	26.81	14.45	4.87	1.24	0.37	36.76	5.37	40.93	18.72	32	18.21	4.79	20.43	0.04	18.59	0.29	16.86	—	4.67	6.67	2.68	1.89
2	深南电路	25.61	57.44	7.89	0.9	22.4	4.8	7.25	2	0.32	56.87	4.49	74.43	42.75	38.82	27.86	14.07	11.26	0.37	38.34	2.15	11.84	14.73	28.52	8.96	1.24	10.44
3	明阳电路	24.22	46.88	11.09	1.17	31.27	6.98	5.87	1.36	0.37	10.54	1.17	9.92	4.65	5.38	4.26	12.8	19.35	2.82	38.31	7.72	23.79	—	26.31	1.59	0.29	1.96
4	景旺电子	21.5	31.42	15.74	0.92	32.51	7.08	3.54	1.08	0.5	41.92	6.6	47.77	15.01	30.46	14.22	9.59	27.26	0.36	24.14	0.01	17.96	—	21.92	7.16	1.97	6.74
5	崇达技术	20.26	48.92	14.31	0.74	32.61	7.4	5.32	1.58	0.41	31.03	4.44	49.43	24.18	24.49	17.2	6.51	13.19	0.23	35.85	12.97	15.6	0.79	14.44	7.01	1.12	4.97
6	生益科技	20.12	50.02	10.36	0.96	21.47	6.17	3.18	0.55	0.15	107.52	11.14	128.41	64.23	84.8	40.87	12.45	29.7	0.11	27.38	11.05	15.37	6.01	9.96	5.93	4.4	10.25
7	奥士康	18.52	33.12	9.97	0.78	24.02	6.63	3.44	1.39	0.25	17.36	1.73	29.35	9.72	20.62	9.55	6.98	19.45	0.09	28.25	2.9	19.01	—	46.34	2.41	0.42	2.46
8	广东骏亚	17.67	48.88	6.64	0.98	17.64	5.09	4.83	0.09	0.01	9.88	0.66	12.05	5.89	6.94	5.67	15.6	18.51	0.29	29.46	6.78	24.65	1.45	20.17	0.06	0.33	2.11
9	华正新材	16.18	64.97	6.18	0.96	20.82	6.76	3.04	0.85	0.08	15.13	0.91	17.64	11.46	10.92	10.2	11.62	30.5	0.4	17.06	25.45	15.7	4.08	10.71	0.79	0.35	1.45
10	胜宏科技	14.67	34.07	11.54	0.76	25.97	6.64	3.03	1.27	0.26	24.42	2.82	40.91	13.94	26.26	13.78	8.38	22.05	0.61	33.02	—	21.05	—	38.96	3.58	0.76	3.43
11	弘信电子	12.85	69.26	5.5	0.92	12.62	9.63	3.46	1.99	0.14	14.78	0.81	16.72	11.58	8.6	9.96	8.55	24.1	0.61	38.82	13.94	19.62	2.61	10.65	1.44	0.63	2.77
12	依顿电子	11.65	16.65	16.83	0.58	33.37	8.4	3.21	1.24	0.75	32.86	5.53	55.6	9.26	45.68	9.1	4.84	18.62	0.92	15.5	—	12.28	—	18.13	6.83	1.78	5.04
13	XD世运电	9.82	18.16	9.23	0.91	22.06	8.94	4.39	0.77	0.28	19.57	1.81	28.63	5.2	22.79	5.02	7.06	17.01	0.56	17.05	—	13.45	0.6	45.93	1.39	0.57	3.07
14	兴森科技	6.85	44.19	5.84	0.76	29.3	7.93	3.57	2.44	0.3	32.83	1.92	44.35	19.6	21.12	13.57	6.83	21.51	0.28	33.78	9.88	12.02	2.73	0.18	4.03	1.19	7.4
15	博敏电子	6.78	58.11	3.71	0.82	17.53	5.09	5.03	2.38	0.12	17.6	0.65	23.66	13.75	11.71	12.68	13.52	16.82	1.44	41.72	13.52	25.49	2.1	14.54	1.55	0.74	2.76
16	超声电子	6.25	31.27	5.56	0.88	20.7	5.52	3.61	1.65	0.21	43.33	2.41	50.94	15.93	30.89	14.88	13.17	26.19	0.11	31.82	6.12	16	1.37	27.97	3.17	0.86	6.57
17	沪电股份	5.97	41.79	4.4	0.82	17.94	5.3	4.48	0.75	0.08	46.27	2.04	59.92	25.04	29.5	18.64	12.38	20.56	1.17	42.82	9.26	16.94	1.64	2.8	1.54	1.72	8.53
18	天津普林	3.29	31.07	3.29	0.69	11.94	4.4	4.04	1.67	0.13	4.32	0.15	6.34	1.97	3.07	1.82	13.49	17.82	0.19	36.12	—	15.93	—	47.63	0.24	0.06	0.99
19	中京电子	2.44	40.88	2.21	0.67	17.03	4.66	4.02	1.68	0.06	10.77	0.24	16.61	6.79	7.73	6.64	12.52	17.64	0.28	39.43	9.45	18.18	—	25.23	0.4	0.22	1.75
20	超华科技	2.17	41.47	2.56	0.53	15.33	2.77	2.78	0.95	0.03	14.39	0.37	29.13	12.08	13.2	10.65	16.96	19.4	0.62	25.47	20.43	11.02	—	18.85	0.35	0.49	1.48
21	丹邦科技	1.51	34.66	8	0.13	36.37	4.66	1.49	8.39	0.35	3.17	0.25	25.91	8.98	4.47	6.14	2.11	6.18	1.21	53.42	16.98	0.64	10.3	27.48	2.13	0.13	0.67
22	方正科技	-24.08	72.38	-16.14	0.47	17.12	3.16	2.97	0.11	-0.01	50.99	-8.23	111.32	80.57	54.94	72.73	14.85	13.85	2.55	32.02	21.88	17.49	2.4	3.12	-0.91	1.46	9.83

印制电路板上市公司 2018 年度主要财务指标对比明细表

单位：%、亿元

序号	名称	净资产收益率	资产负债率	销售毛利率	销售净利率	总资产周转率	存货周转率	应收账款周转率	经营净现金流/净利润	经营净现金流/流动负债	营业收入	净利润	资产总计	负债合计	流动资产合计	流动负债合计	存货占比	应收账款占比	其他应收款占比	固定资产占比	短期借款占比	长期借款占比	资本公积金占比	经营净现金流	支付的各项税费	支付给职工性质现金
1	景旺电子	22.21	42.55	31.78	15.95	0.8	5.96	3.39	1	0.33	49.86	8.03	76.7	32.63	48.3	24.24	8.92	21.41	0.27	30.03	/	/	14.84	8.04	2.28	8.06
2	弘信电子	21.4	75.69	11.64	4.73	1.1	10.57	4.64	2.92	0.22	22.49	1.18	24.14	18.27	14.76	15.32	9.65	23.49	6.42	32.16	11.27	4.03	7.42	3.44	0.5	3.22
3	深南电路	19.99	56.32	23.13	9.19	0.95	4.92	6.3	1.26	0.25	76.02	6.97	85.25	48.02	41.76	34.61	15.57	18.5	0.23	40.66	/	12.21	24.9	8.79	2.28	12.57
4	崇达技术	19.36	41.4	32.94	15.33	0.74	7.24	5.35	1.6	0.67	36.56	5.61	49.6	20.53	20.49	13.37	7.16	14.44	0.4	39.55	2.9	0.56	8.39	8.96	1.74	5.23
5	鹏鼎控股	16.72	34.61	23.19	10.72	1.02	8.52	4.3	2.24	0.66	258.55	27.71	273.53	94.66	164.46	94.2	8.15	19.69	0.83	28.63	7.51	/	44.03	62.1	5.06	31.26
6	生益科技	15.57	46.91	22.18	8.89	0.93	5.57	3.14	1.34	0.35	119.81	10	128.86	60.44	76.52	37.78	13.57	29.61	0.17	26.82	6.39	4.18	5.02	13.37	4.55	12.16
7	沪电股份	14.86	39.23	23.41	10.38	0.87	4.73	--	1.32	0.38	54.97	5.7	65.98	25.89	35.73	19.95	15.75	23.67	4.88	36.76	2.53	1.5	3.94	7.52	2.36	9.7
8	胜宏科技	14.63	44.87	27.56	11.52	0.7	6.51	3.15	1.31	0.21	33.04	3.8	53.98	24.22	25.84	23.97	7.28	22.14	0.58	36.68	5.56	/	23.19	4.97	0.84	4.72
9	依顿电子	14.51	17.38	30.55	19.65	0.61	8.77	2.91	1.02	0.72	33.29	6.54	54.09	9.4	43.78	9.24	4.77	23.2	0.72	17.09	/	/	18.75	6.65	1.24	5.38
10	明阳电路	12.29	28.5	28.75	10.72	0.82	6.21	5.72	1.53	0.42	11.31	1.21	17.53	5	11.28	4.39	7.53	11.64	0.8	29.64	3.99	/	46.04	1.85	0.22	2.23
11	华正新材	12.1	68.1	19.14	4.49	0.86	6.33	2.8	1.23	0.07	16.78	0.75	21.36	14.55	12.42	13.35	10.44	30.9	0.55	21.25	24.53	3.93	9.6	0.92	0.31	1.93
12	金安国纪	12	38.87	18.3	8.24	0.89	18.8	4.7	1.51	0.29	36.83	2.93	41.7	16.21	31.32	15.44	2.97	17.53	0.09	18.75	0.07	/	4.58	4.42	1.88	2.19
13	广东骏亚	11.74	56.45	20.43	6.16	0.83	4.39	5.05	0.88	0.07	11.2	0.69	15.04	8.49	6.56	8.35	14.43	14.69	0.28	45.42	12.97	0.67	16.16	0.61	0.38	2.46
14	奥士康	11.36	30.34	23.94	10.69	0.74	7.59	3.55	1.28	0.33	22.35	2.39	31.21	9.47	21.1	9.12	7.75	22.08	0.23	29.06	1.6	/	46.24	3.05	0.64	3.3
15	东山精密	11.17	72.91	15.96	4.09	0.74	4.52	3.23	1.73	0.08	198.25	8.11	311.36	2.27	161.52	183.99	12.81	/	3.63	31.3	30.31	8.94	17.12	14.06	4.71	26.55
16	世运电路	9.97	24.74	22.73	10.42	0.72	7.97	4.11	1.14	0.33	21.67	2.26	31.79	7.87	21.74	7.69	6.86	17.87	0.49	29.66	3.77	0.34	42.88	2.57	0.52	3.85
17	中京电子	9.78	57.1	20.48	5.31	0.79	5.21	4.07	1.63	0.11	17.61	0.82	27.9	15.93	12.46	12.5	11.83	20.54	0.26	36.51	10.11	/	13.98	1.33	0.29	3.09
18	兴森科技	9.41	43.94	29.56	6.94	0.76	7.29	3.68	1.55	0.23	34.73	2.15	47.3	20.78	21.37	14.56	7.76	19.79	0.43	31.47	11.56	3.55	0.17	3.33	1.16	7.98
19	超声电子	9.17	31.55	20.02	6.68	0.94	5.99	3.52	1.7	0.29	49.41	2.7	54.32	17.14	32.99	16.1	11.93	27.08	0.12	28.85	7.53	1.29	26.23	4.59	0.92	7.53
20	博敏电子	6.79	40.6	18.78	6.4	0.63	4.77	4.32	1.39	0.12	19.49	1.25	38.27	15.54	14.36	14.42	8.99	13.2	1.32	28.32	10.4	1.3	38.05	1.74	0.68	3.02
21	超华科技	2.16	43.85	16.88	2.47	0.49	2.1	2.84	4.98	0.15	13.93	0.35	27.69	12.14	13.76	11.29	22.03	14.99	0.93	25.1	16.97	0.87	19.83	1.72	0.31	1.52
22	方正科技	1.72	70.59	16.72	0.99	0.51	2.95	3.52	11.64	0.1	57.01	0.55	110.31	77.87	56.64	66.13	14.23	15.37	4.28	33.76	16.8	6.02	4.15	6.41	1.95	9.52
23	丹邦科技	1.46	29.07	41.16	7.4	0.14	2.44	1.75	8.38	0.48	3.44	0.25	24.19	7.03	3.87	4.4	4.59	9.59	0.2	60.42	14.47	10.33	29.43	2.13	0.12	0.64
24	天津普林	-14.95	35.37	7.63	-15.1	0.64	4.67	3.54	-0.18	0.06	3.92	-0.59	5.85	2.07	2.98	1.94	11.91	18.63	0.06	32.79	/	/	51.62	0.11	0.05	1

电子零部件制造上市公司 2017 年度主要财务指标对比明细表

单位：%、亿元

序号	名称	净资产收益率	资产负债率	销售净利率	总资产周转率	销售毛利率	存货周转率	应收账款周转率	经营净现金流/净利润	经营净现金流/流动负债	营业收入	净利润	资产总额	负债总额	流动资产合计	流动负债合计	存货占比	应收账款占比	其他应收款占比	固定资产占比	短期借款占比	应付账款占比	长期借款占比	资本公积金占比	经营净现金流	支付的各项税费	支付给职工性质现金
1	盈趣科技	80.97	34.54	30.06	1.65	48.94	6.12	5.17	0.96	1.13	32.67	9.82	25.71	8.88	22.09	8.35	12.14	31.89	2.14	6.38	—	24.27	—	3.65	9.43	2.07	3.02
2	信维通信	37.66	47.87	25.93	0.81	36.43	7.83	2.83	0.83	0.3	34.35	8.91	53.33	25.53	36.57	24.39	6.43	24.49	1.43	9.04	28.03	8.98	—	6.71	7.37	2.06	4.49
3	精研科技	34.53	19.71	16.82	0.77	40.24	4.85	4.32	0.84	0.43	9.22	1.55	15.83	3.12	10	3	6.63	16.55	0.1	25.9	3.27	9.41	—	54.07	1.3	0.49	2.09
4	春秋电子	31.44	39.92	9.2	1.03	20.71	6.37	3.16	1.04	0.19	17.4	1.6	22.12	8.83	18.59	8.65	11.71	25.95	0.75	7.73	9.31	26.13	—	39.51	1.66	0.66	2.67
5	领益智造	23.87	57.38	8.84	1.15	10.35	10.38	6.04	0.42	0.08	159.25	14.08	96.58	55.42	65.97	54.59	18.91	39.58	1.89	23.55	12.29	28.97	—	9.17	5.84	4.8	17.4
6	易德龙	21.12	25.93	11.09	1.17	26.12	6.95	4.02	0.86	0.34	8.63	0.96	9.41	2.44	7.32	2.41	9.44	24.76	0.21	20.3	—	17.85	—	39	0.82	0.31	1.2
7	电连技术	18.98	8.24	25.47	0.6	46.71	5.48	4.27	1.49	2	14.23	3.62	34	2.8	28.99	2.69	4.09	8.94	0.19	7.94	—	5.76	—	66.41	5.39	1.88	3.67
8	中航光电	18.41	45.88	13.62	0.69	35.04	3.16	2.51	0.58	0.11	63.62	8.66	100.3	46.02	78.26	42.8	13.34	29.09	0.39	14.1	5.29	16.06	1.8	9.7	4.8	3.1	13.9
9	伊戈尔	16.27	35.06	6.78	1.05	28.3	4.81	6.14	0.81	0.14	11.49	0.78	13.55	4.75	9.99	4.65	13.58	16.68	0.95	22.95	11.96	16.75	0.09	35.72	0.63	0.49	2.2
10	美格智能	15.61	39.51	8.76	1	24.03	4.06	3.83	−0.3	−0.05	6.42	0.56	8.15	3.22	7.19	3.19	18.04	24.05	0.45	10.29	6.73	23.93	—	30.18	−0.17	0.32	1.87
11	和而泰	15.41	36.09	9.25	1.07	21.63	4.98	4.42	1.04	0.25	19.79	1.83	21.03	7.59	15.19	7.58	16.93	25.39	0.85	11.84	1.01	25.06	—	3.2	1.86	0.6	2.88
12	立讯精密	14.09	48.21	7.66	0.95	20	6.53	3.87	0.1	0.01	228.26	17.48	268.86	129.61	173.72	117.12	12.92	26.33	0.55	23.69	16.83	22.7	2.63	16.88	1.69	7.2	40.24
13	航天电器	13.81	35.56	13.22	0.64	36.23	5.36	2.49	0.6	0.13	26.12	3.45	43.92	15.62	36.22	13.77	7.47	28.07	0.25	11.2	—	18.56	—	9.61	1.86	0.79	4.92
14	蓝思科技	13.77	52.98	8.54	0.8	27.96	8.19	5.16	2.04	0.36	237.03	20.23	357.22	189.26	143.61	115.23	6.19	16.1	0.19	47.35	11.69	14.99	8.54	8.83	41.68	3.09	64.11
15	长盈精密	13.69	53.84	6.99	0.92	24.1	3.06	5.81	0.49	0.06	84.32	5.89	100.83	54.29	54.11	49.64	20.59	16.07	0.8	33.31	22.13	17.68	4	12.65	2.78	4.6	23.22
16	朗科智能	12.73	40.65	6.77	1.16	18.41	5.39	7.06	1.48	0.27	11.85	0.8	11.02	4.48	8.77	4.46	20.42	16.33	1.19	16.42	—	29.76	—	24.5	1.19	0.57	1.93
17	飞荣达	12.13	33.22	10.64	0.88	26.85	6.08	2.79	1.18	0.49	10.36	1.1	14.51	4.82	11.94	2.6	9.17	27.71	0.3	8.82	—	13.92	—	23.5	1.27	0.51	2.29
18	奋达科技	11.81	29.82	13.85	0.5	27.87	3.73	3.31	0.79	0.17	32.1	4.44	87.82	26.19	31.59	21.03	9.43	16.03	1.86	12.1	2.73	10.02	0.54	37.5	3.5	0.97	5.75
19	铭普光磁	11.77	37.76	5.32	1.07	17.74	3.81	3.38	0.28	0.04	15.1	0.8	16.79	6.34	13.64	6.34	17.69	31.27	0.46	14.71	5.96	22.16	—	31.15	0.23	0.63	2.52
20	拓邦股份	11.5	35.37	8.38	0.91	23.97	6.67	4.39	0.99	0.18	26.83	2.25	32.09	11.35	18.91	11.19	12.65	20.75	0.95	15.11	0.97	16.24	0.16	24	2.07	0.83	4.44
21	传艺科技	10.93	18.01	11.63	0.83	25.44	6.69	2.63	0.99	0.39	6.69	0.78	10.88	1.96	8.44	1.96	7.99	24.91	0.88	13.24	—	16.08	—	45.13	0.77	0.19	1.14
22	光韵达	10.52	33.05	11.43	0.59	43.67	5.76	2.55	0.84	0.16	5.13	0.59	10.62	3.51	4.12	3.18	6.27	23.35	0.24	37.66	17.89	6.78	—	32.67	0.51	0.62	1.29
23	瀛通通讯	9.78	12.29	11.7	0.77	30.42	5.21	3.62	0.75	0.47	7.22	0.84	11.88	1.46	8.8	1.37	9.09	17.34	0.36	18.6	—	8.75	—	38.47	0.64	0.43	2.08
24	安洁科技	9.72	22.3	14.32	0.45	37.62	5.48	3.15	0.76	0.16	27.15	3.88	87.18	19.44	35.99	18.48	4.81	13.67	0.15	18.42	0.7	10.05	0	55.01	2.98	1.51	4.6
25	智动力	9.66	24.63	7.4	0.83	23.84	4.53	5.78	0.31	0.07	5.68	0.42	8.2	2.02	5.15	2.02	10.24	13.05	0.44	20	13.17	9.52	—	27.8	0.13	0.18	0.93
26	硕贝德	9.55	64.66	1.3	0.93	19.53	6.27	5.1	0.77	0.04	20.68	0.27	20.12	13.01	12.23	11.54	12.33	21.87	3.61	31.16	28.98	14.71	5.37	2.66	0.44	0.56	3.75
27	闻泰科技	9.49	66.42	1.98	1.42	8.98	3.98	7.41	4.24	0.19	169.16	3.34	109.15	72.5	75.51	72.07	29.19	18.24	4.89	9.6	7.87	21.52	—	21.82	13.94	1.75	10.52
28	东山精密	9.35	64.76	3.45	0.83	14.32	4.52	3.27	0.31	0.01	153.9	5.3	221.13	143.21	135.17	140.89	15.27	27.42	0.3	18.22	28.57	19.78	0.32	26.54	1.61	1.66	17.86
29	得润电子	8.83	70.56	2.53	0.7	14.75	3.44	3.77	−0.99	−0.03	58.51	1.48	95.87	67.65	68.02	56.13	17.54	18	2.09	10.91	23.47	20.11	3.78	12	−1.74	1.89	10.25
30	劲胜智能	8.62	49.84	7.17	0.62	26.57	1.42	4.58	−0.38	−0.04	64.22	4.61	111.87	55.76	71.13	50.23	34.11	14.4	1.8	14.58	8.66	14.08	—	32.76	−1.77	3.15	14.33
31	超频三	7.82	49.4	9.66	0.54	31.45	3.6	5.45	−2.46	−0.18	4.11	0.4	10.85	5.36	6.12	4.66	8.81	11.34	4.2	28.76	16.68	9.22	5.54	26.36	−0.83	0.36	0.64
32	英唐智控	7.65	59.68	2.39	1.69	8.59	8.47	5.41	−3.31	−0.16	74	1.77	51.16	30.53	39.38	29.42	17.49	31.53	0.64	0.87	30.04	10.03	2.11	10.18	−4.73	0.74	1.38
33	徕木股份	7.21	35.86	13.19	0.35	35.29	1.18	2.06	1.96	0.27	3.74	0.49	10.96	3.93	6.14	3.61	19.34	17.97	0.29	34.67	20.07	6.09	2.03	18.07	0.97	0.24	0.71
34	可立克	6.99	27.38	6.21	0.85	22.1	6.8	3.98	1.41	0.26	9.24	0.57	11.47	3.14	8.1	3.09	10.11	21.8	1.25	16.83	6.1	17	—	5.19	0.81	0.47	1.91
35	捷荣技术	4.77	39.28	3.25	0.84	19.13	2.93	4.15	−2.68	−0.18	15.2	0.49	19.78	7.77	14.12	7.71	24.42	18.15	1.55	19.01	5.05	24.52	—	25.33	−1.39	0.91	4.4
36	和晶科技	4.67	46.23	6.18	0.47	22.74	2.79	2.99	−0.39	−0.02	14.29	0.88	32.47	15.01	14.94	14.05	11.03	17	1.01	11.24	23.31	10.9	1.44	30.8	−0.3	1.02	1.45
37	宜安科技	4.4	43.94	3.22	0.62	24.73	4.59	3.68	4.18	0.35	8.11	0.26	14.84	6.52	6.89	3.93	8.83	16.51	0.36	34.37	7.61	12.4	6.47	5.77	1.37	0.19	1.67
38	星星科技	1.95	61.68	1.2	0.67	15.17	3.34	3.5	−3.32	−0.05	56.47	0.68	89.69	55.32	45.69	49.12	16.81	18.42	0.84	22.71	25.88	16.97	5.83	29.11	−2.21	1.55	9.66
39	维科技术	1.79	48.64	0.64	0.85	18	5.22	6.85	−3.33	−0.04	15.97	0.1	27.18	13.22	17.74	12.58	14.9	15.49	0.1	13.8	11.18	18.21	—	29.69	−0.55	0.85	4.02
40	茂硕电源	1.51	55.91	1.51	0.76	19.64	6.37	3.09	15	0.17	16.52	0.25	20.48	11.45	11.56	11.22	9.91	23.44	1.64	27.98	11.96	22.71	—	22.02	1.96	0.89	2.64
41	春兴精工	−12.85	65.84	−9.53	0.55	7.34	4.43	3.53	0.1	−0.01	38.04	−3.63	83.02	54.66	39.03	53.5	9.78	15.66	1.82	25.09	29.7	11.29	0.23	17.35	−0.37	1.78	6.44

电子零部件制造上市公司 2018 年度主要财务指标对比明细表

单位：%、亿元

序号	名称	净资产收益率	资产负债率	销售毛利率	销售净利率	总资产周转率	存货周转率	应收账款周转率	经营净现金流/净利润	经营净现金流/流动负债	营业收入	净利润	资产总计	负债合计	流动资产合计	流动负债合计	存货占比	应收账款占比	其他应收款占比	固定资产占比	短期借款占比	长期借款占比	资本公积金占比	经营净现金流	支付的各项税费	支付给职工性质现金
1	信维通信	30.72	48.66	36.51	21.03	0.75	6.81	2.69	0.62	0.29	47.07	9.88	72.17	35.12	38.7	21.12	7.41	30.44	0.88	10.75	9.92	18.8	3.89	6.09	2.86	7.54
2	盈趣科技	28.01	20.71	43.03	29.22	0.76	4.91	3.6	0.9	0.83	27.79	8.14	47.27	9.79	38.91	8.85	7.04	15.34	1.23	5.21	/	0.06	36.2	7.36	2.07	3.67
3	恒铭达	25.27	15.35	49	25.17	0.85	6.03	2.04	1.04	1.35	5.01	1.26	6.48	1	4.94	0.97	5.66	40.12	0.01	19.78	/	/	30.25	1.31	0.39	0.93
4	福蓉科技	23.4	39.81	30.59	16.19	0.87	4.62	—	0.77	0.29	9.84	1.59	11.37	4.52	6.1	4.3	12.58	/	0.01	39.1	30.43	0.09	2.91	1.23	0.54	0.57
5	洁美科技	20.26	26.39	37.05	21	0.71	3.66	3.34	0.61	0.46	13.11	2.75	21.14	5.58	11.56	3.68	15.42	19.68	0.46	33.73	6.81	4.67	32.64	1.68	0.6	1.79
6	立讯精密	19.38	54.24	21.05	7.85	1.13	6.9	3.94	1.15	0.18	358.5	27.23	364.41	197.67	230.78	171.79	12.99	30.55	0.85	25.95	15.54	4.11	9.87	31.42	8.94	52.16
7	和而泰	17.68	53.61	20.62	8.82	0.93	4.57	4.01	1.32	0.22	26.71	2.22	36.19	19.4	20.28	13.46	15.81	22.08	0.17	9.88	6.02	3.26	5.08	2.92	0.79	3.95
8	中航光电	17.5	50.54	32.56	12.92	0.67	3.19	2.37	0.02	0	78.16	9.54	132.86	67.15	108.32	55.54	14.79	27.67	0.34	10.4	8.58	0.02	7.53	0.23	2.81	18.58
9	兴瑞科技	16.53	21.72	27.84	10.78	1.2	10.73	3.59	−2.11	−1	10.18	1.1	10.67	2.32	8.52	2.32	6.39	26.62	1.02	14.68	/	/	41.24	−2.32	0.41	2.79
10	飞荣达	16.18	38.1	30.94	12.52	0.8	5.5	2.81	0.38	0.12	13.26	1.62	18.73	7.14	12.95	5	10.68	28.94	0.59	15.27	/	/	17.3	0.61	0.79	2.63
11	欣旺达	15.38	71.12	14.83	3.47	1.28	6.36	4.63	1.57	0.1	203.38	7.01	186.77	132.83	126.99	114.97	17.65	25.39	2.98	19.61	13.39	3.79	9.66	11.01	2.27	20.67
12	易德龙	13.97	25.59	25.88	10.72	0.97	6.83	3.92	1.04	0.42	9.51	1.02	10.3	2.64	7.77	2.54	11.46	24.56	0.42	20.32	/	/	35.63	1.06	0.29	1.47
13	环旭电子	13.49	53.3	10.86	3.52	1.79	7.4	4.99	−0.19	−0.02	335.5	11.8	201.51	107.41	178.95	105.97	23.62	37.66	0.43	7.66	7.3	/	8.22	−2.19	3.07	23.52
14	航天电器	13.09	32.52	36.79	14.25	0.62	5.13	2.11	0.34	0.09	28.34	3.59	47.22	15.36	39.43	14.2	7.84	30.69	0.22	11.7	/	/	10.21	1.22	0.91	6.13
15	传艺科技	11.83	39.45	23.08	8.43	0.85	5.73	3.02	0.27	0.04	11.43	0.96	16.03	6.33	10.23	5.74	13.72	30.32	0.64	20.7	11.85	3.61	24.39	0.26	0.31	2.1
16	拓邦股份	11.5	42.61	19.95	6.95	0.95	6.07	4.29	1.08	0.14	34.07	2.22	39.49	16.83	23.52	16.72	12.46	23.32	0.55	18.67	12.43	/	10.81	2.4	0.81	6.06
17	利通电子	11.09	50.84	21.58	5.8	0.94	4.06	3.38	−0.75	−0.07	15.95	0.92	19.26	9.79	15.8	9.74	17.76	21.91	0.26	14.47	18.17	/	33.28	−0.69	0.96	1.62
18	英唐智控	11.09	67.32	7.66	1.64	2.21	12.56	5.94	−1.55	−0.07	121.14	1.41	58.72	39.53	46.6	33.14	15.09	41.94	0.57	1.25	24.76	1.33	8.87	−2.18	1.2	1.91
19	京泉华	11	49.29	17.32	6.64	0.84	4.13	3.12	−0.01	0	11.66	0.8	14.55	7.17	10.72	5.92	18.83	22.27	1.12	3.7	5.1	7.7	20.69	−0.01	0.13	1.84
20	硕贝德	10.17	63.84	21.79	4.13	0.89	5.66	4.28	6.33	0.38	17.22	0.62	18.38	11.73	10.11	10.53	12.46	19.86	3.5	33.57	25.35	5.32	0.11	3.95	0.33	3
21	可立克	9.99	23.81	23.44	7.77	0.98	7.06	4.19	0.32	0.11	10.94	0.85	10.92	2.6	7.14	2.56	11.08	24.91	2.62	17.06	3.11	/	5.45	0.27	0.41	2.21
22	美格智能	9.27	41.04	16.46	4.71	1.16	5.09	4.46	0.79	0.1	9.9	0.47	8.98	3.68	8.08	3.66	19.71	27.62	2.54	8	7.74	/	19.04	0.37	0.29	1.74
23	光韵达	9.12	33.26	42.27	11.71	0.52	4.47	2.44	2.59	0.51	5.8	0.68	11.54	3.84	4.21	3.45	7.21	19.67	0.34	35.72	18.37	/	23.57	1.77	0.65	1.41
24	春秋电子	8.27	44.53	18.24	6.12	0.75	5.17	2.86	0.44	0.04	17.75	1.09	25.43	11.33	17.57	10.81	11.92	26.19	0.68	19.69	16.75	/	32.25	0.47	0.52	3.31
25	得润电子	8.15	69.63	14.02	3.3	0.75	3.69	3.99	−0.96	−0.04	74.54	2.61	101.63	70.77	66.88	60.33	17.66	19.76	5.25	11.94	28.12	0.69	12.73	−2.5	2.65	13.46
26	安洁科技	7.95	20.98	31.28	15.33	0.41	4.94	2.98	0.95	0.3	35.54	5.47	87.96	18.45	35.19	17.27	6.48	13.55	0.14	20.95	0.84	0	51.63	5.21	1.83	7.87
27	电连技术	7.38	10.35	37.86	17.87	0.37	4.84	4.38	1.4	0.87	13.41	2.4	38.18	3.95	30.51	3.85	5.37	8.09	0.39	10.33	/	/	56.63	3.35	1.11	3.96
28	瀛通通讯	6.9	30.42	25.24	7.06	0.68	4.17	3.39	0.12	0.02	8.96	0.64	14.32	4.36	9.13	4.25	14.87	22.63	0.97	20.3	2.86	/	31.7	0.07	0.45	2.62
29	朗科智能	6.56	36.7	14.79	3.71	1.12	3.99	6.19	−2.12	−0.25	12.02	0.45	10.47	3.84	8.04	3.83	27.6	19.96	0.87	17.37	/	/	25.79	−0.94	0.35	2.17
30	徕木股份	6.35	41.84	32.22	9.98	0.37	1.26	2.03	1.78	0.16	4.34	0.43	12.57	5.26	6.76	4.77	20.37	18.38	0.4	37.02	23.31	1.96	12.89	0.77	0.25	0.87
31	超频三	5.05	53.95	31.28	5.41	0.43	3.47	3.83	4.12	0.07	5.13	0.1	12.81	6.91	6.25	5.58	8.43	11.32	3.2	25.18	25.29	9.52	18.97	0.41	0.23	0.79
32	伊戈尔	4.44	33.17	22.76	3.66	0.81	4.7	5.08	1.56	0.15	10.88	0.42	13.42	4.45	8.28	4.32	12.89	15.05	0.98	25.25	11.85	0.01	36.07	0.65	0.42	2.36
33	蓝思科技	3.83	60.39	22.63	2.17	0.7	8.63	4.65	7.65	0.24	277.17	6.37	431.4	260.53	143.97	199.93	6.4	14.33	0.12	52.69	22.2	3.21	4.16	48.73	8.1	73.85
34	科达利	3.66	32.93	20.18	4.02	0.61	5.5	3.66	2.08	0.15	20	0.82	35.38	11.65	17.79	11.39	7.66	20.69	0.27	35.42	5.65	/	38.21	1.71	0.99	3.33
35	精研科技	3.03	23.47	30.2	4.21	0.55	5.32	2.86	2.22	0.22	8.82	0.37	16.52	3.88	8.91	3.7	7.69	21.43	0.27	38.39	/	/	51.82	0.82	0.25	2.63
36	春兴精工	2.8	66.67	17.77	1.61	0.58	4.35	3.44	7.53	0.05	49.33	0.4	87.55	58.37	51.79	57.74	12.04	17.88	5.06	23.06	21.09	0.19	16.38	3.01	1.85	6.89

续表

序号	名称	净资产收益率	资产负债率	销售毛利率	销售净利率	总资产周转率	存货周转率	应收账款周转率	经营净现金流/净利润	经营净现金流/流动负债	营业收入	净利润	资产总计	负债合计	流动资产合计	流动负债合计	存货占比	应收账款占比	其他应收款占比	固定资产占比	短期借款占比	长期借款占比	资本公积金占比	经营净现金流	支付的各项税费	支付给职工性质现金
37	铭普光磁	2.46	40.95	13.76	1.58	0.92	4.47	2.96	−1.54	−0.05	16.05	0.26	17.99	7.37	14.02	7.34	17.9	31.02	0.44	16.32	8.28	/	29.52	−0.4	0.34	2.64
38	捷荣技术	2.44	53.45	15.73	1.16	0.98	3.52	4.79	6.89	0.16	22.03	0.29	25.15	13.44	16	12.53	22.78	22.31	1.39	16.57	7.04	/	20	2.02	0.94	4.58
39	闻泰科技	2.37	77.98	9.06	0.42	1.24	6.55	5.08	53.62	0.25	173.35	0.61	169.42	132.11	118.24	131.31	9.59	28.52	0.25	3.21	11.8	/	14.06	32.72	2.96	12.2
40	智动力	1.27	43.81	19.22	1.05	0.68	4.76	4.65	4.33	0.07	6.51	0.07	11.06	4.84	4.71	4.44	12.39	15.64	0.24	33.1	15.91	/	18.08	0.3	0.03	1.28
41	长盈精密	0.19	53.55	19.94	0.1	0.87	3.28	5.54	20.07	0.16	86.26	0.38	98.11	52.55	53.91	48.57	21.7	15.22	0.82	35.47	23.96	3.25	13.08	7.72	2.79	24.64
42	领益智造	−9	55.15	20.18	−3.31	1.22	9.64	4.86	−2.25	0.13	225	−[illegible].8	221.22	122.01	123.92	114.31	11.41	30.1	1.66	26.43	15.64	0.2	31.03	15.32	8.58	39.52
43	奋达科技	−14.09	31.99	17.95	−23.37	0.41	4.3	2.73	−0.75	0.33	33.46	−[illegible].8	76.9	24.6	25.41	17.97	5.84	13.51	0.61	12.89	4.94	2.47	34.76	5.87	1.28	6.51
44	茂硕电源	−44.4	67.35	18.96	−20.42	0.71	6.33	2.84	−0.3	0.07	13.38	−[illegible].56	17.05	11.48	10.35	10.98	8.15	27.16	1.45	23.99	13.02	/	24.11	0.78	0.47	2.07
45	和晶科技	−81.83	63.88	17.24	−65.68	0.45	2.87	3.04	−0.13	0.06	12.72	−[illegible].12	24.57	15.69	11.78	15.25	15.26	11.6	0.26	15.35	36.87	/	40.7	0.94	0.59	1.58
46	劲胜智能	−88.81	67.16	12.54	−52.08	0.56	1.63	3.39	0.03	−0.02	55.07	−2[illegible].66	84.16	56.52	48.74	51.19	24.74	19.49	2	14.35	12.74	/	43.61	−0.88	2.49	15.29
47	星星科技	−101.43	79.57	7.32	−46.05	0.45	2.37	2.37	0.05	−0.02	38.19	−1[illegible].99	81.47	64.83	39.63	53.73	18.08	19.23	1.78	29.78	30.78	6	27.73	−0.81	0.9	9.15

电气设备—电机上市公司 2017 年度主要财务指标对比明细表

单位：%、亿元

序号	名称	净资产收益率	资产负债率	销售净利率	总资产周转率	销售毛利率	存货周转率	应收账款周转率	经营净现金流/净利润	经营净现金流/流动负债	营业收入	净利润	资产总额	负债总额	流动资产合计	流动负债合计	存货占比	应收账款占比	其他应收款占比	固定资产占比	短期借款占比	应付账款占比	长期借款占比	资本公积金占比	经营净现金流	支付的各项税费	支付给职工性质现金
1	科力尔	18.24	16	11.06	1.09	25.7	4.94	6.73	0.69	0.43	5.92	0.65	6.75	1.08	5.01	1.05	15.7	13.78	0.49	23.7	—	10.05	—	52.74	0.45	0.26	1.09
2	江苏雷利	15.42	30.46	10.77	0.95	25.72	4.41	4.45	0.54	0.14	20.23	2.18	28.63	8.72	26.04	8.72	13.1	16.1	0.08	6.04	2.79	10.86	—	52.36	1.18	0.73	3.25
3	凯中精密	13.94	41.92	11.02	0.77	29.41	5.35	5	1.08	0.23	13.84	1.53	19.56	8.2	10.11	7.15	10.79	15.08	0.31	22.9	21.42	7.67	4.9	20.35	1.65	0.93	3.93
4	华瑞股份	13.62	47.23	6.82	0.97	21.28	3.56	4.14	0.56	0.08	8.34	0.57	9.19	4.34	6.04	4.12	21.55	22.2	0.68	28.4	28.29	6.38	—	22.85	0.32	0.57	1.49
5	微光股份	13.61	14.4	18.91	0.62	29.97	8.66	6.24	0.75	0.63	5.69	1.08	9.79	1.41	8.27	1.28	5.4	10.42	0.31	11.85	—	6.33	—	24.11	0.81	0.29	0.71
6	鸣志电器	12.93	22.08	10.2	0.96	38.14	4.34	4.23	0.89	0.31	16.28	1.66	21.69	4.79	17.52	4.79	11.76	18.44	1.58	6.73	6.5	12.63	—	38.31	1.47	0.64	4.29
7	卧龙电气	12.31	63.96	6.66	0.61	21.47	3.66	3.57	0.48	0.04	100.86	6.71	167.75	107.29	93.21	74.13	13	15.85	6.65	16.86	19.19	12.4	15.15	11.13	3.17	3.68	17.02
8	迪贝电气	10.39	18.43	7.88	1.07	15.59	5.36	7.74	0.41	0.16	6.54	0.52	7.27	1.34	5.37	1.29	16.23	13.2	0.45	20.36	—	6.65	—	29.99	0.21	0.2	0.52
9	*ST 佳电	8.07	43.45	7.59	0.57	29.23	3	2.27	0.1	0.01	15.88	1.21	27.48	11.94	19.32	10.92	13.61	23.22	0.57	17.69	—	25.87	—	41.56	0.12	0.95	1.69
10	江特电机	7.24	54.23	8.4	0.4	25.98	3.29	3.43	−3.17	−0.21	33.65	2.82	91.86	49.82	46.84	43.14	9.19	13.73	15.31	15.85	16.72	13.09	5.49	19.02	−8.91	1.47	3.16
11	方正电机	5.5	24.82	10.02	0.43	23.4	2.91	2.7	0.35	0.06	13.18	1.32	32.92	8.17	14.35	7.81	11.33	18.23	0.33	14.4	5.74	11.18	—	51.34	0.46	0.7	1.56
12	中电电机	5.05	26.54	10.76	0.35	33.53	1.52	2.16	1.54	0.21	3.08	0.33	9.08	2.41	7.49	2.41	15.75	15.31	0.46	6.11	—	10.77	—	31.72	0.51	0.1	0.45
13	大洋电机	4.74	43.4	5.22	0.55	20.28	4.37	4.13	0.33	0.02	86.05	4.49	170.68	74.07	86.66	58.53	10.36	13.71	0.81	13.3	7.66	13.4	5.21	30.84	1.38	3.08	11.29
14	神力股份	4.19	17.54	4.29	0.86	11.45	4.42	4.64	−1.78	−0.35	7.18	0.31	9.01	1.58	7.4	1.56	19.76	19.42	3.56	8.19	7.21	3.6	—	50.17	−0.55	0.18	0.61
15	通达动力	0.46	19.01	−0.11	1.07	10.26	5.07	6.2	−1.28	−0.03	10.85	−0.01	10.52	2	7.56	1.92	19.58	17.21	0.31	19.96	—	5.52	—	52	−0.05	0.28	1.19

电气设备—电机上市公司2018年度主要财务指标对比明细表

单位：%、亿元

序号	名　称	净资产收益率	资产负债率	销售毛利率	销售净利率	总资产周转率	存货周转率	应收账款周转率	经营净现金流/净利润	经营净现金流/流动负债	营业收入	净利润	资产总计	负债合计	流动资产合计	流动负债合计	存货占比	应收账款占比	其他应收款占比	固定资产占比	短期借款占比	长期借款占比	资本公积金占比	经营净现金流	支付的各项税费	支付给职工性质现金
1	捷昌驱动	23.41	17.41	42.06	22.75	0.85	4.5	8.74	0.88	0.68	11.16	2.54	19.17	3.34	14.87	3.27	10.22	6.68	2.16	14.39	/	/	48.51	2.23	0.74	1.42
2	佳电股份	16.41	43.32	38.03	14.31	0.65	2.49	3.04	0.58	0.14	19.48	2.79	32.33	14.01	25.9	11.88	18.37	19.86	0.86	13.91	/	/	36.99	1.62	1.48	1.9
3	科力尔	11.65	16.32	22.04	9.65	1.01	5.33	6.43	0.84	0.49	7.21	0.7	7.48	1.22	5.48	1.18	14.04	17.51	0.38	23.39	/	/	47.59	0.58	0.25	1.3
4	微光股份	11.42	17.23	29.71	15.25	0.62	7.23	4.82	0.68	0.36	6.47	0.97	10.99	1.89	9.07	1.84	6.64	15.2	0.42	13.01	2.64	/	20.29	0.66	0.32	0.85
5	卧龙电驱	11.16	64.95	26.13	6.21	0.63	3.53	3.78	1.53	0.11	110.76	6.37	184.55	119.86	96.08	91.07	13.33	17.33	4.86	19.97	19.94	11.05	10.09	9.75	4.87	18.57
6	凯中精密	10.27	53.73	25.32	6.79	0.7	4.51	5.15	2.27	0.31	16.7	1.13	28.48	15.31	11.06	8.26	12.01	12.43	0.7	42.84	16.54	12.92	14.26	2.57	0.78	4.8
7	江苏雷利	9.77	29.64	23.24	8.93	0.77	4.14	4.24	0.71	0.16	22.49	2	30.16	8.94	26.28	8.94	15.22	19.89	0.1	6.53	1.35	/	49.24	1.42	0.66	3.44
8	鸣志电器	9.63	25.03	34.99	8.8	0.82	4.18	4.58	0.68	0.22	18.94	1.67	24.65	6.17	17.37	5.16	13.55	17.36	0.95	8.24	6	/	29.82	1.14	0.69	5.14
9	华瑞股份	9.06	50.16	18.41	5.19	0.87	3.44	4.05	0.29	0.03	8.5	0.44	10.41	5.22	6.21	4.68	19.69	20.75	0.53	24.24	35.93	/	12.49	0.13	0.4	1.53
10	中电电机	7.39	29.99	32.23	11.25	0.46	1.63	3.15	1.13	0.19	4.29	0.48	9.6	2.88	7.85	2.88	22.19	13.85	0.61	6.33	/	/	18.02	0.55	0.18	0.66
11	神力股份	7.19	37.33	12.84	5.06	0.89	4.62	4.37	-1.72	-0.23	9.53	0.48	12.44	4.64	9.35	3.62	14.63	20.98	0.16	5.8	16.4	8.04	36.5	-0.83	0.17	0.68
12	迪贝电气	6.83	12.98	14.59	6.75	0.88	4.51	6.91	1.28	0.62	6.35	0.43	7.13	0.93	4.77	0.89	17.25	12.33	1.37	18.14	0.07	/	30.58	0.55	0.53	0.54
13	通达动力	1.83	23.02	10.91	1.33	1.06	4.55	5.81	0.8	0.06	11.55	0.19	11.24	2.59	8.44	2.56	21.89	19.31	0.3	16.1	1.33	/	48.67	0.15	0.33	1.03
14	方正电机	-20.9	31.34	18.62	-32.61	0.44	2.99	2.24	-0.09	0.05	13.64	-4.44	28.69	8.99	13.74	8.38	12.86	21.47	0.96	18.78	9.55	/	57.23	0.39	0.52	1.84
15	大洋电机	-33.25	54.1	17.95	-27.75	0.55	3.76	3.42	-0.31	0.14	86.38	-23.76	145.63	78.79	85.18	55.19	13.75	18.6	1.17	16.19	3.44	10.71	36.15	7.47	3.71	11.32
16	江特电机	-47.25	62.29	18.75	-55.68	0.32	2.83	2.82	0.55	-0.16	30.17	-16.6	98.93	61.62	57.67	56.04	8.95	8.85	14.84	18.43	25.43	2.84	28.53	-9.16	1.41	3.87

通用设备—金属制品上市公司2017年度主要财务指标对比明细表

单位：%、亿元

序号	名称	净资产收益率	资产负债率	销售净利率	总资产周转率	销售毛利率	存货周转率	应收账款周转率	经营净现金流/净利润	经营净现金流/流动负债	营业收入	净利润	资产总额	负债总额	流动资产合计	流动负债合计	存货占比	应收账款占比	其他应收款占比	固定资产占比	短期借款占比	应付账款占比	长期借款占比	资本公积金占比	经营净现金流	支付的各项税费	支付给职工性质现金
1	大业股份	19.02	51.62	6.97	0.84	17	7.28	3.65	0.79	0.08	18.85	1.31	28.17	14.54	20.58	12.69	8.59	20.66	0.89	22.51	5.04	5.43	2.56	24.21	1.03	0.46	1.12
2	法尔胜	17.92	90.25	7.43	0.22	17.36	6.95	4.76	−5.72	−0.1	20.04	1.49	96.88	87.43	84.73	82.37	0.66	2.54	1.98	1.95	46.47	2	4.46	0.14	−8.18	0.9	1
3	科森科技	15.18	48.91	10.27	0.88	29.33	11.98	2.49	0.78	0.11	21.65	2.22	34.41	16.83	18.9	15.26	4.91	34.03	1.92	34.5	19.85	18.31	2.62	24.09	1.74	0.54	3.83
4	文灿股份	14.66	51.86	9.97	0.73	26.63	7.39	4.64	1.47	0.29	15.57	1.55	23.37	12.12	8.05	7.88	6.93	15.45	0.75	46.34	11.64	17.16	17.93	20.37	2.28	0.8	2.43
5	精达股份	12.05	40.69	3.74	2.12	10.92	12.1	6.48	−1.22	−0.19	113.44	4.25	57.76	23.5	40.95	23.3	16.31	35.32	0.55	16.1	17.54	11.08	—	0.34	−4.33	2.2	2.76
6	联诚精密	10.88	43.13	7.4	0.61	25.99	2.93	5.27	0.41	0.05	6.1	0.45	11.5	4.96	6.24	3.57	15.3	11.04	0.19	34.26	16.52	11.22	8.96	36.52	0.19	0.4	1.14
7	泰嘉股份	8.8	12	16.88	0.52	41.4	3.11	6.86	1.79	1.14	3	0.51	6.94	0.83	4.22	0.79	8.8	5.57	0.44	29.11	0.71	4.1	—	28.39	0.91	0.31	0.39
8	中集集团	8	66.89	4.14	0.6	18.36	3.4	5.47	1.7	0.08	763	31.58	1306.04	873.67	590.02	514.22	14.75	12.55	6.32	17.57	11.73	9.35	18.48	3.22	42.75	25.86	62.11
9	银龙股份	7.42	23.29	5.45	1.12	16.92	7.7	2.75	−0.29	−0.07	21.78	1.19	21.38	4.98	16.25	4.71	12.44	42.42	1.58	12.91	7.02	2.77	—	31.43	−0.34	0.97	0.83
10	通润装备	6.62	19.67	6.71	0.86	25.68	7.94	6.55	1.54	0.39	12.17	0.82	14.44	2.84	10.72	2.78	8.52	13.16	0.26	21.68	0.55	11.7	—	29.29	1.09	0.61	1.49
11	新日恒力	4.6	55.63	3.3	0.44	7.34	5.67	5.62	3.03	0.09	12.48	0.41	22.99	12.79	15.39	12.78	4.07	2.06	0.62	7.66	22.18	4.57	—	14.66	1.16	0.39	1.31
12	玉龙股份	4.01	20.93	5.9	0.49	8.07	6.48	6.67	2.38	0.36	13.85	0.82	25.61	5.36	24.93	5.35	9.37	6.48	0.29	0.74	—	14.68	—	35.3	1.9	0.32	0.24
13	京城股份	3.61	46.81	1.92	0.64	16.17	2.86	4.22	−10.88	−0.3	12.03	0.23	19.25	9.01	9.69	7.53	20.21	18.44	0.21	34.13	14.81	13.4	0.26	35.69	−2.27	0.89	2.17
14	赛福天	3.53	28.41	4.33	0.6	19.45	2.74	4.9	3.29	0.3	5.55	0.24	9.61	2.73	5.11	2.66	16.86	12.7	0.21	42.98	7.91	3.36	—	19.88	0.79	0.23	0.95
15	富瑞特装	2.9	56.02	2.9	0.43	29.39	1.49	2.45	0.38	0.01	17.46	0.51	42.06	23.56	25.65	21.91	20.04	18.24	0.37	26.41	18.66	13.36	1.5	21.52	0.2	0.49	2.14
16	大西洋	2.52	27.49	2.76	0.76	15.87	4.3	15.63	0.54	0.03	21.1	0.58	28.63	7.87	13.33	7.46	16.07	4.96	0.12	34.13	10.76	4.89	0.15	15.65	0.25	0.81	2.39
17	大金重工	2.41	36.9	4.06	0.38	15.46	2.11	1.69	−2.75	−0.15	10.21	0.41	27.56	10.17	19.07	7.68	16.94	24.27	0.6	14.26	0.91	6.68	—	27.58	−1.14	0.23	0.45
18	恒星科技	2.02	51.89	2.46	0.57	15.91	6.12	4.53	2.88	0.06	30.46	0.75	64.41	33.42	34.56	29.17	8	11.43	0.53	24.25	16.74	7.78	5.84	16.27	1.63	0.74	1.6
19	宝色股份	1.76	52.95	2.39	0.34	10.69	1.33	1.67	3.44	0.06	4.4	0.11	12.88	6.82	7.64	6.56	21.04	21.27	0.91	29.58	11.65	9.86	—	17.39	0.36	0.09	0.71
20	贵绳股份	1.62	38.96	1.22	0.82	13.26	3.95	7.16	1.63	0.05	18.13	0.22	22.51	8.77	15.36	7.89	18.39	11.28	0.4	11.37	11.77	4.44	2.67	37.32	0.36	0.75	2.46
21	巨力索具	−0.72	41.65	−1.21	0.35	20.21	1.77	1.72	−6	0.08	14.16	−0.17	41.08	17.11	23.38	13.45	16.75	19.16	1.49	35.35	18.26	5.48	5.6	16.38	1.03	0.54	2.13

通用设备—金属制品上市公司 2018 年度主要财务指标对比明细表

单位：%、亿元

序号	名称	净资产收益率	资产负债率	销售毛利率	销售净利率	总资产周转率	存货周转率	应收账款周转率	经营净现金流/净利润	经营净现金流/流动负债	营业收入	净利润	资产总计	负债合计	流动资产合计	流动负债合计	存货占比	应收账款占比	其他应收款占比	固定资产占比	短期借款占比	长期借款占比	资本公积金占比	经营净现金流	支付的各项税费	支付给职工性质现金
1	大业股份	14.31	52.35	16.05	8.42	0.81	7.21	4.05	1.57	0.21	24.39	2.05	32.04	16.77	20.14	15.62	10.21	19.44	0.45	27.25	5.37	0.78	21.29	3.21	0.64	1.53
2	精达股份	13.8	34.42	9.84	4.33	2.09	11.76	6.36	1.8	0.42	118.98	4.37	56.24	19.36	37.93	18.79	15.68	30.21	0.31	17.1	12.82	/	0.39	7.87	2.44	3.3
3	通润装备	11.55	18.88	24.97	10.53	0.89	6.85	6.79	1.16	0.48	13.46	1.21	15.73	2.97	11.79	2.91	10.87	13.16	0.14	20.38	0.83	/	26.95	1.4	0.71	1.75
4	银龙股份	9.74	35.35	17.28	6.49	0.97	6.77	2.44	1.71	0.28	23.38	1.5	26.88	9.5	20.55	9.26	11.35	37.43	4.72	12.7	9.41	/	8.59	2.57	0.85	1.08
5	泰嘉股份	9	17.56	42.16	15.78	0.47	2.88	9.09	1.28	0.67	3.53	0.56	8.08	1.42	4.35	1.07	9.99	4.83	0.5	34.58	/	3.79	24.5	0.72	0.22	0.44
6	中集集团	8.57	67.02	14.88	4.35	0.65	3.42	—	0.04	0	934.98	33.8	1588.84	1064.81	819.03	735.36	17.2	/	7.1	14.59	12.52	16.22	2.6	1.41	30.7	84.55
7	科森科技	7.49	60.67	24.07	5.17	0.57	7.55	1.91	2.62	0.15	24.08	1.25	49.61	30.1	24.32	22.43	6.35	27.35	0.05	38.3	22.03	2.24	14.39	3.28	0.6	5.14
8	大金重工	3.58	38.47	20.36	6.47	0.34	1.43	1.63	1.63	0.12	9.7	0.63	29.48	11.34	19.84	8.85	20.73	17.67	0.84	16.28	/	/	27.07	1.02	0.42	0.37
9	大西洋	3.55	27.96	14.52	2.87	0.89	4.44	19.43	0.78	0.06	25.74	0.62	29.19	8.16	13.86	7.75	18.19	4.21	1.36	39.53	11.34	0.09	15.35	0.48	0.85	2.59
10	宝色股份	2.53	58.74	19	2.05	0.51	1.68	2.1	-0.5	-0.01	7.14	0.15	14.98	8.8	9.35	8.59	27.9	27.1	0.67	29.33	19.69	/	14.95	-0.07	0.05	0.81
11	赛福天	2.43	27.62	19.37	3.09	0.57	2.21	4.63	-1.22	-0.08	5.47	0.17	9.66	2.67	5.48	2.6	24.43	11.8	0.12	39.95	16.56	/	19.77	-0.21	0.29	0.88
12	贵绳股份	1.91	42.66	14.14	1.23	0.89	4.42	8.61	9.02	0.24	20.76	0.26	24.28	10.36	16.5	9.46	16.19	9.39	0.24	9.43	10.91	2.47	34.6	2.31	0.79	2.71
13	富瑞特装	0.76	53.16	31.1	0.99	0.36	1.17	2.09	20.28	0.13	14.45	0.13	39.17	20.82	23.4	19.83	21.93	15.75	2.94	26.33	17.21	1.05	23.1	2.6	0.82	2.04
14	巨力索具	0.74	39.56	19.91	1.06	0.42	1.75	2.23	3.97	0.05	16.85	0.18	39.96	15.81	22.36	14.89	21.42	18.14	0.93	33.73	15.52	/	16.84	0.71	0.3	2.37
15	玉龙股份	0.4	14.96	5.1	0.6	0.56	8.06	7.36	-4.08	-0.22	15.23	0.22	28.34	4.24	19.55	4.06	4.2	8.75	0.35	3.6	/	/	31.9	-0.89	0.07	0.4
16	恒星科技	-7.11	48.7	14	-7.15	0.51	4.95	3.96	-0.8	0.04	30.14	-1.39	54.89	26.73	30.63	25.58	9.71	14.3	0.67	21.5	23.17	1.04	21.53	1.11	0.86	1.92
17	京城股份	-14.84	51.38	9.34	-11.83	0.61	2.84	3.88	-0.12	0.02	11.22	-0.94	17.75	9.12	7.64	7.28	18.37	12.56	1.15	39.85	15.66	0.62	38.7	0.11	0.59	2.29

仪器仪表上市公司 2017 年度主要财务指标对比明细表

单位：%、亿元

序号	名称	净资产收益率	资产负债率	销售净利率	总资产周转率	销售毛利率	存货周转率	应收账款周转率	经营净现金流/净利润	经营净现金流/流动负债	营业收入	净利润	资产总额	负债总额	流动资产合计	流动负债合计	存货占比	应收账款占比	其他应收款占比	固定资产占比	短期借款占比	应付账款占比	长期借款占比	资本公积金占比	经营净现金流	支付的各项税费	支付给职工性质现金
1	香山股份	24.47	17.67	7.69	1.25	29.98	5.56	16.02	0.64	0.27	9.29	0.71	9.79	1.73	7.34	1.72	13.48	6.22	0.37	18.39	—	9.15	—	47.91	0.46	0.45	2.09
2	精测电子	21.08	32.18	18.88	0.79	46.66	3.29	2.65	0.71	0.34	8.95	1.69	12.74	4.1	11.64	3.49	12.72	30.61	1.17	1.57	2.35	15.86	—	35.56	1.18	0.96	1.56
3	星云股份	15.35	20.34	20.15	0.59	51.89	1.54	2.58	−0.33	−0.16	3.09	0.62	6.49	1.32	4.89	1.32	13.27	22.03	1.34	12.17	—	6.11	—	45.15	−0.21	0.37	0.83
4	海川智能	15.23	7.7	25.33	0.41	57.87	1.42	14.25	1.15	1.25	1.51	0.38	4.57	0.35	3.18	0.35	10.26	2.6	0.33	21.05	—	2.16	—	40.48	0.44	0.18	0.37
5	安车检测	14.99	49.09	19.2	0.42	49.13	1.13	5.31	2.34	0.34	4.12	0.79	10.98	5.39	10.21	5.39	19.67	6.44	0.7	3.54	—	2.29	—	25.59	1.85	0.46	0.71
6	海兴电力	12.64	27.44	18.59	0.52	48.08	4.42	3.25	0.67	0.25	30.25	5.62	64.54	17.71	57.34	15.15	5.39	18.83	0.53	5.79	4.65	8.01	2.59	40.1	3.77	2.48	3.02
7	康斯特	12.36	13.97	26.13	0.4	73.03	1.66	4.72	1.42	1.14	2.03	0.53	5.45	0.76	4.11	0.66	6.68	8.33	0.23	18.22	0.01	1.82	—	11.72	0.75	0.27	0.7
8	麦迪电气	12.27	14.21	16.5	0.66	41.77	2.7	5.04	1.24	1.1	7.96	1.31	12.95	1.84	7.98	1.46	13.51	12.43	0.28	16.68	—	5.55	—	6.31	1.61	0.51	1.88
9	金卡智能	12.2	24.6	20.19	0.46	48.68	3.1	3.21	1.33	0.56	16.88	3.41	40.29	9.91	21.86	8.3	8.86	14.32	0.72	6.5	0	9.43	0.02	48.75	4.64	2.28	1.92
10	苏试试验	12.06	42.84	14.16	0.54	47.62	1.7	2.27	0.94	0.13	4.91	0.7	10.55	4.52	6.61	4.47	16.49	23.79	1.03	24.83	17.35	7.41	—	13.08	0.58	0.42	0.92
11	汇中股份	11.39	7.93	26.45	0.39	58.88	1.84	2.84	1.23	1.67	2.47	0.65	6.54	0.52	4.42	0.48	6.69	13.78	0.58	27.22	—	3.02	—	28.29	0.8	0.41	0.4
12	威星智能	10.85	37.39	10.61	0.74	31.38	2.44	2.69	0.4	0.06	5.02	0.15	8.88	3.32	7.49	3.29	20.05	26.35	0.89	2.84	—	32.77	—	30.07	0.21	0.35	0.61
13	中航电测	9.3	29.13	12.11	0.6	38.95	2.36	3.97	1.15	0.24	12.41	1.5	22.11	6.44	15.3	6.22	16.19	15.74	0.29	19.9	—	10.58	—	9.14	1.48	1.19	2.63
14	新天科技	9.05	15.66	23.14	0.34	49.29	2.79	2.8	0.46	0.22	7.45	1.72	23.05	3.61	15.91	3.42	7.42	14.58	1.17	14.97	0.74	7.03	—	30.72	0.74	0.87	0.92
15	三晖电气	8.96	22.73	16.28	0.47	40.59	2.38	1.31	0.12	0.03	2.04	0.33	5.5	1.25	5.07	1.25	9.83	30.73	0.78	2.13	—	16.89	—	29.82	0.04	0.22	0.39
16	南华仪器	8.9	8.64	20.01	0.43	44.14	1.85	4.92	1.16	1.13	1.86	0.37	4.43	0.38	2.91	0.38	13.51	7.48	0.29	2.05	—	2.65	—	27.09	0.43	0.2	0.32
17	汉威科技	8.2	55.43	10.33	0.36	37.32	3.02	3.24	1.19	0.1	14.44	1.49	42.79	23.72	19.54	13.24	8.02	11.61	1.41	18.7	5.35	9.49	13.65	13.74	1.31	1.61	2.4
18	理工光科	7.59	16.41	15.85	0.38	34.89	2.8	1.29	−2.58	−1.08	2.24	0.36	5.84	0.96	5.02	0.86	9.61	35.45	2.95	4.57	—	5.08	—	33.9	−0.93	0.22	0.38
19	集智股份	6.97	8.72	18.51	0.33	52.87	1.56	2.66	−0.1	−0.07	1.15	0.21	3.55	0.31	2.59	0.31	12.25	12.89	0.19	24.69	—	4	—	46.48	−0.02	0.13	0.25
20	远方信息	6.73	10.43	23.9	0.24	60.03	1.48	4.59	0.66	0.39	5.58	1.33	22.72	2.37	9.96	2.18	7.66	7.75	0.69	12.1	0.21	1.54	—	49.65	0.85	0.64	1.41
21	天瑞仪器	6.6	25.14	14.49	0.36	46.96	1.52	4.08	0.98	0.19	7.92	1.15	22.51	5.66	13.43	5.46	13.15	10.75	0.86	8.84	2.15	4.93	—	34.12	1.02	0.68	1.25
22	万讯自控	6.03	19.57	8.49	0.52	53.11	3.03	3.03	1.37	0.32	5.52	0.47	11.96	2.34	6.52	1.87	7.79	16.39	0.59	16.72	0.32	6.02	—	40.05	0.61	0.7	1.14
23	东方中科	5.32	16.5	3.13	1.44	12.94	14.43	6.87	−2.05	−0.54	7.39	0.23	5.28	0.87	4.81	0.87	9.09	21.02	1.32	8.01	0.02	8.35	—	23.67	−0.47	0.09	0.46
24	三川智慧	5.32	10.42	13.48	0.34	34.57	3.09	2.25	0.73	0.37	6.1	0.82	18.05	1.88	11.21	1.57	7.76	14.9	0.65	15.01	—	3.99	—	3.76	0.58	0.63	1.18
25	三德科技	5.3	17.4	11.55	0.38	55.14	2.16	1.38	1.02	0.37	2.06	0.24	5.47	0.95	4.14	0.66	9.36	25.78	1.23	17.48	—	3.78	—	20.11	0.24	0.28	0.52
26	奥普光电	5.02	10.83	13.97	0.38	41.45	0.93	3.11	−0.12	−0.07	3.68	0.51	9.6	1.04	6.68	0.65	24.69	12.71	0.67	19.17	—	3	0.57	26.56	−0.05	0.33	1.2
27	航天科技	4.65	36.49	3.13	0.97	21.08	4.71	5.63	2.12	0.22	58.02	1.81	62.7	22.88	36.58	16.56	16.49	16.33	1.64	14.66	1.28	12.57	2.57	41.63	3.61	1.88	10.81
28	东华测试	1.32	13	3.53	0.33	58.83	1.08	1.93	5.7	0.66	1.29	0.05	4	0.52	2.46	0.39	12.61	17.65	1.81	30.25	—	5.59	—	27.5	0.26	0.2	0.49

仪器仪表上市公司 2018 年度主要财务指标对比明细表

单位：%、亿元

序号	名称	净资产收益率	资产负债率	销售毛利率	销售净利率	总资产周转率	存货周转率	应收账款周转率	经营净现金流/净利润	经营净现金流/流动负债	营业收入	净利润	资产总计	负债合计	流动资产合计	流动负债合计	存货占比	应收账款占比	其他应收款占比	固定资产占比	短期借款占比	长期借款占比	资本公积金占比	经营净现金流	支付的各项税费	支付给职工性质现金
1	精测电子	33.59	53.9	51.21	21.81	0.71	2.4	2.68	0.61	0.13	13.9	2.89	26.22	14.13	20.45	13.84	15.33	24.64	0.7	8.95	23.53	/	16.4	1.76	1.57	2.33
2	宁波水表	29.21	37.8	33.15	13.36	1.36	3.97	5.02	0.74	0.34	10.29	1.37	8.25	3.12	6.93	3.04	25.7	24.85	1.28	10.38	0.97	/	/	1.02	0.61	1.38
3	安车检测	18.29	37.83	49.04	23.69	0.48	1.33	6.68	-0.07	-0.02	5.28	1.25	11.2	4.24	9.68	4.22	16.79	7.79	1.2	4.48	/	/	20.36	-0.09	0.7	0.88
4	麦克奥迪	17.28	36.36	44.41	15.27	0.72	2.74	4.78	1.05	0.75	9.79	1.48	14.38	5.23	9.84	2.07	15.44	17.32	0.67	16.28	0.31	10.43	/	1.55	0.79	2.34
5	金卡智能	14.83	22.97	48.68	24.31	0.47	3.4	2.99	0.85	0.49	20.4	4.98	45.64	10.48	27.25	8.68	5.65	17.24	0.61	5.28	/	0.01	39.31	4.25	2.68	2.3
6	威星智能	14.54	50.29	30.88	9.9	0.73	2.37	2.46	0.54	0.05	7.89	0.63	12.72	6.4	10.95	6.38	22.17	32.08	0.53	9.24	3.19	/	18.95	0.34	0.49	0.93
7	康斯特	14.34	9.89	72.04	30.77	0.42	1.7	5.02	0.82	1.23	2.4	0.74	5.93	0.59	3.6	0.49	7.23	8.5	0.17	16.89	0.6	/	7.68	0.6	0.32	0.86
8	东方中科	14.12	46.02	18.39	6	1.27	13.33	7.54	-2.9	-0.32	9.26	0.47	9.35	4.3	8.88	4.3	7	14.33	8.58	4.04	5.68	/	12.3	-1.36	0.31	0.64
9	汇中股份	13.64	12.37	62.66	29.16	0.41	2.18	2.65	0.9	0.96	2.8	0.82	7.08	0.88	4.16	0.76	7.35	17.09	0.86	24.22	/	/	23.59	0.73	0.46	0.48
10	苏试试验	11.37	39.9	46.06	13.67	0.5	1.76	2.38	1.08	0.15	6.29	0.72	14.71	5.87	10.03	5.26	14.34	18.9	0.8	22.14	14.14	3.64	22.77	0.77	0.47	1.2
11	中航电测	11.34	26.79	38.52	12.77	0.65	2.5	3.44	0.56	0.17	13.88	1.56	20.63	5.53	13.39	5.19	15.8	22.2	0.46	21.91	/	/	3.49	0.87	1.01	3.12
12	海川智能	10.63	7.99	60.49	28.78	0.34	1.14	15.32	0.44	0.52	1.62	0.47	4.95	0.4	3.62	0.4	13.21	1.88	0.23	18.66	/	/	37.78	0.21	0.31	0.42
13	三晖电气	8.46	26.72	38.94	15.89	0.39	2.09	1.2	0.84	0.19	2.31	0.37	6.24	1.67	5.57	1.67	13	34.62	0.6	1.93	/	/	18.59	0.31	0.14	0.39
14	新天科技	8.2	19.39	49.87	18.35	0.36	2.17	2.41	0.91	0.3	8.55	1.49	24.69	4.79	17.72	4.43	9.03	15.15	1.19	13.29	0.65	/	1.92	1.35	1.09	1.43
15	三德科技	7.71	21.88	56.02	13.69	0.44	1.91	1.75	0.89	0.31	2.54	0.35	6.06	1.33	4.68	1.01	10.86	24.59	0.8	15.59	/	/	19.64	0.31	0.34	0.57
16	南华仪器	7.23	14.05	48.89	18.27	0.34	1.17	5	0.89	0.38	1.53	0.28	4.68	0.66	2.86	0.66	15.82	5.96	0.06	31.65	/	/	25.64	0.25	0.17	0.36
17	海兴电力	6.77	23.57	41.21	12.93	0.4	4.3	2.13	-0.02	-0.01	25.53	3.3	64.09	15.1	50.39	12.99	5.48	18.49	0.97	6.52	4.68	2.12	38.7	-0.08	2.54	4.21
18	三川智慧	6.15	10.59	33.91	14.85	0.37	2.87	2.37	0.37	0.21	6.87	0.98	18.94	2.01	11.33	1.74	9.35	16.42	0.66	13.67	/	/	3.58	0.37	0.58	1.2
19	万讯自控	5.86	19.08	54.21	9.67	0.49	2.52	3.04	0.75	0.22	5.94	0.56	12.16	2.32	6.26	1.94	10.12	15.87	0.48	17.25	0.33	/	39.88	0.42	0.71	1.44
20	汉威科技	5.74	60.17	35.23	7.14	0.32	2.61	3.13	8.58	0.32	15.12	0.62	50.68	30.49	26.5	16.28	8.05	9.27	1.2	16.92	3.87	13.22	11.82	5.29	1.83	2.89
21	奥普光电	4.96	9.92	38.22	11.45	0.39	0.98	2.71	0.19	0.14	3.85	0.41	9.88	0.98	6.89	0.56	25.3	16.4	0.51	18.79	/	0.56	25.81	0.08	0.38	1.21
22	东华测试	4.86	8.13	60.72	13.13	0.34	0.99	2.12	1.18	0.94	1.34	0.18	3.89	0.32	2.34	0.22	14.49	14.41	1.78	30.57	/	/	26.74	0.21	0.2	0.55
23	香山股份	4.3	23.43	28.96	3.66	0.9	5.21	14.04	2.58	0.39	9.38	0.38	10.95	2.57	7.3	2.56	11.32	6.65	2.89	14.8	2.74	/	43.2	0.99	0.44	2.1
24	航天科技	4.22	35.76	20.77	2.98	0.91	4.34	5.6	2.06	0.19	58.01	1.57	64.96	23.23	38.05	17.33	16.7	16.15	1.46	15.26	3.91	2.69	37.02	3.23	1.61	11.4
25	星云股份	3.94	24.42	45.29	6.61	0.45	1.53	2	-0.96	-0.11	3.03	0.21	7.04	1.72	5.18	1.72	18.61	22.73	1.05	12.41	/	/	32.1	-0.2	0.35	1.15
26	理工光科	3.81	23.11	40.87	8.87	0.33	1.63	0.96	2.39	0.3	2.05	0.18	6.59	1.52	5.51	1.41	14.06	33.54	2.24	4.13	/	/	30.05	0.43	0.15	0.49
27	集智股份	3.75	10.98	48.11	8.55	0.39	1.4	2.87	0.3	0.12	1.4	0.16	3.64	0.4	2.65	0.4	16.7	14.26	0.17	24.09	0.14	/	45.33	0.05	0.11	0.34
28	天瑞仪器	3	24.97	44.27	4.9	0.46	1.72	3.49	-1.01	-0.07	10.24	0.36	22.29	5.57	13.73	5.37	16.51	15.48	1.19	9.34	3.17	/	33.65	-0.36	0.89	1.64
29	远方信息	-28.37	11.06	59.9	-114.7	0.22	1.07	3.5	-0.15	0.56	4.22	-4.85	16.04	1.77	9.45	1.31	8.85	4.06	1.81	15.62	/	/	70.32	0.74	0.69	1.49
30	安控科技	-54.56	76.2	23.95	-40.58	0.32	1.74	1.21	0.41	-0.1	13.71	-5.51	42.9	32.69	26.83	22.21	15.9	25.48	1.97	8.16	24.43	7.62	3.45	-2.26	1.04	1.98

专用设备—工程机械上市公司 2017 年度主要财务指标对比明细表

单位：%、亿元

序号	名　称	净资产收益率	资产负债率	销售净利率	总资产周转率	销售毛利率	存货周转率	应收账款周转率	经营净现金流/净利润	经营净现金流/流动负债	营业收入	净利润	资产总额	负债总额	流动资产合计	流动负债合计	存货占比	应收账款占比	其他应收款占比	固定资产占比	短期借款占比	应付账款占比	长期借款占比	资本公积金占比	经营净现金流	支付的各项税费	支付给职工性质现金
1	厦工股份	26.76	88.87	4.94	0.63	10.74	3.08	1.93	4.37	0.11	44.49	2.2	64.17	57.03	46.44	51.79	20.1	33.72	2.2	10.58	44.04	14.31	2.34	32.06	5.46	1.59	2.5
2	杭叉集团	14.25	26.26	7.48	1.44	21.57	6.77	16.66	1.09	0.39	70.04	5.24	51.57	13.54	39.88	13.32	16.77	8.11	1.64	15.69	0.53	19.41	—	18.62	5.19	3.76	4.49
3	诺力股份	10.44	45.28	7.85	0.78	23.9	3.05	5.61	0.45	0.05	21.2	1.67	29.64	13.42	19.61	13.14	22.81	15.42	1.46	8.16	0.97	18.02	—	28.27	0.72	1.01	1.94
4	中铁工业	10.19	53.25	8.59	0.36	20.36	1.2	1.43	0.46	0.04	158.86	13.64	316.36	168.46	240.84	163.67	23.85	21.4	1.18	12.74	2.41	20.91	—	16.76	6.1	10.77	16.23
5	安徽合力	9.26	32.41	6.19	1.25	19.88	6.66	9.56	2.13	0.4	83.91	5.19	70.91	22.98	49.74	21.92	15.3	12.52	0.75	21.41	—	17.49	0.06	7.8	8.7	4.3	9.24
6	三一重工	8.69	54.72	5.81	0.64	30.07	3.87	2.1	4.09	0.37	383.35	22.27	582.38	318.65	362.07	229.83	13.12	31.54	3.06	21.99	3.88	10.68	5.78	1.8	85.65	18.08	36.93
7	山河智能	5.34	61.21	5.28	0.35	32.45	1.5	1.49	2.44	0.08	39.46	2.08	122.88	75.21	75.18	52.4	15.82	22.08	2.44	28.16	16.63	7.1	14.58	19.98	3.95	1.69	4.16
8	徐工机械	4.7	51.67	3.53	0.62	18.89	2.95	1.95	3.09	0.15	291.31	10.29	497.7	257.14	361.79	209.05	18.83	29.11	1.17	14.45	5.19	13.84	3.63	6.72	31.53	13.28	20.41
9	柳工	3.6	56.32	2.86	0.53	22.9	2.57	4.15	2.95	0.09	112.64	3.22	228.99	128.96	150.95	111.53	18.33	12.66	1.59	11.78	15.16	11.85	4.37	17.2	9.53	4.48	9.61
10	中联重科	3.57	54.03	5.36	0.27	21.35	1.69	0.9	2.14	0.12	232.73	12.48	831.49	449.22	620.42	244.7	10.69	26.01	1.59	7.06	6.51	6.89	7.86	15.75	28.51	18.11	22.43
11	山推股份	1.95	62.19	0.98	0.67	16.62	3.29	3.66	8.48	0.12	63.51	0.62	95.61	59.46	59.18	46.84	17.61	16.91	4.26	18.35	15.95	15.55	10.46	12.55	5.41	2.55	5.13
12	天业通联	1.78	12.02	6.21	0.26	22.97	1.91	1.28	-1.42	-0.18	3.57	0.22	14.31	1.72	9.97	1.7	11.18	21.66	0.61	24.67	—	7.34	—	116.98	-0.31	0.14	0.72
13	建设机械	0.71	50.58	1.29	0.3	29.58	4.58	1.18	1.97	0.02	18.29	0.24	65.2	32.98	26.96	26.73	4.13	26.37	0.93	47.21	5.35	19.97	0.23	42.76	0.45	0.88	2.39

专用设备—工程机械上市公司 2018 年度主要财务指标对比明细表

单位：%、亿元

序号	名称	净资产收益率	资产负债率	销售毛利率	销售净利率	总资产周转率	存货周转率	应收账款周转率	经营净现金流/净利润	经营净现金流/流动负债	营业收入	净利润	资产总计	负债合计	流动资产合计	流动负债合计	存货占比	应收账款占比	其他应收款占比	固定资产占比	短期借款占比	长期借款占比	资本公积金占比	经营净现金流	支付的各项税费	支付给职工性质现金
1	*ST 厦工	1591.84	100.74	11.77	−24.04	0.49	1.92	1.45	−0.65	0.1	28.38	−7.31	51.02	51.4	38.89	46.46	25.83	34.3	3.49	12.28	49.73	2.94	40.32	4.78	0.89	2.23
2	三一重工	21.78	55.94	30.62	11.29	0.85	4.03	2.9	1.72	0.31	558.22	61.16	737.75	412.73	518.96	339.35	15.72	27.29	2.31	16.09	7.34	2.63	2.55	105.27	27.21	46.41
3	杭叉集团	15.24	25.32	20.58	7.25	1.57	6.98	17.59	0.79	0.31	84.43	5.47	56.26	14.25	38.91	13.95	18.79	9.63	1.62	17.16	0.39	0.14	17.03	4.32	4.29	5.27
4	安徽合力	14.75	33.64	20.31	7.36	1.33	6.76	11.46	1.09	0.32	96.67	5.83	74.38	25.02	50.54	19.75	16.07	10.74	0.63	21.09	/	5.42	4.24	6.35	4.4	10.57
5	XD 诺力股	12.38	50.08	24.03	7.82	0.79	2.63	5.21	1.56	0.17	25.53	1.88	35.36	17.71	23.61	17.06	22.65	14.79	—	—	3.39	/	21.89	2.94	0.95	2.38
6	山河智能	9.96	65.45	30.82	8	0.43	1.82	1.96	1.52	0.1	57.56	4.29	142.87	93.51	84.38	62.89	17.02	/	2.87	29.82	13.64	16.64	16.5	6.53	1.8	5.16
7	中铁工业	9.8	52.64	20.37	8.44	0.55	1.65	—	0.56	0.05	178.98	14.81	338.88	178.39	247.31	172.12	28.66	18.58	1.09	13.46	0.06	0.32	15.85	8.32	11.36	19.14
8	柳工	9.17	61.48	22.81	4.65	0.76	3.09	5.71	0.8	0.05	180.85	7.9	262.12	161.14	179.62	121.38	19.72	13.48	1.41	-	15.18	11.3	11.79	6.34	8.31	13.8
9	徐工机械	7.48	50.46	16.69	4.63	0.8	3.78	2.73	1.62	0.12	444.1	20.46	612.5	309.09	456.55	270.07	16.65	29.48	0.93	11.72	5.69	1.35	8.18	33.09	14.39	23.33
10	中联重科	5.43	58.52	27.09	6.82	0.33	2.27	1.29	2.51	0.13	286.97	20.2	934.57	546.88	703.69	396.28	10.22	24.55	0.84	5.82	8.91	5.93	14.31	50.64	17.29	24.88
11	建设机械	5.01	57.44	32.92	6.88	0.31	4.96	1.24	2.03	0.09	22.27	1.53	79.29	45.55	32.12	36.35	4.21	23.58	0.72	48.1	12.25	0.08	32.75	3.11	1.03	3.36
12	山推股份	2.3	60.81	15.96	1.06	0.85	4.1	4.39	2.22	0.04	80.02	0.8	93.72	56.99	58.1	44.82	17.02	21.67	2.18	16.91	13.87	10.58	12.68	1.79	2.51	6.18
13	天业通联	0.39	14.4	19.12	1.39	0.24	1.82	1.07	−1.95	−0.05	3.54	0.05	14.85	2.14	7.96	2.1	10.44	23.37	1.05	23.01	/	/	113.47	−0.1	0.18	0.72

白色家电—小家电上市公司 2017 年度主要财务指标对比明细表

单位：%、亿元

序号	名称	净资产收益率	资产负债率	销售净利率	总资产周转率	销售毛利率	存货周转率	应收账款周转率	经营净现金流/净利润	经营净现金流/流动负债	营业收入	净利润	资产总额	负债总额	流动资产合计	流动负债合计	存货占比	应收账款占比	其他应收款占比	固定资产占比	短期借款占比	应付账款占比	长期借款占比	资本公积金占比	经营净现金流	支付的各项税费	支付给职工性质现金
1	飞科电器	38.42	25.95	21.68	1.28	39.32	6.67	19.82	1.03	1.07	38.53	8.35	32.56	8.45	23.99	8.03	10.17	7.83	0.71	17.51	—	16.89	—	21.13	8.59	5.68	2.32
2	科沃斯	35.2	53.2	8.24	1.88	36.58	4.76	8.6	1.29	0.34	45.51	3.75	27.01	14.37	20.86	14.3	23.4	20.99	0.98	13.55	0.34	33.91	—	14.22	4.85	2.3	6.17
3	老板电器	31.66	33.67	20.82	0.98	53.68	3.21	19.97	0.86	0.48	70.17	14.61	79.27	26.69	66.95	25.97	14.04	4.68	0.65	10.45	—	13.18	—	5.05	12.56	8.68	6.41
4	苏泊尔	26.87	42.82	9.22	1.67	29.56	5.15	11.11	0.83	0.27	141.87	13.08	94.68	40.54	79.66	40.29	23.27	15.9	0.26	9.09	—	25.08	—	2.77	10.81	7.45	15.05
5	华帝股份	26.1	46.29	9.19	1.47	45.47	7.53	17.42	0.72	0.19	57.31	5.27	42.1	19.49	31.17	19.15	10.93	9.36	0.47	13.16	0.48	15.8	—	5.91	3.69	4.09	4.24
6	浙江美大	25.73	21.9	29.74	0.67	53.94	7.76	124.81	1.47	1.23	10.26	3.05	16.76	3.67	9.59	3.63	4.39	0.51	0.02	20.94	—	4.29	—	5.77	4.48	1.38	0.91
7	荣泰健康	18.85	36.76	11.81	1.17	38.22	8.16	17.63	1.3	0.36	19.18	2.26	21.87	8.04	16.61	7.77	8.73	6.13	0.99	16.87	6.86	22.68	—	33.79	2.81	0.65	2.59
8	九阳股份	18.4	33.06	9.8	1.32	33.01	10.5	67.8	0.07	0.03	72.48	7.1	53.51	17.69	35.91	17.62	9.64	2.41	0.51	11.79	—	19.06	—	16.74	0.49	5.04	5.58
9	万和电气	13.21	51.21	6.43	1.13	27.77	4.04	10.6	2.11	0.27	65.32	4.2	65.1	33.34	36.14	32.6	22.4	9.6	0.57	16.34	3.09	20.57	0.12	19.19	8.73	3.55	5.48
10	奥佳华	12.85	39.58	8.28	0.93	37	4.08	6.99	0.88	0.18	42.94	3.55	48.48	19.19	35.25	16.93	15.45	12.27	3.11	12.5	7.45	15.12	3.9	24.44	3.03	2.97	7.7
11	新宝股份	11.92	43.77	4.98	1.36	19.42	6.7	10.93	1.13	0.16	82.22	4.1	66.53	29.12	43.31	29.12	15.26	12.37	0.87	26.3	—	13.09	—	18.44	4.62	2.85	15.69
12	莱克电气	11.77	37.29	6.4	1.11	24.97	7.01	5.93	0.58	0.11	57.1	3.43	51.68	19.27	40.07	19.11	14.11	20.88	0.19	15.5	—	18.05	—	15.38	2.14	1.72	7.41
13	爱仕达	8.01	48.3	5.27	0.79	39.48	2.85	5.64	0.62	0.07	30.72	1.62	43.35	20.94	23.33	15.31	16.4	14.05	0.25	14.65	16.01	11.76	6.44	28.72	1.07	1.4	5.29
14	开能环保	7.9	34.27	1.53	0.27	37.47	4.58	4.39	0.69	0.05	7.08	0.11	26.29	9.01	9.59	8.56	4.07	6.54	0.9	23.93	5.9	2.88	0.57	9.28	0.4	0.3	1.63
15	长青集团	4.3	49.07	4.63	0.51	20.56	4.94	5.03	0.32	0.02	18.93	0.88	41.23	20.23	11.42	13.75	8.25	10.31	2.72	25.85	15.86	7.35	15.45	20.66	0.28	1.53	2.36
16	乐金健康	2.91	19.93	5.42	0.41	29.23	2.97	3	-1.27	-0.15	12.18	0.66	30.7	6.12	13.06	5.69	10.36	17.33	0.72	10.46	5.96	8.21	0.06	43.88	-0.86	0.71	1.38
17	日出东方	1.47	40.07	2.09	0.48	36.77	4.88	48.7	1.82	0.04	27.84	0.58	63.21	25.33	22.53	24.2	7.09	1.35	1.35	19.57	9.57	6.47	—	30.36	0.99	2.18	4.76
18	金莱特	1.19	37.24	0.78	0.94	10.36	3.82	8.01	7.96	0.16	9.87	0.08	10.42	3.88	4.43	3.82	22.36	12.38	0.61	42.99	4.57	13.44	—	21.88	0.61	0.11	1.74
19	天际股份	0.66	10.39	2.6	0.24	39.72	3.99	8.88	-0.09	-0.01	8.53	0.22	37.36	3.88	7.87	3.82	4.39	3.45	0.13	15.28	2.73	3.37	—	69.97	-0.02	0.78	0.64
20	*ST 圣莱	-18.28	25.1	-49.23	0.28	16.79	2.96	4.33	-0.01	0.01	1.17	-0.58	3.81	0.96	1.82	0.95	8.45	6.6	2.15	28.87	7.87	8.9	—	58.53	0.01	0.05	0.33

白色家电—小家电上市公司 2018 年度主要财务指标对比明细表

单位：%、亿元

序号	名称	净资产收益率	资产负债率	销售毛利率	销售净利率	总资产周转率	存货周转率	应收账款周转率	经营净现金流/净利润	经营净现金流/流动负债	营业收入	净利润	资产总计	负债合计	流动资产合计	流动负债合计	存货占比	应收账款占比	其他应收款占比	固定资产占比	短期借款占比	长期借款占比	资本公积金占比	经营净现金流	支付的各项税费	支付给职工性质现金
1	*ST 德奥	36.08	195.17	18.74	−24.01	1.43	5.54	8.38	−0.32	0.08	7.19	−1.72	3.65	7.11	1.94	7.1	20.45	20.61	−	20.29	66.3	/	2.37	0.55	0.08	1.34
2	飞科电器	34.35	29.58	39.09	21.22	1.14	5.42	9.92	0.66	0.53	39.77	8.45	36.97	10.94	25.59	10.49	15.23	14.8	0.47	16	/	/	18.61	5.54	5.45	2.99
3	苏泊尔	30.3	44.45	30.86	9.35	1.8	5.43	11.43	1.21	0.43	178.51	16.7	106.33	47.26	89.93	47.08	22.21	16.25	1.34	−	/	/	1.32	20.14	8.58	15
4	华帝股份	28.83	49.47	47.34	11.38	1.28	6.8	10.56	0.93	0.24	60.95	6.77	52.94	26.19	40.91	25.9	9.14	14.37	1.26	10.71	0.19	/	2.66	6.29	4.55	4.89
5	浙江美大	28.48	23.34	51.54	26.95	0.81	9.86	120.12	1.17	1.07	14.01	3.78	17.81	4.16	9.56	4.12	3.6	0.83	0.23	18.17	/	/	5.9	4.42	1.81	1.15
6	老板电器	26.19	35.16	53.52	19.98	0.85	2.81	18.16	1.02	0.47	74.25	14.74	94.55	33.25	79.8	32.32	14.25	4.73	0.74	8.91	/	/	4.25	15.09	8.36	7.47
7	科沃斯	23.69	40.66	37.84	8.52	1.65	3.92	7.86	0.03	0.01	56.94	4.85	42.08	17.11	33.6	16.99	27.92	20.96	0.56	9.8	1.28	/	26	0.15	3.16	8.45
8	开能健康	22.39	27.26	38.93	38.77	0.42	4.49	6	0.28	0.23	9.01	3.48	16.19	4.41	6.08	4.1	8.46	7.91	4.76	18.34	12.54	/	13.59	0.96	0.28	1.76
9	九阳股份	21.48	42.5	32.13	9.08	1.36	8.77	54.66	0.54	0.14	81.69	7.54	66.6	28.3	48.19	28.28	11.22	2.55	0.4	10.53	/	/	12.66	4.09	4.44	6.2
10	荣泰健康	16.54	30.86	34.07	10.89	1.05	8.84	18.18	1.05	0.43	22.96	2.49	21.67	6.69	15.96	6.1	7.01	5.49	1.1	17.05	4.85	1.38	33.46	2.61	0.8	2.96
11	奥佳华	14.82	44.6	36.26	8.13	1.01	4.31	7.19	1.08	0.19	54.47	4.39	59.61	26.59	42.38	25.72	14.44	15.43	3.49	10.52	7.52	0.9	20.13	4.76	3.25	9.58
12	万和电气	14.69	49.31	29.29	7.16	1.04	3.44	11.25	0.21	0.03	69.14	4.89	67.99	33.52	38.7	32.74	20.4	8.87	0.59	17.07	12.91	0.1	16.43	1.02	3.82	6.69
13	莱克电气	14.15	37.82	25.05	7.21	1.22	6.15	5.39	1.58	0.4	58.64	4.23	44.74	16.92	32.52	16.81	15.65	24.52	0.27	20.74	/	/	17.77	6.69	1.19	8.34
14	新宝股份	13.35	45.07	20.56	5.96	1.23	6.1	8.79	0.88	0.14	84.44	5.03	71.31	32.14	44.16	32.14	16.6	15.38	0.98	25.64	4.68	/	17.21	4.45	3.18	15.23
15	爱仕达	6.11	51.83	37.12	4.09	0.72	2.67	4.59	0.95	0.09	32.58	1.49	46.64	24.17	24.45	15.86	17.67	17.37	0.24	16.25	12.86	10.72	26.69	1.41	1.82	5.62
16	圣莱达	3.83	20.79	21.9	7.77	0.39	3.51	4.25	−7.93	−1.41	1.47	0.12	3.75	0.78	3.3	0.68	8.88	11.8	3.78	6.43	/	/	59.47	−0.96	0.28	0.31
17	天际股份	2.51	14.73	26.2	9.74	0.22	3.71	7.22	1.21	0.18	8.61	0.84	39.98	5.89	12.59	5.65	4.45	2.73	0.63	14.77	7.8	0.46	65.38	1.01	0.55	0.72
18	金莱特	−15.17	41.26	5.51	−10.87	0.82	3.77	6.22	0.56	−0.13	8.31	−0.9	9.91	4.09	4.02	4.03	18.47	13.93	1.21	45	12.11	/	24.52	−0.51	0.07	1.61
19	日出东方	−15.28	45.94	32.69	−15.89	0.52	4.11	24.71	0.06	−0.01	31.77	−4.92	58.08	26.68	19.33	25.5	10.19	2.96	1.01	21.57	10.14	/	31.15	−0.31	2.31	5.3
20	融捷健康	−39.31	20.68	24.4	−74.24	0.42	2.81	2.35	−0.01	0.01	10.63	−7.82	20.19	4.17	9.26	3.95	12.58	18.42	0.77	13.14	6.04	0.06	66.62	0.06	0.44	1.55

建筑材料—管材上市公司 2017 年度主要财务指标对比明细表

单位：%、亿元

序号	名称	净资产收益率	资产负债率	销售净利率	总资产周转率	销售毛利率	存货周转率	应收账款周转率	经营净现金流/净利润	经营净现金流/流动负债	营业收入	净利润	资产总额	负债总额	流动资产合计	流动负债合计	存货占比	应收账款占比	其他应收款占比	固定资产占比	短期借款占比	应付账款占比	长期借款占比	资本公积金占比	经营净现金流	支付的各项税费	支付给职工性质现金
1	伟星新材	28.19	23.51	21.04	0.99	46.72	4.14	20.39	1.15	0.98	39.03	8.21	41.98	9.87	27.71	9.63	12.77	5.07	0.37	20.46	-	5.55	—	16.56	9.42	4.84	3.78
2	东宏股份	12.59	16.98	8.07	1.04	22.14	5.25	3.03	-1.24	-0.65	15.06	1.22	17.26	2.93	13.84	2.3	17.15	32.5	0.83	12.57	5.21	3.59	—	41.31	-1.51	0.96	0.77
3	雄塑科技	11.56	25.64	8.7	1.09	21.31	6.95	12.14	1.33	0.47	15.37	1.34	16.73	4.29	10.77	3.79	12.79	7.53	0.16	21.94	0.6	6.69	—	34.37	1.78	0.95	1.27
4	顾地科技	11.01	55.94	5.69	0.81	26.18	5.06	4	1.81	0.14	20.62	1.18	28.12	15.73	15.11	15.2	10.6	19.13	6.29	27.2	22.83	7.33	—	11.74	2.06	1.23	1.77
5	永高股份	7.37	41.92	4.22	1.02	22.96	4.72	6.72	1.07	0.11	45.7	1.93	46.33	19.42	24.07	18.19	16.92	15.63	0.66	38.23	8.48	5.74	—	13.77	2.06	1.99	4.75
6	纳川股份	4.37	42.87	5.58	0.53	23.38	5.49	2.05	-1.52	-0.11	14.8	0.83	31.42	13.47	15.94	9.65	7.38	22.88	4.93	11.94	15.09	8.4	10.41	4.46	-1.08	0.82	0.9
7	龙泉股份	2.58	42.71	4.79	0.27	38.78	1.59	0.87	0.24	0.01	9.77	0.47	36.81	15.72	19.87	14.26	10.59	31.78	0.99	29.23	16.49	8.39	1.09	32.38	0.13	1.06	1.02
8	国统股份	1.72	55.38	2.23	0.34	21.22	4.02	1.44	3.27	0.04	7.89	0.18	25.28	14	10.41	12.64	6.25	21.24	2.32	20.93	11.55	20.45	4.35	20.65	0.52	0.49	0.71
9	青龙管业	1.07	34.27	1.39	0.41	30.29	1.62	2.88	5.24	0.11	12.07	0.16	28.01	9.6	17.8	9.31	19.21	15.17	2.21	14.82	5.89	6.21	—	29.31	1.01	0.79	1.2
10	韩建河山	-7.28	57.69	-7.17	0.41	19.54	3.33	1.21	1.33	-0.09	7.47	-0.54	18.65	10.76	10.75	8.61	10.56	31.8	0.41	20	14.69	12.12	10.72	13.57	-0.79	0.56	0.95

建筑材料—管材上市公司 2018 年度主要财务指标对比明细表

单位：%、亿元

序号	名称	净资产收益率	资产负债率	销售毛利率	销售净利率	总资产周转率	存货周转率	应收账款周转率	经营净现金流/净利润	经营净现金流/流动负债	营业收入	净利润	资产总计	负债合计	流动资产合计	流动负债合计	存货占比	应收账款占比	其他应收款占比	固定资产占比	短期借款占比	长期借款占比	资本公积金占比	经营净现金流	支付的各项税费	支付给职工性质现金
1	伟星新材	28.12	20.74	46.77	21.43	1.04	4.1	18.55	0.98	1.03	45.7	9.78	46.14	9.57	28.5	9.3	14.11	6.07	0.45	18.68	/	/	9.12	9.57	4.74	4.87
2	雄塑科技	14.88	20.94	24.06	10.89	1.08	5.96	13.19	0.52	0.33	18.73	2.04	17.86	3.74	11.09	3.22	14.73	8.85	0.17	22.28	0.11	/	32.19	1.06	1.1	1.53
3	东宏股份	10.44	17.79	22.58	9.43	0.91	4.5	2.8	0.45	0.25	16.37	1.54	18.87	3.36	14.56	2.71	14.15	32.27	0.62	13.98	4.03	/	34.66	0.69	0.68	0.98
4	永高股份	9.03	46.36	23.59	4.57	1.06	4.55	6.41	1.7	0.17	53.54	2.45	54.22	25.14	32.19	23.91	18.72	/	0.38	32.09	8.45	/	11.77	4.17	1.87	5.19
5	青龙管业	4.14	34.61	27.36	5.31	0.51	1.96	2.8	−2.45	−0.19	14.4	0.74	28.8	9.97	19.13	9.69	18.4	20.9	5.49	13.04	12.15	/	28.51	−1.81	1.38	1.47
6	韩建河山	2.99	64.59	22.98	2.12	0.5	4.18	1.44	5.85	0.07	10.49	0.13	22.89	14.79	12.9	11.2	8.26	37.53	0.59	16.91	12.01	10.05	11.05	0.76	0.62	0.91
7	国统股份	0.31	67.23	21.64	0.38	0.27	3.81	1.49	-26.88	-0.06	7.89	0.03	32.76	22.02	12.51	15.05	5.1	15.87	2.1	17.1	8.42	18.04	15.93	-0.9	0.33	0.85
8	龙泉股份	−4.77	40.41	40.32	−9.8	0.29	1.56	0.89	−1.43	0.11	10.12	−0.95	33.89	13.7	17.73	12.79	11.36	32.4	0.77	28.75	14.78	/	34.7	1.35	1.61	1.28
9	顾地科技	−12.5	59.31	16.65	−8.34	0.61	4.77	3.38	−1.17	0.09	16.64	−1.16	26.8	15.9	12.04	15.38	10.56	/	7.09	28.49	12.8	/	8.06	1.36	0.93	1.07
10	纳川股份	−33.91	62.41	16.68	−35.41	0.36	4.07	1.83	−1.05	0.29	11.34	−3.97	31.59	19.71	14.16	14.55	7.34	16.46	5.7	11.79	10.89	11.24	1.95	4.15	0.88	0.92

建筑装饰—专业工程上市公司2017年度主要财务指标对比明细表

单位：%、亿元

序号	名　称	净资产收益率	资产负债率	销售净利率	总资产周转率	销售毛利率	存货周转率	应收账款周转率	经营净现金流/净利润	经营净现金流/流动负债	营业收入	净利润	资产总额	负债总额	流动资产合计	流动负债合计	存货占比	应收账款占比	其他应收款占比	固定资产占比	短期借款占比	应付账款占比	长期借款占比	资本公积金占比	经营净现金流	支付的各项税费	支付给职工性质现金
1	方大集团	41.53	57.52	39.05	0.41	32.2	1.42	1.38	0.49	0.18	29.47	11.51	[illegible]6.25	43.86	45.15	31.61	10.75	25.18	0.75	6.14	8.08	12.41	11.72	0.96	5.58	4.75	2.54
2	杭萧钢构	30.53	56.52	16.48	0.7	33.22	0.98	4.12	1.2	0.24	46.28	7.63	[illegible]9.48	39.27	51.35	39.08	45.32	17.06	0.97	9.43	9.24	18.64	—	1.6	9.19	2.78	4.74
3	中工国际	19.24	53.33	12.48	0.58	26.15	3.24	2.16	−1.68	−0.26	109.09	13.62	1[illegible]5.6	98.98	155.45	96.21	15.65	32.21	1.16	8.46	0.34	31.06	0.34	9.85	−24.89	5.81	4.77
4	建研院	15.68	23.28	14.84	0.66	47.16	3.76	2.51	0.48	0.16	4.44	0.66	[illegible]3.42	1.96	6.34	1.94	6.91	24.11	0.82	11.49	—	13.18	—	39.43	0.32	0.3	1.29
5	国检集团	14.79	18.11	20.63	0.57	46.03	32.87	9.57	1.08	0.84	7.52	1.55	1[illegible].36	2.42	7.58	1.84	0.91	6.73	0.93	23.88	—	2	—	33.23	1.56	0.6	2.77
6	北方国际	14.6	64.02	5.58	0.82	13.79	11.7	4.26	2.65	0.21	97.3	5.43	11[illegible].65	73.4	92.41	63.47	5.16	18.74	1.75	3.97	1.97	38.04	8.43	10.2	13.23	2.44	3.7
7	亚翔集成	13.69	40.05	7.2	1.15	13.77	5.73	3.86	−1.01	−0.19	17.81	1.28	1[illegible].63	6.66	16.13	6.66	16.42	36.62	1.07	1.24	—	33.79	—	15.57	−1.29	0.39	0.8
8	中材国际	13.47	73.26	5.01	0.68	16.81	4.16	6.21	−2.01	−0.1	195.54	9.8	29[illegible].15	217.7	223.54	189.97	12.29	9.76	2.56	6.47	2.7	20.49	6.16	3.48	−19.6	6.68	18.58
9	华建集团	12.48	64.18	5.56	0.86	25.53	2.17	4.03	1.59	0.09	52.9	2.94	7[illegible].04	47.52	52.7	45.76	26.58	19.07	2.43	16.21	5.92	25	1.74	19.33	4.07	3.18	20.75
10	森特股份	12.36	39.58	9.38	0.82	20.64	1.7	3.31	−0.78	−0.14	21.36	2	27[illegible]84	11.02	24.6	11.02	44.43	24.21	0.94	6.61	17.31	17.13	—	16.81	−1.56	0.75	1.26
11	百利科技	11.92	57.05	18.18	0.29	38.83	1.61	0.79	−2.58	−0.24	5.97	1.09	22[illegible]33	12.74	19.55	11.9	10.88	34.48	0.92	2.06	12.09	14.38	3.55	12.09	−2.81	0.71	0.98
12	达安股份	9.91	16.39	12.73	0.67	34.69	—	1.06	−0.73	−0.32	4.06	0.52	7[illegible]14	1.17	6.13	1.17	—	58.68	2.16	5.2	—	—	—	30.81	−0.38	0.28	2.15
13	中钢国际	9.37	65.42	5.43	0.58	13.14	4.64	1.41	1.92	0.09	78.59	4.27	135[illegible]48	88.63	112.8	87.53	10.41	31.95	2.42	1.95	2.21	33.73	0.55	14.7	8.03	4.28	4.45
14	中国中冶	8.44	76.54	2.75	0.62	13.09	1.76	3.41	3.04	0.07	2440.	67.11	4144[illegible]3	3172.56	3222.44	2801.47	28.53	17.72	9.97	6.9	9.51	28.35	5.66	5.44	184.18	97.87	188.22
15	航天工程	7.96	34.92	15.83	0.33	30.15	2.35	1.75	3.8	0.58	12.16	1.92	38.[illegible]9	13.37	29.23	12.62	7	17.5	0.11	16.79	—	11.13	—	27.66	7.3	2.73	2.43
16	中化岩土	7.05	49.24	8.55	0.45	23.53	1.3	1.8	0.63	0.05	27.93	2.39	68.[illegible]	33.73	44	31.72	25.81	26.57	1.84	18.15	18.39	16.28	2.55	11.82	1.5	1.1	2.65
17	延长化建	6.75	63.01	3.44	0.71	8.15	2.8	1.88	4.05	0.16	38.94	1.34	55.[illegible]5	34.94	47.13	34.91	21.1	37.66	0.62	9.58	—	45.64	—	8.94	5.43	1.58	5.46
18	镇海股份	6.53	22.02	15.17	0.4	28.68	1.46	2.42	−0.07	−0.02	2.92	0.44	9.[illegible]	2.03	8.21	1.93	18.55	12.36	0.74	6.33	—	12.8	—	30.91	−0.03	0.13	0.82
19	海波重科	5.7	42.23	8.65	0.4	22.36	1.73	1.38	−4.04	−0.32	4.04	0.35	10.[illegible]	4.51	8.43	4.48	21.54	32.3	1.24	7.79	9.83	20.6	—	24.81	−1.41	0.12	0.25
20	中国化学	5.56	65.07	2.73	0.68	15.32	2.91	3.87	1.85	0.06	585.71	15.96	874.8[illegible]	569.23	705.43	496.76	18.17	18.54	2.62	9.77	0.56	28.58	6.22	6.31	28.86	23.45	44.78
21	鸿路钢构	5.33	52.74	4.16	0.62	15.86	1.45	3.17	0.91	0.04	50.33	2.1	85.2[illegible]	44.97	61.16	43.86	36.2	18.6	1.72	17.53	20.92	9.3	0.52	27.02	1.91	2.27	5.18
22	三维工程	4.87	23.04	9.07	0.47	26.07	6.27	1.65	−0.36	−0.05	7.54	0.68	16.7[illegible]	3.86	14.48	3.86	6.51	30.69	0.71	8.24	—	15.58	—	9.07	−0.2	0.4	0.66
23	东南网架	3.68	61.15	1.35	0.83	11.29	2.67	2.66	3.64	0.06	77.92	1.05	100.8[illegible]	61.67	79.2	60.37	27.83	30.03	1.31	18.88	12.26	29.36	0.99	20.74	3.79	1.47	4.17
24	东方铁塔	3.61	35.72	12.21	0.19	33.37	1.51	2.97	0.94	0.12	20.47	2.5	109.7[illegible]	39.21	24.03	19.85	8.2	6.2	0.37	19.47	4.24	5.45	5.02	41.6	2.35	1.66	1.57
25	富煌钢构	3.57	66.2	2.55	0.49	13.62	1.62	2.08	−9.38	−0.23	28.13	0.72	59.8[illegible]	39.63	40.21	28.42	21.87	23.67	1.2	12.98	16.12	13.67	18.61	20.11	−6.59	0.73	1.99
26	延华智能	2.17	42.24	2.67	0.53	11.98	1.61	2.98	3.15	0.09	11.91	0.32	22.3	9.42	15.61	9.32	26.41	18.52	2	3.88	4.89	28.21	—	12.74	0.79	0.66	1.24
27	东方新星	2.13	32.53	4.72	0.47	26.66	7.66	0.96	−4.59	−0.18	3.66	0.17	8.67	2.82	7.31	2.78	4.02	51.33	2.17	4.6	—	16.49	—	16.15	−0.5	0.14	0.59
28	精工钢构	1.6	65.64	0.95	0.59	11.52	1.33	3.84	−9.16	−0.09	65.33	0.62	115.54	75.84	83.57	64.21	39.03	15.74	2.58	6.66	12.4	21.78	1.06	2.87	−5.68	2.03	5.41
29	东华科技	−3.16	67.86	−2.12	0.48	15.21	1.7	4.36	−6.29	0.11	29.09	−0.62	61.61	41.81	49.71	36.5	18.18	10.55	0.95	3.25	—	30.11	8.62	1.47	3.97	0.64	2.88

建筑装饰—专业工程上市公司 2018 年度主要财务指标对比明细表

单位：%、亿元

序号	名　称	净资产收益率	资产负债率	销售毛利率	销售净利率	总资产周转率	存货周转率	应收账款周转率	经营净现金流/净利润	经营净现金流/流动负债	营业收入	净利润	资产总计	负债合计	流动资产合计	流动负债合计	存货占比	应收账款占比	其他应收款占比	固定资产占比	短期借款占比	长期借款占比	资本公积金占比	经营净现金流	支付的各项税费	支付给职工性质现金
1	方大集团	49.89	51.26	23.31	73.68	0.33	3.18	1.59	0.17	0.12	30.49	22.46	106.59	54.64	43.39	32.1	6.11	18.01	1.31	4.27	1.95	11.2	0.01	3.87	3.02	2.75
2	杭萧钢构	17.97	57.09	21.68	9.29	0.83	1.57	5.04	1.15	0.15	61.84	5.68	79.06	45.13	55.41	44.95	38.19	16.06	1.44	9.04	14.53	/	1.44	6.52	3	5.28
3	中材国际	15.74	70.54	18.56	6.53	0.71	4.97	7.09	−1.18	−0.09	215.01	13.68	310.41	218.96	212.97	179.31	10.94	10.2	2.18	6.47	1.75	10.04	3.28	−16.2	7.13	20.71
4	亚翔集成	15.49	42.22	11.57	7.16	1.25	7.21	3.61	1.53	0.3	22.56	1.61	19.35	8.17	18.83	8.17	14.47	33.07	0.43	1.02	/	/	13.39	2.46	0.75	1.16
5	延长化建	15.16	66.92	9.67	4.6	1.09	4.16	2.99	0.41	0.02	75.72	2.81	82.93	55.5	71.81	54.44	25.49	35.86	0.52	7.78	/	1.22	7.11	1.14	3.13	8.5
6	百利科技	14.94	58.95	31.65	12.78	0.48	2.77	1.63	2.23	0.23	11.83	1.5	26.96	15.89	18.36	14.85	12.65	25.15	1.65	1.68	19.4	3.71	6.68	3.35	0.7	1.26
7	森特股份	13.4	48.51	19.8	7.5	0.92	1.88	3.03	0.14	0.02	29.31	2.2	36.04	17.48	31.01	17.18	35.18	35.04	0.78	7	20.37	0.58	10.77	0.31	1.08	1.61
8	北方国际	13.38	59.74	14.81	6.19	0.87	16.65	4.41	0.31	0.03	99.81	5.89	114.48	68.39	88.46	58.41	3.76	20.76	1.37	3.67	2.1	8.5	7.98	1.82	2.6	4.07
9	中工国际	12.4	48.51	19.28	11.61	0.55	2.87	2.01	2.36	0.34	101.5	12	181.2	87.91	148.65	84.4	15.54	22.81	1.57	8.33	1.66	0.49	10.19	28.34	5.12	5
10	华建集团	11.38	66.13	25.45	5.14	0.75	2.14	3.57	1.28	0.06	59.59	2.64	84.85	56.11	60.87	53.2	25.7	22.72	1.9	13.79	5.11	2.9	16.87	3.38	3.04	23.89
11	达安股份	11.36	32.72	39.45	13.18	0.58	—	1.02	−0.05	−0.01	4.96	0.55	10	3.27	8.16	2.44	/	55.4	2.08	3.66	5.95	3.6	22.6	−0.03	0.54	2.41
12	鸿路钢构	10.32	57.55	15.62	5.28	0.83	1.96	4.93	3.79	0.29	78.74	4.16	104.21	59.97	68.37	53.89	35.4	15.47	1.07	21.13	10.12	2.51	20.44	15.78	2.9	8
13	中钢国际	9.87	70.59	11.64	5.09	0.57	5.13	1.99	2.79	0.11	83.67	4.41	155.68	109.89	135.1	107.5	9.44	26.18	1.87	1.7	3.36	0.48	11.34	12.31	2.43	5.42
14	建研院	9.51	26.03	46.7	12.79	0.55	4	2.13	0.03	0.01	4.95	0.65	9.59	2.5	6.54	2.46	7.69	27.42	0.76	16.52	/	/	34.31	0.02	0.36	1.49
15	航天工程	8.31	27.57	28.46	14	0.43	5.33	2.65	0.23	0.06	16.2	2.27	36.75	10.13	23.23	9.35	4.54	14.97	0.17	16.76	/	/	28.82	0.53	1.48	2.74
16	中国中冶	7.59	76.61	12.58	2.61	0.68	2.88	—	2.2	0.05	2895.35	63.72	4389.16	3362.46	3394.21	2970.65	13.13	15.26	12.85	6.24	10.89	5.42	5.12	140.5	104.38	213.84
17	镇海股份	7.43	25.89	14.88	8.47	0.65	3.36	4.64	1.67	0.35	6.34	0.54	10.19	2.64	9.16	2.54	14.72	15.6	0.9	6	/	/	25.02	0.89	0.14	0.91
18	东华科技	6.9	64.05	11.36	3.7	0.67	2.76	6.2	−2.92	−0.14	40.34	1.48	59.32	37.99	43.65	30.77	24.8	10.97	1.05	3.12	/	12.14	1.53	−4.32	0.91	3.09
19	中化岩土	6.25	54.29	22.63	6.21	0.46	1.51	1.71	0.52	0.03	35.64	2.23	85.01	46.15	57.27	39.06	22.29	27.55	1.73	13.88	19.06	2.35	9.56	1.15	1.22	3.31
20	中国化学	6.22	63.91	11.64	2.55	0.88	4.88	--	2.54	0.09	814.45	19.32	970.23	620.04	763.29	550.31	14.01	17.88	3.4	10.05	0.28	4.99	5.81	49.09	30.44	53.8
21	富煌钢构	4.57	69.84	15.14	2.55	0.54	1.82	2.33	3.99	0.07	35.32	0.82	70.81	49.45	50.42	44.79	28.12	/	1	20.26	17.64	6.47	17.05	3.29	0.79	2.4
22	东南网架	4.51	60.82	10.76	2.08	0.85	2.54	2.98	−0.23	−0.01	86.95	1.71	103.27	62.8	78.77	62.51	31.99	27.1	0.95	17.02	16.58	/	20.2	−0.39	1.19	4.83
23	中铝国际	4.01	73.11	9.74	1.52	0.71	4.1	2.57	1.87	0.02	335.72	3.06	492.36	358.51	413.15	327.93	6.97	29.04	4.46	4.23	18.37	4.51	2.13	5.71	7.63	22.73
24	海波重科	3.96	47.76	21.03	4.81	0.43	1.29	1.48	1.43	0.06	5.04	0.24	12.62	6.03	9.62	6	30.74	26.78	1.18	15.03	3.17	/	25.12	0.35	0.11	0.26
25	精工钢构	3.94	63.19	13.67	2.1	0.69	1.53	5	−1.29	−0.03	86.31	1.82	133.14	84.14	102.78	77.6	39.1	12.28	3.04	5.78	12.68	1.36	7.36	−2.34	2.2	6.41
26	三维工程	3.93	22.35	31.92	9.84	0.31	3.33	1.13	1.84	0.19	5.23	0.4	16.94	3.79	14.69	3.78	6.26	24.26	2.48	7.89	0.18	/	8.97	0.73	0.47	0.84
27	华电重工	1.64	55.55	10.34	1	0.73	2.69	2.51	5.42	0.07	58.35	0.57	80.75	44.85	68.24	44.57	21.5	30.41	0.55	11.19	5.04	/	15.11	3.09	1.46	3.75
28	延华智能	−27.75	48.64	11.93	−26.39	0.54	1.84	2.73	−0.13	0.04	11.36	−2.86	20.06	9.76	16.14	9.5	24.83	20.94	7.73	6.32	4.6	1	13.01	0.37	0.35	1.38
29	神州长城	−588.37	97.23	−0.93	−70.86	0.23	3.84	0.49	−0.49	0.09	24.27	−17.05	96.03	93.38	80.98	89.35	7.48	43.77	—	—	29.81	1.25	−13.53	8.28	0.72	2.62

物流上市公司2017年度主要财务指标对比明细表

单位：%、亿元

序号	名称	净资产收益率	资产负债率	销售净利率	总资产周转率	销售毛利率	存货周转率	应收账款周转率	经营净现金流/净利润	经营净现金流/流动负债	营业收入	净利润	资产总额	负债总额	流动资产合计	流动负债合计	存货占比	应收账款占比	其他应收款占比	固定资产占比	短期借款占比	应付账款占比	长期借款占比	资本公积金占比	经营净现金流	支付的各项税费	支付给职工性质现金
1	嘉友国际	43.82	35.68	6.35	4.03	9.43	50.34	45.56	1	0.65	32.44	2.06	8.94	3.19	6.55	3.16	7.98	7.63	0.77	15.1	—	8.86	—	15.21	2.05	0.82	0.37
2	韵达股份	35.45	44.11	15.9	1.24	28.98	281.45	33.96	1.87	0.72	99.86	15.87	94	41.46	47.58	41	0.26	3.48	1	30	—	19.2	—	4.51	29.68	5.78	8.88
3	申通快递	24.05	23.08	11.75	1.51	18.45	331.65	18.53	1.41	1.05	126.57	14.88	88.09	20.33	58.54	20.07	0.37	8.06	1.1	14.7	0.06	9.15	—	36.26	20.98	6.7	9.45
4	安通控股	20.29	65.45	8.17	0.88	16.06	142.68	10.56	1.54	0.24	67.61	5.52	86.8	56.81	28.68	35.45	0.6	9.88	4.83	52.15	11.62	11.87	—	6.41	8.52	2.38	2.13
5	上海雅仕	19.81	30.92	4.79	1.89	10.56	37.05	23.45	0.56	0.12	17	0.81	11.48	3.55	10.13	3.55	5.61	7.57	1.41	7.01	7.84	11.24	—	30.92	0.43	0.52	0.37
6	长久物流	19.79	48.13	7.72	1.23	10.44	1585.43	3.15	−0.12	−0.02	49.61	3.83	43.96	21.16	33.18	20.67	0.11	37.37	4.96	10.26	9.55	33.03	0.43	12.44	−0.47	2.17	1.84
7	德邦股份	19.53	52.91	2.69	3.33	13.32	2490.28	17.67	3.66	0.6	203.5	5.47	65.21	34.5	39.63	33.5	0.13	16.91	3.1	24.54	16.53	10.96	—	—	20.01	5.61	87.44
8	顺丰控股	18.43	43.23	6.68	1.4	20.07	134.91	13.72	1.28	0.28	710.94	47.52	576.6	249.28	314.9	215.45	0.77	10.07	2.7	20.63	8.01	11.98	4.07	27.53	61.08	25.84	160.05
9	外运发展	17.16	18.7	21.8	0.66	7.79	744.17	7.16	0.28	0.21	62.07	13.53	100.7	18.83	63.47	18.51	0.12	8.62	2.5	9.69	1.66	11.61	—	5.34	3.83	1.48	4.46
10	圆通速递	16.56	33.8	7.24	1.58	11.73	454.4	30.74	1.08	0.35	199.82	14.47	141.43	47.8	69.12	44.64	0.32	7.86	2.48	20.79	4.65	14.52	—	42.01	15.56	6.88	18.97
11	澳洋顺昌	16.27	44.3	14.85	0.62	24.01	4.44	4.32	0.24	0.04	36.39	5.33	65.19	28.88	34.1	20.35	11.41	15.8	0.07	31.12	12.84	7.32	2.25	5.23	0.86	1.5	1.98
12	建发股份	14.83	75.05	2.21	1.45	6.43	2.77	67.33	−5.58	−0.22	2186.02	48.26	1752.95	1315.58	1498.01	838.57	49.34	1.87	8.38	0.78	4.12	6	14.84	1.39	−185.88	54.01	24.91
13	瑞茂通	14.35	75.26	1.91	2	7.43	38.25	10.38	−2.89	−0.16	374.97	7.15	211.6	159.26	198.69	125.83	6.75	19.47	2.28	0.06	17.03	14.98	—	6.98	−20.64	4.17	1.51
14	畅联股份	13.61	15.59	12	0.78	26.22	248.17	6.24	1.72	0.88	11.51	1.38	18.34	2.86	12.71	2.73	0.28	8.45	1.9	15.54	—	3.84	—	49.29	2.39	0.81	2.76
15	中储股份	13.35	42.44	5.24	1.33	2.1	6.68	20.55	3.77	1.31	256.2	13.43	187.2	79.44	88.14	38.65	5.7	6.93	17.01	13.33	3.03	1.79	1.38	18.74	50.46	12.16	7.62
16	欧浦智网	13.17	50.65	3.44	2.06	7.19	30.15	23.02	−0.42	−0.05	69.22	2.38	36.09	18.28	23.88	17.79	7.62	11.69	0.03	6.95	23.64	0.09	0.55	0.04	−0.87	2.25	0.75
17	原尚股份	13.09	15.5	13.16	0.68	26.7	524.24	4.05	1.47	0.78	3.93	0.52	6.71	1.04	3.13	0.98	0.07	15.2	3.23	33.23	—	8.47	0.79	34.58	0.76	0.27	0.72
18	易见股份	12.66	51.08	5.79	1.15	6.69	156.53	10.75	−1.78	−0.24	159.63	8.95	148.66	75.93	145.36	60.73	0.63	9.32	0.2	0.02	15.37	1.71	3.36	27.17	−14.49	2.8	0.23
19	密尔克卫	12.47	35.27	6.46	—	18.56	77.63	4	1.71	—	12.91	0.83	11.37	4.01	6.9	3.46	1.83	31.22	1.75	9.5	7.92	16.71	1.06	26.12	1.43	0.53	1.3
20	嘉诚国际	12.27	18.48	11.58	0.75	23.11	10.98	8.4	0.48	0.19	10.34	1.2	17.1	3.16	10.79	3.02	5.07	7.72	0.52	21.64	—	9.94	—	37.08	0.57	0.49	0.72
21	东方嘉盛	11.85	80.92	1.17	1.41	1.99	199.2	3.48	1.62	0.03	101.43	1.19	67.87	54.92	64.86	54.59	0.55	45.03	0.8	3.32	38.75	40.28	0.34	7.13	1.91	0.52	0.32
22	怡亚通	10.38	81.69	0.86	1.52	6.51	7.12	5.48	0.07	0	685.15	5.85	472.62	386.1	376.94	352.76	21.26	27.18	1.95	3.94	45.9	3.18	2.19	2.73	0.41	7.01	16.63
23	新宁物流	10.34	34.21	16.01	0.44	38.18	13.82	2.17	−0.08	−0.02	9.02	1.44	21.25	7.27	10.56	6.67	2.22	22.73	6.35	8.14	12.05	14.07	1.97	42.59	−0.11	0.72	2.48
24	音飞储存	10.02	25.89	13.86	0.55	32.52	2.49	3.35	0.51	0.15	5.99	0.83	11.78	3.05	9.69	2.89	16.72	18	0.32	8.57	—	8.66	—	16.55	0.43	0.43	0.79
25	天顺股份	9.53	42.35	4.27	1.42	10.66	27.88	4.96	−1.76	−0.28	10.17	0.43	7.84	3.32	6.2	2.61	7.23	23.85	2.52	4.66	24.87	3.28	3.83	19.52	−0.73	0.4	0.23
26	恒通股份	9.41	40.51	2.05	3.79	6.5	134.49	69.39	3.53	0.46	40.92	0.84	12.64	5.12	4.94	4.78	2.86	4.97	1.41	31.25	15.82	8.7	—	22.23	2.19	0.76	1.62
27	厦门象屿	9.04	64.78	0.49	5.12	2.32	17.88	75.33	−4.05	−0.11	2032.91	9.94	455.56	295.13	332.59	266.35	26.77	5.67	2.4	13.14	25.41	9.98	2.31	11.24	−28.94	7.55	7.12
28	宏川智慧	8.08	35.85	25.41	0.19	56.59	47.91	9.98	2.48	1.82	3.65	0.93	18.97	6.8	1.38	1.27	0.17	1.98	0.06	54.77	0.02	1.22	26.62	33.21	2.3	0.5	0.66
29	华贸物流	7.67	30.89	3.32	1.64	11.48	53.72	5.08	1.49	0.26	87.15	2.9	54.8	16.93	36.53	16.04	3.34	31.99	4.01	9.95	3.63	17.61	0.73	35.15	4.15	1.4	5.42
30	飞马国际	7.55	79.98	0.52	2.98	0.85	63.21	22.47	0.54	0.01	613.84	3.18	214.88	171.86	181.19	147.65	—	11.45	0.96	1.06	10.57	3.98	6.45	1.59	1.64	1.42	1.15
31	龙洲股份	7.12	56.42	4.24	0.8	14.58	18.65	5.41	−0.16	−0.01	47.51	2.01	71.64	40.42	36.88	29.52	3.45	17.35	2.29	20.3	18.26	5.12	9.05	22.07	−0.27	1.74	3.54
32	飞力达	6.89	44.94	2.74	1.43	12.48	74.94	6.53	−0.88	−0.07	30.65	0.84	22.54	10.13	13.84	9.51	1.62	22.14	2.19	15	24.58	9.09	2	9.41	−0.63	0.74	4.03
33	广汇物流	6.64	37.99	32.54	0.14	62.14	0.41	3.5	0.2	0.04	11.01	3.59	94.27	35.81	35.91	15.95	19.57	4.14	0.64	0.48	0.37	6.7	10.5	11.32	0.71	1.83	0.51
34	普路通	5.56	90.98	1.27	0.37	6.64	51.66	5.94	5.38	0.03	53.81	0.68	139.75	127.14	135.99	126.85	0.77	6.92	1.14	0.06	71.63	2.55	—	2.11	3.67	0.83	0.55
35	恒基达鑫	5.47	22.31	26.51	0.15	43.4	63.57	4.33	1.96	0.52	2.26	0.6	15.73	3.51	4.5	2.43	0.15	4.61	2.87	50.1	10.17	4.06	4.9	26.7	1.27	0.12	0.49
36	同益股份	4.71	30.18	1.83	1.85	11.01	16.57	5.59	−6.73	−0.72	10.1	0.18	5.7	1.72	5.49	1.72	12.32	34.21	0.32	1.85	6.14	16.53	—	38.6	−1.24	0.22	0.38
37	万林股份	4.64	52.79	18.42	0.14	53.88	8.83	5.58	−4.23	−0.18	6.75	1.24	52.04	27.47	33.12	25.02	1.33	3.09	44.93	16.03	29.78	1.4	—	22.71	−4.4	0.71	0.89
38	皖江物流	3.92	43.93	4.73	0.53	13.06	13.89	12.44	4.13	0.29	95.56	4.52	172.63	75.84	36.08	45.85	2.88	5.32	0.61	59.3	10.52	4.28	16.91	28.99	13.23	6.86	12.58
39	九有股份	2.9	91.12	1.52	0.63	6.88	14.78	3.74	15.31	0.03	15.7	0.24	45.48	41.44	42.72	40.94	3.3	14.07	41.29	2.16	13.61	35.99	—	14.14	1.31	0.1	0.45
40	长江投资	−11.18	56.92	−4.95	1.15	8.02	11.69	4.14	−3.32	0.28	28.41	−1.41	20.01	11.39	10.89	11.13	6.95	32.13	2.08	17.64	47.38	3.11	—	16.59	3.11	0.25	1.13
41	保税科技	−11.93	37.95	−19.9	0.3	17.39	7.49	23.18	−0.3	0.09	10.49	−2.08	33.49	12.71	13.08	7.22	2.57	0.58	11.17	33.05	2.68	1.52	4.48	8	0.67	0.46	0.76

物流上市公司 2018 年度主要财务指标对比明细表

单位：%、亿元

序号	名　称	净资产收益率	资产负债率	销售毛利率	销售净利率	总资产周转率	存货周转率	应收账款周转率	经营净现金流/净利润	经营净现金流/流动负债	营业收入	净利润	资产总计	负债合计	流动资产合计	流动负债合计	存货占比	应收账款占比	其他应收款占比	固定资产占比	短期借款占比	长期借款占比	资本公积金占比	经营净现金流	支付的各项税费	支付给职工性质现金
1	ST 欧浦	64.23	391.91	4.21	-85.23	2.2	31.68	20.89	-0.01	0.04	48.89	-41.79	8.42	33.01	2.87	10.13	2.49	5.48	—	—	77.08	/	0.17	0.45	0.98	0.9
2	韵达股份	29.72	36.17	28.02	18.78	1.01	314.58	32.09	1.38	0.57	138.56	26.98	180.81	65.39	101.7	64.79	0.22	2.97	1.01	26.09	2.21	/	21.18	37.14	10.98	9.96
3	申通快递	27.56	27.81	16.24	12.06	1.65	484.97	19.54	1.27	0.8	170.13	20.49	118.66	33	61.62	32.62	0.22	8.69	1.04	22.48	0.84	/	26.92	26.03	8.96	9.8
4	嘉友国际	24.1	26.28	8.71	6.58	2.7	35.15	40.16	0.02	0.01	41.01	2.7	21.4	5.62	17.02	5.43	6.64	6.36	0.87	6.37	/	/	40.09	0.04	0.82	0.5
5	中创物流	23.51	39.54	7.48	4.63	3.07	556.55	9	0.55	0.18	45.09	1.91	15.16	6	7.96	5.88	0.49	34.63	2.41	16.1	6.93	0.65	2.87	1.06	0.9	1.88
6	德邦股份	19.36	51.01	14.1	3.04	3.12	1437.57	18.73	2.27	0.4	230.25	7	82.21	41.94	52.88	39.99	0.23	16.49	2.62	22.49	12.18	/	3.88	15.88	6.61	97.58
7	圆通速递	19.16	40.94	13.22	7.03	1.61	446.48	21.9	1.23	0.49	274.65	19.04	199.69	81.75	88.04	48.15	0.31	7	2.25	26.61	0.83	/	30.03	23.36	6.61	23.01
8	长久物流	17.02	56.12	13.55	7.32	1.02	731.1	2.83	-1.58	-0.25	54.83	4.03	63.54	35.66	41.29	25.46	0.13	35.02	1.76	20.24	16.29	/	6.11	-6.35	3.01	2.41
9	安通控股	16.22	68.94	11.67	4.89	1.03	125.77	7.88	1.66	0.19	100.58	4.92	108.95	75.11	45.99	42.98	0.82	15.56	15.21	45.59	14.01	/	1.21	8.18	2.3	3.15
10	建发股份	15.54	74.97	8.11	2.72	1.43	2.32	56.08	1.02	0.04	2803.82	46.72	2174.54	1630.36	1935.54	1107.74	62.33	3.09	5.82	0.86	1.76	10.81	1.12	47.8	79.55	33.57
11	顺丰控股	13.43	48.45	17.92	4.91	1.41	118.07	—	1.19	0.21	909.43	45.56	716.15	347.01	319.22	263.69	1.14	10.27	1.95	19.5	11.99	1.39	22.44	54.25	30.61	203.74
12	密尔克卫	12.89	31.86	18.29	7.38	1.19	111.53	4.17	0.98	0.3	17.84	1.32	18.57	5.92	11.05	4.32	0.29	26.93	2.05	17.27	4.31	6.57	34.89	1.3	0.71	1.67
13	中国外运	11.43	54.71	7.17	4.14	1.25	246.95	7.37	0.74	0.1	773.12	27.04	614.94	336.41	313.69	201.96	0.43	16.94	2.31	19.42	3.63	13.78	6.71	20.13	15.84	58.89
14	易见股份	11.11	49.11	3.04	6.28	0.9	231.78	16.85	0.92	0.11	135.5	8.14	151.65	74.48	138.26	69.37	0.13	1.46	0.83	0.02	1.64	3.34	26.63	7.46	2.39	0.37
15	东方嘉盛	10.2	81.5	1.63	1.06	1.78	259.27	3.51	1.13	0.02	128.96	1.35	77.42	63.09	74.4	62.81	0.78	55.45	3.72	2.85	24.59	0.27	6.25	1.53	0.47	0.33
16	音飞储存	10.05	25.9	32.72	13.3	0.56	1.94	3.08	0.55	0.16	6.89	0.93	12.74	3.3	10.27	3.2	21.98	18.52	0.42	7.35	/	/	14.91	0.51	0.45	0.93
17	澳洋顺昌	9.84	45.8	18.81	8.74	0.61	4.1	4.38	1.35	0.12	42.55	2.26	73.79	33.79	37.94	26.42	12.78	/	0.18	32.17	14.68	1.06	5.03	3.04	1.83	2.66
[illegible]	原尚股份	9.79	23.14	15.17	6.78	1.11	1499.15	4.33	-1.66	-0.53	8.14	0.56	7.96	1.84	3.83	1.73	0.06	34.55	1.04	32.97	9.67	1.29	31.91	-0.92	0.24	0.95
[illegible]	广汇物流	9.78	50.69	58.69	26.79	0.18	0.33	3.16	1.02	0.15	20.81	5.51	131.65	66.74	72.83	38.53	25.25	7.04	1.08	0.35	0.39	13.85	5.78	5.63	4.58	0.7
[illegible]	[illegible]诚国际	9.6	20.22	23.73	12.35	0.62	7.52	6.55	0.71	0.27	11.16	1.38	18.81	3.8	11.79	3.62	7.44	11.11	0.88	18.2	/	/	33.71	0.97	0.35	0.87
[illegible]	[illegible]股份	8.95	16.55	24.59	11.49	0.65	81.89	6.73	0.03	0.01	12.33	1.43	19.66	3.25	10.63	3.14	0.89	10.73	2.13	26.95	/	/	45.98	0.04	0.84	3.33
[illegible]	[illegible]物流	8.53	28.05	11.4	3.57	1.72	62.9	5.1	0.43	0.1	94.45	3.23	54.8	15.37	37.36	14.62	1.51	35.58	3.45	11.57	3.69	0.74	35.36	1.39	1.4	6.09
[illegible]	[illegible]象屿	8.5	64.38	2.75	0.65	4.66	16.45	62.69	1.9	0.07	2340.08	10.68	547.93	352.74	388.33	288.78	28.23	8.91	1.69	17.06	18.98	6.85	8.05	20.28	10.67	9.19
[illegible]	[illegible]股份	8.49	65.61	15.28	3.65	0.8	19.4	4.28	-5.55	-0.2	68.39	1.67	98.81	64.82	54.22	46.52	3.55	19.77	11.6	16.77	19.68	12.75	14.1	-9.27	2.33	3.57
[illegible]	[illegible]通	8.2	72.27	7.87	1.25	1.82	29.4	9.2	8.27	0.28	380.96	4.75	205.99	148.88	184.85	139.15	4.66	20.21	0.83	0.07	19.77	/	7.18	39.3	3.37	1.41
[illegible]	[illegible]联	7.43	54.98	12.01	4.46	0.75	10.53	12.41	0.57	0.04	201.48	8.19	299.3	164.57	134.25	116.97	6.97	5.51	2.43	5.45	13.72	3.35	20.31	4.66	6.8	14.25
[illegible]	[illegible]慧	6.91	36.56	58.06	25.8	0.17	70.08	9.43	0.15	0.04	3.98	1.03	28.8	10.53	4.18	3.68	0.05	1.63	0.28	35.45	/	22.05	35.49	0.16	0.59	0.73
[illegible]	[illegible]	6.88	88.42	8.8	1.77	0.45	29.99	5.14	-5.02	-0.05	57.72	1.02	115.61	102.22	112.21	101.99	2.1	11.05	3.24	0.1	75.16	/	2.21	-5.12	1.35	0.64
[illegible]	[illegible]份	6.36	33.3	3.19	1.03	4.12	161.05	48.93	-0.26	-0.02	60.43	0.47	16.72	5.57	7.08	5.37	2.18	11	1.32	37.32	8.97	/	31.22	-0.12	0.9	1.72
[illegible]	[illegible]	5.83	41.63	8.73	2.45	1.39	9.9	13.91	-2.71	-0.22	17.5	0.45	13.63	5.67	11.99	5.67	18.93	12.11	4.18	6.68	8.66	/	26.05	-1.22	0.39	0.47
[illegible]	[illegible]	5.66	60.9	48.53	13.82	0.16	5.29	4.13	-6.84	-0.19	9.42	0.98	62.79	38.24	42.32	35.62	1.82	4.7	47.46	14.1	39.18	0.32	15.21	-6.72	1.47	1.16
32	[illegible]	5.53	39.57	9.91	5.14	0.65	17.15	11.34	3.17	0.36	110.88	4.16	167.77	66.38	34.76	36.09	3.98	6.19	0.76	57.24	9.57	17.6	29.83	13.17	7.04	14.09
33	[illegible]	5.06	45.6	37.4	6.26	0.44	13.84	1.95	1.19	0.1	10.45	0.65	26.58	12.12	9.59	7.58	1.78	22.12	2.11	17.88	14.6	15.35	34.09	0.77	0.42	3.04
34	中[illegible]	4.38	49.3	3.37	1.2	1.85	30.04	28.94	1.93	0.1	381.28	4.78	225.39	111.11	121.03	88.6	6.15	5.93	13.33	12.57	1.39	0.86	16.02	9.24	12.8	7.92
35	恒基[illegible]	4.1	19.48	45.21	20.64	0.16	56.06	4.2	1.88	0.52	2.55	0.58	15.58	3.04	4.81	2.08	0.17	3.12	4.71	50.24	5.99	3.18	26.96	1.08	0.24	0.52
36	飞力达	2.11	48.17	10.78	0.8	1.37	37.36	6.17	4.95	0.07	31.98	0.15	24.07	11.6	14.89	11.08	4.82	22.35	2.21	13.86	26.09	1.42	8.23	0.73	0.8	4.58
37	保税[illegible]	[illegible]39	33.18	11.39	3.32	0.42	16.08	60.14	-0.41	-0.03	13.64	0.36	31.29	10.38	13.66	5.7	2.05	0.83	17.99	32.95	8.25	3.2	8.57	-0.15	0.41	0.77
[illegible]	[illegible]	[illegible]	80.1	6.62	0.23	1.54	7.14	5.42	8.19	0.05	696.92	2	433.92	347.57	342.54	320.75	18.87	29.68	2.5	—	44.25	2.68	2.96	16.37	9.13	15.46
39	[illegible]	[illegible]	54.08	9.27	-0.09	1.06	13.95	4.58	19.45	0.24	9.49	0.06	10.02	5.42	8.08	4.72	6.65	22.65	2.06	4.51	16.17	2.69	15.27	1.13	0.25	0.31
40	华鹏飞	[illegible]1.7[illegible]	[illegible]	28.89	-58.8	0.38	1.7	1.6	-0.25	0.15	9.54	-6.02	21.78	10.48	13.69	9.63	16.44	36.41	4.22	10.75	5.56	3.44	32.64	1.48	0.59	1.28
41	飞马国际	-106.35	[illegible]	2.25	-5.92	2.15	49.57	19.87	2.11	-0.33	410.49	-22.08	166.53	146.6	141.11	142.59	0.23	10.04	—	—	26.69	2.22	3.01	-46.67	0.74	1.07
42	长江投资	-196.84	80.62	[illegible]	[illegible]12	0.56	10.55	1.97	-0.28	0.15	10.26	-6.74	16.58	13.37	7.32	12.4	1.76	24	—	—	55.97	4.1	20.02	1.91	0.32	0.81
43	ST 九有	-223.34	94.68	[illegible]	[illegible]	[illegible]94	23.08	6.26	-0.02	0.02	22.59	-2.72	3.46	3.29	2.45	2.13	16.96	37.28	—	—	1.16	/	185.84	0.05	0.12	0.64

汽车服务上市公司 2017 年度主要财务指标对比明细表

单位：%、亿元

序号	名称	净资产收益率	资产负债率	销售净利率	总资产周转率	销售毛利率	存货周转率	应收账款周转率	经营净现金流/净利润	经营净现金流/流动负债	营业收入	净利润	资产总额	负债总额	流动资产合计	流动负债合计	存货占比	应收账款占比	其他应收款占比	固定资产占比	短期借款占比	应付账款占比	长期借款占比	资本公积金占比	经营净现金流	支付的各项税费	支付给职工性质现金
1	广汇汽车	15.05	67.29	2.8	1.3	9.72	8.94	52.48	1.28	0.07	1607.12	45.04	1352.46	910.09	822.78	682.72	12.59	2.23	2.38	9.1	12.89	1.44	11.58	10	49.87	36.17	49.99
2	东方时尚	14.03	30.6	18.95	0.41	53.69	2.71 万	1.05 万	1.25	0.41	11.73	2.22	31.6	9.67	9.78	7.1	0	0	1.38	18.32	5.89	0.52	3.48	23.92	2.94	1.68	4.6
3	国机汽车	9.29	70.71	1.3	2.09	5.94	5.23	33.97	−9.98	−0.42	502.4	6.55	259.1	183.2	203.9	159.77	39.61	7.7	2.05	6.04	21.73	9.93	0.47	8.63	−66.88	28.48	6.54
4	大东方	9.12	44.05	2.96	1.73	12.63	10.19	69.84	0.9	0.12	91.68	2.71	52.26	23.02	24.34	19.66	15.69	2.81	0.56	18.41	7.5	7.52	–	7.16	2.34	2.94	4.15
5	中国汽研	9.05	17.52	15.51	0.48	25.01	10.7	9.3	1.51	0.8	24.01	3.72	51.72	9.06	26.95	7.09	3.36	5.34	0.78	32.85	0.1	3.34	0.05	27.28	5.65	1.36	3.67
6	多伦科技	7.48	32.91	19.85	0.26	54.17	0.7	1.51	1.1	0.17	5.09	1.01	20.36	6.7	17.56	6.56	18.81	16.31	0.95	7.32	–	8.01	–	8.1	1.12	0.98	1.46
7	特力A	7.2	28.87	18.94	0.27	26.78	21.47	15.67	−0.03	−0.01	3.47	0.66	14.03	4.05	4.58	3.48	0.9	3.15	1.06	8.55	8.55	2	2.75	40.27	−0.02	0.2	0.55
8	中国中期	4.79	11.77	49.66	0.09	13.98	2.86	28.46	−0.37	−0.31	0.61	0.3	6	0.71	1.98	0.37	3.16	0.24	2.49	0.66	–	0.1	–	6.99	−0.11	0.01	0.08
9	漳州发展	3.98	55.41	2.87	0.53	14.48	1.22	30.42	9.25	0.34	27.38	0.79	49.72	27.55	33.98	23.28	32.2	2.05	5.01	10.44	8.59	7.12	1.6	13.23	7.87	1.74	1.84
10	亚夏汽车	3.53	58.12	1.06	1.5	6.37	8.92	110.44	−1.72	−0.05	66.64	0.71	46.28	26.9	23.64	25.79	14.74	1.65	0.82	17.76	27.92	1.37	0.25	15.41	−1.26	0.52	2.03

汽车服务上市公司 2018 年度主要财务指标对比明细表

单位：%、亿元

序号	名称	净资产收益率	资产负债率	销售毛利率	销售净利率	总资产周转率	存货周转率	应收账款周转率	经营净现金流/净利润	经营净现金流/流动负债	营业收入	净利润	资产总计	负债合计	流动资产合计	流动负债合计	存货占比	应收账款占比	其他应收款占比	固定资产占比	短期借款占比	长期借款占比	资本公积金占比	经营净现金流	支付的各项税费	支付给职工性质现金
1	中华控股	12.33	68.43	4.17	4.99	0.78	4.22	12.49	0.89	0.07	71.46	3.41	83.49	57.13	51.45	46.63	20.6	7.53	15.32	18.26	28.14	7.71	4.16	3.05	1.47	3.33
2	东方时尚	12.14	48.49	48.98	21.56	0.29	1.41	1.19 万	−1.14	−0.17	10.51	2.23	40.11	19.45	14.4	14.61	18.97	0	4.86	13.16	15.71	3.74	14.01	−2.54	1.38	4.33
3	大东方	10.14	40.46	12.38	3.28	1.84	8.9	62.74	0.66	0.12	91.54	2.95	46.99	19.01	22.01	16.42	20.9	3.09	0.22	19.86	7.68	/	5.43	1.94	2.84	4.69
4	中国汽研	9.53	21.51	25.92	14.66	0.51	9.87	9.1	0.86	0.33	27.58	4.03	57.07	12.28	26.99	10.55	4.21	5.78	0.63	29.74	/	0.05	25.57	3.46	1.24	4.3
5	多伦科技	9.17	28.7	59.87	24.22	0.27	0.58	1.8	0.93	0.22	5.5	1.35	21.02	6.03	16.83	5.84	18.17	13.27	0.74	7.43	/	/	9.28	1.26	0.74	1.39
6	广汇汽车	8.79	67.36	10.31	2.39	1.2	7.92	56.96	0.66	0.03	1661.73	32.57	1414.93	953.08	854.51	762.62	14.57	1.99	2.65	9.62	14.26	9.42	9.64	21.6	36.88	55.5
7	特力 A	8.47	33.71	19.77	20.79	0.27	26.6	6.36	−0.08	−0.01	4.14	0.87	16.58	5.59	7.09	5.18	0.74	5.19	0.87	–	8.62	2.11	34.08	−0.07	0.24	0.53
8	国机汽车	6.75	68.02	6.18	1.24	1.74	4.26	20.34	2.93	0.12	442.53	5.95	248.67	169.15	186.56	146.17	37.07	9.48	1.95	6.7	24.03	/	9.12	17.42	26.63	7.16
9	漳州发展	3.48	52.72	14.96	2.7	0.61	1.72	20.26	0.13	0.01	30.68	0.92	50.57	26.66	34.33	23.75	28.42	3.97	3.08	8.89	9.25	1.38	13.01	0.12	1.62	2.05
10	中国中期	2.88	12.82	9.36	22.82	0.11	2.98	34.9	−0.73	−0.24	0.67	0.15	6.26	0.8	1.99	0.47	3.44	/	3.86	0.48	/	/	6.64	−0.11	0.01	0.08
11	庞大集团	−64.76	80.28	0.64	−14.68	0.87	7.17	34.22	1.99	−0.49	420.34	−61.55	328.71	263.9	178.06	249.43	10.38	2.67	10.11	23.66	22.59	1.7	10.79	−122.32	15.27	22.57

包装印刷上市公司 2017 年度主要财务指标对比明细表

单位：%、亿元

序号	名称	净资产收益率	资产负债率	销售净利率	总资产周转率	销售毛利率	存货周转率	应收账款周转率	经营净现金流/净利润	经营净现金流/流动负债	营业收入	净利润	资产总额	负债总额	流动资产合计	流动负债合计	存货占比	应收账款占比	其他应收款占比	固定资产占比	短期借款占比	应付账款占比	长期借款占比	资本公积金占比	经营净现金流	支付的各项税费	支付给职工性质现金
1	京华激光	21.22	16.82	15.41	0.8	30.81	3.78	4.12	1.55	0.89	5.36	0.83	8.5	1.43	6.63	1.43	11.5	14.47	0.08	10.68	–	9.53	–	54.12	1.28	0.39	0.41
2	裕同科技	20.15	44.11	13.42	0.84	31.54	8.35	2.27	0.63	0.19	69.48	9.32	89.83	39.62	60.54	30.13	7.9	36.03	0.86	21.31	14.57	12.23	1.17	15.25	5.84	3.64	15.67
3	珠海中富	17.78	77.82	5.63	0.61	21.27	6.38	6.52	3.06	0.39	16.15	0.91	26.47	20.6	7.68	7.41	7.06	9.18	2.15	52.29	5.44	2.62	47.98	10.54	2.88	1.21	2.32
4	吉宏股份	17.04	54.88	7.25	1.19	27.45	6.52	7.23	−0.79	−0.1	11.33	0.82	11.48	6.3	6.82	6.18	14.98	17.07	0.75	28.48	25.96	15.77	–	12.63	−0.63	0.32	0.95
5	东港股份	15.95	32.14	16.15	0.64	39.67	6.61	4.47	1.41	0.49	14.3	2.31	22.37	7.19	13.18	6.59	6.48	14.53	1.35	32.14	–	8.76	–	11.18	3.26	1.68	2.03
6	康欣新材	14.75	29.75	25.57	0.43	38.09	0.75	6.02	0.5	0.19	18.18	4.65	48.9	14.55	24.21	12.49	35.81	7.51	0.39	20.63	14.01	4.31	0.01	10.53	2.32	1.61	0.92
7	XD 翔港科	14.56	24.7	13.51	0.6	26.02	7.8	2.45	1.34	0.44	3.39	0.46	6.72	1.66	3.78	1.38	5.69	22.92	0.08	33.33	–	9.51	–	42.86	0.62	0.23	0.65
8	奥瑞金	13.04	59.17	9.39	0.5	27.59	8.28	3.09	2.69	0.37	73.42	6.9	143.48	84.9	55.56	50.5	5.31	14.11	0.18	32.48	7.59	6.87	10.66	−0.15	18.91	8.41	5.3
9	紫江企业	12.96	55.13	6.7	0.82	18.64	3.97	6.16	1.91	0.21	85.08	5.7	100.38	55.34	47.06	49.84	17.74	13.99	1.27	32.9	33.25	8.39	5	3.61	10.61	5.17	8.76
10	永新股份	12.16	25.2	10.52	0.86	22.7	5.25	5.11	1.35	0.51	20.08	2.11	24.01	6.05	15.89	5.43	13.04	16.53	0.16	27.99	0.58	7.87	–	24.95	2.77	1.15	1.99
11	新宏泽	11.69	18.83	17.67	0.5	35.95	7.16	2.55	0.6	0.29	2.69	0.48	5.26	0.99	2.56	0.97	4.04	21.67	0.08	26.24	–	15.92	–	6.64	0.29	0.41	0.27
12	劲嘉股份	11.63	17.64	22.84	0.4	44.11	2.44	3.97	1.43	0.59	29.45	6.72	81.24	14.33	35.24	13.95	8.76	8.23	0.5	20.69	0.12	8.12	–	20.33	8.2	3.46	4.03
13	永吉股份	11.46	9.71	28.04	0.37	40.17	4.21	2.92	1.76	1.86	3.35	0.94	9.52	0.92	6	0.89	6.65	11.87	4.22	24.26	–	6.89	–	13.87	1.65	0.42	0.36
14	海顺新材	11.24	10.73	17.49	0.54	37.4	4.5	3.22	0.84	0.8	3.76	0.66	7.1	0.76	4.66	0.69	8.83	17.04	1.01	12.97	–	4.67	–	43.1	0.55	0.27	0.35
15	创新股份	9.74	18.79	12.78	0.62	26.86	4.75	3.01	1.1	0.46	12.2	1.56	20.38	3.83	14.32	3.77	9.22	21	0.16	24.48	–	5.99	–	51.42	1.72	1.02	1.11
16	华源控股	9.61	25.7	8.12	0.9	19.72	4.27	5.68	1.62	0.46	11.49	0.93	13.54	3.48	8.07	3.25	18.46	11.6	0.55	24.67	3.32	7.11	–	28.58	1.51	0.83	1.12
17	英联股份	9.03	23.03	9.92	0.84	21.9	4.33	5.33	0.55	0.16	4.58	0.45	6.99	1.61	3.48	1.55	16.45	14.59	0.08	29.61	2.25	6.58	–	25.46	0.25	0.2	0.41
18	合兴包装	8.93	48.44	3.18	1.49	13.8	6.52	4.82	−1.79	−0.12	63.23	2.01	47.65	23.08	32.79	23.07	19.92	35.28	0.48	18.41	15.42	18.05	–	8.81	−2.75	2.13	4.52
19	美盈森	8.45	24.89	12.07	0.53	34.49	3.6	3.7	0.76	0.19	28.57	3.45	59.31	14.76	38.61	13.98	11.03	14.55	1.09	14.65	5.97	8.18	–	21.78	2.64	2	4.77
20	王子新材	7.64	32.32	6.52	0.85	24.93	6.67	2.8	0.26	0.04	5.98	0.39	7.92	2.56	6.43	2.44	9.74	29.55	0.69	12.19	–	15.53	–	30.68	0.1	0.5	1
21	盛通股份	6.7	34.48	6.6	0.75	19.86	5.59	4.24	−0.06	−0.01	14.03	0.93	23.49	8.1	10.37	7.49	10.94	16.01	1.4	30.06	1.74	9.88	0.63	36.65	−0.05	0.89	2.38
22	昇兴股份	5.34	42.58	4.61	0.69	16.55	4.4	4.93	2.83	0.2	20.55	0.95	32.53	13.85	13.94	13.08	13.89	9.68	0.15	36.34	14.72	5.07	1.54	8.91	2.62	1.72	1.86
23	顺灏股份	4.72	37.81	5.8	0.51	26.74	2.52	2.94	1.86	0.15	19.49	1.13	39.35	14.88	18.03	12.45	15.02	16.54	0.61	15.88	13.6	8.08	3.56	18.2	1.92	1.34	2.04
24	环球印务	4.37	30.72	5.12	0.6	19.65	4.55	3.56	2.3	0.22	4.38	0.22	7.65	2.35	3.81	2.35	11.37	16.21	0.19	34.51	15.95	11.76	–	19.35	0.52	0.29	0.82
25	XD 新通联	4.28	24.55	4.18	0.8	18.94	4.28	4.3	−1.55	−0.21	5.99	0.25	7.86	1.93	4.97	1.86	15.27	21.25	0.48	27.23	7.63	13.99	–	17.18	−0.39	0.42	1.04
26	浙江众成	3.95	28.97	3.96	0.25	31.52	1.68	10.65	−2.94	−0.35	6.35	0.25	29.34	8.5	13.08	5.7	13.87	2.14	0.13	43.9	9.71	6.03	8.08	21.81	−2	0.36	0.86
27	界龙实业	3.68	72.94	2.17	0.39	16.21	0.68	6.03	5.54	0.08	13.34	0.29	34.77	25.36	22.68	22	46.62	6.36	0.63	14.61	15.65	12.6	8.51	2.88	1.79	1.04	1.9
28	万顺股份	3.38	49.7	2.81	0.63	13.6	4.17	3.82	3.93	0.12	32.13	0.82	55.86	27.76	28.31	25.37	12.57	17.67	3.96	36.48	16.49	5.32	3.72	22.04	3.13	0.76	1.28
29	陕西金叶	2.88	42.12	6.54	0.37	29.07	1.53	6.31	7.18	0.22	7.74	0.51	24.31	10.24	10.47	9.05	14.52	6.21	0.94	32	10.82	8.31	4.65	16.37	1.95	0.52	1.32
30	通产丽星	2.85	18.37	4.22	0.66	21.87	5.69	3.5	1.43	0.2	12.24	0.52	19.11	3.51	8.39	3.04	9.37	22.14	0.36	46.36	1.75	8.74	–	39.77	0.6	0.73	2.97
31	双星新材	1.09	18.33	2.47	0.38	12	2.75	3.9	0.17	0.02	30.23	0.75	90.5	16.59	50.32	8.6	12.03	10.04	0.08	27.73	–	0.94	–	57.3	0.13	0.3	0.94
32	鸿博股份	0.65	16.49	1.87	0.31	24.06	3.04	6.55	6.3	0.21	6.95	0.13	21.1	3.48	11.76	3.25	8.48	4.38	3.87	29.24	4.27	4.88	–	42.8	0.68	0.51	1.63
33	宝钢包装	0.33	62.35	0.37	0.79	9.38	5.31	5.1	60.02	0.12	45.46	0.17	57.13	35.62	24.89	32.25	13.02	14.56	0.2	51.08	29.74	9.63	4.85	13.18	3.98	1.44	2.29

包装印刷上市公司 2018 年度主要财务指标对比明细表

单位：%、亿元

序号	名称	净资产收益率	资产负债率	销售毛利率	销售净利率	总资产周转率	存货周转率	应收账款周转率	经营净现金流/净利润	经营净现金流/流动负债	营业收入	净利润	资产总计	负债合计	流动资产合计	流动负债合计	存货占比	应收账款占比	其他应收款占比	固定资产占比	短期借款占比	长期借款占比	资本公积金占比	经营净现金流	支付的各项税费	支付给职工性质现金
1	金时科技	22.71	13.03	40.92	29.92	0.66	3.99	--	1.13	1.62	6.53	1.95	10.52	1.37	6.28	1.36	7.91	16.16	0.22	36	/	/	18.25	2.2	0.81	0.43
2	裕同科技	18.38	46.61	28.5	11.41	0.86	7.42	2.4	0.84	0.2	85.78	9.46	110.7	51.59	68.29	40.76	8.53	35.2	0.52	26.72	17.13	1.51	12.38	7.99	3.91	18.46
3	东风股份	17.79	26.93	38.63	22.81	0.57	2.51	4.15	0.88	0.53	33.28	7.48	59.07	15.9	29.1	12.4	11.7	16.79	0.14	22.83	0.24	4.76	0.01	6.61	3.63	3.77
4	东港股份	16.11	29.62	38.95	16.67	0.68	7.49	4.7	1.23	0.5	15.46	2.57	23.13	6.85	13.32	6.32	4.63	14.35	2.06	30.31	/	/	10.81	3.16	1.43	1.96
5	京华激光	12.79	14.96	30.7	17.26	0.63	4.25	3.96	0.83	0.62	5.55	0.96	9.01	1.35	6.35	1.28	9.22	17.43	0.19	20.71	/	/	47.06	0.8	0.28	0.46
6	永新股份	12.59	26.16	21.95	9.89	0.94	5.89	5.54	1.44	0.54	23.32	2.25	25.37	6.64	16.6	6.05	12.06	17.58	0.4	27.26	1.95	/	16.99	3.24	1.07	2.43
7	永吉股份	12.21	6.93	40.76	25.83	0.44	4.01	4.03	1.29	2.17	4.32	1.12	10.07	0.7	5.89	0.66	6.38	10.13	0.05	26.05	/	/	15	1.44	0.59	0.47
8	劲嘉股份	12	17.45	43.66	24.17	0.41	2.54	4.72	1.18	0.61	33.74	7.25	82.04	14.32	32.06	13.87	9.53	9.26	1.22	19.58	0.73	/	20.09	8.53	3.84	4.65
9	新宏泽	11.29	17.09	36.23	17.66	0.53	7.96	2.87	1.92	1.11	2.8	0.5	5.27	0.9	2.64	0.86	4.5	15.47	0.09	33.47	/	/	6.64	0.95	0.31	0.32
10	合兴包装	11.28	56.89	12.54	2.35	2.07	9.92	5.58	2.39	0.15	121.66	2.33	70.14	39.9	48.36	36.78	17.05	38.22	0.64	18.5	17.31	3.49	5.99	5.58	4.54	8.26
11	海顺新材	10.21	24.15	32.67	12.69	0.61	4.04	3.63	0.42	0.16	5.07	0.66	9.42	2.28	5.18	1.74	11.25	16.88	2.2	30.97	2.81	5.2	28.98	0.27	0.28	0.49
12	王子新材	10.12	38.27	24.36	6.31	0.99	8.47	3.13	-2.27	-0.35	9.12	0.5	10.41	3.98	7.11	3.25	8.23	33.53	4.51	14.88	1.92	5.76	24.69	-1.13	0.58	1.26
13	紫江企业	9.76	54.65	18.86	5.03	0.88	4.06	6.24	2.3	0.2	90.1	4.33	103.74	56.7	51.67	51	17.57	14.32	1.06	28.36	31.97	4.75	3.49	9.98	5.7	9.39
14	翔港科技	9.03	22.56	23.16	13.45	0.52	6.58	2.34	1.44	0.48	3.57	0.48	6.94	1.57	3.6	1.46	6.52	21.76	0.14	35.27	/	/	44.09	0.69	0.24	0.79
15	英联股份	8.95	45.67	18.3	5.4	0.9	4.77	5.44	2.1	0.19	8.19	0.42	11.23	5.13	4.86	4.58	14.69	17.72	1.09	33.92	12.73	1.2	19.06	0.88	0.19	0.77
16	美盈森	8.89	27.98	32.4	12.08	0.53	3.32	3.49	0.68	0.17	32.49	4.01	63.7	17.82	36.45	16.58	10.47	15.67	0.97	19.14	6.26	/	19.51	2.74	2.21	4.4
17	盛通股份	8.08	35.14	19.82	6.81	0.77	5.66	4.55	-0.32	-0.06	18.44	1.24	24.26	8.53	10.76	6.45	10.92	17.97	2.05	29.92	4.49	/	35.9	-0.4	0.65	2.74
18	滨海能源	6.99	37.7	9.19	5.38	0.81	9.69	3.24	3.7	0.56	10.46	0.37	8.57	3.23	6.12	2.43	9.28	27.07	0.92	18.58	2.66	/	8.73	1.35	0.43	1.28
19	环球印务	6.14	42.61	20.72	5.59	0.63	5.44	3.95	3.04	0.2	5.55	0.28	9.89	4.21	4.73	4.21	7.56	15.87	0.17	27.76	11.12	/	14.96	0.86	0.32	0.82
20	通产丽星	5.7	18.24	22.76	6.66	0.7	5.47	3.02	0.94	0.25	13.69	0.82	19.87	3.63	8.84	3.12	10.47	24.41	0.52	44.8	1.33	/	38.1	0.77	0.82	3.55
21	万顺股份	5.41	56.02	13.55	3.4	0.7	5.2	3.99	3.16	0.15	41.69	1.22	62.71	35.13	34.82	26.18	10.89	/	4.21	31.96	11.56	2.44	22.85	3.86	0.99	1.47
22	新通联	5.19	24.68	18.9	4.71	0.83	4.78	3.92	1.99	0.32	6.65	0.31	8.2	2.02	4.63	1.96	12.93	20.98	1.12	25.18	8.41	/	16.46	0.62	0.37	1.15
23	华源控股	4.76	37.73	18.93	3.9	0.76	4.26	5.05	0.7	0.07	13.84	0.54	23.11	8.72	14.24	5.47	11.99	16.96	0.17	17.8	13.93	/	33.41	0.37	0.82	1.49
24	顺灏股份	4.74	36.92	25.6	5.54	0.54	2.52	3.4	0.58	0.06	20.55	1.01	36.1	13.33	20.79	9.71	17.2	15.43	1	16.33	10.53	7.84	23.35	0.58	1.17	2.29
25	双星新材	4.23	17.22	17.28	8.33	0.42	2.52	4.21	0.54	0.22	38.58	3.21	93.03	16.01	50.04	8.03	15.55	9.91	0.09	35.79	/	/	55.75	1.73	0.61	1.11
26	奥瑞金	3.87	58.22	25.79	2.74	0.59	8.28	--	9.24	0.31	81.75	2.25	134.43	78.27	49.51	67.03	5.23	13.01	1.61	34.82	13.05	6.29	-0.16	20.78	7.61	5.69
27	珠海中富	3.22	75.58	19.76	1.25	0.63	6.89	7.43	11.16	0.19	16.19	0.22	24.83	18.77	6.5	13.1	7.65	7.77	2.33	52.2	5.92	21.1	11.32	2.5	1.45	2.32
28	昇兴股份	2.36	49.12	13.76	1.97	0.61	4.36	6.92	2.23	0.06	20.98	0.43	36.71	18.03	14.77	16.35	10.3	7.95	0.13	30.23	23.21	3.81	7.9	0.95	1.15	1.87
29	宝钢包装	1.99	60.55	11.23	0.89	0.88	6	5.77	16.64	0.23	49.77	0.42	55.93	33.86	24.34	30.79	13.05	15.97	0.16	49.48	23.37	4.45	13.46	6.97	2.46	2.47
30	陕西金叶	1.76	46.21	31.94	2.43	0.39	2.1	5.76	6.09	0.13	9.76	0.22	26.06	12.04	9.3	10.39	10.78	7.18	1.36	29.4	12.62	5.87	7.41	1.36	0.86	1.99
31	鸿博股份	0.82	17.89	21.52	1.98	0.34	3.43	8.05	31.3	0.47	7.06	0.05	20.67	3.7	11.04	3.44	6.92	4.01	1.64	28.87	7.5	/	42.72	1.61	0.67	1.45
32	浙江众成	-1.15	36.29	17.62	-2.1	0.35	1.97	13.41	1.51	0.08	10.49	0.36	31.09	11.28	13.31	6.89	15.21	3.01	0.1	41.04	10.58	7.62	20.26	0.54	0.44	1.2
33	界龙实业	-2.14	73.09	20.19	-1.48	0.39	0.7	6.3	-11.09	0.06	13.62	-0.12	34.28	25.06	20.75	22.71	43.23	6.18	0.8	16.39	16.42	4.38	2.92	1.31	0.7	2.03

零售—专业连锁上市公司 2017 年度主要财务指标对比明细表

单位：%、亿元

序号	名　称	净资产收益率	资产负债率	销售净利率	总资产周转率	销售毛利率	存货周转率	应收账款周转率	经营净现金流 / 净利润	经营净现金流 / 流动负债	营业收入	净利润	资产总额	负债总额	流动资产合计	流动负债合计	存货占比	应收账款占比	其他应收款占比	固定资产占比	短期借款占比	应付账款占比	长期借款占比	资本公积金占比	经营净现金流	支付的各项税费	支付给职工性质现金
1	爱婴室	27.29	46.62	5.78	2.53	28.41	3.62	189.99	1.15	0.3	18.08	1.05	7.7	3.59	6.13	3.59	47.92	1.19	1.07	9.19	–	29.48	–	3.78	1.08	0.8	1.59
2	南极电商	27.26	20.15	54.33	0.34	70.05	8.52	2.48	1.01	0.91	9.86	5.35	38.21	7.7	22.74	5.9	0.33	13.29	1.38	0.1	1.71	0.62	4.68	38.76	5.38	1.32	0.61
3	青岛金王	19	38.5	9.51	1.24	21.31	6.79	9.74	0.11	0.03	46.77	4.45	46.6	17.94	25.85	14.67	16.22	12.4	1.52	4.53	17.7	6.27	4.87	23.24	0.45	1.47	2.74
4	莱绅通灵	14.35	19.25	15.76	0.74	54.5	0.64	12.53	0.52	0.3	19.64	3.09	28.31	5.45	26.16	5.35	51.89	6.25	0.59	2.74	1.28	6.78	0.08	38.61	1.61	2.84	2.53
5	博士眼镜	13.4	13.5	11.07	1.15	76.47	1.61	27.74	1.18	0.88	4.71	0.52	5.24	0.71	4.51	0.7	13.81	3.65	6.06	7.98	–	6.64	–	47.71	0.62	0.74	1.23
6	天音控股	9.69	79.56	0.63	3.05	4.37	10.17	63.35	4.55	0.1	396.28	2.48	141.59	112.65	101.6	106.19	29.73	5.68	2.26	2.03	17.47	8.72	3.21	4.66	10.64	2.91	6.09
7	康旗股份	8.86	18.34	16.26	0.49	51.53	3.24	9.96	1.32	0.68	19.87	3.24	43.9	8.05	14.99	5.84	6.9	4.62	0.35	7.95	3.03	2	4.51	55.58	3.96	1.57	4.23
8	宏图高科	7.26	55.54	2.94	0.97	9.48	6.28	25.16	1.28	0.08	190.32	5.6	200.79	111.51	142.82	93.65	12.94	3.61	6.09	3.7	14.72	2.11	0.19	10.58	7.76	5.45	4.78
9	爱施德	7.04	55.56	0.7	5.06	2.82	16.63	51.95	-4.07	-0.25	567.36	3.99	124.81	69.34	102.94	62.91	31.55	10.39	0.92	0.13	15.89	22.87	–	14.65	-15.43	2.7	3.75
10	苏宁易购	5.76	46.83	2.15	1.28	14.1	9.8	107.61	-1.57	-0.1	1879.28	40.5	1572.77	736.49	878.3	642.64	11.8	1.52	4.4	9.14	5.52	8.33	1.81	22.88	-66.05	39.74	79.02
11	农产品	0.29	65.99	2.5	0.14	37.75	3.25	35.76	55.57	0.11	24.46	0.61	188.43	124.34	36.23	70.54	2.76	0.31	4.04	8.67	24.09	4.43	14.06	14.13	7.72	2.73	5.39
12	吉峰农机	-19.62	80.5	-1.07	1.45	14.94	4.41	6.34	-3.38	0.09	30.97	-0.33	20.36	16.39	16.95	16.31	29.37	21.07	5.11	7.51	22.1	9.58	–	9.77	1.51	0.38	1.15

零售—专业连锁上市公司2018年度主要财务指标对比明细表

单位：%、亿元

序号	名称	净资产收益率	资产负债率	销售毛利率	销售净利率	总资产周转率	存货周转率	应收账款周转率	经营净现金流/净利润	经营净现金流/流动负债	营业收入	净利润	资产总计	负债合计	流动资产合计	流动负债合计	存货占比	应收账款占比	其他应收款占比	固定资产占比	短期借款占比	长期借款占比	资本公积金占比	经营净现金流	支付的各项税费	支付给职工性质现金
1	南极电商	25.58	17.26	34.47	26.46	0.8	275.15	5.44	0.62	0.7	33.53	8.86	45.49	7.85	30.58	7.84	0.07	15.94	1.32	0.07	1.55	/	32.56	5.51	1.39	0.97
2	华致酒行	18.99	48.5	21.36	8.36	1.17	1.71	20.5	−1.07	−0.19	27.21	2.25	26.73	12.96	25.97	12.96	56.53	4.98	0.95	0.28	20.43	/	8.01	−2.41	1.31	1.26
3	爱婴室	18.1	33.05	28.77	6.12	1.98	3.66	--	0.87	0.23	21.35	1.2	13.88	4.59	11.84	4.59	33.29	1.06	0.23	5.09	3.6	/	29.97	1.04	1.15	1.95
4	豫园股份	16.64	62.26	25.72	10.13	0.62	1.48	47.82	2.51	0.21	337.77	30.21	854.27	532.22	580.7	362.41	36.06	1.4	0.81	2.25	3.7	10.39	13.17	75.77	28.09	13.14
5	苏宁易购	15.99	55.78	15	5.16	1.37	10.2	--	−1.04	−0.15	2449.57	133.28	1994.67	1112.56	1317.43	936.97	11.16	2.71	1.44	7.62	12.19	2.41	19.2	−138.74	45.17	117.45
6	博士眼镜	12.32	14	74.12	10.39	1.02	1.91	25.51	0.62	0.46	5.66	0.59	5.9	0.83	4.76	0.81	13.75	4.28	6.09	7.44	/	/	45.59	0.37	0.73	1.34
7	莱绅通灵	8.59	13.69	55.49	12.57	0.59	0.51	11.4	0.8	0.45	16.63	2.1	27.81	3.81	25.76	3.76	52	4.14	0.69	2.55	0.02	0.03	39.34	1.68	2.91	2.97
8	吉峰科技	7.61	78.57	16.3	1.08	1.51	4.8	7.62	3.05	0.02	29.73	0.1	18.96	14.9	15.58	14.82	23.21	/	6.07	7.94	24.26	/	10.5	0.32	0.39	1.09
9	农产品	1.5	65.31	37.07	4.35	0.12	2.58	--	29.16	0.17	23.02	0.43	190	124.09	38.49	74.35	3.18	0.31	4.45	-	24.88	11.16	14.85	12.47	3.33	5.44
10	爱施德	−1.2	50.14	2.62	−0.12	5	17.58	39.43	−5.31	0.11	568.08	−0.93	102.47	51.38	88.83	45.35	22.98	15.46	1.16	0.15	35.49	/	15.83	4.92	3.39	4.2
11	天音控股	−8.73	80.46	3.31	−0.54	3.16	11.38	54.15	−3.1	0.08	424.66	−2.31	127.08	102.25	89.73	92.07	23.64	6.01	3.72	2.16	20.3	3.36	3.82	7.16	2.12	6.94
12	宏图高科	−27.71	58.26	0.55	−14.83	0.78	4.79	13.82	2.53	−0.62	140.18	−20.34	160.94	93.76	123.69	82.38	20.04	8.1	9.94	3.99	22.05	4.72	12.77	−51.39	2.56	3.99

通信配套服务上市公司 2017 年度主要财务指标对比明细表

单位：%、亿元

序号	名　称	净资产收益率	资产负债率	销售净利率	总资产周转率	销售毛利率	存货周转率	应收账款周转率	经营净现金流/净利润	经营净现金流/流动负债	营业收入	净利润	资产总额	负债总额	流动资产合计	流动负债合计	存货占比	应收账款占比	其他应收款占比	固定资产占比	短期借款占比	应付账款占比	长期借款占比	资本公积金占比	经营净现金流	支付的各项税费	支付给职工性质现金
1	润建通信	22.46	50.15	8.62	1.29	25.32	3.65	2.68	−0.79	−0.16	27.78	2.39	23.87	11.97	22.72	11.85	24.93	54.13	4.48	2.6	6.37	22.62	0.5	8.63	−1.88	1.39	7.04
2	立昂技术	21.04	69.15	8.26	0.98	19.78	7.26	2.52	0.16	0.01	9.73	0.8	13.84	9.57	10.81	9.25	12.43	37.79	0.86	3.73	3.4	44.44	2.24	8.74	0.13	0.38	0.63
3	星网锐捷	15.44	41.77	9.09	1.26	38.43	3.96	6.11	0.59	0.1	77.05	7	64.4	26.9	51.4	26.52	21.16	23.63	1.96	7.52	0.3	14.57	−	10.95	2.77	6.56	14.65
4	广和通	14.56	40.07	7.79	1.27	26.79	7.43	4.5	−2.8	−0.51	5.63	0.44	6.14	2.46	5.54	2.4	13.02	31.76	1.9	2.12	8.72	19.71	−	28.01	−1.23	0.2	0.61
5	纵横通信	13.75	36.21	10.25	0.67	18.89	1.53	4.2	0.55	0.09	5.88	0.6	10.19	3.69	10.08	3.69	30.03	17.47	2.87	0.63	−	31.01	−	24.04	0.33	0.32	0.81
6	鹏博士	11.43	68.77	9.39	0.37	54.11	49.02	26.18	4.53	0.31	81.7	7.67	232.47	159.87	53.11	113.29	0.32	1.44	2.68	48.12	0.01	11.25	0.01	10.42	34.83	2.39	21.52
7	网宿科技	10.91	22.31	15.2	0.57	35.39	25.38	4.72	0.77	0.33	53.73	8.16	102.63	22.9	45.64	19.27	0.22	13.07	0.34	16.82	6.38	6.85	−	21.11	6.39	1.36	9.04
8	华脉科技	10.56	41.95	6.37	0.83	27.62	4.22	1.87	−2.38	−0.28	11.55	0.74	15.09	6.33	12.49	6.29	9.68	48.84	1.02	10.8	−	32.34	−	34.06	−1.75	0.93	1.42
9	高新兴	10.31	31.57	17.89	0.36	36.01	2.34	2.69	0.28	0.05	22.37	4	75.32	23.78	42.77	21.9	11.83	13.32	1.29	1.7	0.93	14.83	−	41.56	1.13	0.97	3.02
10	杰赛科技	9.94	65.44	3.55	1.18	16.25	5.91	3.68	0.92	0.05	59.78	2.12	63.29	41.42	53.75	36.1	16.18	34.4	2.4	9.94	9.01	27.59	0.47	9.99	1.85	1.98	7.01
11	中富通	8.32	18	10.01	0.68	28.16	240.24	1.2	−0.44	−0.16	3.9	0.5	5.89	1.06	4.91	1.06	0.2	61.97	4.08	12.18	5.09	7.6	−	25.13	−0.17	0.15	0.62
12	宜通世纪	7.58	21.81	8.4	0.66	22.27	6.11	3.58	0.32	0.08	25.82	2.17	45.52	9.93	23.32	9.81	6.99	20.12	1.62	5.4	1.28	10.83	−	46.49	0.74	1.38	5.54
13	光环新网	7	35.67	10.9	0.42	20.83	822.62	5.27	0.93	0.3	40.77	4.44	106.14	37.86	29.22	13.52	0.04	9.3	1.27	36.31	0.75	8.66	14.56	38.55	4.06	1.08	1.56
14	吉大通信	6.12	24.61	9.55	0.56	24.15	2.3	1.29	0.16	0.03	4.39	0.42	9.63	2.37	9.18	2.37	16.41	38.42	1.68	3.04	−	15.47	−	22.12	0.07	0.33	1.35
15	国脉科技	5.54	35.77	10.43	0.33	32.84	0.87	6.62	1.36	0.14	15.16	1.58	46.8	16.74	30.65	16.24	24.94	5.71	0.19	10.9	3.03	2.95	0.38	30.04	2.21	0.84	1.47
16	中通国脉	5.31	39.73	5.1	0.65	16.44	3.17	1.52	−2.44	−0.19	5.43	0.28	8.91	3.54	7.67	3.5	17.73	47.36	2.84	9.91	3.03	20.76	−	20.2	−0.68	0.21	0.56
17	三维通信	5.04	56.32	3.87	0.34	26.55	2.12	2.5	0.43	0.01	11.81	0.46	43.36	24.42	19.28	20.23	9.66	12.04	1.13	17.37	0.92	15.52	8.16	24.95	0.2	0.5	1.54
18	恒信东方	4.95	4.11	22.5	0.23	40.99	2.31	4.95	−0.88	−0.86	4.31	0.93	23.62	0.97	16.44	0.97	5.8	4.7	4.17	1.5	1.27	1.42	−	64.35	−0.83	0.27	0.88
19	世纪鼎利	4.65	20.63	11.24	0.29	41.18	8.92	1.78	1.88	0.3	8.85	0.99	35.28	7.28	14.2	7.07	1.4	14.51	1.99	2.79	3.17	3	−	49.35	2.1	0.82	2.4
20	超讯通信	4.42	61.96	2.25	0.81	14.51	40.54	1.32	1.78	0.05	9.49	0.21	12.88	7.98	12.42	7.68	1.08	62.81	2.47	2.33	9.24	41.07	2.33	19.72	0.38	0.57	2.09
21	高升控股	4.35	5.95	18.05	0.22	32.56	--	3.6	1.16	0.82	8.68	1.56	39.18	2.33	9.31	2.2	−	6.43	0.17	8.68	−	2.76	−	84.58	1.81	0.73	0.54
22	深南股份	2.22	10.44	7.17	0.19	33.28	--	0.43	12.29	2.31	1.05	0.08	3.9	0.41	3.76	0.41	−	50.51	0.23	0.45	5.95	0.34	−	104.62	0.94	0.04	0.56
23	奥维通信	1.4	30.92	1.9	0.54	17.28	1.88	1.25	−9.58	−0.31	5.03	0.1	9.96	3.08	9.26	2.99	24.7	42.27	2.84	4.74	−	13.25	−	16.67	−0.92	0.17	0.4
24	信威集团	−16.31	52.36	−273.55	0.03	22.91	0.53	0.14	0.42	−0.11	6.47	−17.7	215.35	112.76	180.35	69.83	4	19.5	2.34	2.7	10.65	1.32	2.28	14.25	−7.45	3.35	3.8
25	华星创业	−16.35	73.41	−10.62	0.47	22.16	7.29	0.96	−0.51	0.03	14.15	−1.5	30.09	22.09	21.42	19.83	6.25	46.63	2.01	14.09	28.75	23.5	7.48	0.89	0.68	1.22	2.5
26	邦讯技术	−19.36	40.59	−45.11	0.23	37.82	0.48	0.58	0.13	−0.04	3.1	−1.4	11.16	4.53	9.01	4.48	32.62	40.77	3.23	1.32	7.17	16.04	−	29.93	−0.19	0.35	0.88

通信配套服务上市公司 2018 年度主要财务指标对比明细表

单位：%、亿元

序号	名　称	净资产收益率	资产负债率	销售毛利率	销售净利率	总资产周转率	存货周转率	应收账款周转率	经营净现金流/净利润	经营净现金流/流动负债	营业收入	净利润	资产总计	负债合计	流动资产合计	流动负债合计	存货占比	应收账款占比	其他应收款占比	固定资产占比	短期借款占比	长期借款占比	资本公积金占比	经营净现金流	支付的各项税费	支付给职工性质现金
1	*ST 信通	181.3	128.55	62.14	−117.64	0.44	2.08	2.48	0.01	−0.04	12.54	−14.74	27.1	34.84	21.26	5.02	6.68	18.49	3.6	13.48	/	/	52.07	−0.19	0.59	5.72
2	广和通	23.94	55.29	23.19	6.95	1.54	10.42	4.68	−0.1	−0.02	12.49	0.87	10.03	5.55	9.11	5.48	10.37	33.7	4.32	2.2	17.65	/	14.86	−0.09	0.34	1.12
3	星网锐捷	20.27	39.07	32.57	9.08	1.36	4.24	5.61	1.02	0.22	91.32	5.81	69.99	27.35	54.89	26.71	22.03	24.75	0.71	8.07	0.59	/	9.8	5.94	6.17	16.82
4	中富通	15.25	45.03	29.95	12.51	0.67	33.04	1.28	1.04	0.13	5.48	0.59	10.51	4.73	7.2	4.66	2.1	47	3.29	8.89	8.71	/	9.11	0.61	0.22	0.9
5	贝通信	11.78	50.5	21.01	8.33	0.7	5.13	1.19	1.23	0.12	17.51	1.46	30.57	15.44	27.31	15.44	9.88	47.89	0.99	6.06	3.27	/	24.27	1.79	1.15	3.53
6	超讯通信	10.27	69.54	21.3	3.91	0.8	16.98	1.35	1.96	0.04	13.95	0.25	22.12	15.38	19.01	13.62	5.2	56.6	2.68	2.72	16.82	7.69	10.04	0.49	0.78	2.56
7	高新兴	10.16	31.99	35.21	15.35	0.45	3.12	2.6	−0.29	−0.06	35.63	5.4	83.5	26.71	42.83	23.97	7.03	20.74	1	1.89	0	/	31.01	−1.55	1.98	5.42
8	网宿科技	9.86	27.28	33.24	12.58	0.57	189.35	4.07	0.91	0.28	63.37	8.04	119.4	32.57	61.02	25.89	0.19	14.86	1.29	20.74	9.2	2.13	19.05	7.35	2.07	11.22
9	润建股份	9.76	32.79	20	6.37	1.03	4.21	2.34	0.83	0.13	32.32	2.06	39.14	12.83	37.76	12.83	16.17	37.53	2.55	1.63	/	/	35.92	1.71	1.4	8.61
10	三维通信	9.57	46.23	13.84	6.43	0.8	8.12	6.18	−0.19	−0.02	35.54	2.15	45.78	21.17	21.17	17.68	7.32	13.7	1.23	13.12	10.62	6.03	30.47	−0.4	0.57	1.97
11	光环新网	9.48	34.09	21.28	11.36	0.55	674.29	4.62	0.88	0.33	60.23	6.67	113.87	38.82	32.53	17.53	0.08	14.21	1.94	35.48	1.23	13.07	38.9	5.87	1.93	2
12	立昂技术	8.99	67.02	25.89	6.18	0.48	3.26	1.11	−5.83	−0.27	6.69	0.41	13.89	9.31	10.55	9.08	9.43	49.1	1.06	10.9	8.35	1.58	8.71	−2.41	0.4	0.65
13	中通国脉	7.28	45.97	19.84	6.78	0.58	3.03	1.31	−2.37	−0.16	7.23	0.49	16.02	7.36	11.33	7.32	13.92	42.76	2.51	5.01	7.37	/	28.28	−1.17	0.32	1.13
14	纵横通信	6.58	37.58	17.22	7.47	0.55	1.71	2.52	−0.38	−0.04	5.84	0.45	10.92	4.11	10.04	4.11	23.72	26.19	3.47	1.2	1.83	/	19.51	−0.17	0.39	0.72
15	中光防雷	6.3	14.46	33.43	13.82	0.39	3.01	1.93	0.42	0.18	3.8	0.54	9.88	1.43	8.38	1.27	9.14	20.65	0.83	7.62	/	/	27.53	0.23	0.2	0.81
16	吉大通信	5.99	26.75	25.95	10.21	0.43	1.73	1.14	0.34	0.05	4.3	0.44	10.45	2.8	9.37	2.8	20	36.84	1.61	3.2	/	/	20.38	0.15	0.25	1.45
17	鹏博士	5.41	69.53	50.96	5.49	0.3	45.03	20.72	5.73	0.21	68.6	3.81	228.85	159.11	37.35	102.46	0.33	1.44	1.33	44.22	2.98	1.85	10.58	21.83	3.09	19.92
18	国脉科技	3.19	30	37.48	10.64	0.21	0.57	3.58	0.78	0.13	9.83	1.3	45.18	13.55	28.74	8.12	22.22	6.24	0.25	16.31	5.2	11.31	31.27	1.02	0.84	1.3
19	世纪鼎利	1.82	21.96	40.44	5.27	0.27	8.22	1.73	−1.39	−0.1	9.83	0.57	36.6	8.04	13.5	7.86	2.55	16.99	1.81	2.72	5.41	/	46.23	−0.79	1.2	2.73
20	杰赛科技	1.28	69.92	15.17	0.41	0.94	5.18	2.48	8.42	0.02	62.68	0.14	70.76	49.47	60.26	48.54	14.56	40.81	2.9	9.86	10.81	/	8.73	1.16	2.35	7.21
21	华星创业	−1.62	61.67	15.45	−1.13	0.55	5.94	1.1	16.37	0.15	13.64	0.11	19.89	12.27	15.43	11.94	10.11	54.65	1.94	1.84	24.18	1.63	1.61	1.79	1.05	2.52
22	华脉科技	−14.09	58.34	23.87	−10.3	0.57	5.51	1.29	0.48	−0.05	10.3	−1.1	21.27	12.41	13.37	10.75	6.49	40.2	1.74	14.07	14.62	4.89	26	−0.53	0.57	1.47
23	奥维通信	−21.12	28.84	12.23	−53.68	0.28	0.81	0.86	−0.42	0.26	2.48	−1.33	7.74	2.23	7	2.15	37.73	19.77	3.08	5.47	/	/	21.45	0.56	0.33	0.29
24	北讯集团	−24.94	68.72	24.96	−41.06	0.19	8.21	2.31	−0.73	0.13	26.96	−11.07	159.31	109.48	28.85	60.47	1.86	9.21	–	–	10.85	10.41	29.87	8.06	1.34	1.07
25	*ST 信威	−30.41	61.08	29.19	−591.72	0.02	0.39	0.15	0.02	−0.01	4.99	−28.98	189.06	115.48	152.05	92.8	5.06	11.89	1.42	2.75	13.92	/	16.23	−0.5	3.84	2.91
26	宜通世纪	−92.71	39.22	12.14	−77.19	0.73	7.19	2.83	0.05	−0.11	25.79	−19.69	25.11	9.85	19.36	9.65	12.43	35.96	2.1	8.51	/	/	82.72	−1.06	1.35	6.9
27	*ST 高升	−105.17	42.06	21.17	−243.75	0.25	8.38	2.49	−0.01	0.02	9.01	−21.96	33.49	14.09	14.61	7.34	2.53	14.03	1.32	12.75	/	/	95.04	0.16	0.64	1
28	邦讯技术	−149.13	67.68	35.4	−253.68	0.19	0.5	0.44	−0.21	0.25	1.73	−4.42	6.98	4.73	5.14	3.8	11.75	46.13	10.89	1.41	1.43	12.94	47.85	0.94	0.17	0.59

化学制药—化学原料药上市公司 2017 年度主要财务指标对比明细表

单位：%、亿元

序号	名称	净资产收益率	资产负债率	销售净利率	总资产周转率	销售毛利率	存货周转率	应收账款周转率	经营净现金流/净利润	经营净现金流/流动负债	营业收入	净利润	资产总额	负债总额	流动资产合计	流动负债合计	存货占比	应收账款占比	其他应收款占比	固定资产占比	短期借款占比	应付账款占比	长期借款占比	资本公积金占比	经营净现金流	支付的各项税费	支付给职工性质现金
1	亿帆医药	27.87	22.64	28.94	0.56	57.23	4.87	5.66	0.87	0.71	43.73	12.66	87.68	19.85	36.54	15.87	4.47	10.13	1.4	9.53	8.6	2.51	1.41	31.97	11.33	6.15	2.9
2	药石科技	22.84	11.25	24.81	0.63	62.12	1.07	8.42	0.81	1	2.73	0.68	5.67	0.64	4.31	0.55	20.63	6.66	0.38	15	0.05	3.41	-	59.61	0.55	0.21	0.72
3	富祥股份	21.13	46	18.21	0.6	38.2	3.34	8.07	1.19	0.31	9.58	1.75	17.89	8.23	10.06	6.76	10.4	6.71	0.23	20.85	19.01	6.76	5.2	23.92	2.11	0.55	1
4	金达威	20.26	25.09	22.31	0.65	47.79	3.45	6.42	1.03	1.13	20.85	4.65	33.24	8.34	16.89	4.33	10.29	12.33	0.33	14.95	3.82	2.6	10.05	26.62	4.87	1.97	2.52
5	新和成	19.87	23.03	27.49	0.42	50.47	2.21	4.85	0.75	0.41	62.35	17.13	181.83	41.87	117.87	30.75	8.55	9.28	1.41	25.56	6.45	4.31	5.08	29.77	12.72	5.04	6.81
6	健友股份	19.07	23.82	28.24	0.53	46.38	0.61	7.28	−0.75	−0.39	11.13	3.14	26.95	6.42	21.92	6.07	48.01	8.53	0.54	10.17	11.99	3.34	-	22.89	−2.35	0.32	0.76
7	凯莱英	17.93	18.28	25.3	0.56	51.74	2.87	3.82	0.57	0.53	14.23	3.6	26.37	4.82	16.15	3.74	9.86	17.1	0.66	28.86	-	5.8	-	39.4	1.96	0.84	3.45
8	花园生物	16.07	8.17	31.06	0.37	57.37	0.97	5.45	1.13	1.34	4.2	1.3	13.95	1.14	8.69	1.09	14.55	4.63	0.02	28.53	3.23	2.46	-	32.04	1.47	0.32	0.4
9	广济药业	14.89	53.41	13.23	0.49	50.89	3.79	8.29	1.7	0.23	8.02	1.06	16.42	8.77	4.21	7.63	5.99	5.83	2.25	54.75	29.23	7.06	-	3.7	1.79	0.78	1.13
10	华海药业	13.81	38.85	12.47	0.67	55.96	1.51	3.47	0.85	0.19	50.02	6.23	82.67	32.12	40.72	28.35	19.28	19.4	0.11	27.01	12.82	4.72	2.69	14.77	5.46	3	7.22
11	圣达生物	12.93	22.01	14.28	0.59	37.82	2.85	5.44	1.31	0.44	5.09	0.73	9.86	2.17	6.16	2.15	10.09	11.46	0.23	19.98	6.09	5.04	-	46.96	0.95	0.33	0.74
12	奥翔药业	12.43	23.85	22.07	0.4	60.4	1.02	3.24	0.88	0.27	2.4	0.53	7.42	1.77	5.09	1.71	16.98	10.83	0.17	22.1	-	12.26	-	30.86	0.47	0.11	0.45
13	同和药业	12.2	11.8	22.06	0.52	36.6	1.41	11.16	0.52	0.54	2.97	0.65	7.22	0.85	4.33	0.63	19.11	5.21	0.91	27.29	-	3.6	2.77	53.88	0.34	0.3	0.46
14	山河药辅	11.96	24.92	15.58	0.58	30.92	8.16	10.98	1.26	0.46	3.39	0.53	6.66	1.66	3.96	1.38	5.08	5.26	0.06	20.72	-	5.27	-	16.97	0.64	0.3	0.42
15	尔康制药	10.14	5.38	18.2	0.51	37.02	2.4	10.04	1.32	2.81	28.28	5.14	57.2	3.08	27.25	2.45	12.31	5.86	0.26	30.77	-	1.56	-	16.71	6.87	1.78	0.98
16	司太立	10.01	56.68	11.45	0.36	37.51	1.52	5.52	0.22	0.03	7.11	0.81	20.13	11.41	7.85	6.32	14.26	7.7	0.49	37.95	20.27	3.11	24.34	22.65	0.18	0.59	1.24
17	永安药业	9.92	14.87	14.25	0.65	36.48	8.36	8.71	1.48	0.92	9.33	1.33	15.8	2.35	7.23	2.14	5.09	9.05	0.65	32.15	-	3.03	-	49.24	1.97	0.41	0.81
18	新华制药	9.7	51.08	4.9	0.9	28.08	5.1	13.77	1.86	0.26	45.16	2.22	52.74	26.94	20.1	14.91	13.52	5.93	0.85	40.82	2.88	10.05	17.65	13.8	3.9	2.53	6.03
19	普洛药业	9.38	46.41	4.62	0.98	30.84	5.41	5.5	0.82	0.09	55.52	2.57	56.91	26.41	28.7	24.37	12.77	19.22	0.14	37.27	18.29	11.65	-	7.63	2.1	3.39	5.2
20	京新药业	9.17	19.13	12.03	0.54	58.9	3.32	6.59	1.46	0.44	22.19	2.67	49.04	9.38	29.96	8.69	6.04	7.46	4.51	13.87	-	3.73	-	44.92	3.85	2.73	2.21
21	金城医药	8.46	19.7	10.41	0.78	35.68	9.06	5.53	0.53	0.18	27.88	2.9	49.04	9.66	17.28	8.44	5.2	12.56	0.18	23.88	5.28	4.89	0.29	52.43	1.52	1.75	2.53
22	博腾股份	8.12	49.12	7.98	0.41	36.74	2.67	4.18	2.7	0.3	11.84	0.94	28.48	13.99	8.91	9.75	9.48	9.34	0.52	51.79	11.03	6.78	14.82	9.16	2.89	0.61	2.93
23	海翔药业	6.9	31.14	14.83	0.32	42.94	1.83	5.06	0.3	0.05	23.09	3.42	74.67	23.25	45.36	21.85	10.83	6.41	0.04	16.3	17.99	3.19	-	35.22	1.03	1.93	2.73
24	赛托生物	5.86	15.65	10.92	0.53	23.25	3.39	6.09	0.12	0.04	7.86	0.86	20.25	3.17	13.36	3.07	10.42	7.41	0.04	25.88	7.41	4.74	-	57.19	0.11	0.57	0.49
25	九洲药业	5.65	14.7	8.55	0.56	31.16	2.36	5.3	1.65	0.6	17.17	1.47	31.43	4.62	13.37	4.08	17.24	9.96	0.33	45.4	0.83	5.82	-	40.95	2.44	0.94	2.76
26	冠福股份	5.55	34.94	2.86	1.27	6.58	18.04	24.51	1.18	0.16	97.36	2.79	82.11	28.69	27.11	20.36	8.65	6.47	1.6	11.92	5.4	3.89	5.37	20.23	3.33	0.55	0.9
27	东北制药	5.01	75.95	1.62	0.56	39.54	2.81	4.55	−2.53	−0.05	56.76	0.92	105.93	80.45	55.71	60.4	12.77	13.39	2.14	29.6	29.29	9.36	2.22	16.79	−3.01	3.4	7.62
28	江苏吴中	4.54	36.74	4.57	0.6	21.63	2.14	8.48	1.87	0.17	29.6	1.35	46.35	17.03	25.2	14.78	19.89	7.87	1.34	12.82	15.77	6.26	1.9	31.2	2.49	1.75	1.78
29	美诺华	4.47	23.18	8.25	0.49	34.07	2.75	9.45	1.79	0.24	6.05	0.5	15.14	3.51	7.77	3.4	9.64	4.98	0.62	16.38	10.24	6.67	-	33.49	0.8	0.46	1.06
30	浙江医药	3.57	20.57	4.21	0.61	29.66	4.01	4.92	1.99	0.28	56.93	2.39	97.93	20.14	45.13	18.17	9.92	13.28	1.56	35.04	2.81	8.9	1.23	13.06	5.03	2.15	5.97
31	北大医药	2.96	43.59	1.54	1.04	26.39	6.59	2.4	−0.77	−0.03	21.46	0.33	20.76	9.05	18.4	9.04	11.32	46.1	6.21	7.51	7.47	19.61	-	9.59	−0.26	1.02	0.94
32	海普瑞	1.69	41.72	4.43	0.2	23.97	2.82	4.3	−3.11	−0.13	26.7	1.18	131.89	55.03	61.3	32.51	6.5	5.76	0.73	6.36	10.32	1.05	6.27	31.97	−4.07	0.63	5.01
33	华北制药	0.35	69.21	0.19	0.46	31.7	3.26	6.06	15.3	0.03	77.09	0.14	171.52	118.71	68.18	86.95	10.09	7.22	13.01	45.96	18.77	9.28	11.51	20.3	2.87	6.2	10.97
34	海正药业	0.2	63.6	2.19	0.5	31.52	3.52	8.23	91.48	0.15	105.72	2.32	216.36	137.61	69.44	80.81	9.47	5.98	0.52	31.4	24.39	4.74	13.74	16.87	12.41	5.96	13.34

化学制药—化学原料药上市公司 2018 年度主要财务指标对比明细表

单位：%、亿元

序号	名　称	净资产收益率	资产负债率	销售毛利率	销售净利率	总资产周转率	存货周转率	应收账款周转率	经营净现金流/净利润	经营净现金流/流动负债	营业收入	净利润	资产总计	负债合计	流动资产合计	流动负债合计	存货占比	应收账款占比	其他应收款占比	固定资产占比	短期借款占比	长期借款占比	资本公积金占比	经营净现金流	支付的各项税费	支付给职工性质现金
1	金达威	26.48	34.15	52.06	23.89	0.73	3.45	7.02	1.29	1.17	28.73	6.87	45.87	15.66	18.16	7.56	9.94	8.92	0.48	10.1	0.67	16	19.29	8.87	3.91	2.79
2	药石科技	25.7	21.21	57.82	28.12	0.72	1.54	13.11	1.2	1.05	4.78	1.33	7.61	1.61	5.09	1.53	18.92	4.63	0.36	15.15	3.31	/	37.84	1.6	0.26	0.98
3	新诺威	24.67	28.15	49.09	18.09	0.98	5.2	--	0.71	0.46	12.4	2.24	13.91	3.91	6.61	3.49	9.27	13.59	0.41	38.57	1.48	/	0.71	1.6	1.25	1.16
4	花园生物	21.11	5.14	67.75	46.56	0.43	0.94	8.02	0.82	3.09	6.6	3.07	16.46	0.85	9.68	0.82	15.31	6.08	0.04	24.66	/	/	9.66	2.53	0.73	0.47
5	新和成	20.76	26.08	53.37	35.68	0.43	2.7	5.12	1.19	0.8	86.83	30.79	219.35	57.2	106.78	45.67	6.59	7.78	0.75	–	8.63	1.77	20.64	36.6	10.17	9.13
6	广济药业	20.14	47.97	56.82	20.55	0.51	3.7	8.08	1.34	0.32	8.44	1.72	16.93	8.12	4.69	7.28	5.82	6.67	1.89	50.31	27.58	1.63	3.59	2.31	1.07	1.16
7	健友股份	19.65	28.84	49.47	24.97	0.56	0.53	8.38	0.15	0.07	17	4.25	34.02	9.81	28.38	9.47	57.38	5.17	1.95	7.17	9.41	/	15.08	0.62	0.54	0.91
8	威尔药业	19.26	23.95	31.11	13.95	1.05	5.66	9.73	0.57	0.35	8.01	1.12	8.08	1.94	3.18	1.81	12.5	10.54	0.01	26.4	11.73	/	47.52	0.64	0.51	0.66
9	富祥股份	18.36	47.79	37.25	16.53	0.58	3.67	8.62	0.9	0.18	11.63	1.95	21.96	10.5	12.49	9.62	9.65	6.83	0.44	23.34	26.68	1.68	14.75	1.76	0.43	1.31
10	凯莱英	17.7	21.18	46.5	22.15	0.63	2.87	3.76	0.97	0.77	18.35	4.28	31.85	6.75	16.94	5.4	13.31	16.48	0.37	28.48	/	/	34.66	4.15	1.11	4.79
11	山河药辅	14.21	21.4	33.92	18.01	0.62	8.06	11.55	1.07	0.6	4.29	0.7	7.1	1.52	3.58	1.24	5.13	5.51	0.16	18.22	/	/	9.37	0.75	0.41	0.54
12	司太立	12.48	69.9	40.47	10.73	0.35	1.48	4.03	2.05	0.15	8.9	0.94	30.67	21.44	9.66	12.61	13.99	9.39	0.11	31.52	28.14	28.2	14.87	1.92	0.61	1.31
13	永安药业	12.18	16.75	34.82	17.79	0.57	7.37	7.36	1.75	1.14	10.05	1.79	19.29	3.23	7.67	2.75	5.05	/	0.56	51.26	0.1	/	36.18	3.14	0.5	0.87
14	普洛药业	11.09	41.85	31.93	5.81	1.11	5.33	6.02	2.25	0.38	63.76	3.71	57.51	24.06	30.75	22.04	15.67	17.81	0.13	34.28	10.68	/	7.55	8.33	3.79	5.68
15	海翔药业	10.74	23.38	44.39	22.25	0.37	1.76	5.67	1.31	0.5	27.19	6.05	70.35	16.45	37.34	15.79	12.86	6.82	0.15	17.27	8.51	/	37.85	7.91	2.09	2.8
16	亿帆医药	10.63	29.54	44.08	14.98	0.5	5.95	5.2	1.59	0.49	46.32	7.37	97.75	28.87	36.95	23.96	4.89	9.14	1.37	8.81	13.36	0.33	27.51	11.71	4.55	3.7
17	京新药业	10.4	28.41	64.85	12.62	0.59	3.14	--	1.41	0.39	29.44	3.7	49.92	14.18	30.36	13.41	7.27	8.61	0.56	14.26	3	/	41.69	5.23	3.7	2.86
18	新华制药	10.37	52.73	29.92	5.27	0.93	4.38	15.91	1.37	0.15	52.08	2.51	59.16	31.2	23.49	23.6	16.09	5.78	0.59	44.48	3.97	8.84	10.53	3.45	2.42	6.99
19	海普瑞	9.68	54.27	40.09	12.3	0.36	2.42	5.22	1.08	0.15	48.15	6.16	136.55	74.1	56	45.04	11.2	7.94	1.52	11.77	14.51	10.66	16.51	6.68	1.53	6.66
20	美诺华	9.44	40.99	32.56	12.38	0.45	2.57	7.45	0.48	0.06	8.49	0.96	22.71	9.31	10.73	7.79	13.17	6.69	0.71	20.13	18.85	4.76	22.9	0.47	0.49	1.54
21	奥翔药业	7.73	25.48	44.65	17.99	0.32	1.06	3.12	0.26	0.06	2.44	0.44	8.02	2.04	5.36	1.97	16.08	9.44	0.3	23.18	8.98	/	28.55	0.12	0.12	0.55
22	赛托生物	7.73	28.24	25.42	12.06	0.46	1.84	6.54	-2.63	-0.45	10.52	1.27	28.05	8.44	16.89	7.46	23.03	6.13	0.09	17.42	16.76	3.03	44.92	-3.34	0.45	0.61
23	金城医药	7.16	22.67	50.07	9.39	0.59	5.56	4.45	1.33	0.38	30.08	2.64	52.87	11.99	18.82	9.28	5.39	13.94	0.23	22.3	6.37	3.06	48.63	3.52	2.73	3.03
24	九洲药业	5.78	15.94	33.32	8.37	0.58	2.31	4.31	1.69	0.58	18.62	1.57	33.05	5.27	15.06	4.59	16.19	16.67	0.72	41.93	0.97	/	28.56	2.65	1	2.87
25	圣达生物	5.75	33.87	33.55	8.64	0.44	2.92	4.56	1.99	0.21	4.93	0.45	12.53	4.24	5.7	4.17	9.98	8.22	0.08	25.16	8.14	0.4	34.4	0.89	0.34	0.85
26	博腾股份	4.71	34.09	33.46	9.41	0.33	2.92	4.57	1.56	0.16	11.85	1.24	43.74	14.91	27.6	12.33	6.17	5.78	3.25	27.35	14.68	5.83	36.28	1.94	0.61	2.87
27	浙江医药	4.09	19.54	41.93	4.77	0.69	3.68	5.36	1.59	0.31	68.59	3.65	100.48	19.64	47.34	18.87	11.86	12.53	1.11	40.14	3.73	0.12	13.43	5.8	6.05	6.98
28	同和药业	3.92	18.1	29.27	9.18	0.35	1.28	8.11	3.05	0.52	2.67	0.25	8.04	1.45	2.92	1.43	19.53	3.52	0.35	37.58	/	/	49.13	0.75	0.06	0.52
29	尔康制药	3.84	6.77	35.68	8.95	0.4	1.9	6.92	0.57	0.44	23.54	2.17	60.49	4.09	30.59	2.79	14.76	5.7	0.29	37.91	/	/	15.8	1.24	1.59	1.07
30	北大医药	3.78	43.59	35.05	1.94	1.1	6.94	2.43	4.52	0.22	23.16	0.45	21.43	9.34	18.96	9.31	9.29	44.42	7.14	6.94	6.07	/	9.29	2.04	1.4	1.11
31	兄弟科技	0.98	36.94	23.24	1.54	0.4	3.66	5.77	13.43	0.38	14.15	0.22	35.82	13.23	14.43	7.76	7.98	5.58	0.2	41.7	/	0.03	16.28	2.93	1.17	1.79
32	海正药业	-3.24	66.24	41.78	-2.33	0.47	2.92	7.37	-2.94	0.15	101.87	-4.92	218.54	144.75	60.88	95.57	9.22	6.74	0.31	35.25	26	11.52	16.7	14.46	5.57	14.68
33	江苏吴中	-11.77	47.85	35.46	-16.59	0.37	1.11	4.14	-1.17	0.16	17.02	-2.86	46.18	22.1	27.09	20.82	22.91	9.92	0.98	12.21	18.58	1.88	31.29	3.34	1.41	1.84
34	ST 冠福	-109.32	68.14	5.23	-19.35	1.8	13.34	32.34	-0.07	0.05	142.93	-27.12	76.69	52.25	24.84	35.99	17.23	4.6	0.34	16.82	6.61	4.17	21.66	1.79	1.35	0.97

生物制品上市公司 2017 年度主要财务指标对比明细表

单位：%、亿元

序号	名称	净资产收益率	资产负债率	销售净利率	总资产周转率	销售毛利率	存货周转率	应收账款周转率	经营净现金流/净利润	经营净现金流/流动负债	营业收入	净利润	资产总额	负债总额	流动资产合计	流动负债合计	存货占比	应收账款占比	其他应收款占比	固定资产占比	短期借款占比	应付账款占比	长期借款占比	资本公积金占比	经营净现金流	支付的各项税费	支付给职工性质现金
1	天坛生物	41.52	15.4	70.59	0.37	55.93	0.82	16.55	0.18	0.8	17.65	12.46	52.6	8.1	38.46	6.02	30.08	0.11	0.14	17.13	3.61	1.23	3.8	16.77	2.18	2.27	3.28
2	我武生物	25.55	5.55	48.27	0.5	96.35	0.83	4.32	0.85	3.77	3.86	1.86	8.48	0.47	6.56	0.42	2.34	12.03	0.24	13.56	-	0.16	-	21.46	1.59	0.35	0.76
3	康泰生物	22.9	51.56	18.49	0.61	88.26	0.85	2.86	0.72	0.2	11.61	2.15	22.11	11.4	9.9	7.76	8.19	24.06	0.5	21.12	0.9	2.43	10.27	19.49	1.54	0.67	1.09
4	艾德生物	20.54	6.57	28.47	0.63	92.36	2.74	2.63	0.98	2.35	3.3	0.94	6.95	0.46	5.09	0.39	1.4	20.29	0.07	18.71	0.29	1.38	-	57.12	0.92	0.26	0.67
5	通化东宝	19.79	4.52	33.01	0.54	74.68	0.64	5.12	1.15	5.49	25.45	8.41	47.53	2.15	22.4	1.75	20.49	11.45	0.26	24.45	-	1.29	-	25.56	9.61	2.26	1.35
6	九强生物	19.06	14	39.34	0.43	72.04	1.79	1.79	0.76	1.21	6.94	2.73	17.79	2.49	12.82	1.72	6.69	23.89	0.25	9.56	-	1.64	-	2.94	2.08	1.28	0.54
7	安科生物	19.02	21.92	25.7	0.52	77.72	3.55	4.86	1.01	0.7	10.96	2.82	22.54	4.94	7.12	4.01	3.38	11.67	1.09	19.43	-	2.88	2.22	18.41	2.81	1.36	1.69
8	卫光生物	18.54	12.51	24.82	0.55	44.31	0.86	23.46	0.18	0.27	6.23	1.55	13.75	1.72	8.84	1.06	32.58	3.61	0.03	17.09	2.69	0.7	1.75	46.47	0.29	0.58	1.23
9	华兰生物	18.48	7.22	33.94	0.48	62.42	0.83	4.44	0.22	0.47	23.68	8.04	52.19	3.77	36.69	3.77	23.2	14.91	0.16	18.39	-	1.31	-	7.57	1.77	2.69	2.35
10	正海生物	16.63	8.97	33.74	0.46	93.67	1.52	4.67	1.06	2.12	1.83	0.62	5.31	0.48	4.56	0.31	1.7	8.21	0.08	4.71	-	1.38	-	50.66	0.65	0.15	0.31
11	长春高新	15.99	29.26	22.61	0.61	81.94	0.59	8.34	0.58	0.19	41.02	9.28	73.51	21.51	52.57	19.74	25.03	7.32	1.06	15.18	0.82	3.16	0.17	26.76	3.81	4.86	6.8
12	智飞生物	15.85	28.45	32.2	0.39	78.54	0.79	2.68	0.47	0.19	13.43	4.32	41.06	11.68	22.86	10.69	15.29	17.07	1.45	17.58	6.33	15.59	-	5.07	2.04	1.02	1.55
13	博雅生物	15.8	32.29	24.99	0.48	66.37	1.22	7.33	-0.07	-0.03	14.61	3.65	36.7	11.85	17.54	7.16	14.11	7.87	0.18	9.02	1.5	4.31	12.26	28.83	-0.24	1.83	1.91
14	长生生物	15.43	14.08	36.54	0.36	86.55	0.87	2.13	0.86	0.87	15.53	5.67	45.1	6.35	34.32	5.61	5.03	17.56	1.71	9.89	-	1.09	-	22.82	4.86	1.73	1.01
15	未名医药	14.27	26.99	33.74	0.35	78.01	4.12	2.61	0.7	1.06	11.62	3.92	39.98	10.79	27.02	2.57	1.5	11.81	0.06	11.53	2.5	0.66	-	33.89	2.71	1.09	1.4
16	海特生物	13.77	13.93	18.82	0.51	95.31	1.88	3.32	0.59	0.33	7.5	1.41	19.09	2.66	17.49	2.56	1.18	12.26	0.04	5.16	-	0.42	-	51.86	0.83	0.53	0.4
17	双鹭药业	13.03	6.24	42.57	0.29	70.67	1.54	2.01	0.71	1.52	12.42	5.29	45.85	2.86	30.53	2.5	6.02	12.89	2.15	9.92	-	2.44	-	0.16	3.81	2.28	0.69
18	复星医药	13.02	52.01	19.34	0.35	58.95	3.44	7.11	0.83	0.16	185.34	35.85	619.71	322.3	150.56	166	4.44	5.24	0.61	10.58	15.68	2.67	9	14.65	25.8	20.53	28.72
19	舒泰神	12.87	15.94	18.76	0.56	94.45	2.2	5.81	1.04	0.79	13.88	2.6	26.29	4.19	18.2	3.48	1.42	7.61	0.05	9.13	-	0.18	-	20.35	2.74	1.13	1.17
20	赛升药业	12.79	5.46	37.54	0.32	76.54	1.62	16.06	0.38	0.81	7.5	2.82	24.53	1.34	17.22	1.34	5.79	3.26	0.02	2.96	-	3.16	-	41.99	1.08	1.14	0.47
21	安迪苏	10.51	19.09	16.12	0.5	38.92	4.15	6.98	1.9	0.9	103.98	16.76	213.29	40.72	111.64	28	7.5	6.56	0.2	29.77	-	5.72	0.06	10.46	25.13	7.08	12.79
22	交大昂立	9.72	22.73	60.64	0.11	56.05	1.83	4.63	-0.07	-0.03	2.82	1.63	22.61	5.14	3.96	4.24	2.65	2.66	0.33	3.66	8.62	0.93	-	5.4	-0.11	0.56	0.91
23	常山药业	8.56	31.02	14.25	0.43	65.49	0.48	4.98	0.82	0.21	14.2	2.02	35.3	10.95	23.3	7.88	29.26	11.33	0.28	17.03	15.07	0.97	5.67	16.06	1.62	1.08	1.55
24	兴齐眼药	7.36	18.2	10.68	0.52	73.91	1.83	5.55	0.83	0.35	3.6	0.38	6.76	1.23	1.94	0.92	8.11	9.96	0.23	61.54	7.4	1.02	-	34.02	0.33	0.67	0.75
25	上海莱士	6.93	13.66	43.16	0.14	63.69	0.72	2.92	0.32	0.4	19.28	8.32	144.55	19.75	69.39	6.64	7.99	6.62	0.8	7.46	-	0.32	-	21.07	2.65	3.11	3.32
26	国农科技	6.85	31.51	4.25	0.56	61.94	4.86	24.83	1.69	0.21	1.39	0.06	2.69	0.85	1.45	0.7	5.52	3.52	3.96	11.61	-	2.67	-	0.25	0.14	0.18	0.13
27	ST 生化	6.7	57.68	4.66	0.53	56.98	0.84	13.5	-0.94	-0.05	6.85	0.32	13.21	7.62	6.89	7	28.69	7.57	1.47	33.91	15.14	2.94	-	8.63	-0.36	0.77	1.52
28	钱江生化	6.63	36.76	10.14	0.45	21.11	2.53	7.15	1.46	0.23	4.68	0.47	10.5	3.86	4.43	2.61	13.71	6.29	0.05	39.62	12.48	5.5	-	3.58	0.6	0.11	0.7
29	利德曼	5.73	18.76	17.54	0.34	55.15	3.01	1.7	1.66	0.43	5.76	1.01	17.54	3.29	8.93	2.78	5.59	16.19	1.7	35.4	5.82	3.49	1.16	14.31	1.21	0.84	1.01
30	达安基因	5.29	43.08	6.23	0.35	43.14	4.17	1.73	-2.54	-0.14	15.42	0.96	46.42	20	32.05	15.9	4.37	20.34	1.02	8.92	18.63	4.42	7	13.59	-2.2	0.74	3.26
31	金花股份	4.88	21.21	7.11	0.53	63.49	6.07	5.22	0.8	0.15	7.57	0.54	14.19	3.01	3.43	2.95	3.01	10.22	0.99	26.43	10.57	2.61	-	17.83	0.43	1.08	0.66
32	溢多利	4.19	45.64	6.99	0.42	41.22	1.27	3.23	-0.05	0	14.99	1.05	38.45	17.55	17.24	13.93	20.26	14.04	0.56	28.89	23.3	5.1	3.8	26.74	-0.04	0.72	2.01
33	东宝生物	3.1	24.9	6.29	0.39	21.27	2.23	6.29	-0.14	-0.02	3.56	0.22	9.72	2.42	3.13	1.92	15.95	7.09	0.32	50.62	-	17.8	2.47	15.64	-0.03	0.1	0.42
34	四环生物	1.17	27.47	3.08	0.36	76.06	0.16	3.02	-1.48	-0.04	3.46	0.11	9.32	2.56	7.7	2.54	62.66	12.02	0.93	7.87	5.36	2.05	-	3.82	-0.11	0.21	0.3
35	双成药业	1.1	44.66	0.54	0.19	62.94	1.19	5.3	-3.57	-0.11	2.47	0.01	13.77	6.15	5.58	2.01	8.71	4.87	10.97	31.15	-	5.8	26.65	24.62	-0.23	0.33	0.51
36	沃森生物	-18.13	39.45	-83.54	0.11	67.78	1.18	2.59	0.11	-0.04	6.68	-5.58	58.76	23.18	22.47	14.75	3.59	5.05	8.53	14.74	3.74	3.62	-	35.14	-0.57	0.31	1.41

生物制品上市公司 2018 年度主要财务指标对比明细表

单位：%、亿元

序号	名称	净资产收益率	资产负债率	销售毛利率	销售净利率	总资产周转率	存货周转率	应收账款周转率	经营净现金流/净利润	经营净现金流/流动负债	营业收入	净利润	资产总计	负债合计	流动资产合计	流动负债合计	存货占比	应收账款占比	其他应收款占比	固定资产占比	短期借款占比	长期借款占比	资本公积金占比	经营净现金流	支付的各项税费	支付给职工性质现金
1	智飞生物	43.41	38.61	54.77	27.76	0.96	1.96	3.91	0.4	0.23	52.28	14.51	68.1	26.29	46.16	25.36	26.2	29.02	0.91	13.72	9.12	/	3.05	5.86	3.85	3.18
2	康泰生物	28.71	45.07	91.1	21.6	0.73	0.95	2.91	0.77	0.34	20.17	4.36	33.36	15.04	17.4	9.74	5.88	25.63	1.24	16.51	/	7.64	18.71	3.36	1.63	1.58
3	我武生物	26.08	5.91	94.3	46.3	0.53	1.32	4.76	0.88	3.58	5.01	2.33	10.58	0.62	7.82	0.58	2.22	10.3	0.79	11.31	/	/	4.96	2.06	0.52	0.94
4	长春高新	25.92	32.8	85.1	27.22	0.64	0.44	8.57	0.88	0.3	53.75	10.06	94.13	30.87	65.36	29.14	19.47	7.62	8.3	12.65	2.71	0.13	20.89	8.84	7.8	11.63
5	华兰生物	23.26	11.1	64.98	37.6	0.55	0.93	3.81	1.13	1.8	32.17	11.4	64.93	7.2	47.82	7.2	18.54	14.02	0.19	15.73	/	/	6.08	12.93	3.24	3.08
6	沃森生物	21.64	27.38	80.39	120.89	0.13	0.77	2.39	−0.06	−0.04	8.79	10.46	72.37	19.81	41.39	15.36	3.26	6.04	13.04	10.31	0.41	/	35.44	−0.65	0.67	1.68
7	天坛生物	19.61	14.21	47.18	25.11	0.67	1.19	925.07	1.33	1.41	29.31	5.09	50.67	7.2	34.33	4.82	33.73	0.12	0.25	17.06	/	4.56	5.43	6.78	3.12	5.12
8	通化东宝	19.05	13.34	72.33	31.15	0.53	0.79	4.89	1.05	1.27	26.93	8.39	54.63	7.29	22.73	6.91	16.49	10.21	0.94	20.43	8.24	/	17.08	8.77	2.56	1.72
9	德展健康	19.02	10.81	92.63	28.28	0.6	0.94	2.37	0.41	0.61	32.91	9.31	59.22	6.4	47.58	6.24	4.83	22.61	0.02	9.37	/	/	11.94	3.8	7.37	1.74
10	艾德生物	18.12	7.57	91.04	28.87	0.58	3.31	2.66	0.74	1.65	4.39	1.27	8.19	0.62	5.65	0.57	1.72	23.08	0.07	17.61	1.43	/	40.66	0.93	0.32	0.94
11	正海生物	17.14	9.42	93.08	39.81	0.39	1.4	4.95	0.9	1.89	2.16	0.86	5.84	0.55	5.05	0.41	2.12	7.45	0.07	4.48	/	/	46.06	0.77	0.25	0.43
12	博雅生物	14.91	25.68	62.18	19.79	0.56	1.65	5.89	0.07	0.04	24.51	4.69	50.73	13.03	30.47	8.07	11.91	10.7	0.15	15.29	1.87	8.87	38.38	0.35	2.45	2.34
13	安科生物	13.88	20.41	80.08	18.11	0.61	3.38	5.04	1.09	0.66	14.62	2.63	25.27	5.16	7.56	4.34	3.8	12.5	3.47	19.02	2.37	1.58	5.3	2.87	1.51	2.33
14	康辰药业	13.68	15.05	95.1	25.82	0.45	3.73	4.67	1	0.81	10.22	2.64	29.2	4.39	19.44	3.26	0.33	7.5	0.28	10.51	/	/	33.63	2.63	1.87	0.64
15	双鹭药业	12.91	9.42	79.32	25.99	0.45	1.7	3.43	0.85	1.1	21.67	5.71	49.88	4.7	28.03	4.41	5.03	/	0.14	8.95	/	/	0.15	4.85	3.79	0.9
16	卫光生物	12.47	10.52	39.77	22.77	0.49	0.88	11.81	0.63	0.87	6.88	1.57	14.59	1.54	9.25	1.15	34	4.58	0.03	15.12	0.34	/	43.8	1	0.6	1.28
17	振兴生化	12.05	52.98	53.33	8.72	0.65	1.04	7.47	1.46	0.18	8.6	0.8	13.18	6.98	7.53	6.68	29.59	9.86	2.12	31.34	13.66	/	8.8	1.17	0.63	1.67
18	赛升药业	11.78	7.43	86.28	19.83	0.55	1.24	8.81	0.52	0.75	14.28	2.83	27.61	2.05	17.94	1.96	6.3	8.84	0.02	2.14	/	/	29.88	1.47	1.85	0.52
19	复星医药	9.67	52.39	58.4	12.12	0.38	3.43	--	1.09	0.16	249.18	27.08	705.51	369.59	180.02	179.23	4.66	5.14	0.63	10.04	7.95	12.23	14.95	29.5	26.9	39.14
20	溢多利	6.97	49.87	37.42	8.52	0.41	1.24	3.48	1.79	0.14	17.68	1.14	48.01	23.94	25.87	14.43	20.91	9.89	0.34	23.35	20.75	3.92	21.41	2.04	1.02	2.19
21	莱茵生物	6.27	47.51	32.84	13.16	0.25	0.28	6.59	−1.03	−0.1	6.2	0.82	21.22	10.08	12.92	8.79	51.32	5.33	0.8	26.73	16.26	/	12.35	−0.84	0.67	0.61
22	海特生物	5.66	20.68	92.52	15.48	0.29	1.55	2.62	0.78	0.17	5.91	0.94	21.55	4.46	15.46	4.31	1.6	10.02	0.16	8.7	/	/	45.94	0.73	0.5	0.51
23	舒泰神	5.63	11.34	90.72	16.63	0.3	1.86	5.07	1.23	0.71	8.06	1.34	27.72	3.14	15.53	2.33	1.56	4.26	0.05	8.84	/	/	18.98	1.65	0.75	1.4
24	常山药业	5.49	34.38	71.42	8	0.45	0.45	4.59	2.09	0.27	16.53	1.4	38.45	13.22	26.04	10.87	28.17	8.32	0.41	16.2	19.58	5.2	13.71	2.93	1.84	1.82
25	东宝生物	5.03	37.36	21.95	7.5	0.42	1.84	5.44	1.77	0.16	4.53	0.34	11.99	4.48	4.77	3.64	19.1	8.13	0.35	39.3	3.34	1.29	13.26	0.6	0.16	0.53
26	达安基因	3.51	39.93	41.61	5.85	0.36	4.74	1.81	3.84	0.28	14.79	1.02	36.63	14.63	21.15	13.8	4.4	18.78	0.95	8.56	19.79	1.36	18.62	3.92	0.74	2.7
27	万泽股份	2.79	40.95	51.63	16.47	0.1	0.16	17.64	−1.81	−0.1	2.58	0.61	31.69	14.32	19.36	11.06	26.66	3.31	14.96	6.2	4.51	4.54	12.53	−1.11	0.42	0.46
28	中源协和	2.6	32.84	66.51	4.99	0.35	3.55	4.36	2.19	0.1	13.21	0.59	44.43	14.59	13.89	12.68	4.23	9.34	1	13.23	0.88	2.68	65.9	1.3	1.34	3.91
29	金花股份	2.43	10.3	68.29	4.95	0.44	5.46	4.86	0.76	0.15	7.45	0.38	19.75	2.03	8.99	1.98	2.23	8.2	3.55	18.22	2.53	/	41.11	0.29	1	0.65
30	未名医药	−3.39	34.23	85.17	−13.93	0.16	1.93	1.45	−0.78	0.13	6.65	−0.96	42.98	14.71	25.23	5.64	0.98	10.28	0.31	10.71	10.47	/	31.53	0.74	0.81	1.4
31	四环生物	−4.65	30.57	75.13	−7.51	0.43	0.17	3.27	−0.77	0.08	3.96	−0.29	9.26	2.83	7.63	2.83	62.74	14.04	0.46	8.99	7.56	/	3.84	0.23	0.16	0.31
32	钱江生化	−6	35.21	15.49	−8.83	0.44	2.73	7.13	−1.24	0.25	4.43	−0.45	9.47	3.33	4.29	2.2	13.73	6.14	0.57	41.87	8.98	/	3.97	0.56	0.09	0.71
33	双成药业	−12.34	40.22	64.16	−27.32	0.27	1.17	6.47	−0.67	0.44	3.37	−0.69	11.2	4.51	3.72	1.07	7.71	3.33	1.79	56.89	/	27.32	30.27	0.47	0.4	0.49
34	上海莱士	−12.36	4.35	66.74	−84.42	0.14	0.42	2.01	−0.17	0.62	18.04	−15.18	113.87	4.95	39.12	4.25	14.77	7.36	0.64	9.2	1.32	/	27.01	2.63	2.45	3.9
35	国农科技	−13.31	47.8	81.88	−5.89	1.18	--	19.98	2.63	−0.32	3.67	−0.2	3.51	1.68	3.02	1.67	/	7.77	0.26	0.28	/	/	0.27	−0.53	0.54	0.21
36	交大昂立	−40.01	31.43	56.93	−211.02	0.13	1.81	5.1	−0.02	0.03	2.49	−5.06	14.34	4.51	3.4	4.16	4.09	2.62	0.38	5.53	16.74	/	7.95	0.12	0.83	1.06

医疗器械服务—医疗服务上市公司 2017 年度主要财务指标对比明细表

单位：%、亿元

序号	名　称	净资产收益率	资产负债率	销售净利率	总资产周转率	销售毛利率	存货周转率	应收账款周转率	经营净现金流/净利润	经营净现金流/流动负债	营业收入	净利润	资产总额	负债总额	流动资产合计	流动负债合计	存货占比	应收账款占比	其他应收款占比	固定资产占比	短期借款占比	应付账款占比	长期借款占比	资本公积金占比	经营净现金流	支付的各项税费	支付给职工性质现金
1	通策医疗	23.39	38.72	19.22	0.77	41.36	27.3	39.65	1.6	1.61	11.8	2.27	17.95	6.95	6.69	2.15	1.38	2.28	0.35	35.71	-	3.85	26.74	0	3.47	0.41	4.47
2	爱尔眼科	21.74	41.24	13.3	0.89	46.28	13.33	14.95	1.79	0.63	59.63	7.93	93.13	38.41	36.81	21.2	2.94	5.52	1.96	12.14	-	7.63	15.75	24.18	13.3	2.43	14.88
3	药明康德	21.14	46.44	16.7	0.67	41.83	7.3	5.23	1.46	0.39	77.65	12.97	125.8	58.42	54.67	46.19	5.78	12.69	0.2	22.53	10.48	2.65	2.38	24.08	17.94	3.22	20.86
4	昭衍新药	20.57	40.7	25.37	0.39	56.27	1.68	13.78	1.57	0.39	3.01	0.76	9.41	3.83	5.97	3.11	9.8	2.81	0.07	24.23	-	1.37	-	27.74	1.2	0.25	0.77
5	贝瑞基因	18.49	13.62	20.87	0.99	61.13	5.66	3.96	0.32	0.31	11.71	2.45	18.06	2.46	11.03	2.38	5.98	28.46	0.32	28.46	1.62	4.81	-	48.78	0.74	0.87	2.14
6	迪安诊断	15.97	60.12	9.27	0.76	33.41	5.83	3.27	0.11	0.02	50.04	4.64	73.9	44.43	35.06	24.42	9.19	22.67	2.68	9.12	14.06	8.36	9.82	10.27	0.39	2.91	7.81
7	XD 金域医	14.52	47.49	5.49	1.27	40.96	25.54	4.03	1.5	0.28	37.92	2.09	33.21	15.77	19.01	10.02	2.84	32.58	1.2	30.62	1.21	22.67	16.17	25.11	2.84	0.68	9.91
8	泰格医药	13.89	21.32	19.69	0.56	42.94	2.60 万	3.13	1.05	0.44	16.87	3.32	35.83	7.64	13.46	7.15	0	17.64	1.55	5.64	6.75	0.67	0.49	35.42	3.15	1.27	6.1
9	华大基因	10.75	16.71	20.22	0.45	56.95	8.5	2.94	0.57	0.28	20.96	4.24	51.12	8.54	38.32	8.13	2.72	15.88	0.29	14.18	0.16	2.35	-	58.06	2.27	1.42	5.05
10	美年健康	10	44.69	11.14	0.68	46.96	51.53	5.48	2.35	0.32	62.33	6.95	124.79	55.77	45.9	44.65	0.67	11.27	2.16	14.5	9.17	4.74	4.83	18.89	14.45	2.25	21.87
11	润达医疗	9.98	61.43	6.88	0.77	28.16	3.62	3.09	-0.4	-0.03	43.19	2.97	71.25	43.77	38.39	31.92	14.61	26.2	1.08	10.69	23.76	5	2.6	14.37	-0.88	2.6	2.71
12	宜华健康	7.08	68.85	8.71	0.29	31.52	10.04	3.73	0.25	0.01	21.16	1.84	76.2	52.46	28.32	39.78	2.09	11.19	7.03	11.06	25.54	4.9	11.86	9.84	0.43	3.29	6.03
13	万方发展	6.99	63.56	15.43	0.11	26.31	0.17	4.43	5.22	0.18	1.28	0.2	9.22	5.86	5.63	4.75	22.34	5.63	12.47	0.59	0.33	0.97	10.67	13.02	0.84	0.33	0.2
14	星普医科	5.22	6.82	42.07	0.13	56.9	3.72	3.66	1.37	1.05	3.29	1.38	26.11	1.78	3.94	1.58	1.36	2.59	0.33	4.02	-	1.53	-	87.94	1.67	0.58	0.46
15	恒康医疗	4.88	57.6	6.55	0.42	31.82	3.37	2.35	-1.01	-0.05	33.99	2.23	102.53	59.06	34.45	40.92	8.24	15.59	2.15	20.33	27.18	5.21	4.92	10.55	-2.05	1.73	10
16	创新医疗	3.92	21.38	15.55	0.2	39.81	0.73	4.98	1.46	0.23	9.05	1.41	46.5	9.94	23.7	8.86	15.68	4.8	1.19	20.02	4.09	1.87	0.91	59.38	2.06	0.82	2.41
17	国新健康	1.17	3.84	-0.16	0.13	1.75	1331.81	38.3	-14.51	-4.35	1.84	0	14.49	0.56	9.53	0.56	0.01	0.19	15.87	2.7	-	0.14	0	0.09	-2.42	0.23	2.12
18	博济医药	-5.84	27.83	-20.47	0.24	27.39	1.33	2.25	-1.07	0.17	1.31	-0.27	5.75	1.6	3.21	1.52	12.2	9.8	0.19	21.04	1.9	6.84	-	30.26	0.26	0.05	0.51
19	百花村	-28.16	14.76	-134.71	0.17	28.66	1.22	3.74	0.09	-0.2	4.2	-5.65	20.33	3	5.27	2.55	13.43	5.16	0.07	5.51	-	1.54	0.86	114.22	-0.5	0.24	0.64

医疗器械服务—医疗服务上市公司 2018 年度主要财务指标对比明细表

单位：%、亿元

序号	名称	净资产收益率	资产负债率	销售毛利率	销售净利率	总资产周转率	存货周转率	应收账款周转率	经营净现金流/净利润	经营净现金流/流动负债	营业收入	净利润	资产总计	负债合计	流动资产合计	流动负债合计	存货占比	应收账款占比	其他应收款占比	固定资产占比	短期借款占比	长期借款占比	资本公积金占比	经营净现金流	支付的各项税费	支付给职工性质现金
1	通策医疗	27.04	32.12	43.29	23.23	0.79	36.92	33.78	1.41	1.74	15.46	3.32	21.33	6.85	4.7	2.7	1.07	2.37	0.8	38.09	/	19.46	0.01	4.69	0.83	5.66
2	泰格医药	18.33	29.1	43.11	22.03	0.59	4912.21	3.26	1.11	0.43	23.01	4.72	42.8	12.46	16.03	12.09	0.01	18.25	1.24	5.96	14.09	0.08	30.91	5.22	1.44	8.02
3	爱尔眼科	18.24	37.98	47	13.31	0.85	13.41	11.47	1.39	0.69	80.09	10.09	96.27	36.56	32.26	20.42	3.73	9.17	1.61	15.22	2.91	13.71	13.89	14	3.73	20.44
4	昭衍新药	18.08	42.92	53.02	26.46	0.39	1.86	12.55	1.63	0.43	4.09	1.08	11.41	4.9	6.9	4.09	10.08	3.4	0.25	25.11	/	/	21.56	1.76	0.28	1.13
5	药明康德	16.66	19.86	39.45	24.27	0.55	6.93	5.35	0.73	0.44	96.14	22.61	226.67	45.02	118.07	37.62	4.2	8.8	0.39	15.4	0.53	0.07	52.84	16.4	4.88	27.78
6	康龙化成	15.66	49.37	32.48	11.66	0.68	18.37	4.86	2.17	0.59	29.08	3.39	46.25	22.84	12.81	12.56	2.59	14.16	1.6	50.63	8.26	18.94	24.41	7.37	0.85	12.14
7	美年健康	15.21	55.39	47.56	11.5	0.59	42.32	5.01	1.87	0.23	84.58	8.21	163.55	90.59	58.06	66.54	0.78	12.04	2.43	15.67	14.76	8.28	8.14	15.39	2.67	32.57
8	金域医学	14.15	50.58	38.83	5.64	1.24	24.96	3.76	2.27	0.36	45.25	2.33	39.57	20.02	23.85	14.61	3.23	33.56	1.17	29.02	/	12.61	21.25	5.3	0.79	11.1
9	润达医疗	14.13	58.49	27.51	7.24	0.81	3.95	2.79	2.06	0.15	59.64	2.62	75.43	44.12	42.84	35.95	15.22	31.95	0.92	11.51	20.5	3.34	13.58	5.39	4.35	3.48
10	量子生物	10.96	34.15	42.83	16.04	0.45	15.26	5.17	1.51	0.68	9.97	1.61	33.48	11.43	7.35	3.55	1.49	10.04	0.62	16.53	1.49	17.32	36.89	2.43	0.55	2.93
11	宜华健康	8.37	69.52	31.11	9.11	0.28	9.76	2.34	2.11	0.09	22.04	1.77	82.74	57.52	28.71	43.27	1.84	12.46	7.95	8.69	15.84	11.12	6.91	3.73	1.17	7.7
12	新开源	7.72	44.59	45.33	12.97	0.33	2.97	4.83	0.55	0.05	6.98	0.9	23.03	10.27	6.66	9.96	6.04	8.08	1.26	16.17	29.14	0.77	30.31	0.49	0.56	0.82
13	览海投资	5.64	21.22	-101.07	222.2	0.02	0.14	7.92	-0.62	-0.16	0.53	1.14	22.98	4.88	1.56	4.38	0.03	0.29	1.2	1.81	/	1.86	79.29	-0.71	0.07	0.78
14	ST 运盛	5.14	34	43.15	8.28	0.41	3.15	3.06	-1.96	-0.29	2.07	0.2	4.95	1.68	2.42	1.39	7.01	22.02	1.53	0.39	0.61	/	7.34	-0.4	0.12	0.5
15	星普医科	3.4	21.17	45.45	14.1	0.19	8.03	6.58	1.99	0.53	5.04	0.5	26.22	5.55	2.5	1.87	1.26	3.26	0.72	5.78	/	13.35	61.48	1	0.52	1.21
16	博济医药	2.72	30.08	45.6	6.55	0.29	1.21	2.84	3.66	0.16	1.72	0.07	6.06	1.82	2.82	1.65	13.92	10.7	0.36	32.64	1.26	/	27.89	0.27	0.08	0.68
17	创新医疗	0.8	15.21	36.97	2.83	0.24	1.72	4.54	4.35	0.27	10.59	0.3	42.65	6.49	17.29	4.78	1.14	/	3.68	25.99	5.04	1.56	64.57	1.29	1.12	3.32
18	光正集团	-5.25	55.98	29.26	-4.28	0.54	11.15	6.46	-4.29	0.28	11.75	-0.75	26.7	14.95	8.22	11.65	3.09	7.87	2.34	26.67	13.3	11.84	14.98	3.21	0.59	1.56
19	国新健康	-14.55	4.9	-62.92	-197.64	0.07	1613.3	18.42	0.12	-0.37	0.95	-1.88	12.8	0.63	7.69	0.63	0.01	0.59	1.21	2.58	/	/	/	-0.23	0.11	1.83
20	恒康医疗	-44.32	67.37	21.53	-36.15	0.4	5.22	2.49	-0.37	0.18	38.38	-14.18	87.59	59.01	22.97	29.65	3.52	16.97	1.06	23.03	14.7	18.14	12.35	5.23	1.98	14.59
21	万方发展	-65.51	73.94	45.33	-121.94	0.14	0.31	1.85	0.46	-0.13	1.19	-1.47	7.48	5.53	5.3	5.42	29.14	10.2	2.79	0.56	1.4	/	18.05	-0.68	0.15	0.38
22	*ST 百花	-68.45	26.33	44.9	-193.94	0.26	0.94	2.49	-0.1	0.28	4.19	-8.08	12.48	3.29	6.21	2.89	17.71	18.51	0.15	16.71	/	0.96	186.06	0.81	0.33	0.94